JN189839

祭礼行事「柱松」の民俗学的研究

小畑紘一◉著

岩田書院

目　次

第Ⅱ部　小菅の柱松

序章

柱松（はしらまつ）とは、どんな祭りかと聞かれても、実際に身近でこの祭りを経験した人以外答えられる人は、ほぼ皆無であろう。その原因の第一は、祭りが地域的に限られていること、つまり、殆どが静岡県以西でしか行われていないこと、第二は、柱松といっても地方によっては、ナゲタイマツ・アゲンダイ・トウロン・マツアゲ・アゲマツ・ヒアゲ・ギユウトウなどと呼ばれ、名称が違うと、祭りも違うと考えられ、同じ儀礼をもった祭りが、名称が違うことで、同根の祭りであると認識されていないこと、などである。

柳田國男も、大正四年（一九一五）に「柱松考」において、「この類の火祭が諸国に例多きものであることは、『郷土研究』の諸君もすでにご承知の事であろうと思う。ただしその時期及び目的において若干の異同があり、ことにはその名称の区々であるために、これまで人の注意を逸していた場合が少なくなかった」として、特に名称が異なるがために、同じような儀礼を持っていても、それが同根の祭りであることに気付く人が少ないことを指摘している。(1)

確かに、柱松という名称で括れる祭りの多くは、夏の夜、柱に取り付けられた松明受けに向かって松明を投げ上げ、松明受けを燃やすという、極めて単純で、地味な儀礼の祭りであるため、マイナーな年中行事としてしか捉えられてこなかった。民俗学の世界においても、極めて少数の研究者が論じてきただけである。

一　先行研究

これまで柱松の全体像を論じたのは、柳田國男・和歌森太郎・五来重の三者で、最近の論考は地域的なものに限定されている。それでは、これら三者の研究において、柱松のいかなることが解明されてきたのであろうか。

1　先行研究の成果

(1) 柳田國男

柱松研究は、柳田を嚆矢とする。柳田は、大正四年から大正十五年にかけて出版された雑誌『郷土研究』に、「柱松考」「柱松と子供」「龍燈松伝説」「旗鉾のこと」「大柱直」「諏訪の御柱」「勧請の木」「腰掛石」と題した論文を相次いで発表し、柱松を論じた。その後しばらくして昭和十七年（一九四二）、「日本の祭」で祭りにおける柱の意義を論じ、昭和十九年（一九四四）、「火の昔」で再度柱松を論じた[2]。

柳田は、「柱松考」において、盆の頃、高い柱に火のついた松明を投げ上げ、柱の上部に取り付けた点火物の入った漏斗状の籠に点火する風俗が、兵庫県揖保川の下流域で火上げ・保天武・柱松等の名称で行われていたこと、近世最も盛んであった山口県では、別名牛燈と称し柱松が行われていたことを紹介した。そして、名称については、長門本『平家物語』巻三「成親流罪の条　柱松因縁事」に、墓前で木の枝に枯れ葉を結び掛け、火を付けると亡き人の姿が浮かんでくる、この灯火を柱松という、との故事が記載されていること、室町時代に七月、長竿の頭に火を点して立てる高灯籠と似た風習が柱松と称されていたことなどから、柱松が最も普通の名称であると指摘した。なお、柳田自身は、祭りの名称について、柱松・火祭・柱祭・投げ松明等と論文ごとに異なった名称を使用していた。

柳田は、分布について、柱松と名の付く小字の地名をあげ、東は下総・下野から、西は筑前までの各地で散見されたことをもって、この風習が「少なくともある時代には全国一般のものであった」とし、更に「柱松を執り行うべき地点が一定していた」と推測した。また柳田は、祭りの目的につき、先の成親流罪に関係する俊寛を取り上げ、流罪先の鹿児島県鹿児島郡三島村硫黄島における俊寛僧都の祭りと称する柱松が盆の時期に行われるが故に、その目的は死者の霊のためであるとした。

同時に、柳田は、薩南硫黄島・丹波芦生・信濃戸隠神社・越後妙高関山神社・出羽三山神社等の事例を挙げ、これらの祭りには、柱を複数立てて、その点火の遅速や火勢により、その年の作物の豊凶を占う年占いの目的があることを明らかにした。しかしながら、柳田は、ここで取り上げた事例、即ち、戸隠神社・関山神社・出羽三山神社等における柱松が、柳田が「柱松考」で論じている松明を投げ上げて松明受けに点火する方式と、点火方式、担い手などの点で異なるものであることには言及していない。

柳田が柱松に関心を持った理由は、祭礼における柱の意義の究明にあったと考えられる。柳田は柱松を事例として、柱の意義を論じたのである。「柱は単に遠い処へ燈火を達せしむる手段」（「龍燈松伝説」）、「柱は、単に松明または旗や御幣を高く揚げるためだけの目的でなかった、（中略）神々の性質から推測しても結界占地を表章していたもの」（「諏訪の御柱」）、「神を招き降ろしこれを祀る」「神霊奉移木」（「勧請の木」）、「神霊用の梯子」（「腰掛石」）という具合である。柳田の論考の結論は、柱松の柱は神霊を案内する道具であるというものであった。

なお、柳田は、火については、高い竿の先に火を上げることにより柱の所在を神に知らしめる手段、つまり火は、幡が昼間の道しるべとすれば、暗夜の道しるべであると論じている。

柳田は、道しるべとしての柱は、『平家物語』に記されていたような柱に火を点す柱松明或いは高灯籠から、現在のように松明を投げて柱に点火するものに変化したと考えた。その変化の過程については、「火の昔」に集約されている。柳田の考えを知る上で重要と思われるので当該部分を以下引用する。

高い竿のさきに火を揚げて、空を来る神霊を案内する必要は、まだ蠟燭がなく燈籠ができない以前からありました。それで昔の人たちは、このためにいろいろと力を尽したのであります。古い形では柱松といって、非常に長い柱のような松明を作って、その中ほどに幾つもの縄をつけておき、松明の頭に火をつけてから引き起すことにしていました。しかし柱松明はどんなに長くとも、燃えてしまうので夜どおしはともせません。材料の豊かな家では何本もこれを作っておいて、順々に次の松明を立てていたかも知れませんが、それではあまりに手数がかかるので、後にはまた一つの面白い方法ができました。それは柱を立てたてっぺんに、傘を逆さにしたような形の竹籠の、ホカゴまたはホウズキともいうものを作りつけ、それに藁屑などの燃料をうんと入れておいて、下から小さな松明に火をつけたのを、この火籠の中へ拗り上げて入れるのです。これを投松明といっておりました。

(2)和歌森太郎

柱松には、柳田が取り上げた形式以外のものがあることを論じたのは和歌森太郎である。和歌森は、『修験道史研究』(河出書房、一九四三)にみるように、戦前より修験道を研究してきたが、修験道と柱松との関係を論じたのは、昭和三十八年(一九六三)に行われた長野県戸隠神社の民俗調査の結果を「柱松と修験道」と題し、『日本民俗学会報』第六一号(一九六五年)に発表した時であった。これは、柳田の「柱松考」以来の柱松に関する本格的な論文である。和歌森はここで、柳田が触れていなかった柱松における修験道の役割を論じ、柱松には二種類あるとした。

第一の種類は、修験が柱松行事にあずかる柱松である。これは、戸隠神社の柱松に代表される。特徴は、点火方式が登柱点火形式であること、修験の祭りにおける役割が、時代の推移とともに司祭・司霊・験競べ・導き手へと変わったことに応じ、祭りの目的が神霊送り・精霊送迎・御霊鎮め・柴燈護摩・年占いへと変化したことである。例えば、戸隠では中世、山間・山麓の里人は、山は鬼や山姥などが棲息する怪奇の霊界であると信じていた。修験には、この鬼や山姥という魔性を調伏する験者としての役割が求められていた。この時代、柱松の火は、山中の鬼魅を調伏し、煩悩業苦を焼尽するものであると意味付けられ、修験の験競べとしての鑽り火や柱松の燃え方の遅速を競う儀礼が行われていた。ところが近世に入ると、里人は、戸隠を雨乞い祈願の場と捉えるようになり、戸隠に対する信仰の変化が起こった。これは、一つには農民の生産物に対する関心が高まったことによる。この結果、柱松は、修験に替わる神社の氏子である農民などが修験の験競べの儀礼を踏襲し、火をつけた柱松の燃え上がり方の遅速で農作物の豊凶を年占いする行事に変化した。

和歌森は、現在の越後妙高関山神社の柱松、信濃飯山小菅神社の柱松、そして出羽三山神社の松例祭における鑽り火による点火が、中世の修験の験競べの形式を踏襲したものであるとした。

第二の種類は、「立ちあかし」と呼ばれる民俗行事としての柱松である。和歌森は、柱松とは、もともと立ちあかしと呼ばれた野外燈火に用いた大松明のことであったことを指摘した。その特徴は、祭日が盆の頃、点火方式が投げ松明形式、柱の本数が単基、目的が迎え火・送り火、牛馬の安全守護である。和歌森は、立ちあかしが柱を高くたて火を点す点に注目し、これが、神霊の依り代としての柱に対する古来の信仰と結びついて、宗教的に取り上げられ、精霊の送迎として仏教の盂蘭盆会の年中行事に組み入れられたと論じた。

和歌森は、柱松の本義につき、柳田が年占いにあると捉えていたと理解した上で、精霊や御霊迎えの具とみなすのが本質的であると結論付けた[3]。

(3) 五来重

五来は、柱松を修験の修行の一つとしての験競べと捉え、柱松と修験道との関係を論じた。例えば、戸隠では盆の時期「七月十五、六日に数本の柱の先に松明をつけ、これに小松明を投げ上げて、どれが早く燃えつきるかを競う」行事は、『戸隠山顕光寺流記』(長禄二年〔一四五八〕七月十五日、十穀僧有通編)に、「夏の末、又柱松と云ひ、煩悩を焼尽し、并びに一夏の行徳の威験を顕はす」とある如く、柱松は、修験の峯入りの日に行われる峯入り儀礼の一部であると解釈した。[4] そして、「柱松を煩悩焼尽とする解釈も、柱松行事の起源を「柴燈」とし、すべての災いの根源をなす悪霊や罪穢を浄火で燃え尽くすという日本固有の聖火の信仰から出たものとすれば、これも修験道的である。(中略)これは修験道の柴燈護摩の精神と別ではなく、災いを消し、福を来すという七難即滅福即生の柴燈護摩と柱松はおなじ起原である」として、目的において柱松と修験の柴燈護摩とは同一の起源をもつ行事と捉えた。[5] 更に、五来は、これを敷衍して、「修験行事では大松明を立てて燃やすことがもっとも原始的な護摩であった、と私は推定している。これによって聖なる山へ入るための入峯山伏や新客の罪穢をきよめるのである。これが一方では密教護摩法の影響で、現在ふつうにみる柴灯(採灯)護摩法ができ、一方では巨大な柱松(柱松明)へ変化したというのが私の推定である」と述べて、全ての柱松の起源は修験の護摩であると推定した。[6] そして、五来は、全国的に見て各地の柱松験競べに類似性が多いのは、どこかに源があったためである。その源は熊野修験、次いで愛宕修験であるとした。[7]

2 先行研究の問題点

以上三者の論考は、柱松の諸相を明らかにすることに貢献したが、問題点もある。第一の点は論考の方法、第二の点は論考の視点と資料操作の点である。

(1)論考の方法

先行研究の三者の論考方法は、帰納法であると考える。民俗研究において帰納法とは、論考対象である民俗事象に関する事例・資料を収集・分析し、それに意味付けをして理論化を行うものである。(8) 帰納法の前提となるのは、豊富な事例・資料の収集である。柱松においては、前述の通り名称の異なる柱松が多数存在する。これらに関する事例・資料を十分に収集してこそ、多様な名称の柱松を類型化し、その比較において普遍的な結論を導くことができる。例えば、和歌森は、類型化を試みたが、結論において誤りが散見される。これは一つには、資料の量が少ないことに起因していると思われる。

(2)論考の視点と資料操作

先行研究の各論者は、一定の視点をもって柱松を論考している。三者の視点・関心の中心は、柳田は柱との関係、和歌森は祭礼行事における修験の関与の変遷、五来は修験の修行の一つとしての柱松の意義、と要約できよう。このために、各論者とも、自己の視点に従い結論を導き出そうとし、その結論にそぐわない民俗事象は無視する傾向にあった。

例えば、柳田は、「火の昔」で、祭りを「投松明」と称していることから、柱松を高い柱に取り付けられた松明受けに向けて松明を投げ上げて点火する行事と捉えていたと考えられる。しかるに「柱松考」では、山形県出羽三山神社・新潟県妙高関山神社・信濃戸隠神社などの松明を投げずに点火する方式の柱松にも言及している。これらの祭りの式次第が松明投げ点火方式と異なるにもかかわらず、柱松の定義付けにおいては、これを考慮に入れていない。

和歌森も同様で、例えば、「柱松と修験道」の冒頭で、柱の形状を「広場に身の丈に倍する高さの、そして二抱えもあるほどの太さの柱を、一基か二基、柴草などを材料にしてつくり」と記しているが、この形状の柱は、長野県飯山市瑞穂小菅及びその周辺地域の柱松でしか見られず、大方の柱は、高さは千差万別で、形状は丸太である。また、修験系の柱松点火につき、人が柱に登り点火するとしているが、このような方式の点火は、長野県飯山市瑞穂小菅・同県下高井郡木島平村内山・同県下高井郡木島平村南鴨と新潟県妙高市関山神社のみで行われ、その他の柱松、例えば、和歌森が文中で言及している山形県鶴岡市出羽三山神社や長野県長野市戸隠神社では人は柱に登らず火を鑽り出しており、前述の和歌森の定義とは異なる。

論考の視点と資料操作に関し、古家信平は、「実際の調査や得られた資料を記述する際には、特定の視角によって整理していくのであって、その資料処理あるいは整理の過程である方向にまとめあげていき、フィールドの現実にはある加工が施される」と指摘し、論者の関心、即ち論者が関心ある視点・問題意識に従い資料処理が行われる結果、現実の民俗事象に手が加えられるとしている。[9] 特定の視点に基づく資料処理により現実が加工されるという、この古家の指摘は、先行研究にも当てはまるものである。この結果、先行研究は、一部普遍性に欠ける論考となっている。

なお、五来の論考には、本人も指摘している通り、推論に基づくものが多く検証が困難である。よって、本論考では、五来の記述の引用は差し控えることとする。

二　本書の関心と構成

先行研究の成果を踏まえ、今後、更なる柱松の本義解明のために必要なことの第一は、研究対象とする柱松の定義を明確にすることである。このためには幾多の民俗事象の積み重ねの中で論を進めるという帰納法による研究・調査が必要である。つまり、全国で行われてきた柱松の実相を現地観察と文献調査で収集し、それを基に柱松を分析・類型化し、最後に類型化したものを比較検討することにより、柱松の特徴を論究するという方法である。これにより、柱松の普遍的な定義付けが可能となろう。この過程で収集された柱松の名称、分布、祭場、祭りの奉仕者、祭具の形態、式次第、点火の方法等の基礎的データを研究者間で共有することができる。その際、少なくとも重要事例については現場を見て語るという民俗研究の基礎的態度が必要であろう。

第二に必要なことは、祭りは本来当該地域の氏神のためのものである。従って祭りが如何なる環境の下に生まれ、如何なる人たちにより担われ継承され、如何なる時間的経過の下に変化し現在に至っているのか知ることは、祭りのみならず、当該地域の民俗を深く理解する上で極めて重要である。これは、柱松の置かれている空間と時間との関係の究明である。この点に関し坪井洋文は、民俗の理解のためには、それを取り囲む自然と、それを支える人間集団との関係を知ることが重要であると指摘している[⑩]。即ち人類の生活は自然に対する順応と人間集団に対する適応とによって営まれるが、集団によって生み出され、支えられている文化は、その集団を無視しては十分に理解することができない。まして集団の順応する自然との関係を考慮しないでは、その文化の特質の把握は困難であろう、と。

第三に必要なことは、祭り研究での新たな視点の設定である。祭りには、必ず目的がある。それは、豊作祈願・厄除け祈願・精霊供養であったりする。これらの目的は、基本的には祭りを行う村落共同体の安寧を求めてのものである。従来の祭り研究では、この点が強調された。しかし、祭りには、これとは別の姿がある。例えば、長野県飯山市瑞穂小菅のハシラマツでは、柱の上の尾花に火が付くと柱は倒される。すると多数の見物人が倒された柱に駆け寄り、焦げた尾花を手に入れようと激しく奪い合う。この尾花を田畑に刺しておくと、虫が寄りつかない、つまり豊作が得られると信じられている。これは、当然のことながら、集落のためではなく、自分の利益のために手に入れようとしているのである。であるから、相手と激しく争ってまで入手しようとするのである。これは、私のための目的である。

人は、何故に焦げた尾花を求めるのか。論者は、この争奪戦の中に、見物人が祭りに求める目的があると考える。祭りの私のための目的という側面の研究は、従来の柱松研究に欠けていた。この視点をもって柱松を分析することは、祭り研究を更に深化させることになると考える。

第四に必要なことは、柱松の構造解明である。これは、祭りに関わる人・モノ・場が祭りになると聖なるものに変化するが、その変化は何によって生じるのか、聖なる状態とは何を意味するのか、という祭りの宗教的側面の解明である。これは、日本の祭りにおける柱松の意義を論じるに不可欠なことである。

本書は、二部構成となっている。上記の柱松研究の課題を踏まえ、第Ⅰ部「柱松」で柱松の諸相の分析と類型化を試み柱松の特徴を論じ、第Ⅱ部「小菅の柱松」で事例を取り上げ、柱松と地域との関わりにつき論じる。

即ち、第Ⅰ部第一章「柱松の諸相」で、論者の現地観察・調査、文献調査を基に、柱松の実相(現在行われているもの及び既に消滅したものを含め)を、祭りの形式的構成要素たる分布・祭場・祭日・名称・祭具(柱・松明受け・松明等)及び、内容的要素たる発起人、祭り当日の儀礼・目的・俗信等から明らかにする。第二章「諸相の分析」では、上記の結果を基に柱松を分析する。即ち、各地域における柱松の地域的特徴、年中行事としての柱松の特徴を論じ、同時に柱松の目的と構造を分析し、もって柱松の民俗行事としての性格を論じる。第三章「柱松の構造と特徴」では、新たな視点から、祭りの目的の背景にある宗教的意味を問い、併せて、祭りを構成するモノが如何なる儀礼を経て祭りの具となるのか、俗なるモノが聖なるモノに移行することは何によって人々に認知されるのかという神の顕示の問題に言及する。そして、最後に、柱松をいくつかの類型に分類し、その中から共通項を見出し、柱松の特徴を論じる。

第Ⅱ部では、柱松と地域との関わりを事例研究として論じる。研究の対象とした集落は長野県飯山市瑞穂小菅(こすげ)である。ここを選んだ理由は、第一に、ハシラマツが少なくとも四百年にわたり継承されていること、第二に、小菅は、文書により、ある程度その発展の歴史的経緯が掌握できること。これにより、祭りの時代的変化の解明が可能となる。即ち、小菅は、中世、宗教都市として最も栄えたが、近世、農民主体のムラに変化し、それにより祭りの本質が変化したことを知ることができること。そして第三に、現在小菅は、過疎化・少子化・高齢化という地方集落の今日的問題を抱えており、祭りの将来を考えるのに適していること等である。第Ⅱ部では、祭りの行事次第・目的を記すだけでなく、坪井洋文が指摘した如く、祭りが如何なる地理的空間・宗教的空間・歴史的空間の中で生まれ、住民にとり如何なる意味を有しているのかを論じる。具体的には、第一章「集落の空間」で小菅集落の地理的・社会的・宗教的・歴史的環境を論じ、第二章「柱松の儀礼と意義」で柱松の儀礼と意義を歴史的に論じる。

終章で、以上の分析結果を踏まえ、先行研究を再度批判的に検討するとともに、序章で提起された研究課題が如何に解明され、何が今後の研究課題として残されたのかを提示する。

註

(1) 柳田國男　一九九〇「神樹篇　柱松考」(『柳田國男全集　一四』筑摩書房)一一頁。
(2) 柳田國男　一九九〇(一九四四)「火の昔」実業之日本社(『柳田國男全集　二三』筑摩書房)二一九~二二〇頁。
(3) 和歌森太郎　一九九四「柱松」(大塚民俗学会編『日本民俗事典』弘文堂)。
和歌森は、柳田は柱松の本義が年占いにあると断定しているが、柳田の柱松ないし柱に関する一連の論文から判断するに、柳田は柱を神霊が通る梯子であり、火は夜間梯子の在り処を示す道具としており、この点柱松を精霊や御霊迎えの具とする和歌森の考えと同じであると論者は理解する。和歌森がいかなる理由で柳田の見解を年占いと解釈したのか理解に苦しむ。
(4) 五来　重　一九八〇『修験道入門』角川書店。
(5) 五来　重　二〇〇八(一九八五)「鑽火の験競べと柱松」(『五来重著作集　第五巻　修験道の修行と宗教民俗』法蔵館)。
(6) 五来　重　一九八〇　前掲　一七一頁。
(7) 五来　重　二〇〇八(一九八五)前掲　二九四頁。
(8) 岩田重則　二〇〇三「第一章　髯籠の話と「柱松考」の民俗学方法論」(『墓の民俗学』吉川弘文館)。
(9) 古家信平　一九九四『火と水の民俗文化誌』吉川弘文館　三~四頁。
(10) 坪井洋文　一九五九「年中行事の地域性と社会性」(『日本民俗学大系　七　生活と民俗』平凡社)一七〇頁。

第Ⅰ部　柱　松

第一章　柱松の諸相

柱松という用語は、同種の儀礼を有する祭りを包括する学術用語の他、特定の祭りの名称としても用いられている。本書では学術用語を「柱松」、祭りとしての名称を「ハシラマツ」と記すこととする。本章では、柱松がどのような祭りであるかを論究するために、まず、ハシラマツと名の付く祭りの事例を全国的に採取した資料（表1「県別柱松一覧表」、図1「県別柱松分布図」）をもとに、第一節一項で類型化し、ついで同二項以降で、ハシラマツという名称ではないがハシラマツと同種の儀礼を持つ祭りの事例を採取した資料（表2「月別現行柱松一覧表」、図2「県別現行柱松分布図」、図13「現行柱松名称分布図」）をもとに、それぞれの類型の特徴を検討し、最後に第二節で、柱松の基礎的諸相を明らかにする。

第一節　ハシラマツと名の付く祭りと同類の祭り

一　ハシラマツと名の付く祭り

ハシラマツ（和歌山県太地町の方言ハチライマツと、鹿児島県の方言ハシタマツを含む）という名称で行われている祭りは、現在、全国九県（長野県・三重県・和歌山県・山口県・愛媛県・福岡県・大分県・宮崎県・鹿児島県）にまたがり三二事例ある（二〇一七年九月末現在）。以下三つの事例を取りあげ、現行ハシラマツの特徴を述べる。

〔事例A〕和歌山県東牟婁郡太地町（写真1）

太地町のハチライマツは、太地漁港で八月十四日・十五日・十六日に催される盆供養行事の一つとして行われる。行事の内容は、十四日が新盆供養・供養踊り・盆踊り・供養花火・ハチライマツ、十五日がハチライマツ、十六日が盆供養・供養踊り・盆踊り・送り念仏・初精霊送り（精霊船「極楽丸」による供養）である。

祭りの柱は、祭り直前に立てられる。芯柱は長さ一二m程の生松の丸太で、その先に、枝付き松、笹竹などが取り付けられ、全長一〇数mとなる。先端に、「オンマニダイウンバッタ」との真言が書かれた紙製の幡が取り付けられる。柱の上部に取り付けられる松明受けは、藁製で、直径一・三m、長さ一m程の円錐形をしており、中に花火が入っている。柱の周りに集まっていた若者たちが、祭りの責任者である消防団長の合図で、松明（細長く割った肥松を何本か束ねて縛り、それに紐をつけたもの）を一斉に松明受けに向けて投げ上げる。ほどなくして一つの松明が、松明受けに飛び入り火が点く。松明受けが燃え尽きると柱は倒され、祭りは終わる。十五日のハシラマツも同様に行われる。祭りの目的は、盆の迎え火（十四日）・送り火（十五日）であり、同時に同地が漁業を生業としているところから豊漁祈願である。

太地町のハチライマツの起源についての記録・伝承はないが、江戸時代からの行事である模様で、爾来行事次第、柱の形状等に基本的な変化はないという。

太地町のハチライマツの特徴は、祭場に柱を立てること、柱に松明を受ける松明受けが取り付けられていること、松明受けの点火のために人が下から松明を投げること、松明受けが燃え尽きると柱が倒されること等である。

祭日・目的は異なるも、太地町と同様な形式で行われ、ハシラマツと呼ばれる祭りは、以下の通り現在全国二七ヶ所で行われている。（カッコ内は祭日・目的）

三重県熊野市紀和町小川口（八月第一土曜日、盆供養・筏師の安全祈願）、和歌山県新宮市熊野川町宮井字音川（八月十五日、盆供養）、東牟婁郡北山村下尾井（八月十五日、新盆供養）、西牟婁郡すさみ町佐本根倉（八月十五日に近い日曜日、疫病除け祈願）、新宮市佐野（八月十六日、五穀豊穣祈願・虫除け祈願）、山口県萩市吉部下字野田（七月十四日、牛馬厄病除け祈願）、下関市豊浦町黒井（七月中旬、牛馬厄病除け祈願）、光市立野字西庄（七月最終日曜日、疱瘡除け祈願・施餓鬼供養）、下関市豊浦町川棚向畔（八月一二日、牛馬厄病除け祈願）、岩国市周東町祖生中村（八月十五日、天下泰平・五穀豊穣・牛馬厄病除け祈願）、美祢市美東町絵堂（銭屋集落）（八月十六日、盆供養・鎮魂）、美祢市美東町真名（切畑集落）（八月十六日、盆供養）、岩国市周東町祖生山田（八月十九日、天下泰平・五穀豊穣・牛馬厄病除け祈願）、岩国市周東町祖生落合（八月二十三日、天下泰平・五穀豊穣・牛馬厄病除け祈願）、愛媛県八幡浜市五反田（八月十四日、怨霊鎮め）、福岡県直方市上境（八月第一日曜日、怨霊鎮め・牛馬厄病除け・虫除け・豊作祈願）、直方市畑（八月十五日、牛馬厄病除け祈願）、大分県大分市高瀬（七月最終土曜日、豊作・虫除け祈願）、杵築市中出原（八月十四日、疫病除け祈願）、大分市下原字原村（八月十五日、盆供養）、竹田市荻町西福寺（八月十四日、新盆供養）、大分市寒田（八月十六日、盆供養）、大分市中尾（八月盆後の日曜日、盆供養・虫除け祈願）、宮崎県串間市大納（八月最後の金・土曜日、大蛇退治故事再現）、宮崎県串間市市木（九月十五日に近い日曜日、収穫感謝・来年の豊作祈願、大蛇退治故事再現）、鹿児島県姶良市北山字堂山（八月十四日、盆供養）、鹿児島郡三島村硫黄島（八月十五日、鎮魂・疱瘡退治祈願・盆供養）。

なお、鹿児島県鹿児島郡三島村硫黄島（写真2）の柱には松明受けはない。

〔事例B〕長野県飯山市瑞穂小菅（写真3）

小菅集落の鎮守社小菅神社の三年に一度の式年大祭に、ハシラマツといわれる祭りが行われる。祭日は、七月十五日後の一番近い日曜日である。祭りは、里の神の祭りと山の神の祭りが合体した祭りであることを特徴としている。まず里社から里の神が神輿で渡御し、お旅所に鎮座する。次に山の神が童子である松神子と呼ばれる神の依りましを伴って、旧修験系寺院の跡地から行列をなして降臨し、里の神の前で神事が行われる。祭場には、雑木でできた高さ約四m、幅約一・二mの円筒状の柱がカミ（東）とシモ（西）にそれぞれ一基立てられている。火付け役たる松神子二人がそれぞれの柱に登り、火打ち石と火打ち金を叩き合わせて競って火を鑽り出し、その火で柱の上の尾花に点火する。火が点くと柱は倒され松神子は近くの「休み石」まで走り、カミの松神子が早く着けば五穀豊穣、シモが早ければ天下泰平という年占いが行われる。鑽り火の遅速を競うというのは、修験の験競べの一種で、これは、小菅が中世期修験系寺院元隆寺の寺町であったことに由来する。更に、松神子が鑽り出した火に炙られた尾花には田畑に挿すと虫が寄りつかないという俗信があり、参観人は争って手に入れようとする。

小菅の祭りは、二人の童子が柱に登り、競って火を鑽り出し柱の上の祭具に点火し、その遅速で年占いをするということを特徴とするが、小菅以外でハシラマツという名称で、鑽り火で競って柱に点火し、年占いを行う祭りを行っているのは、長野県長野市戸隠の戸隠神社のみである（写真4）。

戸隠神社のハシラマツは、三年に一度の式年大祭で行われ、奥ノ院・中院・宝光院の柱（高さ約一・五m、四角錘形）に修験三人がそれぞれ駆け寄り、柱の下部で火を鑽り出し、柱に点火し、点火の遅速、燃え方、倒れ方で年占いを行う。ここでは、修験は、柱に登らず火を鑽り出す。戸隠の祭りは、遅くとも永仁五年（一二九七）までその存在が遡れる。江戸時代以来長らく途絶えていたが、二〇〇六年に復活した。従って、嘗ての祭りが如何なるものであったかは不明である。

〔事例C〕愛媛県八幡浜市川上町川名津（写真5）

川名津で寛政六年（一七九四）に大火災が起こり、これを契機に厄火祓いとして神楽とともに柱松神事が始まったといわれている。祭りは、鎮守社天満神社の例祭として四月第三土・日曜日に行われる。祭りは、その年四十二歳を迎えた厄年の男性や青年団が中心となって執り進める。祭り当日、山から切り出された一本の芯柱が、途中、清めのために海に投げこまれた後、祭場の天満神社境内に運び込まれる。柱に登柱用の藁を巻き、その先端に丞相様といわれる藁人形を取り付ける。松明受けはない。夕刻住民総出で、綱で柱を引き立てる。柱の横に、ハナヤ（神輿が本宮から渡御するお旅所で神楽が舞われる）を建てる。夕方より、ハナヤで神楽二十二式が奉納される。深夜、ハシラマツに関係する神楽「鎮火の舞」「四天の舞」及び「柱松登り」神事が行われる。一種の荒神である大魔と呼ばれる舞人が、長さ一・二m程の松明を背負って柱の下にある関を通過した後、高さ一二間の柱に登る。大魔は頂上で松明を左右左と三度振りかざして。鎮火祈願とともに国家安穏・五穀豊穣・氏子繁栄・海上安全を祈願し、松明を下の篝火の中に投げ入れる。同時に人形も観衆の中に投げ落とす。守護神と化した大魔の投げる人形は、家内安全・五穀豊穣の御利益があるとして、人々は、これを奪い合う。その後大魔は東方の引き綱（長さ五間）を伝って地上に曲芸的に降り立つ。翌日夕刻、祭りの最後として神社前で踊りが奉納され、神輿が宮入りし、柱が倒され、祭りが終了する。

川名津の祭りの特徴は、神楽の一演目としてハシラマツが行われること、柱などに点火がないこと、松明は清めの道具として存在すること、人が柱に登り祝詞を唱えることにより祭りの目的を表現すること、大魔が柱を支えている綱の一本を伝わって地上に降りること、柱の付属物にご利益があることなどである。川名津と同様な名称と行事次第を有する祭りは、他に存在しない。

以上の通り、ハシラマツといっても祭りにより柱・祭具の形態・行事次第・目的等が大きく異なり、これを包括して述べることは困難である。そこで、祭りを視覚的に簡単に区別できる点火方法の違いで分類し、今後の論を進めることとする。即ち、ハシラマツには太地町（事例A）や小菅（事例B）の如く、祭具に点火するものと、川名津（事例C）の如く点火しないものがある。点火するものも、その方法が松明を投げて点火する方式と火を鑽り出して点火する方式がある。これら三方式を、それぞれをA「松明投げ点火方式柱松」、B「鑽り火点火方式柱松」及び、C「無点火方式柱松」と称することとする。なお後述（四六頁）のように、ハシラマツと同類の祭りに、その他の方式としてD「直接点火方式」がある。

なお各地に、ハシラマツという名称ではないが、その行事次第がハシラマツと酷似している祭りが、現在六七事例ある。以下に、これらの祭りを前述の類型に従い、その特徴を論じることとする。なお、二〇一七年九月末現在、全国九七ヶ所でハシラマツ及びそれと類似の祭りが行われていることが確認されている。これらの祭りの事例は、表２

「月別現行柱松一覧表」に列記し、その分布状況は、図２「県別現行柱松分布図」の通りである。

二　ハシラマツと同類の祭り――Ａ松明投げ点火方式の柱松

１　事例

松明投げ点火方式のハシラマツに類似する祭りの事例は、現在五一あり、以下の名称で行われている。

⑴ナゲタイマツ

富士川（山梨県の釜無川と笛吹川が甲府盆地の南端西八代郡市川大門町において合流した後、富士川と名前を変え、静岡県富士市と庵原郡蒲原町の境で駿河湾に注ぐ）及びその支流流域で行われてきた祭りの名称である。なお、地元では、それぞれの祭りを、ナゲタイマツの他、ナゲンデー・ナゲデーマツ等各地個有の名称で呼んでいる。

具体的な現行祭礼の事例は以下の通りである（カッコ内は、祭日・目的。以下同じ）。

山梨県南巨摩郡身延町久那土（八月十三日、盆供養）、身延町久成（八月十三日・新盆供養）、身延町常葉字芦原出口（八月十三日・盆供養）、身延町清子（八月十四日、盆供養・火災除け祈願）、南部町南部・内船上・内船中（八月十五日、盆供養・川供養・虫除け祈願）、南部町十島（八月十五日、盆供養・川供養）、静岡県富士宮市沼久保字船場（八月十五日、川供養）（写真６）、富士宮市長貫字上長貫（八月十五日、川供養）、富士市北松野字大北（八月一五日、川供養）、富士市木島（八月十六日、川供養）、富士市岩松地区（十月第一土曜日、元は八月盆日、川供養、現在はイベントの一部）。

富士川流域以外では、岩手県盛岡市仙北（八月十六日、盆供養、舟っこ流しの一部）及び、大分県竹田市久住町久住字境川でもナゲタイマツと称する祭りが盆供養を目的として八月十四日に行われている。

(2)アゲタイ・アゲンダイ

静岡県中部、西部海岸部、大井川流域に見られる。現在、以下の地区で行われている。

静岡県藤枝市横内（八月十六日、盆供養）、藤枝市藤枝（八月十六日、盆供養・川供養）、島田市牛尾（旧金谷町）（八月十五日、盆供養）、牧之原市片浜字坂井（七月十三日、海難者供養）、牧之原市片浜字堀切（八月十三日、海難者供養）、牧之原市片浜字久保柄（八月十三日、海難者供養）、牧之原市片浜字大磯（八月十三日、海難者供養）、牧之原市片浜字法京（八月十三日・海難者供養）。

(3)トーロン

静岡県中部及び大井川流域に見られる。

静岡県藤枝市滝沢（八月十四日、盆供養）、焼津市中島（八月十四日、川供養）。

(4)マツアゲ

福井県南川流域及び京都北部に見られる。祭りが地蔵盆の日に行われる場合は、愛宕権現への献灯である。現在、以下の地で行われている。

小浜市滝谷（八月二十三日）、小浜市西相生字窪谷（八月二十三日）、小浜市和多田（九月第一日曜日）、小浜市上田（字小村・字岩井谷・字持田共同）（八月二十三日）、小浜市下田字岸（八月二十三日）、小浜市下田（字脇原・字山左近共同）（八月二十四日）、大飯郡おおい町名田庄堂本（八月十五日）、おおい町名田庄字井上（隔年八月十五日）、おおい町名田庄下（八月二十四日）、おおい町名田庄小倉（八月二十四日）、おおい町名田庄虫鹿野（八月二十四日）、おおい町名田庄三重字兵瀬（八月二十四日、九月第一土曜日）、おおい町名田庄三重字尾ノ内（八月二十四日）、京都府南丹市美山町芦生字芦生（八月二十四日）、京都市左京区広河原下之町（大堰川河原）（八月二十四日）、京都市左京区久多宮の町（広場）（八月二十三日）。

また祭りが、二百十日の近くに行われる小浜市和多田、大飯郡おおい町名田庄三重字兵瀬の場合は、目的は風除け祈願である。

(5)アゲマツ

地蔵盆の日に行われる前記「松あげ」と同様な形式・目的をもった祭りである。丹後地方に多い。現在、以下の地区で行われている。

京都市右京区京北小塩町（八月二十三日直近の土曜日、嘗ては二十三日、愛宕献灯）、南丹市美山町盛郷（字田土・林・上吉田の共同）（八月二十四日、愛宕献灯）、南丹市美山町殿（八月二十四日、愛宕献灯）、南丹市美山町川合（八月二十四日、愛宕献灯）。

(6)ヒアゲ

兵庫県姫路市を中心とする揖保川下流域で見られる。現在、以下の地区で行われている。

兵庫県龍野市御津町黒崎（七月第三日曜日、雨乞い・虫除け祈願）、姫路市網干区垣内（八月十五日、雨乞い祈願）、龍野市御津町中島（八月十五日、雨乞い祈願）、姫路市勝原区朝日谷（八月十五日、雨乞い・火防・虫除け祈願）。

(7)オトウ祭り（または婆焼祭り）

兵庫県豊岡市日高町の円山川流域の祭りの名称で、現在は日高町松岡と同町府市場（隔年）で行われているのみである。祭日は、四月十四日、目的は、豊作祈願、死霊供養等である（写真7）。

(8)その他の名称

以上は、同一名称のもとに、同種の祭りが行われている事例であるが、その他、以下の名称の祭りも柱に松明を投げて点火する方式で行われている。

オスズミ祭り。石川県七尾市能登島向田町（祭日七月最終土曜日（嘗て七月三十一日）、夏越神事）（写真８）。
アゲタイマツ。京都府舞鶴市城屋（八月十四日、雨乞い・大蛇退治の故事再現）。

２　特徴

⑴分布・名称

本方式の柱松は、富士川流域を北限とし、鹿児島県鹿児島郡三島村硫黄島を南限とする一四府県（山梨県・静岡県・石川県・福井県・京都府・三重県・和歌山県・兵庫県・山口県・愛媛県・福岡県・大分県・宮崎県・鹿児島県）で行われている。

名称は前述の通りであるが、例えば、マツアゲという名称が丹波地方でしか使用されていないように、若干の例外はあるが、それぞれの名称は特定の地域でしか使用されていない。但し、ハシラマツという名称は、石川県・三重県・和歌山県・愛媛県・福岡県・宮崎県・鹿児島県の全域と山口県の一部で広く使われている。

⑵祭場・祭日

祭場は、多くが川淵や海辺の水場に近いところである。祭場が寺社の境内の事例は殆どない。

祭りは、四月・七月・八月・九月・十月の各月に行われている。その内で最も多いのが八月で現行柱松全体の約七二％、次に多いのが七月で約七％で、七月・八月だけで全体の約七九％を占める。

⑶担い手

祭りの担い手は地域住民である。丹波・若狭地方の地蔵盆期の愛宕信仰と習合した松明投げ方式柱松は、修験道の影響が窺われるが、祭りの主宰者は住民である。松明の投げ手が子供である事例は多いが、材料集め、柱・松明受け・松明作り、柱立て、後始末等は、成人の手で行われている。成人も含めての年齢階梯制の下に祭りを行っている事例は、石川県七尾市能登島向田町のみである。

⑷祭具

祭具は、柱・松明・松明受けである（例外として石川県七尾市能登島向田町、兵庫県豊岡市日高町松岡、鹿児島県鹿児島郡三島村硫黄島は松明受けがない）。

芯柱となる材料は松・杉・竹が殆どで、松の利用率は四割程度である。柱の高さは、若干の例外はあるものの（例えば、山口県下関市豊浦町川棚向畔―約四ｍ）、ほぼ一〇ｍ以上である。

柱の形状は、若干の例外はあるものの（兵庫県豊岡市日高町松岡―逆三角錐）、大方は木ないし竹そのままの形である。また、京都府南丹市美山町及び福井県旧名田庄村では、箱ロギ呼ばれる、四角形の柱の中を空洞にし、そこに小型の柱を入れ滑車を付けて松明受けを上下させるという形の柱が使用されている。これは、松明受けを上下することにより松明を入れやすくするためである。

現行の祭りでの柱の本数は、一本から九本（大分市高瀬）まであるが、通例は一本から三本である。本数は、投げ手の数、年齢差（成人用・子供用）に応じて決められ、年占いのために本数を複数にするという事例はない。

松明は、燃えやすい肥松を細長く割り、何本か束ねて紐をつける形が多い。但し、昨今は肥松が少なくなっており、小石を入れた布に紐をつけ、油に浸し点火して、これを投げるという事例もみられる。

本方式では、柱に松明を投げて点火することから、松明の受け皿を柱に取り付けなければならない。受け皿の形状や中に入れる添火物は各地で工夫を凝らし、地元の知恵が結集されている。

⑸行事次第

行事次第の典型は、午前中、祭りの準備である柱・松明受け・松明の作製、柱立て、夕刻、祭りの本番である松明投げと柱倒し、というものである。地蔵盆期の柱松には、愛宕山への献灯ということで、愛宕神社への代参、集落の愛宕社からの種火分与という儀礼が祭り前に行われる事例が多い。

本方式の祭りは、松明受けに松明を投げて点火するが、松明受けのない所では以下の通り点火される。石川県七尾市能登島向田町では、点火物たる柴八〇〇束が柱の根元に積まれ、それに向かって松明を投げて点火する。兵庫県豊岡市日高町松岡では、篠でできた、高さ四m程の逆円錐形の柱の上から松明を投げ入れて点火する。鹿児島県鹿児島郡三島村硫黄島では、細竹の束でできた芯柱の先端をこんもりと膨らませ、これに向かって松明を投げ込んで点火する。

(6) 一番火

柱松においては第一義的に必要とされることは、柱・松明受けに火を点すことである。従って、一番初めに火を点けた人は賞される。一番火には賞品を出す事例が多い（例えば三重県熊野市紀和町小川口、福岡県直方市上境）。なお、一番火の賞品を新盆の家が出す習慣の集落も多い。

(7) 目的

祭りの目的は、火によって表現され、神の意思の確認、神への感謝・祈願であるが、その内実は当該地域の生業・環境等の必要から生まれたものである。例えば、五穀豊穣・豊漁・虫除け・疫病除け・火伏・鎮魂などであるが、これに宗教者が介入することにより宗教的解釈がなされる。例えば丹波・若狭地方の地蔵盆における祭りは、形態は、盆時期に多くみられる投げ松明点火方式であるにかかわらず、その目的を愛宕献灯としている。これは愛宕信仰による解釈からの目的である。

本方式の柱松に共通に見られる目的は、盆であれば供養、十五夜であれば収穫感謝といった如く、それぞれの季節と関係の強いものである。但し、通年見られる目的は豊作祈願と厄除け祈願である。

柱松と盆時期の新盆供養との関係は、新盆の家からの柱の提供がないと祭りをしないという事例（山梨県南巨摩郡身延町久成）や、新盆は個人の祭事であるので柱松とは関係ないという事例（静岡県相之原市片波）があり、柱松と新盆との関係は地域により異なる。

柱松が集中して行われている地域では、地域内での祭りの目的は同じである。例えば以下の如くである。

山梨県と静岡県の富士川流域、静岡県の焼津以西の海岸地帯、大井川下流地域は、川供養・新盆供養・虫除け祈願。

丹後・若狭地域の地蔵盆時は、愛宕神社への献灯・火防祈願。

北山川・熊野川地域は、筏師の安全祈願、川供養。

兵庫県豊岡市日高町円山川流域は、怨霊の鎮魂・豊作祈願・川除け祈願。

兵庫県揖保川下流地域は、雨乞い祈願・川供養。

山口県は牛馬安全祈願。盆時期、牛馬の安全祈願を目的とする柱松は、山口県でのみ行われている。これは、江戸期に牛馬の疫病が流行った時、僧から高いところに火の玉を上げれば疫病が止むといわれ、柱松を始めたという伝承に基づく。

大分県旧岡藩領は、新盆供養・虫除け祈願。

宮崎県串間市南端地域の十五夜は、穂掛祭り・大蛇退治故事再現（豊作祈願）。

(8) 俗信

柱の倒れる方向、煙の流れる方向、火勢による俗信は多数ある。但し、柱の先端に取り付けられた御幣等にご利益があり、これを入手するために争うといった風習は、本方式においては、石川県七尾市能登島向田町以外はない。

三　ハシラマツと同類の祭り――B鑽り火点火方式の柱松

長野県飯山市瑞穂小菅の祭りと同類の祭りである。

特徴は次の通りである。

(1)分布・名称

鑽り火点火方式の祭りは、前述のハシラマツという名称以外、松例祭・火祭り・松子・柱松子・幣切りとい名称で行われており、場所はそれぞれ、山形県鶴岡市出羽三山神社(写真9)、新潟県妙高市関山(写真10)、長野県下高井郡木島平村内山(写真11)、同県下高井郡木島平村南鴨(写真12)、福岡県京都郡苅田町山口(等覚寺)(写真13)である。名称は祭りにより異なる。

ここでは、先に述べた長野県の戸隠、小菅を含めた本方式柱松の全体を論じる。

なお、現行の山形県鶴岡市出羽三山神社の松例祭においては、火は鑽り出されるが、その火を種火として柱松明に点火するわけではない。また、福岡県京都郡苅田町山口(等覚寺)の祭りでは、現在、火は関与しないが、同類の嘗ての英彦山の松会では、火が関係していた。即ち、英彦山の松会では、祭礼絵巻「英彦山大権現祭礼松会之図」に見るように、旧二月十三日に松起こしが行われ、翌十四日に、「黒鈴懸大袈裟をまとった御幣切が柱松の頂上にのぼって、火を打って幣の足を焼き、これを太刀で切り落す(一太刀で切る時には天下泰平という)」。その後峯入りとなる。現在の等覚寺の「御幣切り」では、「火を打って幣の足を焼く」儀礼はなく、単に手にした幣を太刀で切るだけであるが、等覚寺が嘗て英彦山の影響下にあった寺院であることから、「火を打って幣の足を焼く」儀礼があったと推定する。

小菅・関山・出羽三山神社・戸隠・等覚寺は、中世、修験の霊山といわれてきた場所である。

⑵祭場・祭日

祭場は、全て寺社の境内である。具体的には、戸隠は戸隠神社。小菅は、現在祭場が講堂前広場といわれる所であるが、この場所は、嘗ての元隆寺講堂の前庭であった。松例祭は出羽三山神社、関山は関山神社、内山は大日堂前、南鴨は大日如来祠前、山口は嘗て等覚寺があった白山多賀神社である。

祭日は、それぞれ異なる。出羽三山神社は松聖の百日修行の結願の日である大晦日。関山は、現在七月十七日以降の直近の土・日曜日であるが、嘗ては旧暦六月十六日・十七日で、これは修験の妙高山での修行の日と関連があると推定される。戸隠神社の復活後の祭日は、日にち不定の七月（三年に一度）で、嘗ての慣例に従い、修験の夏の峯入り日を想定している。小菅は、七月十五日後の直近の日曜日。「小菅四日」といわれ、旧暦六月四日に行われていた。山口（等覚寺）の松会は、嘗て正月三日に行われていた修正会と旧暦二月十九日に行われていた松会が、現在では、四月第三日曜日に同時に奉納される。

祭りは、出羽三山神社・内山以外、全て日中に行われる。

⑶起源

各祭りの起源は以下の通りである。

①山形県鶴岡市出羽三山神社

『拾塊集』（元亀年間〔一五七〇～七三〕成立か）によれば、この時代、陸奥国と出羽国に悪鬼が出現した。羽黒権現十三王子の一神である遠賀の王子が「鬼の形をかたどった大松明を作って焚きつくせ」と託宣し、これを実施したら悪鬼は出て来なくなった。祭りは、この故事に倣ったものであるという。託宣された相手は羽黒の修験である。[1]

②新潟県妙高市関山

関山にある妙高修験の本拠たる別当宝蔵院は、十五世紀後半には存在。祭りは、十八世紀中葉には行われていたことがわかるが、祭りがいつ頃から始まったかは不明である。

③長野県長野市戸隠神社

『戸隠山顕光寺流記』（十穀僧有通編、長禄二年（一四五八））によれば、十三世紀末まで遡れる。江戸末期に中断されたが、二〇〇六年五月に復活した。

④長野県飯山市瑞穂小菅

史料に、現行の柱松が登場するのは、宝暦四年（一七五四）の「小菅村村差出覚控」及び享保十四年（一七二九）から宝暦十二年（一七六二）の間の時期に作成されたと判断される大聖院（小菅に存在、元隆寺別当）の年中行事等を記した『諸修行事』においてである。村人の祭りであるが、導師として修験が参加していた。なお、戦国時代に祭りを行っていた記録はある。[2]当時、小菅は修験の寺院として栄えていたので、この祭りが修験のものであったことは確かであるが、現行の柱松との関係は不明である。

⑤長野県下高井郡木島平村内山

現在、祭りが行われている大日如来堂にある大日如来像が享保十二年（一七二七）奉納。[3]この像は、厄病がこの頃流行し厄病退治祈願として奉納された。伝承では、この時、集落の修験が、疫病除け祈願として小菅から柱松神事を導入し、爾来、祭りが継承されているといわれている。

⑥長野県下高井郡木島平村南鴨

祭りの起源については、二説ある。一説は、江戸期村に頻繁に火災があり、厄火除け祈願のために戸隠神社より大日如来を勧請し、護摩堂を建てて祀り、祭りを行ったというものである。他の一説は、南鴨は、江戸時代初期鴨ヶ原村という村が二分された時にできた村で、村の結束を強化するために、祭りが必要となり、当時法印であった村の中塚家を通じて小菅神社から祭事を習った。[4] 中塚家は、昭和三十年代頃まで同村にあった修験系寺院中央山大徳院元賓寺花木坊の開祖東嶽法印の子孫である。祭りは、現在は村の祭りであるが、嘗ては中塚家の家氏神である大日如来の祭礼として行われていた。

⑦福岡県京都郡苅田町山口（等覚寺）

『普智山等覚寺来由』には、天暦八年（九五四）二月十三日、「祭柱起し、同十六日塩会、同十七日、御輿洗、笠揃、勤行作法、同十八日、祭会」と松会の日程が記されており、これが等覚寺の松会に関する最古の記録である。祭りの奉仕者は等覚寺の修験である。[5]

⑷担い手

山形県鶴岡市出羽三山神社は修験と集落住民、新潟県妙高市関山神社、長野県飯山市瑞穂小菅は集落住民、長野市戸隠神社は全て修験と、いずれも成人である。内山は集落の成人と子供、南鴨は子供のみである。福岡県京都郡苅田町山口の現在の祭りの担い手は、等覚寺地区の北谷一〇戸、本谷三戸の住民の輪番で行っている。いずれも修験者の末裔である。

祭りの主役は、福岡県京都郡苅田町山口は里修験の施主で、それ以外は火を鑚り出す火打ち役である。火打ち役は、長野県飯山市瑞穂小菅では松神子と呼ばれ、六、七歳の男児が祭り前夜奥社で参籠し神の依り代となる。長野県下高井郡木島平村南鴨・内山も火打ち役は松子ないし松神子と呼ばれる男児である。新潟県妙高市関山では仮山伏である。

山形県鶴岡市出羽三山神社では松打ちと呼ばれ、集落の里修験である。いずれも聖なる者がその役を負う。

⑸祭具

福岡県京都郡苅田町山口以外、点火が鑽り火で行われるので、当然のこととして、松明や松明受けはない。点柱の本数は複数である。これは点火の遅速により年占いが行われるためである。

柱の形態は以下の通りである。

山形県鶴岡市出羽三山神社：一本(萱草を芯としヨシで包む)。高さ二間、直径一尺五寸、筒状。
長野県飯山市瑞穂小菅：二本。高さ「カミ」約四m、「シモ」約三・七m、直径約一・二m、筒状。
長野県木島平村南鴨：二本。両者とも高さ約三m、直径約一・五m、筒状。
長野県木島平村内山：二本。両者とも高さ約三m、直径約一・五m、筒状。
長野県長野市戸隠：三本。材質は、中院が幣竹(根曲竹)、宝光院が雑木、奥院が幣竹及び雑木。高さ六尺、四角錐。
新潟県妙高市関山：二本。柏・朴・栗等で作製。高さ約二間、但し土台となる材木を束ねた柱の部分は、高さ約三尺。
関山では、柱の上に扇形の大幣(オノサ。高さ一・五m、横二・五m、柄一m)と、御幣の形をした小幣(コノサ。高さ四五cm)が取り付けられる。大幣・小幣に点火される。
福岡県京都郡苅田町山口(等覚寺)：一本。高さ二三尺。

⑹行事次第

本方式の柱松は、鑽り火という修験の儀礼を踏襲し諸願を祈願する祭りといえる。行事次第は、神迎え、神の慰撫、神への感謝・祈願、神送りという構造においては、松明投げ点火方式と同じであるが、鑽り火方式の祭りでは、より複雑となっている。行事次第は、次の通りである。

①山形県鶴岡市出羽三山神社

鑽り火の儀礼が行われる火の打替神事は大晦日の深夜に行われる。それは悪鬼退治により穢れた火を、新年を迎えて新たな火に改める越年儀礼である。火打ち役である、松打ち二人が、「勝っても負けても尋常に」と叫びながら、高さ二間程の燃え盛る鏡松明の周りを三周し終わると、一〇数m先に立つカドモチが持つ火皿（ヒナゴゼ）の上で火を鑽り出す。但し、これで鏡松明に点火するわけではない。

②新潟県・長野県

当地域の柱松は、三つのグループに分類できる。

第一のグループは、長野県小菅・南鴨・内山である。そもそも南鴨・内山は祭りを小菅から導入したとの言い伝えもあり、祭りの担い手、祭りの時間に若干の差はあるが、行事次第は基本的に同じである。これは子供が円筒状の柱に登り火を鑽り出し、柱の先端に取り付けた尾花に点火する方式である。この行事次第を、長野県飯山市瑞穂小菅の事例をとり説明する（詳細は第Ⅱ部を参照）。

祭日前に、粗朶でできた高さ約四m、直径約一・二mの柱二本が祭場に立てられる。祭り前日、火打ち役の松神子が奥社で一夜参籠する。これは、松神子が神の依りましとなったことを意味する。

祭り当日の午前中は火口焼き神事（ブナの小片を炭火で焼き火口とする儀礼）、くじ引き神事（くじを引いて二人の松神子の分担を決める儀礼）。午後、里社からお旅所への神輿の渡御を待って、松神子たち祭り参加者が旧大聖院跡地より行列で祭場に向かう。

祭場に着くと山伏姿の松太鼓の合図で松神子たちは、柱に登り、火打ち石と火打ち金で火を鑽り出し、柱の天辺に取り付けられた尾花（ススキの束、全長一・五m）に点火する。尾花が着火すると、柱は直ちに倒され、松神子が休み石まで走る。到着の遅速による年占いがある。到着の遅速は、火の鑽り出しの遅速が大きく影響するので、実際は鑽り火の遅速による年占いである。尾花は、南鴨ではススキ、内山ではホヤ（穂屋ないし穂矢）と呼んでいる。小菅・内山ではススキは八月二十七日の御射山祭りの日に採取することになっている。

以上の方式においては、役どころが小菅は松神子以外すべて成人、南鴨は全て子供、内山は成人と子供、祭りの時刻が小菅・南鴨は昼間、内山は夜間という違いはあるにしろ、火付け役の子供が柱に登り火打ち石と火打ち金をたたいて火を鑽り出し、尾花に点火する方式、どちらが早く火を鑽り出し点火するかという競争（験競べの一種）、それによる年占いが行われる点に関しては、三者は同じである。和歌森が修験の柱松（即ち登頂点火方式）としたのは、小菅の柱松であるといえる。

第二のグループは、新潟県妙高市関山の柱松である。火付け役の仮山伏が柱に登り、火打ち石と火打ち金で火を鑽り出し、それで柱に取り付けられた御幣に点火する。点火の遅速の競技、それによる年占いが行われる。以上は小菅と同じであるが、異なる点は、役どころが全て仮山伏と呼ばれる住民であること、二本の柱が高さ一m程の丸太一〇数本を結わえ、その上に数本の枝付の木を立てその上に御幣を取り付けたものであること、柱の御幣に着火後、仮山伏と参拝人が一緒になり柱を綱で引くこと等である。

第三のグループは、長野県長野市戸隠の柱松である。これは、二百年以上も途絶えていたものを、二〇〇三年に復活したものである。それまで中院・奥ノ院・宝光院の三ヶ所で行われていたものを一ヶ所で行うというもので、嘗ての祭りを忠実に再現したものではない。再現された柱松では、火打ち役である修験が柱まで駆けて行き、柱の下部で火打ち石と火打ち金で火を鑽り出し柱に点火し、その遅速を競い、それにより年占いをするというものである。柱松には、御幣の他に「奥院大権現」「中院大権現」「宝光院大権現」の長さ約二mの幡が、それぞれ立てられる。柱とともに焼かれる。

小菅との差異は、柱の形状（小菅は円筒。戸隠は四角錘）、点火の方法（小菅は柱に登る。戸隠では柱登りはない）であり、小菅の柱松が五穀豊穣・天下泰平祈願であるのに対し、戸隠では修験の入峯の儀式と位置付けられている点である。以上の行事次第は、若干の違いはあるにしろ、嘗て修験が関与していたこと、柱が複数あること、点火が鑽り火によること、点火の遅速により年占いが行われることでは共通している。

③福岡県京都郡苅田町山口

祭場は、福岡県京都郡苅田町大字山口字等覚寺の本谷と北谷の間に位置する白山多賀神社の境内松庭である。祭りの担い手は先述の通り、等覚寺地区の北谷一〇戸、本谷三戸の住民で、いずれも修験者の末裔である。

松会当日早朝、施主の禊ぎと神社への大幣奉納が行われ、午後、松会が行われる。松会では、神幸行列・獅子舞が行われ、田打ち・畦切り・畦塗り・代掻き・田植え・はらみ女などの「田行事」が行われる。続いて鬼会が行われた後、鉞舞・長刀舞などの「刀行事」が行われ、最後に幣切りが行われる。幣切りがハシラマツに相当する。

幣切りは、白黒の格子の袴、白無地の上着姿、頭に五色の花傘、口に榊の葉をくわえ、背中に白のたすきに大御幣、腰に御神刀を差した施主が、法螺貝の鳴り響く中三三ヶ所に巻き付けた大蔓を梯子代わりにして柱（高さ三三尺）を登る。柱の天辺で施主は、祈願文を読む。そして腰の大刀を抜き、幣串を切り落とす。その後施主は純白の御幣を切り落とし柱から降りる。現在の等覚寺の松会には火は関与しない。

(7)目的

祭りの特徴たる豊作祈願が、全ての修験系の祭りに見られる。松例祭は、新年にあたり穢れた火を浄化し新しい火を鑽り出すという目的であるが、修験にとっては、昇格儀礼・験競べである。祭りを支える手向集落の人々にとっては豊作祈願・火防祈願・家内安全祈願の祭りである。長野県木島平村内山は疫病除け、同村南鴨は厄火除け祈願が加味される。

山形県鶴岡市出羽三山神社、長野県飯山市瑞穂小菅、同下高井郡木島平村南鴨・内山では、綱・御幣・尾花などに、火防・豊作などの意味が込められているとして、見物人がこれを奪い合う。現世利益を求める見物人の祭りに来る私的な目的がここにある。

等覚寺の松会の施主は柱松の上で、天下泰平・国運隆昌・満民安泰楽・各願円満を祈願する。松会は豊作祈願である。大綱を寄進する集落の人々は疾病退散を祈願する。

(8) 俗信

山形県鶴岡市出羽三山神社、長野県飯山市瑞穂小菅、同下高井郡木島平村南鴨・内山では、祭具にご利益があるとの俗信がある。等覚寺の松会では施主が柱松の天辺で切る御幣の紙片が、松庭に撒かれている種籾に落ち、神の御種が宿るといわれ、これを拾って自分の種籾に混ぜると豊作がもたらされるという。

最後に、新潟県妙高市関山、長野県長野市戸隠、長野県飯山市瑞穂小菅の関係について述べる。

長野県と新潟県の柱松は地理的に隣接しており、また、戸隠を除き柱に登り火を鑽り出すという類似の点火方法であるところから、相互に何らかの関連があると考えられてきた。和歌森太郎は、小菅・関山は戸隠修験の影響で成立したとして、小菅にその姿が残っていると考えた趣である。

現在のところ文献上、江戸時代関山の例祭に戸隠より修験が参加していたことが判明しており、関山の祭りが戸隠の影響を受けていたことは確かである。また、小菅の神主鷲尾が慶応二年(一八六六)六月二十二日の山開きの日に妙高山に登頂している。このことから小菅神社が何らかの形で妙高修験道の影響を受けていたものと推察できる。[6] 更に江戸後期南鴨の大徳院法印(一説では、南鴨に柱松を小菅より導入したといわれる修験寺院)は、妙高山別当宝蔵院より妙高山入峯先達号を認可されており、その先達が小菅の祭礼に参加している。[7]

これらのことから、戸隠・関山・小菅の間に祭りに関し何らかの関係があったものと推測できるが、現在のところ、小菅と戸隠との柱松の関係を示す伝承や文書は見出されておらず、推測の域を出ない。[8]

四　ハシラマツと同類の祭り――C無点火方式の柱松

愛媛県八幡浜市川上町川名津の祭りと同様な儀礼を持つ祭りが、「松登り」という名称で現在、以下の地区で行われている。

山口県岩国市行波(祭日四月初め、七年ごと)(写真14)、同県柳井市伊陸字南山(南山神社)(四月三日の直前の日曜日、二十四年ごと)、同県熊毛郡田布施町大波野(八幡八幡宮)(未定、十年ごと)。

無点火方式の柱松は、神楽の一部として行われ、神の依り代が柱に登り祈禱するもので、松明や鑽り火で柱や松明受けに火を点すわけではない。この点、前二者の柱松と異なる。しかしながら、この祭りでは、柱を立てること、火が祭りの目的を表現する上で重要な役割を負っていること等、他の柱松との共通点が見られることから、柱松として取り扱う。

なお、川名津の祭りが行波から伝えられたものであるとの史料的な裏付けはないが、両者は儀礼的に酷似している部分が多いので、両者の間には何らかの関係があったものと推定される。

特徴は次の通りである。

(1)分布・名称

本方式の柱松が行われる地は、いずれも瀬戸内海の周防灘・伊予灘を囲む地域である。山口県岩国市行波、柳井市伊陸字南山、熊毛郡田布施町大波野は松登り（神舞）、愛媛県八幡浜市川上町川名津は、ハシラマツである。柱松が関わる演目は、神楽の一部として、周防地方では「八関」「松登り」、伊予地方では「御柱松登り」と呼ばれている。

(2)祭日・祭場

祭日は、山口県岩国市行波が七年ごとの四月第一土・日曜日、愛媛県八幡浜市川上町川名津が毎年の四月第三土・日曜日、山口県柳井市伊陸字南山が二十四年ごとの四月三日の直前の日曜日、山口県熊毛郡田布施町大波野が十年毎の三月である。

愛媛県八幡浜市川上町川名津は毎年の行事であるが、山口県岩国市行波は七年ごとの式年行事であることを特徴としている。これは、前者が厄火祓いや豊作祈願といった年々に関わる目的の祭りであるのに対し、後者が神楽に関わる社家の死霊に関することを主たる目的とする祭りであることに関連しているのであろう。

祭場は、いずれも神社の境内ないしその近くである。

(3)起源

①山口県岩国市行波

記録によれば、寛文八年（一六六八）、行波集落の鎮守社の秋季例祭に社家神楽が奉納されたのが、最初の神楽である。寛政三年（一七九一）九月に、当時の鎮守社荒神社（改称・荒玉社）に疫病悉除・家内安全・五穀豊穰を祈願して社家神楽が奉納され、以来、式年神楽（七年）として断続することなく継承されている。明治初期神仏分離令の影響で里神楽となる。

行波の神舞は、山口県柳井市伊陸南山（二十四年ごと）、熊毛郡由布施町大波野（十年ごと）、愛媛県八幡浜市川上町川名津（毎年）の柱松に影響を与えたといわれている。

②愛媛県八幡浜市川上町川名津

川名津天満神社の柱松は、嘉永六年（一八五三）二月の大火災を契機に厄火祓いとして神楽とともに始まったとされているが、翌嘉永七年九月二十八日付の宮司藤原清近が執り行った注連神楽・柱松の勤役式の記載をもって「柱松神事」が正式に始まったとされている。⑼

⑷担い手

現在は在野の人々が継承しているが、明治の神仏分離までは社家が継承していた。

⑸祭具

点火の儀礼がないので、松明受けや松明はない。柱は一本である。柱は、周防・伊予地方は松か杉で、柱に登攀用の足場が縄で作られる。高さは山口県岩国市行波が約一四間、愛媛県八幡浜市川上町川名津が一二間（閏年一三間）である。柱に登攀用の足場が縄で作られている。柱の中ほどに、行波では、三光といわれ日・月・星を表した紙製の盆が取り付けられる。川名津では、柱の先端に、ショウジョウサマ（祭神菅原道真の藁人形、高さ約一m、右手に扇、左手に御幣と銭一二枚を持ち、赤色の着物を着る）を置く。

⑹行事次第

いずれもが、神楽の一演目として行われる。従って、神迎え・神への感謝祈願・神送りは神楽の中でも行われるが、本方式の柱松においても、同様な儀礼は行われる。但し、神への感謝・祈願は、人（鬼）が柱に登り唱えることにより行われることが、他の形式の柱松と異なる。つまり、本方式の特徴は、人が柱に登り、祈願をし、幣を切り、或いは柱の付属物を下に投げおろし、柱を支えている綱を曲芸的に降りてくるというものである。他の形式の柱松のような柱ないしその付属物への点火はないが、火との関わりは、行波は柱に取り付けられている三光に火を放つこと、川名津は柱に登る鬼が松明を背負い、それで祈禱・お祓いをすることに窺われる。

①岩国市行波の行事次第

名称は、神舞である。地元では願舞と称している。祭りは、七年に一度行われる（当該年の四月第一日曜日）行波集落の鎮守社荒玉社の式年祭での里神楽である。荒玉社の前の錦川河川敷で行われる。柱は、神楽が舞われる神殿から二〇間離れた所に立てられる。赤松の丸太で高さは二三尋半である。

神楽の演目は一二座あり式年祭で全曲が演じられる。柱松が登場するのは八番目の舞「八関、松登り」である。黒の羽織袴に天狗の面をかぶった鬼が、神殿から仏教でいう六道の門を通り抜けながら、柱まで舞子二五人を相手に舞い、最後に白装束に白鉢巻の荒神（死霊）に変身し、柱の綱に足をかけながら登る。柱の天辺付近の枝に日・月・星を表す三つの紙製の円盤「三光」が掛けられており、荒神は、「五穀豊穣」「民安穏」「厄疫退散」と唱えながら、これを火で次々に破る（同時に近くの木の枝を切って下に投げ落とす）。荒神は綱を伝わって、時には逆になり両足で綱をはさんだりして曲芸的に地上に降りる。

見物人は荒神が柱の上から落とす松の小枝に御利益があるとして、これを手に入れる。

②愛媛県八幡浜市川上町川名津の祭りの次第

祭場では、祭り当日夕刻から神楽三〇式が演じられる。深夜を過ぎて、「鎮火の舞」「四天（してん）の舞」及び「柱松登り」の神事が行われる。そして、舞舞台の外で、「松登り」が行われる。これがハシラマツである。深夜十二時頃、大魔役の舞人（大魔は鬼から国家の守護神となる）が、長さ二m程の松明を背負って柱松を二七段の梯子で登り、頂上で竹と麻木で作られた漏斗型の飾りや丞相様の人形を、鎮火祈願とともに国家安穏・五穀豊穣・氏子繁栄・海上安全を祈願し四方に振り、観衆の中に投げおとす。この人形は、家内安全・五穀豊穣の御利益があるとして、人々は奪い合う。更に大魔は大松明を左右左と三度振りかざして、厄火祓いと鎮火を祈り、下の篝火の中に投げ入れる。大魔は東方の引き綱（長さ約九m）を伝ってアクロバット的に地上に降り立つ。柱は、翌日、倒され祭りは終わる。

川名津では、祭りに先立ち、祭りの当日柱となる木の切り出し、柱引き、柱の清め（海に浸す）、柱造り、柱立てが行われる。この点、行波と異なる。

⑺目的

奉仕者が柱の上で宣べることで神態を表現する。宣べる内容は、神への祈願・感謝である。例えば、山口県岩国市行波は死霊鎮魂・昇華・豊作祈願である。愛媛県八幡浜市上川町川名津では、鎮火・国家安穏・五穀豊穣・氏子繁栄・海上安全、各祈願等である。川名津は、形式において行波の影響を受けているとはいえ、祭りの目的は行波とは異なり、火難除け祈願が主である。

⑻俗信

御幣ないし柱の付属物にご利益があると信じ、見物人は、それを手に入れようとする。例えば、行波では荒神が落とす松の小枝、川名津では藁人形である。見物人は、これらを拾って、家に持ち帰る。

五　ハシラマツと同類の祭り――D直接点火方式の柱松

松明を投げて柱ないし松明受けに点火するという松明投げ点火方式の祭りと儀礼的に酷似しているが、点火の手段が松明を投げるのではなく、長い竿の先に火のついた藁などを縛り、これで柱に直接点火し、柱を燃やす祭りが以下四事例ある。この方法も、松明を投げたり、火を鑽り出して点火する方式と目的において類似しているので柱松の一形態とすることとする。この方式を「直接点火方式柱松」と称することとする。

特徴は次の通りである。

⑴分布・名称

祭りは、静岡県静岡市葵区坂ノ上（写真15）、京都市右京区嵯峨清涼寺（写真16）、兵庫県洲本市五色町鮎原栢野（写真17）、同県加東市黒谷（写真18）で行われる。いずれも地域的に点在し、松明投げ点火方式柱松とは離れた場で行われている。

名称は、静岡市葵区坂ノ上が松明、京都市右京区嵯峨清涼寺がお松明式、兵庫県洲本市五色町鮎原栢野が柴燈、加東市黒谷が柱祭りであり、いずれも異なる。

⑵祭場・祭日

祭場は、静岡市葵区坂ノ上は河原、京都市右京区嵯峨清涼寺は寺の境内、兵庫県加東市黒谷はあぜ道の交差路、同洲本市五色町鮎原栢野は薬師堂の境内とそれぞれ異なり、静岡市葵区坂ノ上以外は水辺と関係のない場所で行われている。

祭日は、静岡県静岡市葵区坂ノ上が八月十三日、京都市右京区嵯峨清凉寺が釈迦の入滅日たる三月十五日、兵庫県洲本市五色町鮎原栢野が八月十六日、加東市黒谷が八月十六日である。清凉寺以外全て盆期である。

⑶担い手

点火をする人は、いずれも成人であり、祭りを通じて子供が関与する場面はない。

兵庫県洲本市五色町鮎原栢野の名称は「柴燈」であることから、修験の関与が想像できるが、祭りでは仏僧が祭り前、薬師堂内で読経し、更に、柱が点火され、倒れるまで柱の前で読経する。

⑷祭具

柱と点火用の竹竿のみである。

柱の特徴を以下に掲げる。

静岡市葵区坂ノ上：二本。高さ約一〇ｍと八ｍ。七夕に使用した細い竹を何本も束ね柱を二本作り、それを川と崖の狭い空き地に立てる。

京都市右京区嵯峨清凉寺：三本。高さ二一尺、二〇尺、一九尺。一辺の長さが七尺の底がある三角錐。三本の柱の形状が逆三角形をし、また柱を縛る藤蔓の縛り方が円形をしており、極めて優雅である。

兵庫県洲本市五色町鮎原栢野：一本。高さ約六間、直径約一間。柱は、梯子に支えられ斜めに立てられる。

兵庫県加東市黒谷：約六ｍ。松の柱に、下から約三ｍの所に、長さ約二ｍの「じょうご」といわれる細く割った松の木を八本円状に結わえ付け、その上に枯れた松葉などを高く、こんもりと積み重ねる。これを「やま」と称している。そして最後に、天辺にイデの葉だけをつける（長さ一ｍ位、先は三角錐）。

⑸行事次第

行事次第においては、柱を立て、点火し、柱を倒すという点では松明投げ点火方式の祭りと異なるところはないが、松明受けがないこと、点火が直接柱になされるという点では松明投げ点火方式の祭りと異なる。なお、兵庫県洲本市五色町鮎原栢野の柱松は、種火をレンズにより太陽光を集めて作りだすとのことであるが、この種火で直接柱に点火するわけではない。

点火は以下の通り行われる。

静岡市葵区坂ノ上では、長い竹竿の先端に油を浸した布に火をつけ、それで柱の先端に点火する。京都市右京区嵯峨清涼寺では、竹竿の先端に取り付けられた火のついた藁束を柱の上から中に投げ入れて点火する。三本の柱を早稲・中稲・晩稲に見立て、それぞれの燃える勢いで豊凶を占う。兵庫県洲本市五色町鮎原栢野では、火のついた藁を先端に取り付けた竹竿で柱の先端に点火する。兵庫県加東市黒谷では、事前に「やま」に差し込まれていた珍宝といわれる長さ六〇cm、太さ三〇cmの松の丸太を引き抜き、そこに火のついた丸木の松明を挿しこんで点火する。

⑹目的

柱松の目的は、静岡市葵区坂ノ上は盆供養・川供養、兵庫県加東市黒谷は、祭日が盆期であるが豊作祈願、兵庫県洲本市五色町鮎原栢野は盆供養、京都市右京区嵯峨清涼寺は涅槃会の一部としての仏の供養の他、年占い・雨乞い祈願・豊作祈願などである。清涼寺のお松明式では、清涼寺が嘗て愛宕神社の神域にあり、修験の影響を受けたと思われる年占いが行われることが特徴である。

⑺俗信

俗信はあるが、御幣等の争奪は行われない。

第二節　松明投げ点火方式の柱松

全国で、これまでに行われてきた柱松の事例は、表１「県別柱松一覧表」に列記し、その分布状況は、図１「県別柱松分布図」の通りである。表１は論者の二〇〇八年から二〇一七年にかけての現地観察・調査及び文献調査に基づき作成したものである。なお、多くの調査地で、「昔は、周辺の村もやっていた」と聞く。これは、嘗て調査地周辺の地でも柱松を行っていたことを意味するが、これらの多くは記録として残されていないので本表には記載できなかった。従って、柱松は、本表に記載された数以上に行われてきたことは確かであるが、調査の結果、三〇〇近くの事例があることから、柱松全体の傾向は、これにより掌握できるものと考える。

柱松の特徴を知るためには、現行の祭りの中でも、八二を数え全体の約八五％を占める松明投げ点火方式柱松を詳しく分析する必要がある。現行の本方式の柱松については、既に述べ、重複する部分もあるが、本節において、過去の事例も含めて、その特徴を改めて論考することとする。なお、鑽り火点火方式柱松、直接点火方式柱松、無点火方式柱松については、過去の事例は殆どないので、これらの祭りの特徴は、前述のものと大きな差異はないと考える。

一　分布・祭場

1　分布

⑴全国分布状況

松明投げ点火方式の祭りが過去において行われてきた地域及び現在行われている地域は、岩手・山梨・静岡・石川・福井・京都・三重・奈良・和歌山・兵庫・山口・愛媛・福岡・大分・宮崎・鹿児島の合計一六の府県である（図1）。即ち、本方式の祭りは、近年、山梨県南巨摩郡南部町から導入された岩手県盛岡市以外、全て山梨県と静岡県を貫流する富士川流域を北端とし、鹿児島県鹿児島郡三島村硫黄島を南端とする地域に点在する、いわば、西日本に限定的にみられる祭りである。なお、石川県、奈良県は各一事例、愛媛県は二事例のみである。

⑵県内分布状況

松明投げ点火方式が行われている府県において、比較的広域にわたり行われているのは、静岡県と山口県のみで、他は県内の一部地域に集中して行われている。以下、県内の特定地域に集中している典型的な事例を掲げる。

①山梨県から静岡県にかけての富士川沿いの集落（図3）。

山梨県：鰍沢町柳川・鳥屋、早川町草塩・京ヶ島・雨畑、身延町清子・大島・久那土地域（三沢・車田・切房木・道）・飯富・大塩・伊沼・切石・久成・寺沢・下田原・平須・常葉字芦原出口・本郷、南部町南部・内船上・内船中・内船下・塩沢・成島・井出・十島・倉ヶ平・富岡・阿曽・万沢・越渡・西行・福士。

静岡県：富士宮市上長貫・沼久保字舟場・芝川町内房字尾崎、富士市北松野・南北野・木島・岩松。

②静岡県では、上記以外、焼津市から牧之原市片波までの海岸地帯と、安倍川・藁科川・朝比奈川・瀬戸川・大井川流域の一部の集落（図４）。

焼津市田尻北・高新田・相川・上泉・中島、吉田町大幡、藤枝市西方字岩清水・岩出・中北・桑原、牧之原市片浜字堀切・久保柄・大磯・法京・坂井、島田市（旧金井町）牛尾・福用・高熊。

③京都府及び福井県にかけては、京都の鞍馬地区から北上し、美山町を通り、周山街道を行き、堀越峠から福井県の南川沿いをおおい町名田庄を通り小浜市までの街道筋の集落、いわば、広い意味での「鯖街道」沿いということができるであろう（図６）。

京都府：左京区花背八桝町・花背原地町・広河原下之町・久多宮の町、南丹市美山町盛郷・殿・川合・芦生。

福井県：小浜市滝谷・相生、中名田地区、岩井谷地区、下田地区竹本・岸・清水・山左近・脇原、上田地区持田・竹本・小村、和多田地区大原・上和多田、おおい町名田庄納田終・下・小倉・堂本・久坂・坂本（口坂本）・井上・虫鹿野・虫谷・永谷・木谷・久坂・出会・槙谷・染ヶ谷・三重地区（兵瀬・尾之内）。

④紀伊半島では、以下の地域。

三重県・奈良県・和歌山県にまたがる熊野川上流地域（北山川）（図７）：三重県熊野市紀和町小川口・和気・和田・木津呂・湯之口・小舟、奈良県十津川村竹筒、和歌山県東牟婁郡北山村下尾井・七色・大沼・小松、新宮市熊野川町宮井字音川・玉置口・嶋津・井・赤木・上長井・九重。

三重県熊野市海岸部の集落（図７）：熊野市神川町花知・大泊町・新鹿町・遊木町・木本町・井戸町・金山町・有馬町。

三重県志摩五郷の集落：鳥羽市松尾・岩国・船津・河内・白木。

⑤兵庫県では、以下の地域。
但馬地方の豊岡市日高町円山川流域の集落（図8）：日高町松岡・上郷・府中新・野々庄・土居・府市場。

姫路市南部と揖保川下流域の集落（図9）：姫路市勝原区朝日谷・網干区垣内・同区津市場・大津区長松・余部区下余部、御津町黒崎・中島・苅屋（揖保川河口）。
⑥山口県では、以下の地域（図10）。
岩国市周東町祖生中村・祖生山田・祖生落合、周南市安田・勝間、光市立野・岩田・束荷、下関市豊浦町黒井・吉見・川棚下村・川棚向畔・室津上・室津下・湧田後地字野田、長門市上三隅・中三隅・下三隅・深川地区正明市区・同区江良区・同区藤中区・深川剣持湯本・渋木・俵山地区・仙崎地区・西深川字開作。
⑦福岡県では、筑豊地域の直方・鞍手地方の集落（図11）。
直方市上堺・畑・永満寺、宮若市上有木谷・芹田・倉久・下・湯原・小原。
⑧大分県では、旧岡藩領内のほぼ全域で行われていた。特に豊後大野市緒方町では、町内の殆どの地区で行われて来た。ちなみに、大分県の旧岡藩は、岡城を中心に竹田市・庄内町・狭間町・湯布院町・朝地町・犬飼町・緒方町・三重町・清川村・千歳村・荻町・久住町・直入町である（図12）。
⑨鹿児島では、大隅半島の錦江町城元字山の口・大橋・鳥井戸・塩屋の集落。

2　祭場

(1)水に関係する場所

①川辺　山梨県から静岡県に至る富士川流域、静岡県の大井川（下流）・安部川・朝比奈川、兵庫県の南川（中流）・

揖保川（下流）、熊野川（上流・下流）等の急流のある河川で行われる事例と、地域内の小川の川辺で行われる事例とがある。

②海辺　愛媛県八幡浜市川上町川名津、石川県七尾市能登島向田町、静岡県焼津市から牧之原市までの太平洋岸沿いの集落、三重県熊野市の海岸沿いの集落。

⑵水と関係しない場所

①神社の境内　京都府舞鶴市城屋雨引神社、兵庫県姫路市勝原区朝日谷愛宕神社、姫路市網干区津市場稲荷社、福岡県直方市上境霊府神社、大分市下原原村神社（現在は村内の広場）、大分県豊後大野市緒方町小野地区要神社、鹿児島県肝属郡錦江町（旧大根占町）河上神社等。

②墓地　静岡県焼津市禰宜島（嘗て火葬場）、兵庫県姫路市大津区長松、三重県鳥羽市松尾、大分県臼杵市野津町土橋、豊後大野市大野町十時光昌寺・小倉木等。

③山の広場　和歌山県有田郡有田川町金屋字下歓喜寺（「柱松」と呼ばれる山の平地）、山口県下関市豊浦町黒井（白滝の柱松山のトーラボーという場所）、下関市豊浦町吉見（永田）（名切の政子山、笠山）、福岡県直方市畑、大分県竹田市久住町（肥後街道沿いの丘の上）、杵築市中出原天神山広場（嘗ては寺）等。

④里の広場　山口県周南市勝間、萩市吉部下字野田、光市束荷、大分県由布市庄内町、千歳町、犬飼町、庄内町、豊後大野市緒方町、佐伯市宇目小野市、鹿児島県姶良市北山字堂山等。

⑶祭場の特徴

①祭場は、全体の約六八％が川辺・海辺等の水辺である。祭場に水辺が多いのは、この方式が松明を投げて点火することから、火災予防のためと考えられる。また、この方式の祭りの目的の一つが盆時期における精霊の供養である。

供養においては、霊がこの世とあの世を行き来する。水は、この世とあの世の境に位置すると見なされていることから、この世とあの世を結ぶ柱は、水辺に立ち、そこで供養の祭りが営まれると考えられる。

②祭場は、固定されたものではなく、その時々の自然条件、土地の利用可能状況等により移動している。例えば川辺の場合、水の流れの変化により、河原が縮小ないしなくなったり、海辺の場合、開発により海辺がなくなったり、また平地にあっては家屋の増築で空き地が狭くなり、民家に火の粉が降りかかる危険性が出てきていること等により、祭りの続行をあきらめたり或いは祭場を移転せざるを得なくなったりする状況が生まれた。

二〇一四年夏、論者が柱松の現地調査で各地を訪れた際も、山口県下関市涌田後地字野田では、祭場の近隣の家から、火の粉が飛び移り火事になる危険性があるという申し出があり、この年から中止した事例に遭遇した。地元の人は、住民の祭りに対する価値感の変化により、個人の利害関係が優先される時世を反映したものであろうと述べていた。

和歌山県田辺市片町のハシラマツ（八月）は、江戸期から続いた祭りであったが、自然条件の変化等で昭和四十四年（一九六九）に中止に至った。その間の経緯を、白浜田辺青年会議所発行『紀州田辺　柱松』（一九七七）が詳細に伝えているので以下転載する。なお、ハシラマツは、昭和五十一年に復活したが、近年再度中止された。

柱松の行事には一五ｍから二〇ｍもある柱を建てて、その頂上へ火をつぎつぎと投げ上げるのであるから、火災やけがが起らぬようにするために、かなり広い場所が必要である。この場所は古来一定しておらず、ずいぶんあちこちと変っていて、いつもその設定には苦労が伴ったようである。

田辺町大帳によれば、一八四〇年前後の天保・弘化の頃は江川大橋の少し上手で行われていたが、嘉永の頃数年間は大橋のたもとの中川原で行われ、つぎの安政の時期には、また大橋の上手にかわり、紺屋町から突きあたりの、小川を隔てた土手の下の川原で行われた。ところが幕末の元治元年（一八六四）には、糸田前の川原で行うよう指示されている。大橋のそばの中川原新地辺は御納涼の場所に近く、大橋の上手は藩の材木置場に近いから都合が悪いというわけである。糸田前の川原とは今の切戸橋の付近であろう。

明治になってからしばらくどこで行われたか不明であるが、古老の話では、明治の中頃から大正のはじめへかけて下片町の戎の鼻で行われた。戎神社の前に空地があり、船揚場として使っていたところである。しかしこの付近もだんだん家が建つようになってきたため、大橋の上の川原へ場所を移し、そこで数年つづいた。

大正の半ば過ぎ（大正九年か）になって、ついに会津川を離れて大浜へ場所を変えることになり、旧台場の下の浜辺で行いそこに築地ができるとそれを利用した。しばらくここで行われたが、その築地が高潮で崩壊したため、今度はいまの伯扇閣の前の方に位置していた五明楼の西側の浜に移り、二、三年後の室戸台風で、そこもやられてからは、五明楼の東側で行うようになった。そのうちこの付近の海岸も、南海地震やたびたびの台風の際の波浪で浸蝕されて、次第に砂浜が狭くなり、柱松を行うのが無理になってきた。それでまた一時戎神社の前を利用してみたが、いよいよ家が建ち込むようになって、そこで柱松の実施も不可能になった。

昭和三十七年からは、主催者の戎漁協青年会が田辺高校に頼みこんで、校庭を借りてやるようになった。ところが田辺高校が神子浜の山手の方へ移転することにきまり、校庭も市役所の建物の敷地と化すに及んで、昭和四十四年を最後に、柱松行事を中断せざるを得なくなってしまった。

柱松が片町の漁民の関与する行事である限り、片町からあまり離れたくないとするのは当然のことで、会津川の川べりか大浜以外で実施するというのは、考えられぬことだったにちがいない。こうして三百年の伝統に一応の終止符を打ったのである。

以上の記述は、火災の心配、自然災害、学校の移転等で祭りの場をその都度変えざるを得なかったが、結局祭りは、その地域の祭りであるので、地元からあまり離れた地で行うことは趣旨に反するということで祭りを断念した経緯を記しているが、これは他の祭りにも該当することで、祭場が祭り当初から固定されていたわけではないことを示している。

二　祭日

柱松は年中行事であり、一年の決まった日に行われる。これは、その祭りがもつ固有の目的を達成するためには、ある決まった日にちに祭りを行う必要があるためである。例えば、盆供養のためには盆日に行わなければ意味がないことになる。

現行の本方式の柱松の祭日は、表２「月別現行柱松一覧表」の通りであり、その特徴は以下の通りである。

(1)月日別

第一に、各月の一年間の祭りの数に対するおおよその割合は以下の通りである。二月―一％、三月―二％、四月―四％、七月―一二％、八月―七六％、九月―三％、十月―一％、十二月―一％、一月・五月・六月・十一月は無い。つまり、本方式の柱松の殆どが、七月・八月に行われるといえる。

第二に、八月については、盆時期（一三日から一六日）、全体の約五八％、地蔵盆期（二三日・二四日）、約二〇％が行われる。両盆時期だけで、全体の約七八％の祭りが行われている。本方式の祭りが盆に深く関わっていることがわかる。

第三に、現在、祭日は集落住民の生業の変化（サラリーマン化）により、住民が祭りのために割ける時間が週末になるため、多くの祭りの日が週末に移動される傾向にある。これは、多くの住民が祭りに参加できるという利点はあるが、他方、祭りの日にちと、祭りが目的とするものとの乖離が生まれる。例えば盆の供養は盆日に行うべきなのに、盆以外の日に盆供養のための儀礼が行われても、祭りの目的は実感として十分に認識されないであろう。これでは本来の祭りの目的が達成されない嫌いがある。

第四に、同一地域の祭りは、ほぼ同じ日に行われる事例が多い。例えば、八月十三日は山梨県南巨摩郡身延町、静岡県牧之原市片波、十四日は大分県竹田市、十五日は山梨県南部町、和歌山県下、十六日は静岡県下、二十三日は福井県小浜市、同県旧名田庄村の一部、二十四日は福井県旧名田庄村の一部、京都府丹後地域等である。

これは、明治政府が、町村の結束を強めるために、経費の節約や行事の簡素化を表面的な理由として、一定地域の祭日を統一したことも一つの原因と考えられる。

(2)昼夜別

本方式の祭りは、基本的に夜行われる。これは、カミが深夜に降臨するとの観念が背景にあるのであろうが、同時に、火の威力、美しさを夜の暗闇を背景にして堪能しようとの意図も隠されているといえよう。他方、長野県飯山市瑞穂小菅や山口県萩市吉部下字野田の如く、少数ではあるが日中に行われる事例もある。

(3)期間

現在、福井県大飯郡おおい町名田庄三重字兵瀬（八月二十四日・九月第一土曜日の二日）、和歌山県東牟婁郡太地町（八月十四日・十五日の二日）以外全て一日のみであるが、嘗ては七、八月の柱松は、多くが盆日の全てにわたって行われていた模様である。山梨県南巨摩郡身延町久那土もごく最近まで、八月十三日・十六日の二日行われていたが、過疎化のため十三日のみとなった。

三　名称

学術用語「柱松」という言葉で総括される祭りの各地における名称は、表1・図13の通りである。そこから判明することは、祭りの名称に、ある特定の祭りにしか付かないものと、複数の祭りに共有されるものとの二種類があることである。以降、前者を固有名称、後者を一般名称と称することとする。

(1)固有名称

事例は以下の通りであり、各地に分散している。
カサンボク(笠ん木)：山梨県南巨摩郡身延町寺沢。
オスズミ祭り：石川県七尾市能登島向田町。
揚げ松明：京都府舞鶴市城屋。
ムカビ：和歌山県有田郡有田川町金屋字下歓喜寺。
ナゲダイ：静岡県富士川市木島。

(2)一般名称

現在判明している一般名称は、投げ松明・ナゲダイ・アゲダイ・アゲンダイ・トウロン・トーロン・松明・ハシラマツ・松上げ・上げ松・婆焼祭り・火祭り・火揚げ・牛燈等である。なお、先行研究・辞典では、以上の名称の他、火投げ・ホアゲ(火上)・柱巻等を挙げているが、管見の限り、現在これらの名称を付けた祭りは存在しない。

一般名称は、それぞれがある特定地域で使用される傾向にある。名称と使用地域との関係は、既に述べたが以下繰返す（図13）。

投げ松明（ナンデギー・ナギンデー・ナゲンデー・ナギデーマツ・ナギレマツ・ナギデマツ・ナゲッテ・ナゲデーマツ等の山梨県峡南地域の方言も含む）：富士川流域の山梨県・静岡県、大分県竹田市久住町。

アゲンダイ：静岡県安倍（藁科）川流域。

トウロン・燈籠揚げ：静岡県朝比奈川流域、焼津市海岸部・大井川流域。

松あげ：福井県小浜市、大飯郡おおい町名田庄地区、京都府南丹市美山町芦生、丹波の大堰川流域。

上げ松：京都府南丹市美山町、京都市右京区京北小塩町。

火揚げ：兵庫県姫路市、龍野市御津町。

ホテム：兵庫県姫路市勝原区朝日谷。

オトウ祭り（婆焼祭り）：兵庫県豊岡市日高町。

牛燈（ギュウトウ。ヨウトウ・ノウトウ・ジュウトウなどを含む）：山口県下関市豊北町・長門市。牛燈という名称は、『防長風土注進案』一九「前大津宰判」（山口県文書館編、一九六二）の瀬戸崎浦・深川村・渋木村などの項で記載されている旧暦七月の祭りの呼び名である。この祭りは、牛馬の疫病除け祈願で、祇園牛頭天王信仰が基本にあるところから、牛燈をギュウトウと発音したのは、牛頭の「ごず」をギュウトウと誤って発音したことに起因しているのではないかと考える。なお現在、この名称で祭りを行っているところはない。

ハシラマツ（ハチライマツ：和歌山県太地町の方言、ハシタマツ：鹿児島の方言を含む）という名称は、三重県・奈良県・和歌山県・山口県一部（長門市、下関豊北町以外の各地）・愛媛県・福岡県・大分県・宮崎県・鹿児島県など広域で使用されている。山口県内では、地域により、本方式の祭りは、ハシラマツと呼ばれたり、牛燈と呼ばれている。他の県では祭りの名称はハシラマツで統一されいる。ハシラマツは名称全体の約三五％を占め、最も広範にわたり使用されている。

柳田は、「柱松考」において、「「柱松」という語が最も普通のものであった」と結論付けているが、論者の現地調査によれば、ハシラマツ以外の名称を用いている地域で、「この祭り名称はハシラマツとも言われている」と指摘しても、ほとんどの場合、地元民には通用しない。従って、少なくとも現在では、「ハシラマツ」という名称は限られた地域で使用されている名称の一つでしかなく、人口に膾炙された「最も普通の」名称であるとは言い切れない。

⑶例外

なお、以下の事例は例外である。

山梨県南部町福士では、周辺では投げ松明（及びその方言）と呼称しているにもかかわらず、「アゲジャアマツ」と称す。

京都市右京区京北小塩町では、周辺が松上げと称しているにもかかわらず、「上げ松」という南丹市美山町で使用されている名称が用いられている。

大分県竹田市久住町では、周辺の呼称がハシラマツであるが、「投げ松明」といい、富士川流域の名称が使用されている。

四　祭具

本方式の柱松の祭具としては、基本的には、「柱」「松明受け」「松明」で構成される。以下、その諸相を論じる。

1　柱

(1) 本数

柱の本数は、全体の八割が一本である。なお、柱は一本であるが、松明受けを取り替えることにより、何回も火揚げを行う事例もある(山梨県南巨摩郡南部町南部、身延町清子、和歌山県有田郡有田川町金屋字下歓喜寺、鹿児島県姶良市姶良町北山上字堂山、山口県下関市豊浦町川棚向畔等)。現在、柱の数が最も多いのは、大分市高瀬の九本である。これは一時廃止となった大分市稙田地区の柱松を行政の指導によりイベントとして復活した際、同区を構成する八つの学校区ごとに一本の柱を立てたことによる(一本は子供用)。次に多いのは、山口県光市立野字西庄「周防の柱松」の五本である。一九九七年の復活に際しては末広がりということで八本の柱を立てたが、祭場が川原であるため、年により川の流れで中洲の広さに変動があり、現時点では五本にしているとのことである(写真24)。

柳田は、柱が複数であることは、これにより年占いを行うためであるとしているが、現在、複数の柱のある松明投げ方式の柱松で年占いを目的する事例はない。

柱の本数は、投げ手の数により決められる場合が多い。例えば静岡県富士宮市岩松地区(かりがね祭り)、富士市木島、藤枝市横内等イベント性の高い祭りでは、なるべく多くの来訪者に投げてもらうために複数の柱を立てる。

(2)高さ

祭りの柱の高さを、以下、いくつか掲げておく（長さの単位は、現地で使用されている基準に従った）。

山梨県南巨摩郡南部町本郷：約二・五間（子供用）。

石川県七尾市能登島向田町：一四・五間。

京都府南丹市美山町盛郷：一一間。

和歌山県東牟婁郡北山村下尾井：一七尋。

福井県小浜市滝谷：一二間。

兵庫県豊岡市日高町松岡：四・八ｍ、口径一・五ｍの逆三角錐。

山口県長門市深川地区（正明市・藤中）：一二〜一三間。

福岡県宮若町上有木：二・五間。

大分県大分市下原字原村：三〜四間。

宮崎県串間市大納（都井岬）：一三ｍ。

鹿児島県鹿児島郡三島村硫黄島：九尋三尺（大人用）、七尋（子供用）。

柱の高さは、祭りにより千差万別であり、それは、材質の違い、点火方法の違い、松明を投げる年齢の違い（大人か子供か）等により異なる。竹の場合は、高くても六間前後である。松や杉を使用する場合は、それ以上に高くなる。年齢の差では、子供のみの場合は、投げる力が弱いため高くても六間くらいまでである。

(3)材質

芯柱の材質は以下の通りである。

①松
山梨県南巨摩郡身延町本郷、石川県七尾市能登島向田町、兵庫県豊岡市日高町松尾、三重県熊野市遊木町・木本町・井戸町・金山町・有馬町、和歌山県東牟婁郡太地町、新宮市佐野、有田郡有田川町金屋字下歓喜寺、山口県岩国市周東町祖生中村、光市立野西庄、下関市豊浦町湧田後地字野田・川棚向畔、宮崎県串間市市木・大納、鹿児島県姶良市蒲生町漆、肝属郡錦江町馬場等。

②杉
山梨県南巨摩郡南部町内船上・内船中・内船下、身延町清子・車田、静岡県焼津市保福島・福井県小浜市滝谷・下田・和多田、おおい町名田庄虫鹿野、兵庫県姫路市勝原区朝日谷・大津区長浜・網干区垣内、奈良県十津川村竹筒、和歌山県東牟婁郡北山村下尾井、新宮市熊野川町宮井、山口県光市岩田、福岡県直方市上境、大分県大分市高瀬、杵築市中出原、佐伯市宇目小野市、由布市狭間町、竹田市萩町政所、鹿児島県姶良市蒲生町漆等。

③竹
山梨県南巨摩郡南部町福士、身延町飯富・伊原、鰍沢町柳川、静岡県富士宮市長貫字上長貫・芝川町内房字尾崎・北松野字大北、藤枝市西方・横内・牧之原市片波、山口県岩国市美和町渋前坂上、萩市三見、長門市深川地区（正明市）、長門市三隅上・下関市豊北町田耕・豊浦町川棚下村地区・湧田後地字野田、大分県佐伯市宇目小野市、豊後大野市朝地町、豊後大野市三重町井迫又井、豊後大野市緒方町軸丸北・草深野・上年野・小野・上冬原、竹田市直入町神堤・久住町、姶良市蒲生町小川内、姶良市北山字堂山、鹿児島郡三島村硫黄島（細い琉球竹）等。

④檜
京都市左京区花背八桝町・花背原地町・広河原下之町、京都府南丹市美山町芦生等。

柱の材質は、竹・松・杉・檜、その他であり、全体で竹が約四一%、松が約二七%、杉が約二五%、その他約七%である。柱の材料はそれぞれの土地で容易に入手できるものを使用している。松は、いずれの地でも使用されているが、近年松が枯れて、入手が困難なため杉などに変更した地域も多い。竹は、入手が容易で持ち運びも軽く手間がかからないので、多くの地で利用されている。檜は京都市北部にのみ見られる。

(4)形状・立て方

芯柱は、丸太のものと、箱ロギ(ないしトロギ)と呼ばれる形状のものがある。丸太は、全国的に盆時期、地蔵盆時期、九月期の祭りに用いられる。箱ロギは、福井県おおい町名田庄地区及び京都府南丹市美山町でのみ利用されている。

柱は、基本的には全体が真っ直ぐに立てられる。例外として、鹿児島県鹿児島郡三島村硫黄島(写真2)がある。本数は二本、一本は大人用で長さは九尋三尺、他は約七尋。長い柱は、長さ一間程の細い琉球竹を三〇本程束ね、それを継ぎ足して作るが、これは真っ直ぐには立てず最初の半分は地上に這わせ、あとの半分を地面に垂直に立ち上げる。まるで蛇が鎌首をあげた格好になる。短い柱は真っ直ぐに立てる。

本方式ではないが、兵庫県洲本市五色町鮎原栢野では、柱は三〇度位の角度で、棒や梯子に支えられ斜めに立てられる。

2　松明受け

本方式の柱松では、柱に松明受けを取り付け、その中に藁などの燃えやすい物を詰めて、それに下から火のついた松明を投げ上げて点火するのが一般的である。

松明受けは、柱松の構成要素の中で材料・形において地方色が豊かなもので、それだけ、製作者の力がこもるものである。ここは、作る側の技の見せ所、知恵の出し所である。特に中に詰めるものには、燃えやすく、きれいに燃える材料を選ぶ傾向にある(写真24)。

なお、石川県七尾市能登島向田町と鹿児島県鹿児島郡三島村硫黄島には、松明受けはない。

⑴名称

各地における松明受けの名称は以下の通りである。

カゴ：静岡県藤枝市横内、焼津市保福島、兵庫県姫路市大津区長浜、山口県光市岩田、愛媛県八幡浜市五反田、福岡県宮若市上有木、大分県大分市下原字原村、大分県杵築市中出原。

カンゴ：奈良県吉野郡十津川村竹筒。

オオカゴ：兵庫県姫路市網干区津市場。

アサガオ：山口県萩市吉部下字野田。

ホオズキ：山口県長門市上三隅・長門市深川地区(正明市・藤中)、下関市豊北町田耕・下関市豊浦町湧田後地字野田・川棚向畔。

ハチノス：山梨県南巨摩郡南部町南部・本郷・十島、静岡県富士宮市長貫字上長貫、和歌山県東牟婁郡北山村下尾井。

ハチ：京都府舞鶴市城屋、山口県岩国市美和町渋前坂上、岩国市周東町祖生中村・祖生山田・祖生落合、大分県豊後大野市朝地町、臼杵市野津町、豊後大野市三重町井迫字又井、豊後大野市緒方町小野・上年野、豊後大野市千歳町、豊後大野市犬飼町、竹田市久住町。

ス：三重県北山川流域(和田・木津呂・湯の口)、和歌山県新宮市佐野、西牟婁郡町すさみ町佐本根倉、福岡県直方市上境(又はツバメノス)。
カサ：山梨県南巨摩郡身延町清子、京都市左京区花背原地町・久多宮の町、京都府南丹市美山町芦生。
モジリ：山梨県南巨摩郡南部町井出、静岡県富士市沼久保・木島・岩松。
モジ：京都市左京区花背八桝町(又はカサ)、京都府右京区京北小塩町、福井県小浜市滝谷・下田・和多田、おおい町名田庄堂本・虫鹿野。
ウケ：静岡県藤枝市西方字石清水、鹿児島県始良市蒲生町漆・肝属部錦江町馬場
チョコ：山梨県南巨摩郡身延町切石・平須・本郷・車田・久那土。
ジョウロ：山梨県南巨摩郡鰍沢町鳥屋、身延町車田。
ジョウゴ：兵庫県姫路市網干区垣内・大分県豊後大野市大野町中土師字木浦内。
ジョウログチ(上戸口)：山口県周南市安田。
カサンボク(笠ん木)：山梨県南巨摩郡身延町飯富。
ツボキ(壺樽)：三重県鳥羽市志摩加茂五郷。
ツト：宮崎県串問市大納。
カリ首：和歌山県田辺市片町。

名称の地域的特徴は、同一地域で同じ名称を使用する傾向にあること、及び同一名称の祭りでは松明受けの名称も同一であることである。例えば、福井県では、祭りの名称が松上げ、松明受けの名称がモジ。熊野川上流では、祭りの名称がハシラマツ、松明受けの名がハチノス。大分県の旧岡藩領では、祭りの名称がハシラマツ、松明受けの名称

がハチ等である。

⑵材質・形状

松明受けは、竹製が多い。通例は、下から投げ上げられる松明を受け止めやすくするため、上部が広く口が開いた逆三角錐である。松明受けは、柱の先に、添え木等を継ぎ足して取り付けられる。

また、宮崎県串間市市木（子供用）、三重県熊野市紀和町小川口、和歌山県有田郡有田川町字下歓喜寺等のように、背負い籠の形をしたものがある。柱の先に滑車を付けて、それで松明受けを上下させる。松明受けに松明の火が、なかなか入らない場合、位置を下げて松明を入りやすくするためである。また松明受けの中の詰め物が藁で、すぐ燃え尽きてしまう場合、なるべく長く祭りを継続するために、滑車を使って松明受けを下げて、何度も藁を詰め替えるためである（写真24）。

3　松明

本方式においては、点火のための松明が必要である。

松明は、燃えやすい肥松を細く割って、それを何本かに括り、縄を付けて作るのが各地で共通に見られる作り方である。松明は、投げる人の力量により、綱の長さ、重さが違うので、投げる人が自分の体力に合わせて作るのが基本であるようである（あった）が、現在は、肥松が容易に手に入らない、作り方がわからないということで、集落で共同して作製する例が多い。また、藁で作ったものや、小石を布で巻き油をしみこませて作る例もある。

4　御幣等の付属物

柱が神の依り代であることを示すために、多くの場合、柱の先端に御幣又は榊が取り付けられる。その他、兵庫県豊岡市日高町松岡では、柱の上に、高さ七〇cmほどの藁束に人顔が描かれた人形を取り付ける。

五　発起人

これまでの文献・現地調査によれば、祭りの発起人は修験・社家・僧・領主・村人に集約できる。それぞれの事例は以下の通りである。

(1) 修験

〔事例1〕山梨県南巨摩郡南部町

『南部町の文化財』(南部町文化財審議委員会、一九九七)によれば、「投松明の起源は、古くは山伏等の宗教行事として行なわれていたという」とある。

更に、『本郷の民俗―山梨県南巨摩郡南部町―』(早稲田大学第一文学部民俗調査団、一九九九)には、以下の記述があり修験による祭りとしている。「ナゲダイマツの行事については一つの言い伝えがある。千早城攻めの際、行者たちを味方につけた楠正成が、作戦として松明を投げて城を焼き落とした。その後笠置の行者たちが修行の一環として松明を投げることを行い、そのうち投げる速さを競うようになった。この修行が現在のナゲダイマツの始まりであるといわれている」。

〔事例2〕丹波地方・若狭地方

地蔵盆期に行われる同地域の「アゲマツ」「マツアゲ」といわれる柱松は愛宕山への献火を主目的とするもので、

これに愛宕の里修験が関与していたことは、先行研究が示す通りである。[10]

⑵僧侶

〔事例３〕山口県長門市向津具

『大津郡志』（一九四九）によれば、次の通りである。「寛永二年（一六二五）牛疫流行、向津具申五六五頭の内病死するもの五五九頭、残るもの僅かに六頭、翌寛永三年（一六二六）村人五人九州五島に行き、種牛一二頭を求め帰り、一二部落に分配飼養させた。寛永二年大寧寺十八世鉄材和尚請うて一寺を建立、退隠す。これが向津庵である。高六〇石。この年牛疫流行、鉄材和尚は年祭を行なう」。

つまり、寛永二年、この地方で牛が多数死んだところ、長門の大寧寺（応永十七年〔一四一〇〕創建、曹洞宗）の僧鉄材が松明を焚いて厄病除けの祈願をしたら牛の病気が治まった。そこで、それ以降和尚の例に従い、柱松を行うようになったというのである。

〔事例４〕山口県下関市豊浦町

『豊浦町史　三（民俗編）』（一九九五）によれば、「むかし牛馬の疫病が流行してたくさん倒れたとき、通りかかった旅の僧が「空高く柱を立て清浄空に向って灯火をかかげよ」と諭され、高く火をかかげたところさしもの疫病が治まり、その後は柱松の火をあげることを絶やさなかった」という。

僧と柱松の関係を示す伝承は、山口県の松明投げ方式柱松を行っている土地全てにある。現行の柱松でも、例えば、下関市豊浦町川棚向畔のハシラマツでは、子供が松明を手に取り、火を付ける。柱に火が付いたら、松明を掲げ、「豊年万作・牛馬の御祈禱」と唱えながら、柱の周りをまわる儀礼がある。この唱え言葉は、伝承を具現化したものと言える。

〔事例5〕富士川流域

富士川の柱松は、富士川の難所といわれる急流地帯で行われてきた模様である。難所で死んだ無縁仏のための供養であるといえる。流域には、現在合計七つの水難者の供養や舟中安全を祈願する供養塔が立てられている。これらの多くには、この地域が身延山久遠寺を本山とする日蓮宗の寺が多いことから「南無法蓮華経」と書かれている。ちなみに、富士市岩渕にある石碑には、「南無妙蓮華経」「為流死菩薩」と書かれ、岩渕の光栄寺の僧が文政十三年(一八三〇)に建立したとある。これらの事例から、柱松も日蓮宗関連の僧侶の発案である可能性がある。現に、多くの流域の柱松では、開始前に柱松の前で、僧侶による供養の式が執り行われている。

〔事例6〕静岡県焼津市相川(旧大井川町)

大井川町婦人団体連合会『ふるさとの年中行事』(一九八八)によれば、大井川の洪水で犠牲となった人々の供養のために行われている「トウロン」という灯籠揚げの行事は、大応寺(享保八年(一七二三)開山、曹洞宗)住職の助言により、始められたのではないかと推測されている。

〔事例7〕大井川流域の静岡県榛原郡吉田町大幡

この地には、天保年間(一八三〇~四四)建立の「寺島川除地蔵」がある。この地蔵堂は、大井川のたびたびの洪水により、水難事故、田畑家屋の被害が多かったため、天保年間に堀住千代蔵が海蔵寺地蔵尊(現焼津市小川)を分霊し川除地蔵としたものである。この地蔵堂の近くの大井川の河原、柱松(灯籠あげの行事)が犠牲者の霊を弔い、洪水の被害を免れる祈願として地蔵盆の日(八月二十四日)に行われていた(二〇一七年八月の現地調査によれば、川供養のみ行われていた)。

(3) 領主

〔事例８〕大分県旧岡藩領（現在の由布市・竹田市・豊後大野市）

旧岡藩領の柱松は、承応二年（一六五三）、岡藩主中川久清が亡父久盛の命日に、竹田市碧雲寺下の川原で催したのが始まりで、それ以来領内に広まったというのが通説である。

〔事例９〕京都府舞鶴市城屋

城屋の揚げ松明の由来は、大蛇退治の再現とか幾つかの説があるが、『舞鶴市史　各説編』（一九七五）は、次の説を紹介している。「古老の伝説を聞くと、天保年間に大に旱した。旧藩主牧野侯は近郷（加佐郡中部十九ヶ村）の民をして、共同して大松明を奉らしめたのに、神霊の感応があって、大雨が降って来た。浦領主及近郷の者は挙ってその神徳を称えた。それより参詣する者は常に絶えない。毎年七月十四日この大松明を点火して例祭とする」。柱松は、雨乞いのための領主の発意であるという。

(4) 村人

〔事例10〕大分県杵築市中出原

伝承によると、嘉保元年（一〇九四）に相原・生桑・井手原の村人たちが瑞巌寺という寺を再建した。そこでは、柱松という祭りがあり、高さ五丈の柱を立て、五人の祭主の一人がその上に登り、幣五本を立て、柱の上で火を起こし、幣を焼き払い、四方の張り縄が焼き切った。この幣が全て焼けた年は豊年、残る年は悪年との年占いをした。その後止めていたが、江戸中頃、疫疹が流行したのは、この行事の中絶のためであるとの占いの結果が出て、天神山で復活した（『都道府県別日本の祭り・行事調査報告書報告書集成一二　九州地方の祭り・行事二　大分・沖縄』二〇一〇）。

〔事例11〕兵庫県姫路市勝原区朝日谷

地元や魚吹八幡神社の伝承によると、明応年間（一四九二～一五〇一）に大旱魃があり、村人は氏神の愛宕大権現に火揚げをして雨乞祈願をしたところ大雨が降ったため、神へのお礼として村人が毎年火揚げを行うことになった（朝日谷火揚げ保存会資料）。

〔事例12〕三重県鳥羽市志摩加茂五郷

天正十年（一五八二）、領主九鬼澄隆が横死した。その後、九鬼家のお家騒動が続き、その原因が澄隆の御霊の祟りであることがわかり、それを鎮めるために村人が大念仏踊りと柱松をし、その時、岩倉に極楽寺を建立した。極楽寺（曹洞宗）の開基は寛永元年（一六二四）であるので、その頃に柱松が始まったといえる（牛島巌「民俗芸能とその基底」『志摩の民俗』吉川弘文館、一九六五）。

〔事例13〕山口県岩国市周東町祖生の柱松

祖生中村鎮座新宮神社所蔵『産土社諸控早採略記』の享保十九年（一七三四）七月十八日の条で、「七月十八日より三日間、牛馬御祈念有之、永々七月十四日に高灯明立願有之、柱松之企相始り候」と記されている（周東町教育委員会『祖生の柱松』一九八五）。

〔事例14〕和歌山県西牟婁郡すさみ町佐本

天明七年（一七八七）・八年夏に悪病が流行し、村人が盆に高火をかかげ、疫病退散祈願をした（「和歌山県の祭り・行事調査報告書　和歌山県の祭り・行事」『都道府県別日本の祭り・行事調査報告書八』海路書院　二〇〇九）。

〔事例15〕福岡県直方市上境

地元民によれば、嘉永四年（一八五一）、村百姓連が氏神の霊府社に五穀神の碑を献納し、五穀豊穣祭りの柱松が行われたとされている（写真20）。

〔事例16〕宮崎県串間市大納(都井岬)

地元の伝承によれば、住民を困られている大蛇を都井迫の真光寺住職衛徳坊が、大蛇の口に松明を投げ込んで大蛇退治をした故事に則り住民が柱松を始めたといわれている。松明を投げる時の「トントコトッタ　エートクボ」(とうとう獲った衛徳坊)の掛け声が、これを示している(写真21)。

六　祭り当日の儀礼

１　担い手

祭りは、基本的にそこに住む人たちのものである。従って、その運営は基本的には地元住人による氏子組織である。特異な例として、静岡県藤枝市下滝沢の長男会がある。氏子が家の跡継ぎとしての長男に限られていた昔からの形態を今に残している事例である。ただ、この会も、現在会員数が一三人で、祭りを運営していく上でぎりぎりの人数となっており、今後の活動の継続が憂慮されている。

多くの地区では、過疎化・少子化のために集落住民のみの氏子組織では、人数的に対処しきれなくなり、より広範囲からの人集めのために保存会に組織替えをする例がみられる。保存会といっても、実態は、集落の自治組織と一体化している場合が多い。

更に、行政指導による柱松も存在するが、これはイベント化され、多種多様な催しの一つとして柱松が組み込まれており、柱松本来の祭りの意義は失われている嫌いがある。例えば、静岡県富士市かりがね祭りでは、元々盆時期に行われていた盆供養としての柱松が、歌・踊り・花火などとともに、十月初めに行われている。

本方式において祭り当日点火をする人は、原則として当該集落の住民であるが、イベント化した祭りでは見物人にも松明を投げさせる例がある。

2 行事次第

柳田が、「柱松考」で論じている柱松とは、松明投げ方式の柱松である。柳田は、文中、播州揖保郡勝原村大字大谷(現在の兵庫県姫路市勝原区大谷)の火揚げを以下の通り記している(「柱松考」が一九一五年刊行の『郷土研究』に掲載されているところから、本記述もその頃のものと推測する)。

檜の丸大数本を高く立て、その上端に口径一間ばかりの漏斗状の物を取り附け、その中に藁屑を入れおき、村の者多勢、手に手に小石を結び附けたる縄に火を点じたるを持ち、これを廻わしながら下より投げ上げ、右の漏斗状の中なる藁に火燃え附くを見てその丸太を倒す。

この記述から、当時の松明投げ点火方式の柱松は、柱を立て、先端に漏斗状の松明受けを取り付け、その中に藁屑を入れ、その松明受けに向けて松明(この場合は石を縄に結び付けて点火したもの)を投げ上げて、点火するという行事次第であったことがわかる。

これを、現行の柱松と比較するために、論者が、二〇一三年八月十五日に観察した兵庫県姫路市勝原区朝日谷の「火揚げ」の行事次第を記す。この地は、柳田の記す大谷のすぐ近くである(写真23)。現在、柳田の記した祭りは廃止されている。

祭場は、集落の氏神愛宕神社前の「火揚げ場」といわれる広場である。当日までに、芯柱(これは、十年間ぐらい使用するので、すでに境内の柱置き場に置かれている)、松明、青竹、縄等を準備する。

早朝、「朝日谷火揚げ保存会」の人々が境内に集まり、まず、松明受けの作製に取り掛かる。松明受けを芯柱の先端に取り付ける。松明受けの中に、藁などの燃えやすいものを入れる。柱を、二股などを使い、人力で立ち上げる。以上が午前中の作業。

夕刻、愛宕神社で安全祈願の神事。愛宕神社の蠟燭の火を子供代表の持つ大松明に移す。大松明（麦藁）で祭場に積まれた藁束に点火する。ここで大松明の火で点火しようとする子供代表とこの火を消そうとする子供たちとの攻防戦がある。藁束の火で松明に点火する。松明が松明受けにむけて投げられる。松明受けに着火し、松明受けが燃え尽きる頃柱は倒される。

現行の行事次第は、午前中松明を受ける松明受けを作り、これを柱に取り付けて、人力で柱を立てる。夕刻に松明を投げ上げて、松明受けに点火し、最後に柱を倒すというものである。これは、柳田が事例としてあげた兵庫県姫路市勝原区大谷の祭りとほぼ同じである。

次に、江戸後期の記録のある富士宮市沼窪字船場の祭りを記す。十九世紀前半に書かれた『駿国雑志』巻之十五下「年中行事」七月は、次のように記している。

今日より十六日迄、富士郡沼窪村不二河舟場投炬火の遊戯有り。其結構大竹の先を四に割り、箍（たが）をかけ、縄にて結ぶ事四所斗り、其割りたる先の内より箍を入れ、小麦幹にて鋑（もじり）を編み、元の方を縄にて巻く、形ちはすの花の如くにす。其編たる内に多く小麦幹を入れ、其上に大鋸屑を紙に包みて入、又其上に小麦幹を入れ、大成柱を立て縄にて巻とめ、四方に杭をうち扣の綱を添ふ、其高さ四五間斗り也。炬火は杉の皮を撲ぎ柔げ、長さ一尺余太さ四寸廻り計りにし、縄にて四所結び三尺斗りの緒を付、火をさして高く振り上げ投入る。其数一人一本を定とし、先に投入早く火の移を勝とせり。或は竹に花火を仕掛けて目を悦ばしむ、其火を発する時諸人声を揚ぐ、是を鯢波(とき)と云頗興有り。

論者は、二〇一四年八月十五日、富士川河畔で行われた沼窪のナゲタイマツを見学したが、柱・松明受けの作り方、柱への点火は、『駿国雑誌』記載の通りであったが、「其数一人一本を定とし、先に投入早く火の移を勝とせり。或は竹に花火を仕掛けて目を悦ばしむ、其火を発する時諸人声を揚ぐ、是をトキと云頗る興有り」ということは見られなかった。

現行の松明投げ方式を地域別に調査した限りにおいても、柱の高低・材質、籠の取り付け方、松明の形状等において若干の差はあるが、行事次第そのものは、柱・松明受け作り、柱立て、松明投げ、点火、柱倒しと、殆ど同じである。本方式の祭りの行事次第は、明治初期の神仏分離の動きの中でも、大きな変化はなく今日に継承されているといえよう。

3　一番火

本方式の柱松においては、火そのものが祭りの目的を表現するため、第一義的に松明受けないし柱に火が点ることを必須の条件とする。

柱に火が点るまで、何日も松明を投げ続けた事例もある（『焼津市史　民俗編』二〇〇七、「三晩も連続して催した集落もあった」）。松明受けを滑車等で引き下げ点火を容易にしている例もある（福井県大飯郡おおい町名田庄村、京都府南丹市美山町、和歌山県東牟婁郡北山村、宮崎県串間市市木（子供用））。この意味で、最初に火を付けた人（場所によっては、一番火ないし一番手といわれる）は、極めて意義ある人として特別の取り扱いを受ける。多くの場合は賞品や賞金が授与される。

一番火の事例は以下の通りである。

〔事例17〕静岡県富士市木島

一番火は、皆からお祝いをされ、その家では子供たちを集めてご馳走をした（『ふるさと富士川　第二集　昔ばなし・伝説集』一九八一）。

〔事例18〕三重県熊野市紀和町

一等から三等まで賞金が出る（例えば子供の場合、一等五〇〇〇円分、二等三〇〇〇円分、三等一〇〇〇円分の図書券。現地調査）。

〔事例19〕兵庫県網干区津市場稲荷神社

『西讃府誌』五十三巻 風俗（一八九八）によれば、点火の模様は、「村人百人其松明ニ神前ノ灯ヲウツシ、柱ノ末ナル籠ヲ目当ニ投上ルナリ。其火ノ夥シキコト蛍ノ乱レ飛ガ如シ。其火第一番籠ニ入リタルヲ首功トス。サテ麦藁ニ火ツキヌレバ、アタリ数百歩ノ間、昼ヨリモ明シ。火ヤヤシタリスレバ、其柱ヲ引倒ス。其音雷ノ落ルガ如ク、アタリニ響ケリ。事畢リテ一番ニ火ヲ入シ人ヲ撰出シ、明年稲荷ノ神田ヲ作ラシムトナシ」とあり、一番火には、次の年の神社の神田の耕作権が無年貢で与えられた（写真23）。

〔事例20〕大分県大分市高瀬

一番火には賞金が出る（現地調査）。

〔事例21〕宮崎県串間市市木

一番火は景品として、賞状・御幣・扇・焼酎三本を貰う（現地調査）。

〔事例22〕鹿児島県鹿児島郡三島村硫黄島

一番火は、柱を右回りに三回まわり、御神酒を参加者にふるまう（嘗ては、御神酒は自前で用意したが、現在では村が用意する。現地調査）。

七　目的

本来、祭りは、鎮守の神の慰労である。この時、祭りを行う集落は、集落全体の安全や豊作などを祈願する。これは、公共のための祈願であり、これが、われわれが一般的に知る祭りの目的である。他方、祭りを見る側には、祭りを行う側の目的を体感するだけでなく、祭りの中に、自分にとっての家内安全祈願・諸願達成祈願といった個人的な、現世利益的な目的の達成を求めようとする人も多い。これは、私のための目的である。

このように、祭りの目的には、公共のための目的と、私のための目的の二つがある。従来の祭り研究では、見物する人を柳田が指摘した如く、「見物と称する群の発生」によって、「祭りから祭礼へ」変化させた要因として論考している。つまり、祭りの様式変化を促した一要素として見物人を捉えているのである。他方、見物人は、自らが主体的に祭りの中に自己の利益となるものを求めていることも確かである。例えば、見物人は、燃え残ったモノの中に霊力を認め、それを拾い家に持ち帰り、神の加護を願うのである。従来の民俗学における祭り研究では、この私のための目的という視点にあまり注意を払ってこなかったが、祭りにおける私のための目的を論考することは、祭り研究の幅をより広げるものである。

文献・口承により伝えられてきた祭りの目的は表1に記載の通りである。ここでは、目的を公私に分け整理・分類し、その特徴を論じる。

両者の事例として以下のものがある。出典が明記されているもの以外は論者の現地調査による。

1　公共のための目的

(1)年占い

①柱の倒れる方向

〔事例23〕鹿児島県肝属部錦江町城元：その年の作運の成否（野田千尋「大根占町河上神社のハシタマツ神事」『民俗研究』二号、鹿児島民俗学会、一九六五）。

〔事例24〕大分県杵築市中出原：その年の吉凶（『都道府県別日本の祭り・行事調査報告書報告書集成一二　九州地方の祭り・行事二　大分・沖縄』二〇一〇）。

〔事例25〕石川県七尾市能登島向田町：海側に倒れれば豊魚、陸側に倒れれば豊作。

〔事例26〕三重県鳥羽市志摩加茂五郷：柱の倒れた方向でその年の吉凶が占われる（『日本の祭り文化事典』東京書籍二〇〇六）。

②点火の方位

〔事例27〕兵庫県豊岡市日高町松岡：年ごとに点火の方位が決められ、その燃えぐあいによって豊凶が占われる。

③御幣の燃え方

〔事例28〕大分県杵築市中出原：柱の先端に取り付けた幣がすべて焼けた年は豊年、残る年は凶年（『都道府県別日本の祭り・行事調査報告書報告書集成一二　九州地方の祭り・行事二　大分・沖縄』二〇一〇）。

(2)盆供養

〔事例29〕山梨県南巨摩郡身延町久那土：盆の迎え火（十三日）・送り火（十六日）。

〔事例30〕和歌山県東牟婁郡太地町：盆の迎え火（十四日）・送り火（十五日）。

〔事例31〕静岡県静岡市葵区坂ノ上：盆の迎え火・送り火。八月十三日という盆の迎え日に行われるが、祭りにおいては、柱松の後、盆の送り火である灯籠流しも行われる。迎え火・送り火の両者を兼ねた祭りである。

〔事例32〕静岡県牧之原市片波：盆の迎え火（十三日）。

〔事例33〕兵庫県洲本市五色町鮎原栢野：盆の送り火（十五日）。

〔事例34〕山口県美祢市美東町絵堂（銭屋集落）：盆の送り火（十六日）。

〔事例35〕鹿児島県鹿児島郡三島村硫黄島：盆の送り火（十五日）。

⑶新盆供養

〔事例36〕山梨県南巨摩郡身延町久成：柱松の芯柱は新盆の家が提供する。

〔事例37〕静岡県焼津市：初盆の家が、最初に火をつけた人に賞品を出した（『焼津市史　民俗編』二〇〇七）。

〔事例38〕三重県鳥羽市志摩加茂五郷：新仏に対する供養としての大念仏柱松行事。

〔事例39〕和歌山県東牟婁郡太地町：祭り前に新盆のための供養及び供養踊りが行われる。

〔事例40〕大分県旧岡藩領内：江戸時代、藩主が亡き父の新盆供養として柱松を行い、以降藩内に広まる。

〔事例41〕大分県大分市中尾：柱松に点火する前に盆踊りが行われ、その場に新盆の位牌を持ち寄る。

〔事例42〕大分県竹田市荻町西福寺：同前。

⑷無縁仏供養―川供養、海難者供養

〔事例43〕富士川流域

〔事例44〕静岡県焼津市石津
〔事例45〕焼津市保福島
〔事例46〕焼津市相川・中島・高新田・上泉
〔事例47〕和歌山県田辺市

⑸無縁仏供養

山口県光市岩田（旧熊毛郡岩田村）：無縁者法界聖霊の供養（『防長風土注進案』）。

⑹犠牲者の鎮魂・供養

〔事例48〕三重県鳥羽市志摩加茂五郷：九鬼澄隆の供養。

〔事例49〕山口県美祢市美東町絵堂（銭屋集落）：江戸時代の長州藩銭屋集落焼討事件の犠牲者供養。

〔事例50〕愛媛県八幡浜市五反田：不慮の死を遂げた修験僧円海法印の供養。

〔事例51〕福岡県直方市上境：鷹鳥城落城に伴う犠牲者を供養。特に城主毛利鎮実の女子七夕姫の迷霊を慰めるための供養（『鞍手郡誌　下巻』一九七四）。

〔事例52〕大分県豊後大野市緒方町：宝暦三年（一七五三）農民一揆の首謀者で打ち首となった原尻奥之丞の供養（『都道府県別日本の祭り・行事調査報告書報告書集成一二　九州地方の祭り・行事二　大分・沖縄』二〇一〇）。

〔事例53〕鹿児島鹿児島郡県三島村硫黄島：地元では、流刑となった俊寛の鎮魂。これに対し、谷口は疫病退治の祈願としている（谷口広之「鬼界島流人譚の成立―俊寛有王説話をめぐって―」『同志社国文学』一五号、一九八〇）。

⑺虫送り

〔事例54〕山梨県南巨摩郡身延町大塩：「ナゲンデエが明るいので虫が寄ってきて、火によって死ぬところから虫除けに意味があったと考えられた」(『大須成の民俗—山梨県南巨摩郡中富町—』早稲田大学第二文学部民俗調査団　二〇〇〇年度調査報告　二〇〇一)。

〔事例55〕山梨県南巨摩郡南部町井出

〔事例56〕長野県飯山市瑞穂小菅

〔事例57〕石川県七尾市能登島向田町

〔事例58〕福井県大飯郡おおい町旧名田庄村の集落：「松上げは、愛宕信仰の火伏せの祭とされているが、その道中は虫送り、虫供養、送り盆の性格を持っている。このことを裏付けるように、名田庄村の集落には稲の虫がたくさん出ると、村人は松明に灯をつけ、隔日に五晩くらい虫送りを続け、防除の願いを込めた記録が残されている」(今井和大編『福井県における虫塚・虫送り・虫供養』福井県植物防疫協会、二〇〇〇)。

〔事例59〕和歌山県新宮市佐野：「昔は川端にて害虫駆除をなんか為行ひしも今は其意味なく只一種の豊作を祈願するのみ也」(『紀伊東牟婁郡誌　下巻』一九一七)。

〔事例60〕兵庫県豊岡市日高町松岡

〔事例61〕兵庫県龍野市御津町黒崎

〔事例62〕山口県美祢市美東町絵堂(銭屋集落)：柱松は本来農作業の虫送りのためである。

〔事例63〕福岡県直方市上境

〔事例64〕大分県豊後大野市緒方町

柱松の目的の一つが「虫送り」とする事例は、上記以外にも数多く存在する。特に七月・八月の柱松に多い。

(8)疫病除け

疫病除けを目的にする事例の祭場は、嘗て疫病が流行った地が多い。

〔事例65〕京都府左京区花背原地町

〔事例66〕和歌山県西牟婁郡すさみ町佐本：天明七年（一七八七）、天明八年に疫病が流行した。

〔事例67〕和歌山県有田郡有田川町金屋地区：昔柱松をやめたら疫病が流行ったので、再開したら疫病はやんだ。

〔事例68〕山口県光市立野字西庄：「当時、防長国（現山口県）内に疱瘡が流行し、多くの住民がその犠牲になったという。地区の住民は、悪魔の息のかからない高いところへ火を投げ上げて疫病の退散を祈ったのが始まりとされた」（周防柱松保存会資料）。

〔事例69〕大分県杵築市中出原

〔事例70〕鹿児島県肝属郡錦江町城元

(9)夏越（夏煩い除け）の祈願

〔事例71〕石川県七尾市能登島向田町

〔事例72〕福岡県直方市上境

(10)牛馬安全祈願

山口県のみに見られる事例である。嘗て県内に疫病が流行り多くの牛馬が死んだ。その原因の一つが（片目）といわれる魔物である。

伊藤忠芳著「柱松雑感」（『仁義女』第六号、豊北町郷土文化研究所、一九八八）によれば、柱松は、「シイは一目の魔物で海から上がって来る。此魔物に牛が睨まれると直ぐ死ぬる、故に之を退治る為の行」である。具体的には、火の玉を空高く上げることで、これは僧の助言により始まったといわれている。この種の柱松の名称は、長門市近郊では、ギュウトウ・ヨウトウ・ジュウトウ・ノウトウ等といわれている。

〔事例73〕萩市吉部下字野田：「野田の柱松は、氏神の祇園様に牛疫退散祈願をすること、アサガオの天辺に祇園様の御幣を立てること、祭りの名称のギユゥトウが牛の頭という意味から牛頭天王を祀ることを意味しているのかもしれないこと等からして、柱松が祇園信仰とも通じる可能性を示唆している」（『むつみ村文化財要覧　野田の火祭』むつみ村教育委員会、一九九一）。

〔事例74〕山口県下関市豊浦町上吉見の永田：「中心の柱の上のホウヅキに松明を投げあげ、ホウヅキに火がついて燃えあがると、〝牛馬安全〟と唱え、手の松明をグルグル廻しながら、柱の周囲をかけ巡る」（『下関民俗歳時記　増補改訂』一九六九）。

〔事例75〕山口県下関市豊浦町（黒井・川棚）：「子どもは松明を振って周囲をかけ回り口々に「牛馬の安全」あるいは「牛馬のご祈禱」と唱える」（『豊浦町史　三（民俗編）』一九九五）。

⑾筏師安全祈願

事例は、急流の箇所が多い北山川・熊野川の流域の筏師安全祈願である。

⑿豊作祈願

〔事例76〕福井県小浜市上和多田（二百十日の柱松）：本来は風除け祈願の祭りであるが、これは豊作祈願を意味する。

〔事例77〕兵庫県加東市黒谷

⒀大蛇退治故事の再現

〔事例78〕京都府舞鶴市城屋の揚げ松明：「城屋の雨引神社は「蛇神さま」とも言われ、農民を困らせることによって退治された大蛇が祀られている。以降神社は雨乞いの神として崇敬され、大蛇が焔を吐くのに因んで揚松明が行われる」（『舞鶴市史　各説編』一九七五）。

〔事例79〕宮崎県串間市大納（都井岬）：地元の伝承では、大蛇を退治した都井迫の真光寺住職衛徳坊に感謝の念を表すために、柱松を大蛇と見立て、松明でこれを焼くことで大蛇を退治したとする、大蛇退治を再現するために柱松を始めたという。柱松に火が点いた時の掛け声「トントコトッターエートクボ」（とうとう獲った衛徳坊）がこの伝承を言い表しているとされている。

〔事例80〕宮崎県串間市市木：柱松は大蛇を退治した時の模様を再現したもの。

〔事例81〕鹿児島県肝属部錦江町城元：同前。

宮崎県・鹿児島県の事例では、柱松の後に綱引きが行われていた。これは、綱を大蛇に見立て、綱を引きちぎることにより、大蛇が生き返らないようにするための儀式であるという。

⒁雨乞い祈願

石川県七尾市能登島向田町、京都府舞鶴市城屋、南丹市美山町芦生・川合・殿・（愛宕さんの献火といわれているが、一説には雨乞いの行事『京都府和知町誌　第一巻』一九九五））、和歌山県新宮市佐野、兵庫県姫路市網干区垣内、姫路市勝原区朝日谷、龍野市御津町黒崎、大分県杵築市中出原。

⒂献火（愛宕火）

基本的に、若狭・丹波地方で「アゲマツ」「マツアゲ」と呼ばれる柱松は、愛宕権現への献火を目的としている。

通常、祭り前に代参が京都の愛宕神社に詣で、祭り当日の朝火種を集落の愛宕社から貰う。

福井県大飯郡おおい町名田庄三重字尾ノ内：祭り当日の朝、代参が京都の愛宕神社に詣でる。

福井県大飯郡おおい町名田庄虫鹿野：事前に愛宕神社への代参があり、祭り早朝、集落の山手にある愛宕社に詣で火種を貰う。火種はお堂に安置され、晩の祭りまで禰宜役の村人が見守る。もし消えたら、もう一度愛宕社まで行き火種を貰ってくる（写真18）。

京都府南丹市美山町芦生：通例は愛宕神社への代参はしないが、自然の猛威で柱松ができなかったり、祭りの途中で柱の火が消えたりした場合にだけ愛宕神社に詣で、献灯が行われなかったことを詫びる。祭りの後で参詣する事例は、全国で唯一である。

京都府南丹市美山町殿：柱松は八月二十四日に行われる。集落には愛宕講と松講があり、現在祭りのある日に同時に公民館で行っている。しかし昔、愛宕講は冬に行い、上げ松に直接関係していなかった。柱松は松講が独自に行った。上げ松は、かえって虫送りの感が強い。また、当地では盆は親戚等が来て忙しく、盆の行事の盆踊り、精霊送りは裏盆たる地蔵盆の日に行う。従って上げ松は盆供養の意味もある（地元話者談）。

⒃収穫感謝

十五夜の夜（旧暦八月十五日　名月の日）に豊作を感謝する。宮崎県串間市大納・市木、鹿児島県旧大根占町が、この事例である。ここには、大蛇退治の故事再現が同時に行われる。

⒄怖れ・崇り

祭りをしないと悪いことが起こるので柱松を行う。

山梨県南巨摩郡身延町：「いつの頃か中止したら村内に大火があり、柱松を始めたら大火はなくなった」（『身延町誌』一九七〇）。

静岡県富士市木島：「いい伝えによると、或る年、この供養を休んだところ思いがけなく災害に出合ったとか、それからは六月二十五日の風祭り行事と共に、一度も中止したことがなかったようである。不思議にも当部落では、水難者がかつて一人も出なかったことが、この行事を存続する理由でもあるようだ」（『ふるさと富士川　第三集』一九八四）。

和歌山県有田郡有田川町金屋字下歓喜寺：「柱松の行事があるので村に流行病がないと信じられている。いつ頃か中止した年の秋、疫病が流行して大災難であったので、翌年から復活し村は息災を喜んだ」（松本保千代「和歌山県の火の民俗」（『近畿地方の火の民俗』明玄書房、一九八五）。

兵庫県豊岡市日高町松岡：雅成王妃が産に臨んで川に投じて死んだことから、その慰霊のためという悲劇伝説と、疫神を婆の形に見立てて、その祟りを避けるために焼き殺すのだという厄除け伝説とがある（『国府村誌　上巻　古代・中世編』一九六二）。

山口県で牛馬の安全を祈願する柱松：水中から片目というものが出て牛が死ぬ。祭りをすれば片目は出ない。

愛媛県八幡浜市五反田：不慮の死を遂げた修験者の祟りを怖れて、鎮魂のため柱松。

福岡県直方市上境：城主毛利鎮実の女子七夕姫の迷霊が害を及ぼすとして、姫の霊を慰めるため。

大分県杵築市中出原：「ある時、疫疹（はしかのこと）が流行した。その理由を占ったところ、松柱を中絶したがゆえに難病ありと云うことであった。従ってその後中断することがなかったとすれば約二六〇年続いていることになる」（出原柱松保存会『柱松についての考察』一九九四）。

⒅人探し故事の再現

事例は、和歌山県有田郡有田川町金屋字下歓喜寺のムカビである。地元の柱松起源に関する伝承によれば次の通りである。室町時代末のある時、このあたりに山仕事をして細々と暮している夫婦がいて、六つの次郎と四つの四郎の二児があり、貧しいながら幸せな日々を楽しんでいた。ある日父の留守中に母親は高熱で倒れた。二人の懸命な手当の甲斐もなく父の帰りを待たず息を引きとった。野辺の送りをすませたが、その後は寂しい日が続いた。父と二人の児は母を喪って一年が過ぎた。二人は寂しさに堪えず、母の墓を掘り、村を出てさまよい歩いた。その後村の人々は「次郎やーい、四郎やーい」と松明を手にたずね回った。柱松はこうして始まった（松本保千代「和歌山県の火の民俗」『近畿地方の火の民俗』明玄書房、一九八五）。

⒆まとめ

以上記した祭りの目的を総括すると次の通りである。

・供養――上記の盆供養、新盆供養、無縁仏供養、犠牲者の鎮魂・供養に相当する。
・祈願――上記の牛馬安全祈願、筏師安全祈願、豊作祈願（大蛇退治の再現を含む。雨乞い祈願も広い意味で豊作祈願である）、火伏祈願、夏越（夏煩い除け）の祈願、人探しに相当する。
・厄除け――上記の虫送り、疫病退治に相当する。
・感謝――上記の収穫感謝、献火（愛宕火）に相当する。
・怖れ。
・占い。

圧倒的に多い事例は、供養と祈願である。

盆において供養は、各家の祖霊（本精霊）は各人の個人的な供養として行われるので、柱松における供養は、その他の霊、即ち初盆の荒魂（新精霊）と無縁仏（外精霊）が対象となるが、村人に柱松の目的を聞いても、単に盆の迎え火、送り火と答えるのみで、明確に霊の区別をして祭りをしている事例は少ない。祈願は、牛馬安全祈願、筏師安全祈願、豊作祈願（大蛇退治の再現を含む。雨乞いも豊作祈願である）、火伏祈願、夏越（夏煩い除け）の祈願、人探しの他虫送り、疫病除けも祈願である。これらは、基本的には現世利益を求めての祈願といえる。

同一の祭りにおいて、祭りの目的が一つであるわけではない。祭りには時間の経過とともに、その時々の人々の願い事が重層的に付加されるところから、一つの祭の中にも多数の目的が内包されている。例えば、福岡県直方市上境のハシラマツの目的は、五穀豊穣祈願、虫送り祈願、牛馬疫病除け祈願、夏煩い除け祈願、落城犠牲者供養、怨霊鎮魂と極めて多岐にわたっている。

2　私のための目的

私のための目的として、本方式の祭りで見られるのは、唯一、石川県七尾市能登島向田町のオスズミ祭りである。柱の周りに積まれた柴の束に向かって松明を投げ柱に点火されると、柱の先端に取り付けられた御幣が炎にあぶられて地上に落ちる。見物人は争ってこれを奪い合う。御幣にはご利益があるとされている。

私的目的は、次に述べる俗信の「…すると…になる」の、「…をする」を、見物人が主体的に行動に移すことであるといえよう。

八　俗信

俗信とは、祭具に神霊が宿ることを信じることにより生じる祭具の霊的な威力である。俗信は、全ての柱松に見られる現象ではないが、松明投げ点火方式柱松では、数は少ないが以下の如き俗信の事例が見られる。出典が明記されているもの以外は論者の現地調査による。

⑴予兆

①柱の付属物

山口県美祢市秋芳町別府：柱等の燃えかすを軒先に吊るしておくと火事にならない（松本麟一「山口県の火の民俗」『中国・四国地方の火の民俗』明玄書房、一九八五）。

②柱

大分県杵築市中出原：柱の倒れた方向に厄病神が逃げる。

福岡県鞍手郡鞍手町長谷：「「そっちに倒したら家の方やで病気がはやる、山の方に倒せ」と言っていたという」（『鞍手町誌　民俗宗教編』一九九五）。

③火の粉

鹿児島県肝属郡錦江町城元：火の粉を浴びると病気にかからない、身体が丈夫になる（野田千尋「大根占町河上神社のハシタマツ神事」『民俗研究』二号、鹿児島民俗学会、一九六五）。この俗信は、多くの場所で聞かれるものである。

④煙

山口県下関市豊北町田耕：煙や火の先の向かう方角は病人が出ない（『豊北町史』一九七二）。

山口県美祢市秋芳町別府江原：煙がなびいていった家では病人がでない（松本麟一「山口県の火の民俗」『中国・四国地方の火の民俗』一九八五）。

⑵占い

①柱の倒れる方向

鹿児島県肝属郡錦江町城元：その年の作運の成否（野田千尋「大根占町河上神社のハシタマツ神事」『民俗研究』二号、鹿児島民俗学会、一九六五）。

大分県杵築市中出原：柱の倒れた方向で、その年の吉凶を占う。

石川県七尾市能登島向田町：海側に倒れれば豊魚、陸側に倒れれば豊作。

②点火の方位

兵庫県豊岡市日高町松岡：年ごとに点火の方位が決められ、その燃えぐあいによって豊凶が占われる。

③火が入るか否か

福井県小浜市：「今年も無事に火が点いたから豊作だ」といいながら帰る人も多い（神崎宣武『小浜市指定文化財説明資料三』二〇一〇）。

④御幣の燃え方

大分県杵築市中出原：幣がすべて焼けた年は豊年、残る年は悪年。

註

（1）内藤正敏　二〇〇七『鬼と修験のフォークロー』法政大学出版局　六六頁。
（2）長野県飯山市瑞穂小菅所蔵『信濃国高井郡小菅山八所権現幷元隆寺来由記』。
（3）大目物如来像に奉納の年が刻まれている。
（4）木島平村教育委員会　二〇〇七『南鴨　柱松子』。
（5）等覚寺の松会保存会編　一九七七『等覚寺の松会　無形文化財記録調査報告書』。
（6）長野県飯山市瑞穂小菅社家鷲尾家所蔵『當家日記』。
（7）長野県下高井郡木島平村南鴨在住中塚家所蔵「大徳院文書」所収。
（8）由谷裕哉は、「修験道系柱松における神仏関係―関山・戸隠・妙高・小菅山の比較」（『神道宗教』第二〇一号）において、現時点で「実証的観点から」三山の影響関係を立証することは困難であるとしている。
（9）川名津神楽保存会編　二〇一〇『川名津神楽本』。
（10）大森恵子　二〇〇六「愛宕信仰と験競べ」（八木透編『京都愛宕山と火伏の祈り』昭和堂）。

第二章　諸相の分析

第一節　柱松と地域

第二章では、柱松と地域との関連性を論考するために、柱松と地域、柱松と時間との関係につき論究するが、まず本節では、各県における柱松の特徴を論じることとする。

一　岩手県

岩手県で柱松が行われるようになったのは、ごく最近である。一九九七年、盛岡市は、盛岡城築城四百年記念として山梨県南巨摩郡南部町で行われている「投げ松明」を、市の盆行事「舟っこ流し」の一部に採用した。これが現在八月十六日に同市北上川の河原で行われている「舟っこ祭り」の一部「投げ柱松」である。これは、盛岡の南部家が山梨県南部町に由来することから盛岡市と南部町が姉妹都市にある関係で導入されたものである。「舟っこ祭り」の目的は施餓鬼供養・川供養であり、南部の投げ松明も同様な目的をもった祭りであるので、盛岡において受け入れられたのであろうと考える。

柱の高さは四～五間、小中学生が松明を投げる。松明受けは南部町同様「ハチノス」と呼ばれている。南部町井出集落の人々が柱松の作り方・儀礼を教えた。井出の人々によると、盛岡の人たちは、松明を投げる祭りには馴染みがなく、松明の投げ方を教えるのに苦労した。また盛岡地方では麦を作っていないので、松明受けに入れるモノに工夫を要した、とのことである。松明を投げて柱に火を点けるという火祭りの風習のなかった地に、柱松が今後どのように受け入れられて行くのか、民俗の伝播という点で興味持たれる事例である。

二　山形県

山形県で行われてきた柱松は、大晦日から元日にかけて行われる出羽三山神社での鑽り火点火方式の「松例祭」のみである。これは、修験が羽黒の修行場で行う祭りである。

出羽三山神社は、月山・羽黒山・湯殿山の三つの山の頂にある神社が合祀されたものである。出羽三山は、社伝によれば、崇峻天皇(?～五九二?)の皇子、蜂子皇子(能除太子)が開山したと伝えられる。

出羽三山は、修験道の山と知られ、江戸時代には、熊野三山・英彦山とともに「日本三大修験山」と称せられ、祖霊の鎮まる〝精霊のお山〟、人々の生業を司る「山の神」「田の神」「海の神」の宿る〝神々の峰〟にして、五穀豊穣・大漁満足・人民息災・万民快楽等々を祈願する〝聖地〟であった。加えて「羽黒派古修験道」の根本道場として、「凝死体験・蘇り」を果たす山でもある(1)。

祭りの名称は、明治維新以前は正式には冬峰の結願といい、大晦日の神事とも、歳夜祭とも、精霊祭ともいわれていた。祭りは、明治五年(一八七二)修験道の廃止とともに廃止され、神仏習合であった社も神社となった。祭りは、明治十二年(一八七九)復活し、名称も神道的な松例祭に代わった。

松例祭は、門前町である鶴岡市羽黒町手向の修験から選ばれた二人の松聖(一人は位上、一人は先途と呼ばれる)が、五穀豊穣・天下泰平を祈願し九月二十四日から百日間の修行に入り、その結願の日、十二月大晦日に行う祭りである。

二人の松聖は、それぞれが属する町内の若者たちに補佐される。実際に松聖に代わり験競べなどをするのは、これら若者である。位上に属するのは上四町、先途に属するのは下四町である。

祭りは、三か日間にわたり行われる。①十二月二十七日の大松明まるき、②大晦日の大松明綱巻き、③大松明まるき直し、④綱さばきと験縄と誓文渡し、⑤大松明曳き、⑥大松明焼き、⑦験競べ、⑧国分け、⑨元旦の鏡松明（柱松明）立てと火の打替（鏡松明の火を鑽り出す儀礼）神事、⑩昇神祭などである。各場面で験競べが行われる。

松例祭は、修験の儀礼であることからして、その意義は修験道の教義と修行の両面から分析できる。

(1) 修験道の教義からの解釈

当山派の経軌『修験依的忠集』（融慧編、寛政元年〔一七八九〕）によれば、修験道は、「山峰巍峨たる経歴し、心を菩提の道に懸け、諸の煩悩及び魔業を降伏し、本有仏性の妙理を観じ、（中略）最後に理智下この妙旨を観ず。是即ち不動明王の一尊に帰限する源旨なり」とあり、諸々の煩悩・魔業を降伏して、新たな生命に生まれ変わることを目指している。

この解釈に基づくと、松例祭は以下のように理解できる。

まず、煩悩及び魔業の降伏については、儀礼の前半で主役となる大松明（別名ツツガ虫）の焼却儀礼がこれに当たる。祭りの起源を記した、中世末のものと思われる『拾塊集』によれば、慶雲年間（七〇四〜〇八）に麟乱鬼という悪鬼が鳥海山・岩手山等の頂から邪気をはなって奥羽二ヶ国に悪疫を流行らせた。祭りでは、この魔業を行う悪鬼がツツガ虫に相当する。羽黒権現の十二王子中の一社である遠賀ノ王子・山副ノ神という王子神は、出羽国山本郡郡司の七歳になる娘に神がかりをして、神前の大床に一二人の験者をおき、鬼の形に模した大松明を焼却せよ、と託宣した。この通りにすると、悪鬼はたちまちに退散した、とある。これがツツガ虫退治の謂れである。

この故事は、祭りにおいては次のように再現される。

即ち、ツツガ虫を縛った綱をズタズタに切ることにより、ツツガ虫は殺される。しかし、またいつ生き返るかわからないので、再度綱をかけ、庭に引き出して焼き殺す。これは、前記行事次第の①から⑥に対応する。次に新たな火の誕生である。悪鬼であるツツガ虫を焼いた火は穢れているので、新たな火を鑽り出し、これをもって新年を迎えるという儀礼である。これが行事次第の⑨に対応する。

⑵修験道の修行からの解釈

百日間の修行の成果は、験に現れる。祭りでは、位上と先途のどちらの験が勝れているか、神意に叶っているかは、位上と先途それぞれに属する町内の若者たちが対抗的に競う行事の勝敗によって決することになっている。

松例祭では、若衆による験競べが以下の通り行われる。

①ツツガ虫を作る速さを競う。ツツガ虫は、頭から尾にかけて細長く、顔は幅約三・六m、長さ約七・二mで、萱で出来ており、三ヶ所で綱を巻き、上から縄綱で包む。

②ツツガ虫を巻き直す速さを競う。一度解体されたツツガ虫は、再度巻き直される。

③本殿において「兎の神事」という活殺の験競べ、「烏跳び」という跳躍の験競べが修験により行われる。

④ツツガ虫は、小屋から三三尋先のところまで綱で曳かれ、頭を下にして立ち上げられ、焼かれる。燃え上がる速度と火勢を競う。これにより海陸の作不作を占う。

⑤新しい火を鑽り出す遅速を競う（火の打替神事）。火の打替神事の次第は次の通りである。

国分神事が終わると、火付け役の、松打ちと役者たちは、「勝っても負けても尋常に」といい合いながら鏡松明を三度廻る。これが終わると、松打ちは脱兎の如く走り出し、カドモチの携える火皿（ヒナゴゼ）に競って火を鑽り出す。

ここで点火の遅速が競われる。この火は、鏡松明の点火には使われない。鏡松明は、既に燃えている。

この神事に使用される鏡松明は、直径一尺五寸、高さ二間、萱草を芯とし、ヨシ簀で包み、中縄で一ヶ所を堅く結んで作られている。縄の数は、一年の月数を意味するとされ、柱を立てたような形になるところから柱松明とも呼ばれる。

⑥最後に本殿で奉行により、験競べの結果が申し渡される。

松例祭は、修験の祭りというだけでなく、祭りの主役たる松聖及び出羽三山の信仰が及ぶ集落の人々の祭りでもある。松聖にとっては、精進の結願の儀礼であるとともに、上の位に昇格するための儀礼（近世期には松聖を勤めることによって山麓衆徒最高の位である権大僧都に補任された）である。集落の人々にとっては豊作祈願・火防祈願・家内安全祈願の祭りである。更に参拝者にとっては、現世利益を求める祭りである。これは、ツツガ虫を巻いていた綱を取り合う中に見られる。綱に関する俗信として次のものが見られる

綱まきの綱：大松明をしばった綱を三尺ほどの長さに切断して祭場に撒布する。この綱は火防の守りとなり、家内安全のお守りとなるものと信じられ、拾い取った者は、これを家の庇に飾る。

「綱さばき」の綱：家の櫓先にかけて悪魔退散の守りとする。

藁綱（竜形を象ったもの）：火難を防ぎ（水神信仰と関係）、五穀の豊穣をもたらす。

松例祭全体として重要なことは、松聖が百日精進の間、鍬と鎌を添えた小さな苫屋を模した輿屋聖の中に竹筒を納め祈禱することである。竹筒の中には五穀が入っており、これが百日精進の間に、種籾の霊に感応して穀母になる。この種籾を農家に配り、田に蒔くと苗の育ちもよく、病虫害にかからないと信じられている。つまり松例祭は豊作祈願の祭りでもある。

三　山梨県・静岡県（富士川流域）

山梨県の柱松は、富士川及びその支流沿いの集落にのみ見られる。静岡県内の富士川沿い集落でも、同様な柱松が行われてきたので、ここでは両県の富士川沿いの柱松を論じる（図3）。

嘗て、柱松は、北は山梨県南巨摩郡鰍沢町鳥屋から南は静岡県富士市松岡までの地域で行われていたが、現在は、北は山梨県南巨摩郡身延町久那土から南は静岡県富士市岩松地区までの地域で行われている。現行柱松の開催場所の詳細は表2の通りである。

富士川流域の柱松は、全て投げ松明方式で、地元における名称は投げ松明の訛としてのナインデー・ナゲンデー・ナゲタイ等極めて多く、祭りごとに名称が違うと言っても過言ではない。

祭日は、殆どが八月十五日であるが、身延町久那土では八月十三日にも行っていた。

祭場は、多くが富士川やその支流の流域であるが、山間部では集落の広場や、ごく僅かだが墓場がある（山梨県南巨摩郡南部町内船）。

柱は、竹・杉・松のいずれかであり、丸太である。

柱の高さは、子供用の三間のものから、木島の如く一〇間に及ぶものがあるが、多くは六間以上と高い。

行事次第は、①柱作り、②柱立て、③点火、④柱倒しないし柱燃やしという松明投げ方式の典型である。点火に伴う競争、年占いはない。

明治から大正初期にかけて南部町南部の住民が同地域の伝説・風習・行事などを記録した『落穂拾遺』によれば、

同地域の盆行事は次のようであった。

十三日となれば墓所へ新しき竹の花筒を供え是に色々の草花を指す。仕度整へば夕刻に到る。名々門火と云て松明を家の前にて焚く、亦市中両側焚連ぬるなればなかなか美観なり、亦宿内我先きに墓参をなす。妙浄寺の墓地は一面の高台なるに此時と着飾りし婦人達、黒紋付にパナマ帽の紳士あり、対松の光りとともにかがやかし、みかえりて富士川原を見れば遠く楷根・寄畑の若者連中が此土地の名物投対松の競技数丁に連なり、対松フリ投げ空中に打合せ火花をちらし終に蜂の巣へ打人れ大カッサイをさけぶ、上み手大島・清子・中野より内船、川原町皆此技を行はざるはなく、今夜十三日より十六日の夜迄是を行ふ。南部河原は内船と相対して百八対と云六百間位に百八の松明へ一度に火を点ず、両岸相向ふ事投松明の争ふ一つの火祭りなり、かくして仏をなぐさむるなりと。

盆の十六日は施餓鬼を行ひ、妙浄寺住職壇信徒附添川原町より前川原へ出て富士川に向い読経会向を終る。此時霊へ供えるとて飯室へ山盛りになし、是に百八本の五色小旗を小竹に立て、さし竹にて高床を掛け、四方七五三を張り群衆の人は経の終るを待、架屋を押したおし此小旗を取りかえるなり、大根の虫を防ぐに効ありと云ふ。一行は大下町へ川原より出て市中を上り帰寺するなり。

この祭りの行事次第は、現在と同じであり、また、盆時期に柱松（投げ松明）の他、百ハッタイ・川施餓鬼が行われることも、現在と同じである。つまり、祭りの儀礼が江戸時代から現在まで、ほぼ変わることなく伝えられてきていることがわかる。

静岡県側でも、同様であった模様である。

十九世紀前半に書かれた『駿国雑志』巻之十五下「年中行事」七月は、現在の富士宮市沼久保字船場の盆行事を次のように記している。

今日より十六日迄、富士郡沼窪村不二河舟場投炬火の遊戯有り。其結構大竹の先を四に割り、箍（たが）をかけ、縄にて結ぶ事四所斗り、其割りたる先の内より箍を入れ、小麦幹にて鋜（もじり）を編み、元の方を縄にて巻く、形はちすの花の如くにす。其編た内に多く小麦幹を入れ、其上に大鋸屑を紙に包みて入、又其上に小麦幹を入れ、大成柱を立て縄にて巻きとめ、四方に杭をうち扣の綱を添ふ、其の高さ四、五間斗り也。炬火は杉の皮を撲き柔げ、長さ一尺余大さ四寸廻り計りにし、縄にて四所結び三尺斗りの緒を付、火をさして高く振り上げ投入る。其数一人一本を定とし、先に投入早く火の移を勝とせり。或は竹に花火を仕掛けて目を悦ばしむ、其火を発する時諸人声を揚ぐ、是を鯢波（とき）と云頗る興有り。

又、十六日の項に、

今宵、富士郡沼窪村不二川舟場施餓鬼あり。其仕業長さ一間計りの破り竹を三角に典げ、麦藁にて太く巻き、其三角毎に幣束を立て、角より角に竹を遣り違ひに入れ、麦藁にて初めの如く巻き、四尺計りの竹を細く割り、縄にて結び矩火となし、其遣り違ひの真中に立て、火を放ち焼立、法華経の首題を唱え、水中に流し遣り。すべて僧家此事に関からず舟場の所業たり。号て河灌頂と云、是流死の冥福を修する也。当村悉く法華宗のみ、故に他宗の仏事なし。昨今両夜、富士郡沼窪村溺死供養有、其結構富士河原に百八本の杭を立て、白張の提灯をかけ並べ、其もとに在て謡ひ踊る。婦人是に交らず、其歌定なし、号て百八の供養と云へり。

沼久保では、現在も八月十五日に富士川河原で「蓬莱投げ松明」と称し、上記と同様な儀礼で祭りを行っている。但し現在は、百ハッタイは行わず、川供養のみである。ここでも、江戸時代から今日まで、伝統の継承が行われている。

富士川流域の柱松の特徴は、富士川の川筋では川供養、川より離れた地域では新盆供養の要素が強いことである。祭りは、盆の時期に行われ、川カンジン・川供養・柱松・百ハッタイという行事と、それぞれの分布に多少のずれはあるが、一体となって行われ、その底流に流れている思想は、富士川での水難者の鎮魂であろう。

富士川は江戸時代より難所の多い川として知られてきた。難所として、江戸時代の『甲斐国志』では、天神が滝・屏風岩・鼠石・小豆石・本釜・銚子ノロ・狢滝（むじなたき）、「富士川絵図」では、甲州地内は天神滝・屏風岩・藪が滝・老瀬岩・舟取岩、駿州地内は釜口・芝川大滝・俵石・弓立岩・あまが淵・うの木送りをあげている。更に明治八年（一八七五）当時、巨摩郡第三十一区長遠藤聡知から県参事富岡敬明宛差出しの「富士川原由記」では、以前の難場として、天神が滝・屏風岩・早川尻・角打村地先の釜・浮州森・獅子岩・オボー島・糸尻・俵石・尼が淵の一〇ヶ所、現在の難場個所として、駿州釜口村地先の釜・芦川戸・七色岩の三ヶ所等をあげている（図14）。

富士川流域の柱松は、これらの難所に面する集落を中心に行われてきた。例えば、柱松が集中して行われている富士宮市長貫字上長貫・芝川町内房字尾崎・北松野字大北、富士宮市沼久保字船場は、富士川の難所として指摘された「駿州釜口村地先の釜・芦川戸・七色岩」近くの集落である。

富士川流域には、現在合計七つの水難者供養・舟中安全を祈願する供養塔が建てられている。これらの多くには、この地域が身延山久遠寺を本山とする日蓮宗の寺が多いことから「南無妙法蓮華経」と書かれている。ちなみに、富士市岩渕にある石碑には、「南無妙法蓮華経」「為流死菩薩」と書かれ、岩渕の光栄寺の僧が文政十三年（一八三〇）建立とある。このことから、富士川流域の柱松は、水難者の鎮魂が目的で、日蓮宗関係者の発意により始められた可能性があるが、この点については、今後の更なる調査が必要である。

他方、富士川から離れた地における柱松には、水難者供養の要素は薄くなり、新盆供養の色彩が強くなる。例えば、富士川から離れた山間部の身延町久成では、柱松の芯柱は新盆の家が提供することになっている。これは、柱松が新盆供養と強く関連していることを示す事例であるが、管見の限り、このような事例は全国的にここでしか見出せない。川供養における水難者の霊が荒ぶる死霊とすれば、荒ぶる神という点では新盆の死霊も同様である。従って、富士川の柱松には荒ぶる霊を鎮める供養、即ち新盆供養との関連性が強くみられる。この点、岩田重則は、ナゲタイマツを「新しい荒々しい新盆の死霊やそれに付随してくる餓鬼のような邪悪な霊魂を鎮める」行事ではないかとしている(2)。地元民は、柱松が火で天空を焦がすことから、虫除けも目的の一つであるとしている。

四　静岡県(富士川以西地域)

静岡県富士川以西地域では、焼津市から牧之原市相良町までの海岸地帯、及び安倍川・藁科川・朝比奈川・瀬戸川・大井川等の河口の集落、即ち焼津市田尻北・高新田・相川・上泉・中島、吉田町大幡、島田市牛尾・福用・高熊、牧之原市片浜字堀切・久保柄・大磯・法京・坂井等で行われてきた(図4)。

静岡県富士川以西の柱松は、安部川支流藁科川上流の山村静岡市葵区坂ノ上を唯一の例外として、他は全て志太平野(焼津市・藤枝市・島田市・牧之原市)に集中している。

現存の史料・現地調査から、藤枝市西方、牧之原市片波は、全ての地区で行われていた趣であり、特に牧之原市片波では、現在でも集落内の五つの地区全てで柱松が行われている。嘗て柱松は集落内の多くの地区で行われる祭りといわれるが、同一集落内の全地区で現在でも柱松が行われているのは、管見の限り、片波が全国で唯一である。片波では、坂井以外の字の柱松は八月十三日である。同一の集落内で祭日が異なるのは珍しいが、これは坂井にある寺が、坂井の盆を七月とし、他の地区の盆を八月としたためであるとのことによる。

静岡県の柱松の名称は、数が多く、アゲタイ・アゲンダイというものと、トウロン（又は灯籠揚げ）というものに大きく二つに分類できる。前者は、揚げ松明が省略化したもの、後者は灯籠の訛ったものと推測される。前者は、藤枝市・牧之原市片波、及び島田市旧金井町、後者は焼津市の海岸地帯、大井川中・下流地域にみられる。なお、静岡市葵区坂ノ上では、祭りを松明と呼んでいる。

祭日は、牧之原市片波字坂井が七月盆の十三日である他は、八月盆のいずれかの日に行われる。

祭りは、多くは、保存会・自治会が運営しているが、藤枝市滝沢では、集落の長男一三人で構成する「長男会」、また焼津市田尻北では「田尻北中年会」なる私的な組織が運営しており、全国的にめずらしい事例である。

祭りは、竹竿で直接柱に点火する静岡県葵区坂ノ上以外は、全て松明を投げ上げて点火する方式である（写真15）。

柱松の目的は、水難者供養・盆供養（盆の迎え火又は送り火）である。水難者供養に関しては、大井川流域、釘が浦（牧之原市片波）の柱松がある。

静岡県榛原郡吉田町大幡の大井川の河原に「寺島川除地蔵」が立てられている。これは、天保年間（一八三〇～四四）に洪水等の犠牲者の霊を弔うために個人的に建立されたものである。祭りの経緯は、以下の地蔵堂前に掲げられた「寺島川除地蔵の灯籠あげ（とうろん）」と題する案内板（吉田町教育委員会作製）から窺い知れる。

この地域は大井川のたびたびの洪水で水難事故や、田畑家屋の被害が多かった。そのため、天保年間に堀住千代蔵が海蔵寺地蔵尊（現焼津市小川）の分霊をこの地に祀り、川除地蔵とした。灯籠揚げの行事は、犠牲者の霊を弔い、洪水の被害を免れる祈願として縁日の八月二十四日（現在では前後の日曜日）に行われ受けつがれている。

八月二十四日は、地蔵盆の日に当たり、この地域の祭り日としては他に例をみないが、川供養という点では、盆時期の柱松と同類である。なお、灯籠揚げは、現在中止されている。

牧之原市片波では、新盆供養は、それぞれの家での行事と認識され、柱松はむしろ無縁仏としての水難者供養であるとしている。他方、焼津市の海辺或いは朝比奈川・安部川沿いの集落における柱松には水難者供養はみえず、盆供養が主たる目的である。安倍川の支流藁科川沿いの静岡市葵区坂ノ上の柱松は、施餓鬼供養である。ここでは、柱松が立つ河原の脇の広場に施餓鬼棚が設けられ、祭りの最初に僧侶による仏事が行われる。この日、灯籠流しも行われる。

五　新潟県・長野県

新潟県・長野県の柱松は、両県の県境を挟む頸城地域と北信濃地域でのみ行われている(図5)。

この地域で柱松が行われているのは、新潟県では妙高市関山、長野県では長野市戸隠、飯山市瑞穂小菅、下高井郡木島平村内山・南鴨の五ヶ所であり、この内、関山・戸隠・小菅は、嘗て修験の霊場として栄えたところで、いずれの柱松も修験が関与していたといわれていることを特徴としている。伝承によれば、内山・南鴨の柱松は、いずれも小菅の祭りを参考にして始まったといわれている。

各地の祭りの形態に類似点が多いので、両県の柱松をまとめて論じる。

1　新潟県妙高市関山

関山神社は、嘗て妙高修験の本拠であった。神仏習合時代、関山三社大権現と呼ばれ、別当宝蔵院の名は、京都の相国寺僧が長享二年（一四八八）に越後へ来た時に記した『梅花無尽蔵』に記されていることから、この時までには成立していたことがわかる。関山には、宝蔵院と関山三社大権現を中心とする寺社が、『中頸城郡誌』に「本堂並ニ七堂伽藍等荘厳に之を造営す、当時僧場七十二区巍々なる」と記されるほど数多く立並び、その規模はかなり大きかったと推定される。しかしながら、十六世紀末、戦乱や一揆のため宝蔵院等が焼失し修験行事も衰退し、修験関係の中世期の文献もなくなった。その中で「なんぼいさん」（妙高山の山開き）と「火祭り」が現在に継承されている。

明和年間（一七六四〜七二）の『妙高山雲上寺歳中行事』六月の記録によれば、祭りの模様は以下の通りであった。

十三日　一御祭礼之掃除、社領百姓氏子惣中罷出、社近御手洗池等之掃除、本坊庭大門等掃除致事、

十四日　一庄屋組頭罷出、御祭礼致支度事、

十五日　一氏子惣中柱松立之事、

十六日　一庄屋組頭於御宮拝殿神輿荘厳内外陣荘厳之事、

一同日御宮之出仕法華三昧可執行事、

十七日　一未明御宮へ出仕御膳献備、御本地供執行之、

一同日於本坊ニ吉例饗応料理出之、尤高田領惣百姓勿論本陣計社領八名子無田召仕等ニ至迄男子之分不残来ル、

一同日巳之半刻頃火祭執行之、尤道彫心柄袈裟着之侍弐人草履取長持押足軽二人、次庄屋組頭共麻上下ニテ供奉、先達一人山伏六人、大幣小幣ハ先ニ立之也、社家ハ導師之跡ニ従随而進ム、於御宮ニ御本地供執行事畢而導師下陣之席へ出ル、次ニ山伏六人長刀之手合有、次に山伏弐人柱松之火打を持行、次ニ山伏弐人先達ニ随て火切ニ進ム、切火勝負を争畢而帰院、次ニ氏子惣中柱まつを引付ル、引畢而寺内之於庭上妙

高山之御唱を歌詠ス、御神酒出之躍を催す、是吉例也、

十八日　一早天御宮殿ヲ開御膳並ニ赤飯等献之、普門品三十三巻読誦之御祈禱畢而、神盃御供頂戴之式如元旦也、

一同日四ツ半時頃、御宮之出仕導師装束供奉等如前日於御宮御本地供執行畢而、神輿渡御社家氏子中御供

神輿還後、百巻心経を読誦、宮殿之扉を覆庄屋組頭神輿之荘厳を解キ、其外祭礼の具取納之、

当時の祭りは、十六日までに祭りの諸準備が行われる。十七日本祭において、山伏による長刀の手合(現在の棒使い)の後、山伏二人が火打ち石・火打ち金を持ち、先達に従って柱に向かい、火を競って鑽り出し帰院する。その後氏子が柱を引く。十八日神輿が集落内を練る、という行事次第である。明治の初め、神仏分離により宝蔵院が廃止され、神社名も関山神社と変更されたこともあり、祭りから仏教色が払拭され神式のものとなった。現行の祭りは、山伏が仮山伏となり、その仮山伏が衣装を変えて柱に乗り、それを参詣者が宝蔵院跡地前まで引っ張る、と変更されている。現在、仮山伏には、関山集落の両親が健全な独身の男性という、山伏とは直接関係ない人がこの役をこなしている。

祭日は、嘗ては旧暦六月十六日・十七日であったが、現在は七月十七・十八日以降に一番近い土・日曜日となっている。妙高山修験の入峯修行が旧暦五月三十一日から六月十三日まで行われたと推測されるので、柱松は出峯の修験者の験競べと位置付けることができよう[3](写真10)。

祭場は関山神社の境内である。

祭りは、仮山伏といわれる関山集落の青年たち(集落を上下に分け、両地域より三人ずつ選出)により行われる。

七月一日に仮山伏の人選、十四日に集落の五万戸林より伐り出された柏・朴・栗等の木によって柱松が拵えられる。柱は二本ある。それぞれの柱は、土台が長さ一ｍほどの雑木十数本がワイヤーで一つに結ばれたもので、その上に高

さ数メートルの枝つきの雑木が三本立てられる。柱に御幣・扇が取り付けられる。本来、柱は七・五・三の組立という形式で作製された。それは、根本へ丸木を三本、五本と立て、縄で七段に縛ったものである。

祭り前々日にオノサ(大幣)・コノサ(小幣)が小野沢の寄附する竹で作られ、神前に飾られる。オノサは高さ一・五m、幅二・五mである。両者とも扇を広げた形をして、真中に赤の日の丸が書かれている。

祭り前日に仮山伏らの神社のお籠りが行われる。

祭り当日は、仮山伏は朝風呂を浴びて身を清めて社参する。神社での神事、仮山伏が御祓いを受けた後、祈りを込めて竹で拝殿の床板を打ち、大音声で不動明王の真言を唱える。これにより神霊が取り付くといわれている。

神輿殿から神輿が出、本殿前の庭に置かれる。

その後、仮山伏は、通称「十六段下」と呼ばれる社殿への石段の下の広場で、三人が一組となって上組・下組に分かれて棒使いの舞を舞う。この上組・下組は神社の南方にある小川で村を二分し、南方を上、北方を下と分けることによる。

棒使いがすむと、神社より大幣・小幣が禰宜によって持ちだされ、柱に差し込まれる。

二人の仮山伏(これを火切りという)が奉行の合図で同時に五〇m程先のそれぞれの柱松に駆けあがり(といっても、柱に立てかけられた梯子を五〇cm程登るだけである)、柱の上に取り付けられた大幣に、手にした火打ち石と火打ち金で火を鑽り出し点火する。二人の仮山伏は、二分した集落のそれぞれを代表し、早く点火出来た方の集落は豊作、遅れて点火した集落は凶作と占う。これは修験の験競べを見習っている。燃え上がった大幣は池に投げられ、柱松は倒されて小幣を船の舳先の如くつけ直される。

点火が済むと、仮山伏は本殿まで駆けあがり、点火の遅速の結果を神主に報告する。

次に仮山伏は、本殿から神社前の民家に駆け入り、白装束に着替え柱松に戻り、柱松引きとなる。柱松に綱をつけ、仮山伏等が乗ると伊勢音頭を歌いながら旧宝蔵院の方へ五〇m程引いて解散となる。この綱引きには参詣者も参加する。

午後には奉納角力があり、夜に神楽がある。

十八日は、神輿の御巡行があり、仮山伏の棒使いが前日同様小野沢・横町・仲町・北沢・関山駅前の五ヶ所で演じられ、夜は神楽があり三日間の祭りは終了する。

妙高山については、古くより「戸隠は龍の頭で、妙高はその胴、尾が能生白山である」とか、「戸隠・妙高・飯綱・斑尾の神々が時折り黒姫山の盆地へ集まる」とかいわれ、本地関係からみても、戸隠との関係が深い。柱松についても、『宝蔵院日記』によれば、江戸時代、戸隠の修験者が何度となく、関山の柱松に参加していることから、関山の柱松が戸隠の影響を受けていたであろうことは確かである。但し両者の柱の形状、点火方法等細部を比べると違いが多々ある。

2　長野県長野市戸隠

戸隠神社のハシラマツは、十五世紀中央の『戸隠山顕光寺流記』(十穀僧有通編述、長禄二年(一四五八))に記載されている。江戸期に中断されたが、二〇〇六年五月に復活した。祭例は、以前は七月八日中院、十日宝光院、十五日奥ノ院でそれぞれ行われていたが、復活されたハシラマツでは、式年祭礼として三年に一度行うこととし、中院の境内で三つのハシラマツが一堂に会して行われる(写真4)。

『善光寺道名所図会』(天保十四年(一八四三))によれば、復活以前の祭りの模様は次の通りであった。

三谷の坊中にて一人づつ当番を定む、是を先達と云ふ、さて先達の院にて幣三本を手に持ちて、三人へ一度に渡す、受け取ると等しく神前へ走り、神前に立ち並べ、先達の唱辞事終りて、又以前の三人へ渡す、直ぐに柱松へ近づきて投げ上げるを、上にて受取り、柱松に立て、火を燧けて焼く、その焼き方に勝負ありて、年の豊凶を定む。此火祭の已前に長刀の試闘あり。

ここでは、先達のもとに三人がいることから、柱は三本であり、先達より幣を受け取った三人が、それぞれの柱に駆け寄り、幣を投げ上げ、柱の上にいるものが、これを柱に立て、火を鑽り出して幣を焼く、というのが行事次第であると推定される。点火は修験の験競べの手法であるといえる。

復活したハシラマツも、この修験の験競べに倣った式次第である。三院を象徴する三本の柱に山伏三人がそれぞれ駆け寄り、鑽り火で柱の下部に点火し、点火の遅速、燃え方、倒れた方角で、豊凶・景気・平和のゆくえを占う。と同時に「五穀豊穣」「天下泰平」「景気上昇・商工繁昌」の祈願をする。この後、「特別祈禱祭」「行列」「入峰儀式」「験競べ」「火祭り」「直会」が行われる。ここでは、点火は、幣ではなく柱の下部になされる。

柱の形状は、底辺が一辺三尺の四角形をし、高さが六尺で、全体として四角錐形である。材料は中院が幣竹、宝光院が雑木、奥院が竹と雑木である。なお、この形状は、真田宝物館所蔵の松代藩「戸隠山祭礼絵巻」とは異なる。絵巻では、三本の柱の上に葉付きの小枝の束のようなものを乗せ、その上に御幣を掲げている。

祭日としての七月は式年祭に合わせたものである。祭りにおいては、祭日は夏の峯入りの日を想定している模様であるが、実際には峯入りは行われない。

ハシラマツの目的は、『戸隠山顕光寺流記』によれば、「夏末又云柱松焼尽煩悩業苦幷顕一夏行徳威験」とあり、煩悩焼尽と験競べで修験道的な意味合いを持っていた。時代が下り、天明四年（一七八四）に菅江真澄は、七月七日の行事として、紀行「来目路の橋」で戸隠の柱松を次のように記している。

この文月七日の神事は、柱祭とて、いと高き柱を三本立てて、此柱に三つの神社の御名をたたへて立てたる柱の末毎に柴を束ねて火をさと放ちて疾く退き、これを仰ぎ見て速かに火の移り柴の燃えあがるは、いづれの神のおほん柱ぞと見て、其年の田の実善悪の占ひをなんせりける。此年は手力雄命のおほん柱に火早うかかりて勝ちたまへば、此年のたなつものや好けん、

菅江澄江の見た柱松、また上述の『善光寺道名所図会』が記録する柱松は、いずれも年占いを強調し、中世の修験の祭りから近世の農耕の豊凶を占う農民の祭りへの変化を示している。(4)

3　長野県飯山市瑞穂小菅、下高井郡木島平村内山・南鴨

(1)小菅

小菅は、戦国時代以前修験の寺院として栄えた集落であるが、十六世紀後半、上杉と武田の争い、領主の移封によりさびれ、慶長初年を境として、農民の「ムラ」として再生した集落である。修験が関与したといわれる小菅の柱松の起源はわかっていないが、江戸時代の柱松は、農民が主体となった、豊作祈願を目的とする祭りであった。祭りでは、験競べ等修験の祭りの要素もあるが、重要な火を鑽り出す火打ち役は修験でなく、松神子と称する子供であり、修験の役は「貝吹」といわれる如く二次的なものであった。(5)

祭りは、明治の新暦切り替えまでは六月四日に行われ、「四日市」ともいわれ馬の市も立った。何故に祭日が旧暦六月四日であったのかについては、修験の修行の日程と関係しているのではないかと推定されるが詳しくは不明である。

小菅のハシラマツの行事次第は、前述の通り神社から渡御し、お旅所に鎮座した神の前で、二人の松神子（六、七歳の童子、前夜奥社で参籠）が助手役の若衆の手を借り、競って柱に登り、火打ち石と火打ち金で火を鑽り出し、柱の上の尾花に点火し、本来的には、点火の遅速で年占いを行うというものである（写真３）。

江戸時代、小菅のハシラマツに参加していた修験は、近在の他、越後から遠路はるばる来たものであった。このことを以下の南鴨中塚家所蔵大徳院文書から確認できる。[6]

口上書　元禄拾六年

小菅山祭檑之儀、従古来、北鴨ケ原村豊蔵院、高石村天正院、計見村大蔵院、市ノ割村本明院等、同道仕罷出来り候処ニ、近年私儀和合院ト出入ニ付、不残和合院支配ニ罷成候故、先住代々壱人ニ被仰付候故、越後与り同行共よびよせ、是迄罷出候得共、遠方故何共難儀仕候間、右罷出候山伏共罷出候様ニ被仰付、私儀ニ仰、此処御赦免被置可被下候、御尋之上、口上ニ申上候、以上、

南鴨ケ原村　大徳院

寺社御奉行所

これによると、元禄年間（一六八八〜一七〇三）に、小菅の祭りに近郊の北鴨ケ原村豊蔵院・高石村天正院・計見村大蔵院・南鴨ケ原村大徳院・市ノ割村本明院、及び越後から修験が参加していたことがわかる。

このことは、時代は下るが小菅側の文書からも確認できる。小菅神社宮司鷲尾家所蔵の『當家記録』明治二年（一八六九）の項で「古来より鴨ヶ原村大徳院貝吹き来り候、（中略）修験等立変りほら貝等用ひ候義」とある。幕末・維新期でも、柱松の祭りに修験が参加していたことを示している。

他所からの修験の参加については、例えば、大徳院の子孫は祖父から聞いた話として以下の通り述べた。

小菅には近郷の修験を同行して行き、祭りをやった。祭りは我々が行かないと始まらなかった。終わって切り通し（引用者註：小菅から南鴨へ行く際に通る「切り通し」として考えられるのは、風切峠のみである）に差し掛かるとほら貝を吹いた。これが南鴨の家まで届き、家の者はこれを聞いて料理を作り始めた。家で同行者を労ったものだ。

また、小菅の古老（八十二歳）が、「おじいさんから、祭りのとき修験が風切峠から法螺貝を吹きながらやってきた」と聞いていることからして、他所から修験が祭りに来たことは確かであるが、これらの「祖父」の年齢からすれば、他所からの修験道の参加は、明治五年（一八七二）の修験道廃止令以降も続いていたということになる。但し、明治初期の神仏分離令により、柱の飾り物等の修験的色彩の濃いものは取り外され、神道色の濃いものに変更させられたが、験競べを主体とする行事次第には変化はなく、今日に至っている。

(2)内山・南鴨

内山・南鴨の柱松は小菅から伝わったとの言い伝えがある。

①内山の祭りの始まりについては、『信州ふるさとのまつり』（長野県商工会青年部編、二〇〇五）によれば、次の伝承がある（写真11）。

三百年近く前、内山地区に疫病が大流行した。この時、御嶽山で修行を積む地元の修験者たちが、小菅山元隆寺の講中を通じて、疫病除けの神事に柱松神事を導入した。それが定着し、祭りとして現在まで継承されている。行事が行われる大日堂は、当時の人々が疫病退治の願いを込めて建てたものといわれている。大日如来像は、享保十二年（一七二七）に作製された。また、集落の入り口には厄病除けの赤地蔵三体が祀られている。赤地蔵は大日如来像と同時期に作られたといわれており、この頃ハヤリ病が流行したことがわかる。祭りは厄除け祈願であった。

江戸時代に、内山に小菅権現の「護摩講」が存在していた文書の存在が確認されている。これは、明治三年（一八七〇)六月付、高井郡内山村小菅山元護摩講中惣代発、信州高井郡小菅山武内大膳宛文書「入置申一札之事」(内山集落所蔵)である。神仏分離の際小菅山護摩所にある不動明王の立像を内山村の龍奥寺(現在廃寺)で保管するという内容で、その仲介の労を取ったのが「小菅山護摩講中」である。差出人の名前は「小菅山元護摩講中」となっているが、文中では「元小菅山護摩供講中」となっている。

以上から、内山の祭りは享保十二年頃より始まったことになる。地元民によれば、祭りの中断はないということである。

祭日は七月十九日であったが、その後、七月第三土曜日に変更になった。何故に七月十九日に祭りを行うかについては、村に伝承はないが、上記の疫病が猛威をふるったのが夏の時期とすれば、祭りをこの時期に行うのは不思議ではない。

祭場は村内の大日堂の境内である。

祭りの役どころは小菅のものとほぼ同様であるが、猿田彦・猿田彦掛・松太鼓以外は全て中学生までの子供(女子を含む)である。

祭りは、夜半の八時から行われる。祭り参加者が、祭りの準備が行われる鎮守神八幡神社から祭場までの約一・五kmを一〇本余りの灯籠を持って約二時間練る。その際、神輿が行列の後についたり離れたりしながらついてくる。行列は神輿が来ると前進する。神輿は、行列を離れた時は集落の役どころの家を廻っている。昔は、近郷まで行ったため灯籠行列が祭場に着くのは真夜中になってのことであったという。一行が祭場に着くと、猿田彦が注連切をして、神輿が祭場中央で焚かれた焚火の周囲を猛烈な速さで数回廻る。神輿が大日堂横のお旅所に鎮座すると、点火の行事が始まる。

柱は二本、双方とも雑木で作られ、高さ三m、直径一m位の円筒状である。天辺にホヤ(ススキの束。小菅では尾花という。小菅同様、ススキは前年の八月二十七日の御射山祭りの日に各家が採取する)・御幣・榊が立てられている。松太鼓の合図で、松神子が柱の上にいる火打ち役に火打ち金を渡し、火打ち役が競って火を鑽り出しホヤに点火する。点火の遅速により年占いをする。その年は、カミが早ければ天下泰平、シモが早ければ五穀豊穣である。これは、小菅と同じである。

燃え落ちた後の青木・オンベ・ホヤは、田圃に立てると虫除けになるといわれて、参加者に分け与えられる。祭りは、厄病除けということで祇園祭り的様相を呈している。同時に、祭りは、小菅と同様修験の験競べの儀礼に基づく豊作祈願でもある。

小菅と異なる点は次の通りである。一部の役どころの名称が違うこと、夜宮がないこと、祭りが夜行われること、役所の一部を子供が行うこと、神輿が行列の進行を左右すること、神輿は祭場の真ん中で燃える焚火の周りを数回激しく廻ること(区長・世話人を乗せて廻ることもある、地元民によれば、これは厄落としで、激しく廻る程神は喜び厄が落ちるという)、松神子は柱の上にいる火打ち役に燧金を渡すだけで、点火は火打ち役が行うこと等である。

②南鴨の祭りの名称は柱松子である(写真12)。

祭りは、昭和十六年(一九四一)に中断し、その後一時復活したが、また中断し、一九九三年に再度復活した。その時の祭日は、夜宮七月二十四日、柱松子七月二十五日であったが、現在は夜宮七月第四土曜日、柱松子七月第四日曜日となっている。

祭場は、集落の南に位置する小高い山の大塚山山上にある祠大日如来の前庭である。

祭りの準備は、「南鴨の柱松保存会」(二〇〇〇年発足)により行われる。役どころは、小菅と異なり全て子供(小・中学生、女子も含む）である。

祭りの由緒・目的については、前述の通り二つの説ある。

第一説は、村内で頻繁に火災が起きたため、火災防止のために戸隠神社より大日如来を勧請し、護摩堂を建てて祀り祭事として柱松子を行った、というものである。第二説は、南鴨は、江戸初期鴨ヶ原村という村が二分された時にできた村であるが、村の結束を強化するために祭りが必要となり、当時法印であった村の中塚家を通じて小菅神社から祭事を習った、というものである。

いずれの説が正しいのかは不明であるが、中塚家は、昭和三十年代頃まで長野県下高井郡木島平村にあった修験系寺院中央山大徳院元賓寺花木坊の開祖東嶽法印の子孫である。祭礼は、嘗て中塚家の氏神であった大日如来のものであった。

行事次第は、祭り参加者全員の公民館から祭場までのお練り、大日如来の祠前での神事、おかめ（小菅の松太鼓に相当）による祭りの進行合図、点火の遅速による年占いという大筋は小菅に似ている。しかし、松神子が、おかめの合図で役員に背負われ、集落の公民館まで運ばれる点（その間、足を地に着けてはいけない）。点火が、松太鼓の合図とともに駆けだす大団扇と称する役どころが、火打ち石・火打ち金を柱の上の火打ち役に渡し、火打ち役が競って火を鑚り出し尾花に点火する点では、小菅と異なる。点火と共に柱は倒される。

4　新潟県頸城・北信濃地域の柱松の特徴

①この地方が嘗て修験の修行の地であったことが祭りに反映している。特に点火方法が、いずれも、修験の験競べの一つである鑽り火方式であることに表れている。即ち二人の火打ち役が柱に登り（但し戸隠では柱に登らない）、火打

ち石と火打ち金を叩いて火を鑽り出し、その遅速で年占いをするというものである。この方式で点火する柱松は、全国でこの地域だけである。

関山・戸隠・小菅に関し、火付け役は、元々は修験が行っていたと推定される。現在、戸隠は修験であるが、関山・小菅は全て神社の氏子となっている。

②柱が丸太ではなく、それぞれが特異な形状をしている。小菅・南鴨・内山は円筒形、関山は四角形、戸隠は逆四角錐である。

③従来からの民俗学における関心事は、戸隠・関山・小菅は、それぞれが距離も近く、修験の霊山で、祭りに修験が関与しているところから、三者のうち最も勢力の強い戸隠の柱松が他の二つに強い影響を与えたのではないかとの説がある。文献上からは、関山の柱松に戸隠の修験が参加していたことは確認されているが、戸隠と小菅との関係を示す記録は、今のところ見出されていない。従って、戸隠説は、現在のところ仮説の域を出ていないと判断する。⑦

六　石川県

石川県能登地方の、鳳至郡能登町宇出津八幡神社(七月四日・五日)、珠洲郡能登町内浦字恋路(七月十七日)、珠洲郡能登町内浦字宮犬八王子神社(七月三十一日)、羽咋郡志賀町上野八幡神社(九月十五日)等の夏の火祭りには、能登特有のキリコ灯籠が神輿の渡御に供奉する例が多い。キリコ灯籠を伴う祭りは、夏越しの清めとともに災厄除けが目的であるという。⑧

柱松に関しこの典型的な事例が七尾市能登島向田町である。石川県の柱松は、これ一件だけである(写真８)。

祭りは、能登島向田町の鎮守社伊夜比古神社の夏祭りである。

祭日は、嘗て旧暦六月晦日、その後七月晦日であったが、現在は七月最終土曜日である。もともとは夏越しの日に行われた祭りである。

名称は、嘗て納涼祭、現在は火祭といわれているが、地元ではオスズミ祭りと称している。祭場は、嘗ては海岸であったが、現在は海岸より数百メートル離れた田んぼの中の崎山の干場といわれる地である。

祭りは、地元能登島向田町の壮年団が中心となって行われ、子供組など年齢階梯制によって作業が分担されている点が特徴である。

祭りの準備は、約一ヶ月前の七月初旬、子供たちによるキリコ洗いから始まり、竹伐り・藁集め・柴集め・手松明作り・笛の練習・綱ねり・松明越し等がなされる。祭り当日は、壮年団員が中心となる松明しばり・柱松明起こしがなされる。

柱松明（又は大松明）といわれる芯柱は女松（本来は男松）で、極めて高く約一四、五門である。これを六本の綱で支え、その周囲に八〇〇束の柴を積み重ねる。更に芯木の上に枝の付いた高さ約五ｍの青竹（真竹）を結び付け、その先端に御幣を取り付ける。柱の正面は海方向。これは、神は海から来るとの考えによる。

祭りは、日没後、神輿が鎮守社伊夜比古神社から祭場まで、小さな灯籠が立ち並ぶ田んぼの小道を渡御することから始まる。鉦・太鼓・笛にあわせて大小七基のキリコが道中を練りながら従う。神輿は、祭場に着くと、キリコを伴い柱松明の周囲を右に七回廻り、近くのお旅所に安置される。祭りは、このお旅所の前で行われる。神輿の火が、柴・かがり火・手松明（長さ一ｍ程の竹に藁を巻いたもの）の順に移される。二〇〇人近い若者・子供たちが手松明を振りながら柱松明の周囲をかけめぐり、「カカレー」の合図で、柱松明の下部の周りに積まれた柴に向かって投げる。

松明投げ点火方式であるが、松明受けはない。柱は、柱の先の御幣が落ちると程なくして倒される。御幣は、延命息災が叶うといわれ、落下してくる御幣を手に入れようと見物人は争う。

柱松明が、山手に倒れれば豊作、浜手ならば豊漁という年占いが行われる。神輿は、柱に火が点くとキリコとともに神社に還御する。

祭りは、次の目的を持つといわれている。第一は、神の慰撫である。地元では、祭りをオスズミ祭りと呼んでいる如く、夏の暑気厳しい折に、水辺の清涼の地に神を仰いでお涼み願い、慰めるのが目的である。第二は、祭日が旧暦の六月晦日大祓いの日に当たることから、火の神を斎き、その神火により、夏熱暑毒の邪気を祓い、息災延命を祈る夏越しの祭である。第三は、柱が浜手に倒れるのか、山手に倒れるかにより、その年の豊作（豊漁）を占う年占いである。第四は、集落の人がいう、虫送り・火防祈願である。伊夜比古神は伝染病を鎮めたり、日照りになると雨を降らせてくれる神として崇められてきたとのことである。第五は、伊夜比古神社宮司が、祭りの目的を「越後の国をつくった伊夜比古神（男神）がこの土地を訪れ、伊夜比咩神（女神）と年に一度の逢瀬を楽しむ祭り」としているが、地元の人は、これは宮司の作り話という。

以下に、祭りの特徴をまとめる。

第一に、神輿行列にキリコ灯籠を伴うことである。これは能登地方の特徴である。

第二は、点火物が柱元に積まれることである。松明投げ方式の柱松においては、点火物を柱の上に取り付けられた松明受けに入れるのが一般的であるが、このように柱の周りに点火物が積まれ、松明を横に投げて点火するのは全国唯一である。

第三は、祭の準備が、能登島向田町（一七六世帯、五一五人、二〇一四年一月四日現在）の住民による厳しい年齢階梯制の下に行われることである。それぞれの集団の自主運営によって祭りの準備を進めている。このような事例は、現行の柱松では、ここが全国唯一である。

七　京都府・福井県

京都府と福井県の柱松は、京都市右京区嵯峨清涼寺のお松明式を例外に、その形態、目的に共通点が見られるので、両者を合わせ論じる。当地域の柱松の特徴は、以下の通りである。

⑴分布・名称

柱松は京都府では舞鶴市城屋以外丹波地域、福井県では若狭地域でのみ行われている。即ち、福井県小浜の滝谷を起点として、南川沿いに、大飯郡おおい町名田庄地区を経由して堀越峠に至り、そこから京都府の棚野川沿いの盛郷に出て、美山町から周山街道を離れ、由良川を芦生まで行き、そこから花背（途中久多の宮の町までわき道をする）までの若狭・丹後地域に点在する（図６）。この地域では、現在、二四の集落で柱松が行われており、一つのまとまった地域における件数では全国一である。

名称は、京都府南丹市美山町の各集落（除く芦生）と京都市右京区京北小塩町が「アゲマツ」、その他の集落が「マツアゲ」である。

⑵祭日・点火方式

祭りは地蔵盆の日と二百十日の日に行われる。全国的に見て、現行の柱松で地蔵盆の日と二百十日の日に柱松を行うのは、当地域だけである。

点火方法は、全て松明投げ方式である。

丹波地域では、何本もの小さな松明（地松と称する）が祭場の周りに立てられ、幻想的な雰囲気を醸し出す。

⑶愛宕信仰との関係

地蔵盆期の祭りでは、事前に愛宕山へ代参による参詣が行われる。多くの場合、祭りの一ヶ月前当たりであるが、福井県大飯郡おおい町名田庄三重字尾ノ内集落では、代参が祭り当日の朝、車と徒歩で京都の愛宕神社行き、火防のお札とマッチを貰って祭りに間に合うように帰ってくる。また、京都市右京区京北小塩町では、祭り当日の早朝、代参が近くの愛宕神社分社に詣で、お札・お守り・マッチを持ち帰る。お札等は集落の愛宕講中に配布され、マッチは松明の火種として使われる。嘗ては愛宕神社の神火を火縄に移し、それを松明の火種にしたとのことである。なお、京都府美山町芦生では、祭りが実行できなかった時のみ愛宕山へ詣でる。

愛宕火と柱松との関係を福井県おおい町名田庄虫鹿野を例にとり、『わかさ名田庄村誌Ⅱ』（二〇〇四）と現地調査（二〇一一年）を基に以下記す（写真19）。

名田庄虫鹿野では、六月二十三日愛宕講を開催、抽選で代参（禰宜とも称される）二人を決める。本社宮まで参拝に行き、愛宕守護の霊符を戴いて来て全戸へ配布する。嘗ては徒歩で、幾つもの峠を越え、三日がかりの行程であったという。小集落なので一生の間に何回も当番に当たるが、最初の代参の時は石地蔵を受けてくるのが習わしで、これは愛宕社の祭神が嘗て勝軍地蔵だったことによるものといわれている。

祭り当日、八月二十四日早朝、禰宜役の住民二人が御幣と蠟燭二本を持って、集落の裏手の小高い山の斜面にある愛宕社へ参拝、神前に灯明を上げ、その灯を持って帰り集落の万福寺（堂）に御幣を立て、その灯明を上げる。灯明の火は松上げの松明に移されるまで、消してはならないことになっており、禰宜は祭りが始まるまでお堂で番をする。

もし、その灯が消えるともう一度、愛宕社まで灯を貰いに参詣する。

⑷柱の本数

柱の本数は、基本的に一本である。

名田庄虫鹿野の柱は、現在は杉の丸太であるが、嘗ては「箱ロギ（籠木）」であった。

松明受けの名称は、大方「モヂ」であり、割竹を編んで作った「もじり」と呼ぶ漁具に似ているところから付けられた呼び名だと推定される。

⑸目的

地蔵盆期の柱松の目的は、愛宕山への献灯・火防祈願、盆の祖霊送迎・供養、虫除け等といわれている。

この地方は林業を生業とする人が多く、彼らにとっては山火事が最も怖い。それで昔から火防に対する意識が強く、ここから火除け祈願の祭りが始まったと考えられる。それが、いつのまにか愛宕信仰と習合し、現在のような愛宕山への献火という意義付けに変化したものであろうと、地元ではいわれている。

但し、京都府南丹市美山町殿では異説がある。殿の地元民は次のようにいっている。

集落には愛宕講と松講があり、現在祭りのある日に同時に公民館で行っている。しかし昔、愛宕講は冬に行い、上げ松に直接関係していなかった。柱松は松講が独自に行った。上げ松は、かえって虫送りの感が強い。また、当地では盆は親戚等が来て忙しく、盆の行事の盆踊り、精霊送りは裏盆たる地蔵盆の日に行う。従って上げ松は盆供養の意味もある。

この話者の言によれば、嘗て、柱松は愛宕山への献灯というわけではなく、虫送り・盆供養が目的であるということである。地蔵盆の日における盆の供養ということは、地蔵盆は裏盆として盆日の最後に当たるという考えから生まれているものであろう。

愛宕信仰と盆行事との関連性については、向田明弘は、「松明行事はこの祭日が盂蘭盆会にあたることから、盆の送り火として認識されている例が多くあります」として、柱松行事が盆行事と関連があることを指摘している[⑨]。他方八木透は、愛宕火と盆の送り火との関連性については疑問視しており、「松上げの行事は例外なく愛宕信仰と結びついて伝えられており、また盆の精霊送りとその供養とは直接結びつかない例が多い」としている[⑩]。

地蔵盆期の柱松が愛宕信仰の影響を受けていることは、種々の事例から明らかである。大森恵子は、地蔵信仰が愛宕大権現の本地仏である勝軍地蔵を媒介としながら、愛宕信仰と一体となって各地に広まったことを指摘している[⑪]。

地蔵盆期の柱松の本義がどこにあるのかは不明であるが、この期の柱松の形態が盆期のそれと酷似していることは、地蔵盆期の祭りが、盆時期の祭りを愛宕信仰で意味付けしたことの結果とも考えられる。

大森は、但馬地方ではあるが、「愛宕火・万灯・松明行事は「お地蔵さんに火を献じる、愛宕さんに火を献じる」という宗教観念から発生した行事で、その成立過程において修験者の関与があった」とし、松明行事の広まりに修験者の関与を指摘している[⑫]。

現在、愛宕神社・愛宕社は全国に八七二社ある。二〇社以上ある県は、福島（一〇三社）、栃木（八三社）、兵庫（七〇社）、茨城（六五社）、京都（六三社）、埼玉（三五社）、宮城（三三社）、岐阜（三一社）、岩手（三〇社）、秋田（三〇社）、山形（二八社）、千葉（二七社）、大分（二四社）、愛知（二〇社）であり、北関東から東北にかけて広く分布し、西日本では、京都府と兵庫県に多い[⑬]。この愛宕神社の分布と、愛宕信仰の影響を受けたとみられる柱松の分布が一致しているのは、京都府のみである。他の柱松実施県では愛宕系の柱松は、福井県を除き皆無である。愛宕修験が布教の一環として柱松を用いたとしたら、何故に愛宕信仰の厚い地域で柱松が行われなかったのか不可解である。福井県には愛宕神社は六社しかなく、愛宕信仰が強いとはいえないにもかかわらず愛宕系の柱松が多い。福井県の若狭地方に多いのは、単に愛宕修験の影響だけでなく、他の要因も働いていると考えるのが正しいのであろうが、現在のところ、その要因は不明である。

愛宕信仰と柱松との関係における不可解さは、上記の点以外、愛宕信仰の本拠地である京都の愛宕神社では柱松は行われていないこと、愛宕神社の別当であったろうともいわれている京都市右京区嵯峨清涼寺の柱松においては、愛宕山への献灯という、愛宕系柱松の中核ともいえる目的が見出せないことにもある。

地蔵盆期の柱松の目的として、虫除け祈願がある。火のついた松明を振り回すことで害虫を駆除でする効果があるので、柱松は虫除けのためであるとも地元の人はいう。

また、数は少ないが、目的として厄除け祈願がある。福井県小浜市西相生字窪谷の柱松の先端には、昔から長さ八〇cm、横四〇cmの十字形で先頭部分を膨らませた藁人形を取り付ける。これをカラスであるという。先端の膨らんだ部分は「お団子」で、カラスがお団子を銜えて、北の方向に飛んでいる姿を表しているとされている。地元の解釈は、「カラスは、一般には色が黒いので不吉な鳥と言われているが、実はそうではなく、団子でご馳走することで、カラスに村の厄を背負って北のほうに運び去ってもらうわけで、有り難い鳥である、つまり祭りの目的は厄除けである」というものである(写真24)。

(6) 若狭地方の柱松

若狭地方の小浜市和多田・おおい町名田庄三重字尾ノ内・兵瀬・名田庄虫鹿野等では、八朔ないし二百十日に子供たちによる柱松が行われてきた。

二百十日の柱松として、現在、小浜市和多田とおおい町名田庄三重字兵瀬で祭りが行われているが、前者の祭りを、二〇一二年の現地調査を基に記す。

祭りは小浜市和多田地区上和多田と大原の合同の祭りで、松上げと称する。九月一日に行われる。祭場は、田村川と南川が合流する地点の河原である。上和多田と大原は川をへだてた隣村で、大原の住民は元上和多田の住民で、川向こうの平地に移って新しい集落を形成したということである。

上和多田・大原の柱松は二〇一二年、台風により田村川の川筋が変化して、松上げができなくなり、そのままにしてあった。ただ、毎年二百十日の日（九月一日）に和多田橋の上で、集落の住民が宴会をしていた。しかし、若者より、集落の六斎念仏と松上げは集落の伝統として維持すべきとの声が上がり、二〇一四年に復活した。

長さ九ｍ程の杉の丸太（これをオモギ〔重木〕という）に、長さ四ｍ程の竹四本（竹は半分に割られている）を継ぎ足し、芯柱とする。竹の先端を割り、直径一・二ｍ程に広げ、逆三角形の松明受けを作る（中に、藁・川の草・花火を入れる）。これを「もじ」と称す。「もじ」の真ん中に長さ一ｍ程の竹を挿し御幣を括りつける。

河原に立つ三本の鉄製の丸棒に三本のロープで支えて柱を立てる。松明は、長さ一五㎝程の肥松数本を結わえたものである。夕刻、橋の上に地元の人々が家族づれで集まり、宴会が始まる。柱は柱の欄干から三ｍ位の所にある。

祭りは、小中学生（女子も含む、一〇人）が順次松明を投げるが、誰も松明受けに入らず、次に高校生（二人）が投げ、松明受けに入れる。一番火の賞品は、ジュース一箱（大人であれば酒一升）である。もし高校生が入らなければ、成人が上げる予定であったとのことである。祭りの目的は、風除け祈願、即ち豊作祈願である。

(7)京都市右京区嵯峨清涼寺のお松明式

この地方で唯一行われている直接点火方式の京都右京区嵯峨清涼寺のお松明式を記す（写真16）。

名称は、現在「お松明式」であるが、嘗ては、「はしらたいまつ」と呼ばれ、延宝五年（一六七七）『日次紀事』では「柱続松」、『諸国図会年中行事大成』文化三年（一八〇六）二月十五日の条では「柱拒」という字が当てられていた。祭日は、三月十五日（旧暦二月十五日）。現在、祭りの準備は嵯峨地区（一三集落）の「嵯峨お松明式保存会」により行われる。祭場は清涼寺境内である。

清涼寺では、夕刻のお松明式以外に、朝より夕刻にかけて大念仏・涅槃会大法要等の諸行事が行われ、同時に戦後暫く中断し昭和五十年（一九七五）に復活した嵯峨大念仏狂言が境内の舞台で演じられる。

境内での祭りの準備は、祭前日の十四日から始まり、十五日午前に柱を藤蔓で巻き、立てる。柱は、本殿を背とし、山門を正面として三本立つ。柱の高さはそれぞれ二一尺・二〇尺・一九尺である。各柱は、三本の赤松を、元では一緒に縛り、天辺では一辺七尺の正三角形となるよう組み合わせ、全体が逆三角形となるようにしてある。柱の周りを松の枝で覆い、一二本（閏年には一三本）の藤蔓で巻く。蔓は大きな輪を作ってとめる（輪の直径は約二尺）。輪を天狗の鼻又は天狗の出べそと称す。輪の元を藤蔓で幾重にも巻く。これをデンデン虫と地元では呼んでいる。柱を巻く一二本の藤蔓に、長さ一寸程の竹と木が差し込まれる。これは、箸を意味するとのことである。

柱松の傍らに赤松を五段に組んだ護摩壇が設置される。

お松明式は、まず僧侶、保存会の人々が、柱松や護摩壇の周りを右から回るお練りで始まる。次いで保存会長の「点火」の掛け声で、本殿の神火からとった蠟燭の火で護摩壇に点火する。保存会長は、その火を長さ五間程の竹竿の先に吊るした藁束（これを稲穂と呼ぶ）に移し、それを柱の天辺から柱の中（空洞）に落とし点火する。点火は、高い柱から順に行われる。

お松明式の目的は、寺側からすると、この日は旧暦二月十五日で釈迦の入滅の日に当たり、その供養のためのものであるとする。これは、柱を巻く藤蔓に刺さっている箸により表現されているとしている。箸は荼毘に付された釈迦の遺骨を拾うためのものとする説と、逆三角形の柱は、ご飯を盛ったお椀を意味し、死者が椀のご飯を食べるための箸であるとの説がある。

地元民は、三本の柱を高い順に早稲・中稲・晩稲と見たて、各柱が燃える勢いを見て、その年のそれぞれの稲の出来不出来を占う。また、地元民は、祭りの目的の一つを雨乞い祈願と見ている。それは、柱を結わう藤蔓が物語っている。つまり、柱に巻かれた一二本の藤蔓は一年の月数を表している。この蔓の輪っかの部分「天狗の鼻」に毎月触れて天狗を怒らせ、天狗に雨を降らせるというのである。

なお、柱松とは直接の関係はないが、この日、本堂の前に一三本（一三は「嵯峨」地区の集落の数）の高提灯を並べ、僧侶によるくじ引きでそれぞれの提灯の高さを決める。この高低により、江戸時代は各月の米相場、現在は株の相場を占うという。稲の豊凶占い、米の相場予測は地元民の要求による年占いといえよう。

清涼寺の敷地は、明治維新まで修験寺院愛宕神社の神域であったこともあり、祭りで稲の豊凶の年占いが行われ、また柱の蔓の突起が愛宕神社に関係する天狗の鼻と呼ばれ、愛宕修験との関連性を窺わせるものがある。

しかし、前述の通り、八月の地蔵盆時期の柱松は、愛宕信仰と習合し愛宕への献灯を主たる目的としているが、嘗て愛宕系の神社であった清涼寺であるにもかかわらず、お松明式は愛宕への献灯を目的としていない。これは、柱松と寺の涅槃供養とは本来別の系列の祭りであったことを意味するものと推測する。もともと、年の初めに行われてきた地元民による豊作祈願・雨乞い祈願という予祝が、祭場が寺院であることにより寺院側により仏教的理論で再構築され、涅槃会としての仏の供養が加味されたものと推測できる。

八　三重県

三重県の柱松は、いずれも松明投げ点火方式で、祭日も盆日八月十五日の前後に行われてきた。同県では、嘗ては多くの地で柱松が行われていたが、現在は北山川流域の熊野市紀和町小川口の一つだけになった。

柱松の開催地は地域的に三つのグループに分類できる。北山川・熊野川流域、熊野市海岸地域、そして志摩加茂五郷の鳥羽市である。

1　北山川・熊野川流域（図7）

三重県と奈良県の県境にある大平ヶ原を源流とする北山川は、和歌山県新宮市熊野川町宮井で熊野川と合流し、熊野川と名を変え熊野灘に流れ込む。川は、周辺住民にとり、筏流し、川船による生活物資の搬送、漁業の営み等、生活に直結しており、住民にとり重要な生活の場であった。更に、北山川の流域は、林業が盛んであったが、急峻な地形なため切り出した木材は、江戸の初期から、昭和三十八年（一九六三）に全てトラック運搬となるまで、筏で河口の新宮市まで運ばれた。特に筏流しには常に大きな危険が伴った。この筏師の安全祈願、そして水難者の供養が柱松の大きな目的であった。

柱松の行われてきた地域は、北山川と熊野川流域で、上流は和歌山県の飛び地の東牟婁郡北山村七色から、下流は熊野川河口の三重県熊野市紀和町和気までである。特に北山村・紀和町・熊野川町の集落には柱松が多い。具体的には、和歌山県東牟婁郡北山村下尾井・七色・大沼・小松、三重県熊野市紀和町小川口・和気、和田・湯之口・小舟、

和歌山県新宮市熊野川町宮井・玉置口・嶋津・椋井・赤木・上長井小字小口・九重である。

この地域の柱松の特徴は、柱に滑車をつけ、それで松明受けたる籠を上下させることである。松明がなかなか籠に入らない時に、滑車で籠を下げて松明を入れやすくするのである。

北山川流域で唯一残る三重県熊野市紀和町小川口の柱松を記す。

嘗ては盆日の八月十四日に行われていたが、イベント化にともない現在の八月第一土曜日となった。二〇〇二年頃に復活し、筏師が中心の「柱松・追善盆踊り保存会」が主宰している。祭場は、北山川の河原である。

芯柱となる杉は、当日山から切り出し、若者が祭場まで曳いてくる。これを「ハシラマツ引き」という。柱は杉で、長さは一七尋である。松明受けは、背負い籠の形をしており、松明受けは柱に取り付けた滑車で上下させる。

松明は、長さ三寸程の肥松を束ね、これに紐を付けて投げ上げて松明受けに点火する。松明受けが燃え出すと柱を倒す。嘗ては、二晩やっても火が点かないこともあり、その場合は柱をそのまま倒したという。一番手には賞金(一等五〇〇〇円から五等一〇〇〇円)が出る。祭場の周りには、竹に取り付けられた初盆の灯籠や提灯が立ち並ぶ。柱松が終わると、盆踊り・ハシラマツ踊りが行われる。祭りの目的は、①水難者供養、②筏師の安全祈願、③五穀豊穣・大漁成就、④無病息災である。

和歌山県新宮市熊野川町は宗教的に熊野信仰の範囲にあり、熊野修験の影響を受けているると考えられるが、熊野川町『町史研究史　その一二　熊野川町の民俗　地域の行事編』(熊野川教育委員会、二〇〇三)は、「町内では、修験との関係を示す伝承を見出すことはできなかった」とし、柱松への修験の関与を不明としている。論者の現地調査でも、修験関与を示す伝承なり文献は見出せなかった。

2　熊野市海岸地域（図7）

柱松が行われてきたのは、熊野市の磯崎町・新鹿町・遊木町・木本町・井戸町・金山町・有馬町である。この地域の柱松は、盆供養及び施餓鬼供養を目的とする。熊野市遊木では柱の先端に、施餓鬼の旗を取り付けた。また、熊野市大本町では、新盆の家が中心になって行ったとのことである。

『南紀徳川史』によれば、江戸時代の大本町でのハシラマツは以下の如きであった。(14)

毎歳本浦に於て本日柱祭を執行す、極楽寺門前へ二丈許の松材を立、上に烟花を仕かけ、夜に至て四方より群集各自小松明を投けあけ、烟火に火移るを期とし、跡は思ひくの烟火流星を放ち、終夜酔狂以て盆供養と称す、該松柱を牽来るには、市中の者東西に組を分ち互に綱を引き争ひ、平素意趣遺恨を含む者、是を機として争闘を開き、殴打乱暴為に負傷絶えす、

これによればハシラマツの後に町内を二分して、若者たちによる綱引きが浜であったとのことであるが、柱松と綱引きとの関係は不明である。

3　鳥羽市志摩加茂五郷

柱松は、加茂五郷といわれた現在の鳥羽市船津・河内・岩倉・松尾・白木の共同墓地だった隠田ヶ岡で合同で行われていた盆行事である。明治時代に各集落間で喧嘩が起こり、祭りも各集落に分散された。その後、次々と中止となり、最後まで柱松行事を行っていた松尾も二〇一三年に中止となった。

この祭りは、厳格な年齢階梯制度の下に行われ、新盆供養として、大念仏踊りと柱松が行われるのを特徴とした。祭りの起源につき、地元に伝わる話は、九鬼水軍を率いる九鬼家にお家騒動があったのち変事が起こり、その原因

が戦国時代に暗殺された九鬼氏第七代当主九鬼澄隆の死霊の祟りであるので、それを鎮めるために祭りを行った、というものである。岩倉の極楽寺に伝わる文書によれば、「宝永三年丙寅九月二十三日、田城の御宮の御造宮有之、宝永八年は五十年回につき七月十五日恒例の大念仏の分、格別の入念村中念仏執行致し修むる」とあり、九鬼澄隆と祭りとの関係が窺われる。

祭りの次第につき、松尾を例にとり記す。

松尾には、男子十六歳になると、「フタエトリ(親とり子とり)」の制度があり、擬制的親子関係を結ぶ、これが済んで、公会と呼ばれる集落の一種の自治組織に加入する。公会には年寄・中老・若衆の区別があり、盆行事は全て若衆が取り仕切り、厳しい年齢階梯のもとで行われる。

祭場は、集落の裏手の小高い山の上にある隠田岡といわれる墓所である。十五日の祭り当日、墓の前には親戚縁者が集まり死者と供食する。祭りは、火柱運び・壺桶造り・火柱立・火祭の順で行われる。

十五日早朝、一年間川に浸けてあった火柱(杉で約一〇m)を隠田岡まで運ぶ(火柱運び)。次に、口径二m、長さ二・七mほどの逆円錘状の松明受け(これを壺桶ツボキという)を作り(壺桶造り)、これを火柱の上に取り付ける。ツボキには、「むかでばた」「おおきばた」「うさぎばた」と呼ばれる紙製の三本の旗がたてられる。その後、人力で火柱を墓広場に立ちあげる(火柱立)。

日没後、タイマツともいわれる火祭りが始まる。まず、初盆、先祖の霊を供養する大念仏があり、その後、若衆により松明がツボキに投げ込まれ、火柱は燃えたまま倒される(火祭)。『鳥羽市史』下巻(一九九一)によれば、「祭は、夕方より楽供、鐘などの楽器を打ち鳴らし悪霊を次第に岡の上まで追いやり、更に壺桶の上までも追いやって燃やしてしまう」と意味付けている。これによれば、柱松は厄払いである。これは、九鬼澄隆の怨霊を祓うことに通じる。

九　和歌山県

和歌山県では、前述の熊野川町の他、県北西の有田郡有田川町金屋や新宮市佐野、西牟婁郡すさみ町佐本地区、太地町、田辺市片波等の南部に点在している。いずれもが、盆期の供養、厄除け祈願を目的としている。

点火方法は、全て松明投げ方式である。

柱松の目的は、佐野では害虫駆除祈願、太地町では盆の迎え火（十四日）・送り火（十五日）、すさみ町佐本地区は厄除け祈願、有田川町金屋は人探しのために柱松を始めたとの柱松起源伝承があり、多様である。

有田川町金屋字下歓喜寺の柱松ムカビは、伝説の具現化ということで貴重な事例であるので、ここに概略を記す。ムカビとは、盆の迎え火（日）からの命名であろう。祭りは八月十四日と十五日に行われるが、三年ほど前に少子化のために中止した。祭りは男児により行われ、祭場に女性が入ることは禁じられている。

祭場は、集落の東にある「柱松山」と呼ばれる小高い山の上である。柱は一本で、高さが約三間位である。松明受けの中は藁で、松明を投げ上げて点火すると直ぐに燃え尽きてしまうので、松明受けの藁を取り替えて何度も火投げをする。最近では松明受けの上下のために滑車を使った。松明の種火は、嘗ては歓喜寺の庭になる地蔵からもらったが、その後は、柱松山にある歓喜寺中品堂の地蔵尊からもらう。

松明を投げる時は、「オーイ」と叫びながら投げた。すると山の下から、女の子が「オーイ」と返答した。地元の言い伝えによれば、この男女の掛け声の応酬は、昔、親を探しに山に出かけて行方不明となった子供を探す光景を再現したものであるという(15)。

祭りの目的は、盆の迎え火、疫病退散祈願であるという。嘗て、祭りをやめたら疫病がはやったので、爾来継続してやっていたが、男子の子供が少なくなったので三年ほど前に止めた。しかし厄病退散祈願はしなくてはいけないので、今でも、この日、山で子供たちが花火を上げて祈願をしている、とのことである。

十　兵庫県

兵庫県の柱松は、但馬地方の豊岡市日高町円山川流域、播磨の揖保川下流地域で集中的に行われており、その他、洲本市五色町鮎原栢野、加東市黒谷に散見される。

同県の柱松の特徴は、洲本市五色町鮎原栢野、加東市黒谷が直接点火方式であること、但馬地方の柱松が、頭屋制に基づく祭りであること、播磨地方の祭りの目的が、盆時期にもかかわらず雨乞い祈願の祭りであること、播州以外柱の形状が極めて特異なこと等である。

姫路市網千区津市場の稲荷神社入口天井に元治二年(一八六五)に奉納された「火揚げ図絵馬」があり当時の祭りを知る上で貴重なものである(写真23)。

1　豊岡市日高町円山川流域(図8・写真7)

日高町円山川流域の松岡・上郷・土居・府市場では、四月十四日、頭屋制によるオトウ祭りが行われてきた。祭りの最後に、直径二m程のオハチと呼ばれる逆三角錐の松明受けと、長さ五〇cmほどの顔が書かれた藁人形が取り付けられた高さ約四・八mの松の柱に藁松明を投げ、火を点けると、燃え上がるオハチに拝礼し、氏神に参詣する、という儀礼が行われてきた。[16] オトウ祭りの目的は豊作祈願である。

柱の上の人形を焼く祭りは、日高町府中新・野々庄でも行われた模様である。現在、日高町でオトウ祭りをしている集落はないが（最後まで残った上郷でも昭和三十九年〔一九六四〕に廃止）、柱の上の人形を焼くという祭りは、松尾、府市場（二年ごと）で行われている。

現存する松岡の例をとり祭りの模様を記す。

祭りの名称は、オトウ祭りといわれている。地元では柱をオンバシラともヒトバシラとも称している。祭日は、四月十四日。祭場は、松岡の鎮守社十二所神社前の円山川河原である。

行事次第は、午前中、集落の当番班員が材料集め、柱造り・柱立てをし、夕刻、当番班の人が松明を投げ点火、柱は完全に燃す、というものである。子供の関与はない。

①柱は、高さ四・八ｍの葉付の松を芯棒にして、その周りに「オハチ（お鉢）」と呼ばれる逆三角錐の竹枠を取り付け、その中に藁を詰める。高さ五〇㎝ほどの手を伸ばし、顔の描かれた十字の形をした藁人形を柱の天辺に括りつける。これが祭りの名称である「婆」である。

②オハチが焼けても芯柱が立っていれば豊作、倒れれば凶作を占う年占いの儀礼でもある。

③最後に、区長が、柱が燃え落ちる前に、柱の火を提灯の蠟燭に移し、神社まで運び本殿の蠟燭を点し、神火とする。そして嘗ては、氏子は、この火を家に持ち帰って神棚で祀り、五穀豊穣・無病息災・家内安全を祈願したとのことである。

この祭りが婆焼祭りといわれる由縁がある。地元の伝承によれば、貞応元年（一二二二）、雅成親王（承久の乱で但馬国高屋村に流された後鳥羽上皇の子息）の妃幸姫が親王に会うため京都から但馬に向かう途次、松岡に立ち寄り、ここで出産した。ところが、老婆の虚言により、この先の道の険しさに悲嘆し、死後南風になり高屋に達しようと円山川に入水した。妃の髪の毛は円山川の各地に流れ着いた。遺骸は松岡に埋葬された。入水した日が四月十四日に当たる。姫の入水以来、毎年決まって洪水が起こった。これは無念の思いで死を遂げた姫の祟りであろうということで、怨霊と化した姫の霊を鎮めるため祠（これが現在の十二社神社）を建て、若宮大明神として崇め、同時に妃を苦しめた老婆の人形を焼く祭りを始めた。というものである。

婆焼祭りはこの伝承で説明がつけられている。即ち、四月十四日は、妃の命日、松岡は妃の遺骸が埋葬された地、その他の集落での祭場は、妃の髪の毛が流れ着いた地、というものである。松岡では、昨今時代の変化とともに、祭日を週末に移そうとの考えもあるようだが、祭りは死者の霊を鎮めるためであるので、祭り日を替えるわけにはいかない、替えると祟りがあるかもしれないとの怖れから、この日を固守しているとのことである。

祭りの目的については、前述の幸姫説話の他、以下の伝承がある。

①地元では、祭りは春の祭りであり、年の豊作の吉凶を占う火祭りであるとし、また老婆を害虫に見たて、これを焼くことにより虫除けとする。祭日が四月中旬ということは、田植えの準備にとりかかる時期で、虫除けは稲の豊作祈願に通じる、としている。

②頭屋制に基づく祭りとしての解釈である。この場合、オトウ祭りと称される。土地の人たちは、この人形は田の神であり、燃やすことにより稲の豊作を祈願する、これが柱松である、としている。

③祭りが円山川の各地であるのは、入水した姫や侍女の身につけていたものや髪の毛が各地に流れ着き、それぞれの場所でこれらを燃やすために祭りが行われたとしている。これは、厄除けであり、鎮魂ともいえる。

④一部の地元の人が、柱を「ヒトバシラ」とも呼んでいることからのものである。兵庫県の中部を発する円山川は、

松岡辺りで流れが激しく蛇行し、昔から洪水を繰り返し田畑に甚大な被害を与えてきた。被害を軽減するために幾多の護岸工事がなされ、人柱を立てて工事を進めたという記録もある（円山川と出石川が合流する付近にある瑞峯寺に、室町時代領主であった新田義直公の碑があるが、この人物は人柱になって工事を助けたといわれている）。柱をヒトバシラと称するのは、祭りが護岸工事の犠牲者を意味し、この人たちを供養するために始められたためと推測できる。また、水害の犠牲者を供養するという意味にも考えられるが、多くの地元民は、祭りに、このような供養の意味合いはないとしている。

以上、婆焼祭りは、オトウ祭りを起源とし、それを幸姫説話で再構築したものとも考えられるが、その底流には住民の豊作祈願という予祝儀礼があるといえよう。

2　揖保川下流地域（図９）

柱松の行われてきた場所は、兵庫県姫路市勝原区朝日谷、網干区垣内・津市場、大津区長松、余部区下余部と、龍野市御津町黒崎・中島・苅屋等である。

揖保川下流地域の柱松の特徴は以下の通りである。

①祭日は、いずれもが盆日に当たる八月十五日ないし十六日である。兵庫県においては、丹波・若狭同様八月二十四日の地蔵盆の日に火をたく風習はあるが、これは柱松の方式によるものではない。

②祭場は、神社境内（朝日谷・津市場）と広場（垣内）で、水場が近くにない場所である。

③祭りの名称は火揚げであり、これは当地域のみにみられる名称である。

④点火方式は、全て松明投げ点火方法である。

⑤祭りの目的は、雨乞いないし豊作祈願である。例えば、姫路市勝原区朝日谷の祭りの起源は、十五世紀末明応年間に大旱魃があり、農民が愛宕神社に「雨を降らせてもらえれば、毎年火揚げをして愛宕大権現へのご恩に報います」と祈願し、火揚げをしたところ大雨が降った。農民たちは祈願が納受されたとして、それ以後、愛宕神社にお礼として火揚げを行っていると伝えられている。

この祭りの謂れ、また祭りの種火が愛宕神社の神火であることから判断すると、祭りは愛宕山への献灯を意味しているともいえる。しかしながら、朝日谷においてもまた揖保川流域の他の柱松においても、祭りが愛宕山への献灯という認識はない。他方、「風俗人情」(『兵庫県揖保郡地誌』一九〇三)によれば、津市場、勝原村の朝日谷、御津村の内黒崎では、精霊祭ないし盆送りといっていたとのことである。これは、嘗て、祭りが盆期ということで祖霊の送迎という意識があったことを意味するものといえよう。

⑥柱の形状、行事次第等は、通常の投げ松明方式柱松と同じである。朝日谷を例にとると以下の通りである。柱は一本で杉である。高さは、一二m(子供用)。嘗ては、成人も火揚げした(高さは一九mであった)。行事次第は、午前中に地元民総出で柱作り・柱立てが行われ、夕刻、柱への点火が行われる。午前中の作業は成人により行われ、夕刻の点火は子供により行われる。松明を下から柱の上部についている松明受けに向かって投げ上げて、松明受けに点火するものである。種火は、愛宕神社の灯明から貰うが、子供の長が種火を藁松明に移し、それを藁束の山に移す際、他の子供たちは、そうはさせまいとして、種火を消しにかかる攻防戦となるのが特徴である。

3　その他の地域

以下二つの柱松は、他に例をみない形態の祭りである。

⑴兵庫県洲本市五色町鮎原栢野（写真17）

祭日は八月十六日で、祭場は栢野薬師堂の境内である。

一年ほど前から池に浸しておいた芯木（松）に約一〇〇束の柴と約五〇束の麦藁を巻き付け、竹の輪で数ヶ所縛り直して径約二m、高さ約一〇mの柱松を作り、ここを梯子とつっかえ棒を支えとし斜めに立てる。柱を斜めに立てるのは、全国でもここだけである。

種火は、昼間、薬師堂で役どころがレンズで太陽光を、墨を塗った半紙に集めて作り出したものである。これは一種の鑽り火といえる。着火した火を薬師堂の灯明で受け、夜になると九m程の長い竹ザオの先にワラ束を括りつけた松明に移し、これで柱松の天辺に点火する。

祭りは、夕刻始まる。近くの地蔵寺の僧による読経の中、火のついた竹竿で柱の先端に点火される。火が下に行くにつれて梯子が外され、芯木だけになると柱は倒され祭りは終わる。祭りの目的は、盆の送り火であり、地元民は虫送りも兼ねるという。火の粉をかぶっても火傷をしないとの俗信がある。また、残り火を火縄に受けて、田圃に投げ込んだり、神棚に上げて置くと、五穀豊穣・家内安全のご利益が得られるとのことである。

ここは、他の柱松と比べ、芯柱が丸太ではなく円筒形となる点、柱が斜めに立てられる点、種火がレンズという道具により鑽り出される点、点火が松明ではなく竹竿で直接行われる点に特徴がある。名称、筒状の柱、鑽り火の存在等からして、この祭りに修験が関わっていたのではないかと考えられる。

⑵兵庫県加東市黒谷（写真18）

祭日は盆期の八月十六日である。祭場は鎮守社若宮八幡宮前の道路の三つ角である。祭りは、集落を二分して、それぞれが毎年交代して運営する。

柱は、高さ約七ｍ程の松の芯柱の下部分に、長さ約三ｍの「心割」と称する三角形に割った松の細木八本を巻き付ける。この部分は半分ほど地中に埋めるので、地上に出ている部分は高さ一・五ｍ程となる。ここに「じょうご」といわれる松の板八枚を芯柱に縛り付ける。傘の骨のような「じょうご」の上に枯れた松葉などを二ｍ程高く、こんもりと積み重ねる。この形は三角錐となる。これを「やま」と称している。そして最後に、天辺にイデの葉だけを付ける（長さ一ｍ位）。

柱には、珍宝といわれる松の丸太が「やま」の下の部分に差し込まれる。珍宝とは、長さ六〇cm、太さ三〇cm位の松の丸太で、先端から五cm位の所を斧で目を入れ、その部分を縄で括ったものである。祭りが始まると、まず珍宝が引き抜かれ、同じ場所に火のついた松明（松、長さ六〇cm、太さ二〇cmの丸太）が挿しこまれると、「やま」が燃え出す。この珍宝は、男根の形をしており、これを「やま」に挿すという行為は男女の性的行為を表現していると解釈され、祭りは豊穣祈願であると地元の人はいう。

祭日は盆期にもかかわらず、祭りには盆供養の要素はない。但し、柱松の前に盆踊りがある。

黒谷は、籠の形状、松明の形状、点火方法において、他の柱松に比較して特異である。

十一　山口県

山口県は、他県と比較して柱松が広く行われてきた地域であり、これまでに四二の場所で行われてきた。これは、大分県に次ぐ全国第二の数である。しかし、現在は一一の土地で柱松が行われているのみである。祭りが劇的に減少している地域の一つである（図10・写真22）。

本県の柱松には、岩国市行波を中心とする神楽の一部としての無点火方式柱松と松明投げ方式柱松の二種類がある。

1　無点火方式の柱松

本方式を代表する岩国市行波の柱松の特徴は、神楽（行波では神舞と称す）の一部として柱松が行われることである（七年ごと）。行事次第は、死霊が守護神となった荒神が柱の上で祈願し、綱を曲芸的に降りて来るというものである。目的は社家側からすれば死霊鎮魂・昇華であるが、地元住民にとっては豊作祈願である（写真14）。

記録によれば、寛政三年（一七九一）九月に当時の鎮守社荒神社（改称・荒玉社）に疫病悉除・家内安全・五穀豊穣を祈願して社家神楽が奉納されたが、明治初期、神仏分離令の影響で里神楽となった。

行波の神舞は、山口県柳井市伊陸字南山（二十四年ごと）、熊毛郡由布施町大波野（十年ごと）、愛媛県八幡浜市川上町川名津の柱松に影響を与えたといわれている。また、豊前地方の湯立て神楽も周防地方の神楽と同根であるとのことからして、瀬戸内海を挟むこの地域に同種の文化圏が存在しているということができよう[17]。

2　松明投げ点火方式の柱松

本方式の柱松が行われている地域には、牛馬の疫病除け祈願として柱松が始まったとの言い伝えがある。例えば、『豊浦町史』三（民俗編）によれば、「むかし牛馬の疫病が流行してたくさん倒れた時、通りかかった旅の僧が「空高く柱を立て清浄空に向かって灯火をかかげよ」と諭し、高く火をかかげたところさしもの疫病が治まり、その後は柱松の火をあげることを絶やさなかったという。

『大津郡誌』（一九四九）は、以下の資料を紹介している。

寛永二年牛疫流行、向津具申五百六十五頭の内病死するもの五百五十九頭、残るもの僅かに六頭、翌寛永三年村人五人九州五島に行き、種牛十二頭を求め帰り、十二部落に分配飼養させた。寛永二年大寧寺十八世鉄材和尚請うて一寺を建立、退隠す。これ向津庵なり。高六十石。この年牛疫流行、鉄材和尚は年祭を行なう。

これは、寛永二年（一六二五）、長門大寧寺の鉄材和尚が、当時流行した疫病で牛が多数死亡したので、これを止めるために年祭をしたという内容であるが、これが前記の僧の話となり県内に流布した可能性がある。

なお、御薗生翁甫『防長神楽の研究』（未来社、一九七二）によれば、山口県では、昔から牛馬を大切に扱う習慣があり、牛馬の安全と無病を依願して数々のことが行われてきた。例えば、正月十一日を牛正月といって雑煮を食べさせたり、旧暦六月一日夏越の日に、牛を川で洗ったり、農民が牛の無病息災を祈願して神楽を奉納したりした。牛燈もその一つであろう。一般に周防地方より長門地方の方が牛を大切にする風習が強かったとのことである。

『防長風土注進案』（山口県文書館編集）では、牛燈という祭りの名称は、深河村・瀬戸崎浦・渋木村等の項に見られ、その目的が牛馬安全のためであるということは、深河村・三見村等の項に見られる。牛馬疫病伝承はほぼ全県で見出されるにもかかわらず、祭りを牛燈と呼ぶのは、長門市・豊北町周辺のみであり、他の地域では、ハシラマツと称している。但し現在、牛燈という名称で祭りを行っている事例はない。

『防長風土注進案』第一九巻「前大津宰判」深河村の項で、「深河村風土記」の書かれた天保十三～弘化三年（一八四二～四六）頃の深河村（現在の長門市深川地区）の柱松の模様を以下の通り記している。

七日より盆中夜々牛燈とて川原又は野中へ童部共群り、家々にて麦藁を貰ひ来り、二間余の竿頭へ麦藁にて酸漿形のものを調へつけほうつきと申て是を建、麦藁竹なとの松明へ火を附、是を竿頭のほうづきへ投込戯れ候、此戯れなき年は水中より片目と云もの出候て牛多く死と申伝候、家々麦藁を吝と出し不申ものもの牛必死と申、大

概望とに任せ候、又牛屋に鮑の殻をもさけ候、右の竿は天寧寺より貰候習せ湯本には古来よりの事と申候

深河村では、祭りをしない年は、水中より片目（シイ）というものが出て、牛が多く死に、また麦藁を出し惜しむ家では牛が必ず死ぬ、とのことである。

他方、『防長風土注進案』第七巻「熊毛宰判」に所収された「安田村風土記」では、天保十四年（一八四三）頃の安田村（現在の周南市安田）の柱松を以下の如く伝えている。

柱松と申物相調候、尤此式は拾五歳比ヨリ已下拾歳比迄之子供仕候、其柱松と申は長サ三間或は五間位之木之頭へ、竹ニテ上戸口之如きにして口を広く編付、其内へ藁杯を入其中ニ小竹を立、中柱に紙房を調、其末に五色紙之旗幷ニ幣を結び、夫を直くニ立候テ、夫ニ五色紙之細き切下ケを付けたる縄三方へ不倒様に控へ縄ニ引、薄暮比ヨリ子供多人数集り、壱尺四五寸位之松明へ下ケ縄を付たるを下ヨリ投け上ケ、件之高き上戸口の中へ打込焼払仕候、是を柱松と唱、富村ニハ限り不申隣村ニテ茂間々御座候、

ここでは祭りはハシラマツと呼ばれ、牛馬安全祈願という目的には言及していない。

現行の同県のハシラマツの式次第は、他県の松明投げ点火方式のものと変わるところがないが、例えば、下関市豊浦町川棚向畔のハシラマツでは、これと若干異なる。子供が、柱松に火がついたら松明を掲げ、「豊年万作、牛馬の御祈禱」と唱えながら、柱松の周りを三周したら、柱松から離れ、あぜ道を一列に並び「今夜の柱松打ち上げた」と叫びながら土手まで走り、再度、柱松まで戻ってくる。これを数回くりかえす。合図があったら、「今夜の花ちらし」と叫んで、土手から帰ってくる。柱松を倒して、火を消し祭りは終了する、というものであり、子供の所作が付加されている。

3　特記すべき柱松

⑴萩市吉部下字野田のハシラマツ

七月十四日に行われる。祭場は、嘗て村の入り口、村の外れの祇園様の森であったが、現在は集落の中の畦道が交差する所に移った。と同時に御像「祇園様」も集落の中心にある公会堂に移された。

鉄製の柱の高さは、二・五間で、鉄骨で朝顔形の松明受けを作り、その中に、稲ワラ、杉・檜の葉、青竹をつめ、その真ん中に御幣を立て、ロープを三方から引きながら立てる。藁製の松明（地元ではワラスボという）に祇園様から貰った火をつけ、これを松明受けに投げ上げる。中が燃えつきると祭りは終わる。なお、当地の盆は八月であるので、盆供養の要素はない。

野田集落には、現在七世帯（動ける男性は四人とのこと）しか存在していない。この集落も他の集落と同様、高齢化・少子化のため祭りを行う人口が減少している。しかしながら祭りを継続させようとの強い意志が住民の間で共有されており、祇園様の森まで行くのが大変になったので、祭場の変更、氏神の村内への移転、柱・籠の恒久化（竹製から鉄製にする）等の工夫を行い、祭りを継続している。

⑵岩国市周東町祖生地域のハシラマツ

「祖生の三本松」といわれる。ここでは日を違えて祖生中村、祖生山田、祖生落合の三ヶ所で行われる。

柱松行事の起源は明確でないが、中村に座す新宮神社の記録（「産土社諸控早採略記」）によれば、藩政期の享保十九年（一七三四）に、村内の牛馬が多数死に、七月十八日からの二日間、新宮神社において祈念した。これより先十四日に高灯明を立てて立願し、柱松の行事を企てたとある。これからすれば、祭りは厄病除けの祭りである。現在では、祭りの目的は、盆の供養、厄病病除け、豊作祈願（柱上の長旗に五穀豊穣の文字が書かれている）とされている。

『祖生の柱松』（周東町教育委員会、一九八五）は、いずれの日も月待ちの日に相当するとしている。

明治時代、近郊の祭り日が同じ日に統一される傾向になったにもかかわらず、祖生では、開催日が三地区で別々であることは、政府の意向がこの地区では徹底されなかったことを意味しているものとも考える。通常、祭りには近くに住む親戚縁者を招待しあう風習があり、お互いにとり祭日が違う方が便利であることは確かで、祖生三集落の異なる祭日は、祭日の統一を呼びかけた明治以前の形態が今に残っているともいえる。

祭りの次第は、落合を例にとれば、柱松は島田川の川淵に立てられる。高さは、芯柱である赤松の丸太は七ｍ前後であるが、これに竹で支えられた鉢と呼ばれる松明受けを継ぎ足すと、全長一八・四ｍになる。子供が、鉢と呼ばれる松明受けに向かってタイと呼ばれる肥松でできた松明を下から投げ点火する。

十二　愛媛県

愛媛県では八幡浜市の市内に、松明投げ形式の柱松と無点火方式の柱松がそれぞれ一事例ある。前者は、五反田の祭りで、後者は川上町川名津の祭りである。

１　八幡浜市五反田

八月十四日に五反田で行われている。この祭りには、次の伝承がある。

戦国時代、五反田に金剛院という修験者がいた。当地の元城と萩森城との間で戦いが始まった。この時、元城の金剛院は九州方面へ旅に出ていた。急遽たち帰った金剛院は、夜中に松明をともして元城に登って行ったが、城内ではこれを敵方の来襲と見誤って、射殺してしまった。その後この地方に悪病が流行し多数の死者が出たが、これは金剛院の祟りであるという噂が広まった。そこで、金剛院の霊を鎮めるために柱祭が始まったと伝えられている。祭りは怨霊鎮魂儀礼といえる。

2　八幡浜市川上町川名津（写真5）

川名津で寛政六年（一七九四）に大火災が起こり、これを契機に厄火祓いとして神楽とともに柱松神事が始まったとされている。地元では、嘉永七年（一八五四）九月二十八日、宮司藤原清近が執り行った注連神楽・柱松の勤役式の記載の記録をもって「柱松神事」の始まりとしている。ここでは、神楽と柱松神事とが一体化して行われてきた。

祭りは、現在、天満神社の例祭として四月第三土曜日から日曜日にかけて行われる。祭りは柱松行事だけではなく、神楽や牛鬼、五つ鹿踊り等も行われ、柱松の主要行事は土曜日だが、その他の行事は日曜日に行われ、柱は夕方に倒され祭りが終わる。

当日は、青年団やその年四十二歳を迎えた厄年の男性が中心となって取り進める。祭場は天満宮の境内である。

祭りは、数十人の男性が長さ一二間の御神木の松を山から切り出す「松切りの神事」をもって始まる。山から海岸近くの神社境内までの約二kmの道のりを男たちは、伊勢音頭を謡い、途中集落内を流れる蟻王川をせき止めた水溜めの中へ、お互いを突き落とす「川落とし」をし、その後、海岸沿いの道路から一〇m程下の海に御神木を投げ込み、海水に浸す。そして、海から引き上げられた御神木は、近くの天満神社境内に運び込まれる。

御神木に藁を巻き、登柱用の梯子をかけ、柱の先端に藁人形を取り付ける。柱は、長さが一二間（閏年は一三間）の松（現在は杉で代用）であり、先端にショウジュウサマ（丞相様。祭神の菅原道真公・菅丞相）と称される藁人形を取り付ける。人形には、右手に扇、左手に御幣と銭一二枚（閏年は一三枚）を持たせて、赤色の着物を着せる。芯柱は、昭和三十九年（一九六四）までは篤志家、昭和四十年（一九六五）からは四十二歳の厄年を迎えた者が厄払いとして寄進する。

夕刻五時頃、地区民総出で四方綱を引いて「ボーホンエー」と掛け声をかけ合いながら柱松を立てる。その横に、ハナヤ（神輿が本宮から渡御するお旅所・神楽殿）が建てられ、集落の「神楽団」による神楽三十一式が奉納される。ハナヤの前では、五つ鹿踊りや唐獅子も奉納される。

午後十一時頃から、境内の松明に火が点され、柱松に関係する神楽「鎮火の舞」「四天の舞」及び「柱松登り」の神事が行われる。深夜十二時頃、大魔役の舞人（大魔は鬼から国家の守護神となる）が、長さ二m程の松明を背負って柱松を二七段の梯子で登り、頂上で竹と麻木でつくられた漏斗型の飾りや丞相様の人形を、鎮火祈願とともに国家安穏・五穀豊穣・氏子繁栄・海上安全を祈願し四方に振り、観衆の中に投げおとす。この人形は、家内安全・五穀豊穣の御利益があるとして、人々は奪い合う。更に大魔は大松明を左右左と三度振りかざして、厄火祓いと鎮火を祈り、下の篝火の中に投げ入れる。大魔は東方の引き綱（長さ五間）を伝って地上に曲芸的に降り立つ。

翌日は、朝から神輿が出され、牛鬼・五つ鹿踊り・唐獅子とともに集落の家々をまわり、夕刻、祭りの最後として神社前で踊りが奉納される。青年連中の担いだ牛鬼と、厄年の男の担いだ榊台という神輿の先導役が激しくぶつかり合っている間に神輿が宮入りする。そして、松が倒され祭りが終了する。

祭りの日にちは、江戸時代は九月二十八日、明治時代は三月二十六日・二十七日、大正二年（一九一三）から昭和三十一年（一九五六）までは三月二十七日・二十八日、昭和三十二年（一九五七）から三十四年（一九五九）の三ヶ年間は中断。昭和三十五年（一九六〇）に再開し、一九九四年まで八幡浜市の春祭り日程統一で四月十八日・十九日、翌年から現行の四月第三土・日曜日となった。このように、祭日は二転三転しているところから、祭の目的からこの時期に行わなければならないとする必然性は見出せない。

「松登り」の儀礼は、行波の神舞のそれに類似しているが、両者の違いは、川名津では荒神が通過する八関が簡略化されていること、松に登る大魔が火の点いた松明を背負って柱を登ることである(行波では、柱に登ってから火を点ける)。また柱松の目的も火防祈願が主たるものである。これは、川名津の柱松が、街の大火を契機として始まったことに起因する。「川落とし」や海中に落とすことも鎮火の儀礼であるという。

なお、大木は「川名津ではショウジョウサマは、現在は縁起物として魔除けの役割を果たすが、元来、厄を背負った不吉なものというように両義的に認識されている。(中略)柱松神事が厄火祓いと厄年の者の厄祓いという性格上、祓われた厄は、このショウジョウサマに託されているのである」として、祭りの目的を厄除け祈願としている。[18]

十三　福岡県

福岡県には、無点火方式柱松と松明投げ点火方式の柱松が行われてきた。

同県には、修験の霊山としての英彦山が存在する。修験の拠点たる「豊前六峰」の各地区には、松会の断片とされる田植行事や刀行事などが残されているが、松庭に立てた柱松に施主が登り幣を切るという「幣切り神事」が行われているのは苅田町山口(等覚寺)だけである。

この英彦山系修験の特徴とされる弊切りは、同県の他の柱松には見出されない。

1　京都郡苅田町山口（等覚寺）（写真13）

祭場は、福岡県京都郡苅田町大字山口字等覚寺の本谷と北谷の間に位置する白山多賀神社の境内松庭である。明治の廃仏毀釈まで、ここに「豊前六峰」の一つである天台宗修験寺普智山等覚寺があった。

祭りの起源は、地元に伝わる古文書によると、天暦八年（九五四）、谷之坊覚心によって始められた。現在の祭りの担い手は、等覚寺地区の北谷一〇戸と本谷三戸の住民により輪番で行っている。いずれも修験者の末裔である。

松会関連行事は、嘗ては全て旧暦二月に行われていた。その後、四月二日から十九日にかけて行われ、十日に柱起こし、十九日に松会が行われた。現在は、四月第一日曜日から始まり、松会は第三日曜日に行われる。現行の松会では、嘗て正月三日に行われていた修正会と旧暦二月十九日に行われていた松会が四月第三日曜日に同時に奉納される。

神社の松庭での松会の行事は、早朝の禊、祭礼、獅子舞、流鏑馬、種子蒔き、田打ち、おとんぼし、田植え、孕女、長刀舞、鉞舞、楽打ちと進み、最後に幣切りが行われる。

幣切りが行われる柱の高さは三三尺、芯柱の丸太を藤や葛の蔓で三三ヶ所結わい、これを突っかい棒や綱で立ち上げる。この柱に、山麓の三つの集落（谷・出口・稲光）で作られた直径七寸、長さ二〇尋の藁綱をかける。

幣切りでは、白黒の格子の袴、白無地の上着姿、頭に五色の花傘、口に榊の葉をくわえ、背中に白の襷に大御幣、腰に御神刀を差した施主が三三ヶ所に巻き付けた大蔓を梯子代わりにして柱松を登る。柱松の天辺で施主は、祈願文を読む。そして腰の太刀を抜き、幣串を切り落とす。その後、施主は純白の御幣を細かく切り落とし柱から降りる。

等覚寺の松会には火は関与しないが、嘗ての英彦山の松会では、火が関係していた。即ち、英彦山の松会では、祭礼絵巻「英彦山大権現祭礼松会之図」に見るように、旧二月十三日に松起こしが行われ、翌十四日に、「黒鈴懸大袈裟をまとった御幣切が柱松の頂上にのぼって、火を打って幣の足を焼き、これを太刀で切り落す（一太刀で切る時には天下泰平と唱える)」。その後、峯入りとなる。等覚寺の「御幣切り」では、「火を打って幣の足を焼く」動作はなく、単に手にした幣を太刀で切るだけで、峯入りはない。施主は柱松の上で、天下泰平・国運隆昌・満民安泰楽・各願円満を祈願する。松会は豊作祈願である。大綱を寄進する集落の人々は疾病退散を祈願する。更に、施主が柱松の天辺で切る御幣の紙片が、松庭に撒かれている種籾に落ち、神の御種が宿るといわれ、これを拾って自分の種籾に混ぜると豊作がもたらされるという予祝の行事でもある。

2　直方・鞍手地域(図11)

福岡県では、直方市上堺・畑・永満寺や、若市上有木・芹田・倉久・下・湯原等の集落でも柱松が行われてきた。柱の作製、行事次第等は、他の松明投げ方式による柱松と何ら異なるものはない。

本地域の典型的な柱松としての福岡県直方市上境の事例を記す(写真20)。

名称は、地元民はハシラマツないし柱祭りと呼ぶ。祭場は、霊府神社の境内である。

保食神と建御名方神(農業の神)を主祭神とする鎮守神霊府神社(文政十年(一八二七)創建)の境内に、大庄屋加藤仁助(岡森堰を修復し拡張した上境の人)が天保十二年(一八四一)七月七日に寄進した石塔、及び同じく仁助が嘉永四年(一八五一)に主宰した五穀豊熟祭の碑があり、地元民は、これが柱松の初めであるとしている。昔は旧暦の七月七日(七夕)の夜に行われていたが、その後八月七日から現行の八月第一日曜日に変わった。

管見の限り、七夕の日の柱松は全国でこれが唯一である。ただ、柱を作る際に七夕の竹を芯柱に利用する事例は全国で多く見られる。多くの場合竹を集めるのは子供の役であった。ハシラマツの目的については、①鷹取城の落城の犠牲者の供養、特に城主毛利鎮実の女子七夕姫の迷霊の鎮魂とされ、②地元民は、柱松は、稲の害虫駆除を祈る虫送り、牛馬の疫病よけのシイ払い（シイは牛馬に害を加える悪霊のようなもの）、夏煩い除けの祈願を兼ねた行事という。なお、七夕は、盆の開始日という所もあり、上境の場合、落城犠牲者の供養が盆供養としての性格を示しているとも考えられる。柱は一本で、松明受け（地元では巣という）に松明を投げ上げ点火する方式である。成人が投げる。なお、一番に松明を投げ入れた者には、昔から酒一升と下駄一足の賞品が贈られる。燃え残った巣の竹で弓と矢を作り、これは毎年九月一日に地元の福地神社で挙行される丑相撲の優勝者に賞品として与えられる。

以上から判断すると、祭りの目的は、豊作祈願の他、御霊信仰・祇園信仰からする祇園祭という性格を帯びている。直方市上境以外の柱松は、全て盆期で目的は盆供養、点火方法は松明投げである。

十四　大分県

大分県は、柱松が最も多く行われてきた地域である。これは、江戸時代、岡藩主が柱松を始めたことによる。柱松は、中部の大分市・由布市・竹田市・豊後大野市に集中しており、他の地域では、北東部の杵築市中出原に、一事例を見出すのみである。柱松は、コダイを伴うことを特徴とする。

1　旧岡藩領（図12）

旧岡藩領とは、岡城を中心に、現在の竹田市（荻町・久住町・直入町を含む）、由布市庄内町・狭間町、豊後大野市朝地町・犬飼町・緒方町・三重町・清川町・千歳町等である。

柱松は、承応二年（一六五三）、岡藩主中川久清が亡父久盛の命日に、竹田の碧雲寺前の稲葉川河原で柱松を催したことから領内に広まったものである。一つの藩内すべての町村で柱松が行われたのは、岡藩が唯一である。特に緒方町（現在の豊後大野市緒方町）は、多くの字で行われてきた（現在は全て廃止）。旧岡藩領の隣接の地で柱松が行われたのは、大分市に五事例、佐伯市に一事例あるのみである。

柱への点火は、全て松明投げ方式である。祭日は、盆の十四～十六日のいずれかである。目的は盆の迎え火・送り火である。新盆供養の要素が強い。例えば、大分県中尾や竹田市萩町西福寺等では、柱松の前の盆踊りの場に新盆の家から位牌が持ち込まれる。また、狭間町同尻では、施餓鬼供養や精霊船流しが行われ、精霊船流しは水難供養であるとともに新盆供養であるという。同尻では柱松や精霊船の費用は新盆の家が出す（『狭間町誌』）。清川村では新盆の家が主体となって柱松を行った。このように、柱松と新盆との関係を示す事例が多い。

豊肥地方においては、柱松とともに新精霊供養のため、墓地や寺への道に一定間隔で、多数のコダイを立てることが行われてきた。コダイと柱松とが行われる地はほぼ重なる模様である。コダイは観音様・地蔵様への献灯、虫追いを兼ねて行うことが多かった。緒方町で、八月十六日夜、緒方平野の一一地区一〇〇〇戸以上が参加して、数千本のコダイに点火している。行事の起源は、作神様への献灯だとか、農民を救うために非業の最期を遂げた井上村庄屋の霊を慰めるためだとかいう。

2　大分市

旧岡藩の周辺地域で柱松が盛んな地として大分市がある。大分市では、鴛野・寒田・高瀬・中尾等で行われている。いずれも松明投げ方式である。

①高瀬の七瀬川河畔では、植田地区の柱松の維持のため行政が、同地域八つの校区から代表を集め、七月末に「な

なせ火群祭り」と称するイベントを行っている。これは、大分市植田地区で昔あった五穀豊穣と疫病退散を祈願した柱松を、大分市の夏のイベントとして復活（二〇〇〇年）したものである。柱は、植田地区八校区の数と子供用一本の総計九本が立つ。柱は点火直前に各集落からの参加者により立てられる。点火は松明投げ方式で、校区ごとの点火競争となり、一番に揚げた校区に半被が与えられる。この半被は翌年の入場式で着る特権が与えられる。

②中尾では、毎年八月二十日頃にハシラマツを行っている。全長約七ｍ、直径約二〇㎝の丸太の先に竹を編み、麦秆を巻き付けた直径約一・五ｍ、高さ約三ｍの「鉢」を取り付けた柱松を集落の広場に立てる。新盆家庭から持ち寄られた位牌が会場の壇に安置されると、地区主催の盆踊りが始まる。三十分ほどして位牌は持ち帰られる。肥松の松明をマンドロ（万灯籠）の火で点火し、鉢に向かって投げ点火する。この火は、死者の供養とともに稲の害虫駆除を祈願するものであるという。

この日、中尾ではマンドロも行われる。四〇〇本の女竹の上部に蠟燭を挟んで、道路の端に四ｍ間隔に立てておく。二十日の夕方、延命地蔵尊の堂に人々が集まり、読経の後に、最高齢者が地蔵尊の灯明の火を採り、午後七時に合図とともに一斉に点火する。火点け役は集落の子供たちである。伝承によると、約三百年前に地蔵尊が建てられ、その頃から不浄の地を清め、悪病を祓うための祈願の灯明として、このマンドロが行われるようになったという。

3　杵築市中出原

大分県の柱松の集中地から離れて柱松が行われている事例が一つある。それが杵築市中出原である。

伝承によると、嘉保元年（一〇九四）に相原・生桑・井手原の村人たちが瑞巌寺という寺を再建した。そこでは、柱松という高さ五丈の柱を立て、祭主五人の中の一人がその上に登り、幣五本を立て、柱の上で火を起こし、幣を焼き払い、四方の張り縄を焼き切るという儀礼が行われた。この柱松の行事は一時廃絶されたが、江戸中頃に疫疹流行の時に、その原因が柱松行事中絶のためであるとの占いの結果が出て、天神山で柱松の行事として復活したものである。出原のハシラマツは、行事次第は、他地域の松明投げ点火方式の柱松と同様であるが、もともとの祭日は霜月(旧暦の十一月)であった。目的は、疫病除け祈願、五穀豊穣祈願、新盆供養といわれている。また、柱の先端に取り付けられた御幣が全て燃えれば豊作、燃え残れば凶作という年占いが行われる。大分県の柱松で年占いが行われるのは珍しいケースである。

十五　宮崎県・鹿児島県

宮崎県下で唯一柱松を行ってきた串間市は、江戸時代、薩摩の島津領であったこともあり、串間の柱松と大隅半島の柱松は、十五夜の日に行われ、目的は大蛇退治の再現といわれ、柱松の後で綱引きが行われるという点で類似点がある。ここでは、鹿児島県と宮崎県を一緒に取り扱うこととする。なお、鹿児島県では、ハシラマツは鹿児島方言で、「ハシタマツ」と呼ばれている。全てが松明投げ点火方式である。両県の中では、三つの祭りの地域がある。

1　姶良市地域

姶良市で現存しているのは北山だけである。当地のハシタマツは、戦後しばらく中断していたが、祭りの楽しさを覚えている人たちが、それを再現したということで、二十年ほど前に復活したものである。松明投げ点火方式の祭りである。

祭日は八月十四日であるが、嘗ては、十四日・十五日の両日行った。迎え火・送り火という考えからである。祭場は、村のグランドであるが、昔は墓の横の広場で行った。昔は、子供たちが全てを取り仕切ってやったが、今は少子化のため子供も少なく、村の自治会が行っている。

芯柱たる高さ約一〇mの孟宗竹の上の枝に竹製の松明受けたる籠（地元では、ウケという）を取り付け、中に藁を入れる。なお、藁は現在地元では作っていないので、祭り用として特別に作っている。松明（地元では、アカシという）は肥松で作る。松明は誰が投げてもよい。藁はすぐ燃えてしまうので、燃え尽きたら柱を倒し別の籠を取り付け、点火する。これを数回繰り返す。従って、籠も数個用意しておく。昔は、籠は一四個作り、一日に七回交換したという。なお、なかなか松明が入らない時は、籠をひっかけている竹の枝を切って籠を下にずらす。一番火には、花火を贈呈する。

嘗て、この地方のハシタマツには、トシクヮンと呼ばれる儀礼があった。これは、籠が燃え出すと、二、三人の子供がヘゴ（木生シダ）を頭にかぶり、六尺棒を持って現れ、柱のそばに立つ。子供たちが見物人に対して「語ロウカ、語ロウカ」というと、人々が「語レ、語レ」とそそのかす。するとトシカンは身振り手振りよろしく、集落の人々の悪事を暴露する。

蒲生地方に残る民謡に、「親がやるちゃてん漆はいやよ　盆の十五日にゃ恥ょさらす」というのがあるが、これは他村から来る嫁にとり、トシクァンの暴露はおっかなびっくりであったことを示している。[19]

2　大隅半島地域

本地域には宮崎県串間市と鹿児島県肝属郡錦江町のハシタマツがある。その行事次第・目的が同じであることから、ここにはひとつの文化圏が存在するといえる。

共通する特徴の第一は、柱松が旧暦の八月十五日(十五夜)に行われることである。柱松の目的は祭日からして収穫感謝といえよう。

特徴の第二は、祭りが大蛇退治の模様を再現していることである。典型的な事例は、今はホテルのイベントとなっている宮崎県串間市大納(都井岬)のハシタマツである(写真21)。ここに伝わる伝承は、次の通りである。

昔、都井地区は荒井谷といわれて、樹木が鬱蒼と茂っていた。そこに大蛇が出没して村人に危害を加えた。村人は不安に怯えて生活していた。これを哀れに思った近隣の真光寺住職衛徳坊は、村人に松明を持たせて、四方から大蛇を狩り立て、大蛇の口に松明を投げ込み、呪文を称えて倒した。

この故事を再現し、衛徳坊への感謝の念を表明して柱松を行うことになったとのことである。現在の祭りは無病息災と豊作祈願の祭りと、地元の人々はいう。

祭りは、柱松と称す二三mの松の丸太に藁を巻き、これを蛇体と見立て、更に、その天辺に、ツトと称する直径五〇cmの茅の松明受けを取り付け、これを大蛇の口に見立てる。この口に火(松明)を投げ入れて退治するという式次第である。投げ手が松明を投げる時に発する掛け声「トントコトッタ　エートクボウ」(とうとう獲った衛徳坊、という意味)という言葉は、ハシタマツに纏わる伝承を表現している。

上記と同様な意味のハシタマツは、串間市市木でも行われてきた。また、鹿児島県旧大根占村のハシタマツも、掛け声はないが都井と同様な大蛇退治の伝承を持つ。

二〇〇八年に復活した串間市市木のハシタマツを述べる。

市木地区では、嘗て各集落でハシタマツをやっていた。二十年前は藤と中福良のみであった。廃止の声があったが、なんとか保存しようとして、両者が年ごとに交代で行うことで今日に至っている。名称は古式十五夜柱松・火祭りである。祭日は、現在九月第二日曜日。祭場は、岩折神社前の運動場。

祭りの材料である松・椎・竹は市木の古都地区の山から切り出す。祭場まで、現在は軽トラックで運搬するが（荷台に大人が乗り鉦をたたき続ける）、嘗ては、行列して鉦と太鼓を伴い運んだ。

松に椎の木を縄で一尋巻き（一六縛り）、その先に竹を取りつける。柱は成人用約一〇間、子供用約六間の二本の松である。成人用柱に縄を巻く。完成した柱に海水を振り掛ける。その目的は清めと考えられる。

巣と呼ばれる松明受けは、柱の先に椎の丸太を結び、その周りに真竹七本を括り、この竹を割き開いて逆三角形状にしたもので、中に萱や藁を入れる。柱の上に、扇（日の丸）・御幣・吹流しを取りつける。子供用の巣は、滑車で柱を上下するように工夫されている。これは、参加する子供全ての松明（これを手松という）が容易に巣に入るようにとの配慮からである。子供用柱は人力で立ち上げ、成人用柱は、庭に穴を掘り、重機で立ち上げる。

松明（地元では手松と称す）は、長さ二五cmほどの肥松を二、三本結わえたものである。

子供のハシタマツは、柱を立ちあがった直後に行われるが、成人のハシタマツは、稚児による「柱の下笹踊り」やカラオケ大会等の演芸会が済んだ後、夕刻に行われる。

祭りに先立ち、全員が岩折神社で安全祈願をするが、その際、注連縄が清められる。神社の神火は一行の提灯の蠟燭に移される。一行は、神事が済むと神主先頭に会場へ向かう。注連縄は投げ手がかつぐ。注連縄は柱を支えている四本の綱に巻きつけられ、ここに投げ手は自分の手松をかける。注連縄は、手松が投げ上げられる前に柱から外される。この注連縄は、現在行われていない綱引きに用いられたと推測される。神主は提灯の火を薪に移す。柱松の前に小さな机がそえられ、その上に御幣が置かれる。神主の祈禱。御神酒が柱松にかけられる。注連縄とカリ又が外される。

神主が最初の松明を投げる。投げ手は、海水を口に含み（清め）各自が持ってきた手松に焚き火から火を移し投げ上げる。柱は松明受けが燃え尽きると南東の方向に倒される。御幣と竹は神主に手渡される。一番火には、扇・賞品・楯（一番であることが記されている）と焼酎二本が与えられる。

祭りの目的は、十五夜の夜に行うことから、大魚・豊作感謝という。また、地元には大蛇退治を再現したものが柱松であるという。綱を蛇と見立て、これを焼くことで大蛇が退治されたとする。更に大蛇退治の綱引きをするという。但し現在は、綱引きは行われないが、綱引き用の縄が、神社でお祓いを受け、芯柱に巻き付けられる儀礼が行われている。

串間市市木では、ハシタマツの時のみ披露される踊り「松の下笹踊り」があり、その歌詞は以下の通りである。嘗ては、少女が踊ったが、少子化のため現在は男児も交えて踊る。柱松の時にしか踊らない踊りとして本事例は全国で唯一である。

「いたこ出島」

いたこ出島は、いろどころ　よい客は立派で、気はさっぱ　腰出しやもんぱで、仲良しの　洒落た顔してよしなされ　よんべも来ゆとてなまゆさの　濃さも濃ゆとて岩畑の　折り折りしかないご無心に　ちりさっぱり、こまにや入りやした　しちや、しん気にゃわいな徳平さん　アヨイ、アヨイ、アヨイ、アヨイヨイノヨイ

「真実お君」

真実お君に逢い度くば　そらしのだなに、あ、社に歩みを運んで　七日なんなん七夜さ、こもらばご一緒　正しくあらたにへー　アヨイ、アヨイ、アヨイヨイノヨイ

「鰹を鰹を」

鰹を鰹をと売り声聞きつけ　素足にや駆出スットコトンノトーントン　五十五貫も何んのその、　百貫でも後え

にゃやらない漁夫の花じゃもの　（子供）「セッセコーライ、コーライ」　（大人）「ドッコイ、ドッコイ」

「高い山から谷底見れば」

高い山から谷底見ればよー、　瓜やなすぼの花盛りよ、　アレワイドン、コレワイドン、　ドーンドン、ドーン

ドン

特徴の第三は、ハシタマツのあとに綱引きが行われることである。旧大根占町の例を取れば以下の通りである（現在中断中）。

旧大根占町では、十五夜の日、柱松を作るのと同時に、長さ約一〇〇ｍの「十五夜綱引きの大綱」も編まれる。これは柱が倒されると、祭場である川上神社の鳥居下から若衆たちによって引きだされ浜まで運ばれる。綱引きは、満月が出るとホラの合図で坂元集落が二手に別かれて始まる。敵の力に引きずられまいと、相手側に乗り込んで行って突きくずす。あるいは末尾を電柱にしばりつけるなど激しいもので、最後には綱が二つに切れるまで引っ張り合ったとのことである。この綱引きは、上記の大蛇退治の延長で、人々は大蛇を焼き殺したが、再び生き返ることを恐れて大蛇を綱に見立て、これを綱引きで二つに切り裂くことにより大蛇を完全に退治するということである。綱引きは、坂元の五つの集落を二分して行われる。

十五夜綱引きの分布域は、鹿児島県から宮崎県南へと北上し、日向市南端部から椎葉村南端部にかけてであるが、大隅半島では柱松と重複する。[20]

3　鹿児島郡三島村硫黄島（写真2）

硫黄島のハシタマツは、日本最南端の柱松である。この地にどのような経緯で柱松が伝えられたかは、今のところ不明である。ハシタマツは、別にシュンカントウロウともいわれ、京より流罪となり、ここに流されたとされる俊寛僧都の鎮魂の祭りというのが定説である。但し、俊寛の流刑地が硫黄島であるかという点については異説がある。また、柱松は疫病除けとする説もある。

ハシタマツの特徴は、第一は、柱の形状にある。柱には、当地の琉球竹を使用するが、これは篠のように細いため、これを束ね、直径三寸、高さ約九尋三尺の筒状の柱を作る。先端は、竹を細く裂いた状態にする。いわゆる松明受けはない。この柱は、芯が細く垂直には立たないので、半分を地上に這わせ、あとの半分を立ち上がらせる。まるで蛇が鎌首をあげたような形である。もう一本、子供用として柱を作る。直径二寸、高さ五尋で、これは垂直に立つ。但し、現在は、少子化のため子供数が少ないので、大人用の柱松に火が点くと、子供用の柱松に大人が松明を投げる。

第二の特徴は、オヤモロコ（親諸子、ソウロウサンともいう）の存在である。両親が健在な長男がオヤモロコとなる。早朝（現在は昼間）、船で沖合に漁に出かけ魚を取ってくる。柱を作る際に、束ねた細竹をイデで結わえるが、最初に結わえるのがオヤモロコである。夕方、オヤモロコは、集落で最長老の両親健在の家（現在は公民館）で、朝取った魚で祝宴（ショウジンアゲという）を張る。祭日は盆であるので、集落の人は、生ものは口にしないがオヤモロコは例外とされる。宴会では、全員で「ウレシュメデタ」の伊勢音頭を歌う。

うれしゅめでたの　若松様ヨー　枝も栄える　葉も茂る　サンサヨー
サンサしぐれの　茅野のあられ　音は無けれど　罪かくす　サンサヨー
屋久じゃ宮之浦　種子では　阿古木　殿の御城下　おさか　鹿児の島　サンサヨー

島間お蔵が　住吉なおる　なおるなおるの　声ばかり　サンサヨー
佐多の岬の　お庭の蘇鉄　花は咲かねど　葉は見事　サンサヨー
サンサ　見供が　唐竹なれば　割れて見すもね　三つ四つに　サンサヨー

この宴会が終わると祭りが始まる。逆に、宴会が終わらない限り、祭りは始まらない。最初の松明（ズカという）はオヤモロコが投げる。

以上の通り、オヤモロコは、この日、特権的な行動が許される。

第三の特徴は、最初に柱に火を点けた人は、柱の周りを左回りに三回まわる。昔は。ここで、自宅から焼酎一本を持ってきて、それで火点け祝いをしたが、これだと時間がかかるので、今は時間節約のために、事前に村が用意した御神酒で、全員で祝す。一番手は一年間無病息災とのことである。

第四の特徴は、ハシタマツの後に盆踊り・相撲・綱引きがあった。綱引きは、上場（カンバ）とオカに分かれての対抗試合で、オカが勝つと大漁、カンバが勝つと豊作という年占いが行われた。現在は、盆踊りのみが残っている。

柱松の模様は、『三国名勝図会』天保十四年（一八四三）編に次の如く記されている。

七月十五日の夜は俊寛への祭祀として、土人大小の松明二を竹にて作り、当島の港浜に持ち出、沙を穿て是置、火を燃せり。其大松明は、長さ九尋許下の方径り三尺許、其上は小く作り、径り一尺許なり。其小松明は径り二尺許あり、大松明は闍村より出し、其小松明は児童中より出す。さて土民尽く集会して肥松に火を付て、下より松明の上に投挙て、火の付を手柄とし、競ひ争へり。其夜は土人庄屋の庭にて、終夕舞躍をなす。

以上の次第は、現在のハシタマツと、殆ど変るところがない。

柱に松明受けがないこと、柱の形状が蛇の姿をしていること、柱松の後綱引きが行われること等、大隅半島の柱松との類似点があることから、硫黄島の柱松は、大隅半島のものと同根である可能性が高い。

十六　まとめ――柱松の地域的特徴

⑴分布

柱松は西日本を中心とする祭りである。柱松が東日本で昔から行われているのは、山形県鶴岡市出羽三山神社の松例祭だけである。この祭りは山伏の百日修行結願の日に行われるという祭りの目的の特殊性により、出羽三山から外には普及されなかった趣である。柱松が東日本で行われなかった理由は、今のところ不明である。

柱松が行われている地域を見ると、殆どの柱松が一定地域に密集して行われているが、数は僅かであるが柱松が単独に行われている事例もある。以降、前者を「密集祭事型」、後者を「遠隔地単独祭事型」と称することとする。

密集祭事型は、同一地域の祭りの名称が同一であるばかりか、その目的も同一である。例えば、富士川流域の川供養、静岡県海岸地帯の水難者供養、丹波・若狭地域の愛宕山への献灯、若狭南川・田村川合流地点の風除け祈願（二百十日）、北山川・熊野川流域の筏師安全祈願、揖保川下流域の雨乞い祈願、兵庫県円山川流域の豊作祈願（オトウ祭り）、山口県の牛馬安全祈願、瀬戸内地域の神舞、大分県旧岡藩領内の新盆供養、大隅半島の十五夜・大蛇退治等の如くである。

ある目的をもった祭りを行うとき、当該地域内では同じ形式の祭りを行うことにより、その目的を具現化させようとする。これは、当該地域内では同質の生活の営まれていることに由来するのかもしれない。これは、柱松が地域の生活に密着に結びついていることを示しているともいえよう。

遠隔地単独祭事型に該当する柱松は、例えば、山形県鶴岡市出羽三山神社、静岡県静岡市葵区坂ノ上、石川県七尾市能登島向田町、京都府舞鶴市城屋、京都府綾部市於与岐町大又、京都市右京区嵯峨清涼寺、和歌山県西牟婁郡すさみ町佐本根倉、田辺市片町、兵庫県丹波市青垣町山垣、加東市黒谷、洲本市五色町鮎原栢野、愛媛県八幡浜市五反田、鹿児島鹿児島郡県三島村硫黄島等である。

何故に単独で柱松の行事が行われてきたのか。周辺集落も同様な祭りを行ってきたが、時代の推移とともに、他の集落の祭りは消滅し、その結果ある地の祭りだけが残ったというケースも考えられる。一般に文化の伝播方法は、人伝に聞く、当該集落の住民が見て移植する、ある人が来て教える等が考えられるが、現在単独で行われている柱松の発生の理由はほとんど解明できていない。この型の祭りは、目的において密集祭事型と異なるところはないが、いずれも点火を伴い、その方法は、松明投げ方式、直接点火方式である。ことに直接点火方式の柱松は、全て遠隔地で単独で行われている。

(2) 祭場

柱松の祭場は、鑽り火点火方式柱松と姫路市内の柱松を除けば、殆どに近くに水場ないし海岸がある。

鑽り火点火方式の柱松は、嘗て修験が関与した霊場で行われているが、祭りでは松明を投げないこと、柱を完全に燃やさないこと（例外として戸隠では柱を燃やす）等の理由で水を必要としないのではないかと考えられる。他方、松明投げ点火方式の柱松の目的は盆供養と厄除け祈願に集約できる。そこで祖霊や無縁仏の送迎の場、厄を払う場として水場が選択されたのであろうと推測できる。水は、そもそも「霊的な力を持っており、それは人びとに活力と若さを与える」[21]ものであるから、水場が神の送迎、厄を祓うことによる命の再生の場として最適なものであるといえる。その意味で、松明投げ点火方式の祭りが水辺で行われることは意味のあることといえる。

(3) 目的

松明投げ点火方式の柱松の目的は、盆供養、愛宕山への献灯豊作祈願というものが大部分を占めるが　集落の人々にとっては虫送り、火災除け祈願、疫病除け祈願が最大の関心事であり、これは地域の生業と関係する。

第二節　柱松と時間

はじめに

平山敏治郎は『歳時習俗考』において、「一つの社会集団が一年の間にきまったある時期、または特定の日時に毎年くり返しておこなう特殊な行為のこと」を年中行事と定義付けている。[22] 柱松も年中行事の一つである。即ち、柱松は、一年の同じ時期に、同じ場所で、同じ儀礼を持って行われる民俗儀礼であるからである。

本節では、現行の柱松を中心に月別に分類し（表２）、それぞれの季節の営みとの関係を論究する。

本節で論じる柱松の始まりは、第一章第二節第五項「発起人」で述べた通り、その多くが江戸時代に遡ることができる。つまり祭りは旧暦で行われていた。しかるに明治政府は、明治五年（一八七二）十二月三日を、太陽暦の明治六年（一八七三）一月一日と定め、以降わが国は、太陽暦（以降新暦と称す）に移行した。

新暦採用に対して、各地の柱松の日取りは、次の通りの方法で新たに決められた。

第一は、旧暦の祭り日を単純に一ヶ月先にするものである。例えば、盆時期の柱松は、旧暦で盆が七月十五日前後であったことから、これを新暦の八月十五日前後とするものである。この方式を採った例が最も多く、大部分の盆時期、地蔵盆時期、二百十日、十五夜の柱松、京都市右京区嵯峨清涼寺、兵庫県豊岡市日高町松尾、新潟県妙高市関山、福岡県直方市上境などがこれに当たる。

第二の方式は、旧暦での祭り日をそのまま新暦での祭りの日とするものである。例えば、静岡県牧之原市片浜字坂井の柱松は旧暦七月十三日に行われていたが、新暦での盆を七月としたため祭り日もそのまま七月十三日とした。

第三の方式は、旧暦の祭り日を新暦に移行した年の新暦の日にちにするものである。例えば、長野県飯山市瑞穂小菅の祭りは旧暦の六月四日であったが、新暦に変わった年明治六年の旧暦六月四日が七月十五日に当たるため、祭り日を七月十五日としたとのことである。[23]

現行の祭りの日にちは新暦を基に決められているので、本節では、新暦による祭り日で論考する。

一　一月・二月・三月

一月には、柱松は行われていない。大晦日から元旦にかけて行われる山形県鶴岡市出羽三山神社の松例祭は、迎春の儀礼もあるが、修験者の冬修行の結願日に当たる大晦日からの一連の祭りであるので十二月の項で扱う。

二月には、二十四年ごとに山口県柳井市伊陸の南山神社で神舞が行われる。神楽の主たる目的は、死霊の鎮魂・死霊の浄化による守護神への昇華である。[24]他方、地元農民にとっては予祝であり、季節との関連が見られる。

三月の柱松には、山口県熊毛郡田布施町の大波野神舞と京都市右京区嵯峨清涼寺がある。

十年ごとの大波野の神舞の主たる目的は、伊陸と同じである。

京都市右京区嵯峨清涼寺のお松明式の目的は、前述の通り、寺側からすると、涅槃会としての釈迦供養ある。これは、柱の藤蔓に刺さった箸が、荼毘に付された釈迦の遺骨を拾うためのものと見立てられていることで具体的に表現されている。これに対し、地元民は、三本の柱を早稲・中稲・晩稲と見立て、その火勢で稲の出来不出来を占うという年占いと、同時に、柱に巻かれた一二本の藤蔓を「天狗の鼻」と見立て、それを毎月一本ずつ触れて天狗を怒らせ、雨を降らせる雨乞い祈願とする。季節との関連性が強い祭りである。

二　四月・五月・六月

四月には、三種類の柱松が行われる。一つは、神楽の一部としての山口県岩国市行波と愛媛県八幡浜市川上町川奈津のハシラマツ、二つは、松会の一部としての福岡県苅田町山口（等覚寺）のハシラマツ、三つは、兵庫県豊岡市日高町円山川流域の集落で行われてきたハシラマツである。

⑴神楽の一部としての柱松

①山口県岩国市行波

四月初め行われる行波の七年に一度の神舞では、八番目の舞「八関、松登り」が柱松に相当し、死霊の鎮魂と浄化による死霊の守護神への昇華を目的とする。神楽の演目には、日照り・長雨除け、五穀豊穣、家内安全、火難・疫病除け、といった現世利益を内容とするものが多い。見物人は、柱に登った荒神が祈願の後柱の上から落とす松の小枝にご利益があるとして、これを奪い合う。

②愛媛県八幡浜市川上町川奈津

川名津のハシラマツは、寛政六年（一七九四）の大火災を契機に厄火祓いとして神楽とともに始まったとされている。祭日は、二転三転し、現在は四月となっている。祭りの目的と祭日は関係ない模様である。

(2)松会の一部としての柱松

福岡県京都郡苅田町山口に坐す白山多賀神社は、嘗ての等覚寺で「豊前六峰」の一つとしての修験の寺であった。松会は四月の第三日曜日(嘗ては四月十九日)に行われ、田打ち・畦切り・畦塗り・代掻き・田植え・はらみ女などの一連の「田行事」が演じられる。続いて、鉞舞・長刀舞などの「刀行事」が行われ、最後に柱松に相当する幣切りが行われる。

幣切りは、修行を通じて得た霊的能力をもつ施主が柱松に登り、その上で祈願文を読む。そして腰の太刀を抜き、幣串を切り落とす。この時、切り落とされた御幣の紙片は、予め庭に巻かれていた種籾の上に落ちる。これは種籾に穀霊が宿ることを意味する。この種籾を家に持ち帰り、自分の種籾と混じり合わせて蒔くと豊作がもたらされるという。松会は、春の予祝行事である。

(3)頭屋制の一部としての柱松

兵庫県豊岡市日高町の円山川流域の集落(野々庄・府中新・府市場・土居・松岡・上郷)では、嘗て頭屋制に基づくオトウ祭りが行われていた。祭りの最後は、数メートルほどの高さの柱の上に藁人形を取り付け、それを下から松明を投げて焼く儀礼である。これは、予祝儀礼である。この祭りは別名婆焼祭りともいわれ、現在松岡に残るのみである。

祭日は、四月十四日である。先端に人間の顔が描かれた藁人形が取り付けられた逆三角錐の柱に、松明を投げて火を点け、藁人形を焼くが、これは祭りの謂れとなった老婆殺しを意味しているという。祭りを説話に基づくものとすれば、老婆の虚言によって死んだ姫の鎮魂となる。

祭りの目的は、頭屋祭の一環としての豊作祈願祭、年の豊作の吉凶を占う年占い(柱が燃えずに残れば豊作、倒れれば凶作)、また老婆を害虫に見立て、これを焼くことによる虫除け祈願である。祭日が四月中旬ということは、田植えの準備にとりかかる時期で、予祝としての稲の豊作祈願である。

五月・六月には柱松は、行われていない。

三　七月

七月には、現在一二ヶ所で柱松が行われている。祭日順に列挙すれば、十三日：静岡県牧之原市片浜字坂井、十四日：山口県萩市吉部下字野田、十五日後の日曜日（嘗ては七月十五日）：長野県飯山市瑞穂小菅、第二ないし第三日曜日：山口県下関市豊浦町黒井、第三土曜日：長野県下高井郡木島平村内山、十七日・十八日以降に一番近い土・日曜日（嘗ては七月十七日・十八日）：新潟県妙高市関山、最終土曜日：大分県大分市高瀬、石川県七尾市能登島向田町、第四日曜日：長野県下高井郡木島平村南鴨、最後日曜日：山口県光市立野字西庄、不定：長野県長野市戸隠神社、兵庫県龍野市御津町黒崎、である。

このうち、山口県下関市豊浦町黒井は、本来八月の盆時期に行われていたが、学校が夏休みに入る前に子供たちに柱松を体験させようということで、休みに入る前の週末とした。大分市高瀬、山口県光市立野字西庄、兵庫県龍野市御津町黒崎も本来盆日の祭りであったが、イベント化し七月に行うこととなった。

七月の柱松の特徴は、全国七ヶ所で行われている鑽り火で点火する柱松のうち五つがこの月に行われ、しかも、互いが隣接した地域で行われていることである。新潟県妙高市関山、長野県小菅・戸隠・南鴨・内山が該当する。

関山・小菅・戸隠は、いずれも修験の修行の場であり、三者の祭日は、修験の修行開始日との関連で決められたと推定される。

修験系の祭りの目的は、当初は験競べであったが、農民が主体の祭りになると年占いによる豊作祈願に変化した模様であるが、しかし、農民主体の祭りになっても、祭りの儀礼は修験の験競べを踏襲し、それを農民的解釈により再構成しているのが特徴である。

七月の祭りは、目的からすると、厄除け（大分県大分市高瀬、山口県光市立野字西庄、萩市吉部下字野田、長野県下高井郡木島平村南鴨、木島平村内山、石川県七尾市能登島向田町等）、盆供養（静岡県牧之原市片浜、大分市高瀬等）、豊作祈願（新潟県妙高市関山、長野県飯山市瑞穂小菅、長野市戸隠等）の三種類に分類できる。

厄除け祈願という祇園祭り的な夏特有の祈願、盆供養、稲の成長を願っての豊作祈願という柱松の目的は、季節の営みを反映したものといえる。

四　八月

1　概要

現在八月の柱松は、表2の通り七五ヶ所で行われている。暦との関係で節目となる七夕の日、盆の日、地蔵盆の日を中心に柱松を分析する。

(1) 七夕時期の柱松

七日に柱松が行われてきたのは、山梨県南巨摩郡身延町大塩（七日～十四日）、山口県下関市豊北町神田上字神玉（七日～十六日）、下関市豊浦町室津上（七日～十三日）、長門市深川湯本板持（一区）（七日～盆中）、長門市仙崎地区（七日～十六日）、長門市上三隅（七日～十四日）、大分県竹田市直入町上境（七日）等であり、いずれも七日より十六日頃まで続けて行われてきた。これは、七日が盆の入りという認識の下での柱松であろう。

しかるに、福岡県直方市上境では、七日にハシラマツを行ってきた（現在は七月第一土曜日）。祭りが行われる鎮守神霊府神社（文政十年（一八二七）創建）の境内には、大庄屋加藤仁助が嘉永四年（一八五一）に建てた五穀豊熟祭の碑があり、地元では、この年をハシラマツ開始の年としている。つまりハシラマツは、当初から豊作祈願を目的として始まったと考えられる。地元では、ハシラマツの目的は、①豊作祈願のほか、②稲の害虫駆除を祈る虫送り、牛馬の疫病よけ、夏煩い除けの祈願、③鷹取城落城犠牲者の供養、鎮魂であるとしている。

これらから判断すると、祭りは豊作祈願の他、御霊信仰・祇園信仰からする祇園祭りという性格を帯び、同時に、落城犠牲者供養ということは、祭りに盆供養としての要素も含まれているといえる。七日を盆の開始日という考えが地元にはあるのかもしれない。

なお、柱や籠に七夕の竹を利用する事例は静岡県に見られる（『焼津市誌』下巻、『静岡県史民俗調査報告書』第十八集「石津の民俗―焼津市―」等）。

(2)盆時期の柱松（八月十三日～十六日）

前述の通り、嘗ては七日より盆中まで柱松を行う地があったが、現在は、いずれの柱松も十三日から十六日までの一日だけ行われている。但し、二〇一三年まで、和歌山県南巨摩郡身延町久那土は、八月十三日・十六日の二日間行っていた。和歌山県東牟婁郡太地町は、現在も八月十四日・十五日の二日間行っており、これまでの伝統を守っている数少ない事例である。この期の柱松は全て、点火される柱松である。

名称から、盆期の柱松の特徴を以下分析する。

①ナゲタイマツ

ナゲタイマツという名称は、富士川流域で行われる柱松のみに使用されている。祭日は、殆どが盆日の八月十五日である。祭りの目的は、盆供養としての川供養・無縁仏供養であるが、地元民は、火で天空を焦がすことから、虫除けも目的の一つであるとしている。

②トウロン・トウロウアゲ及び、アゲンダイ

これらの名称は、静岡県にのみ見られる。祭りの目的は、川供養・盆供養である。

③アゲマツ・マツアゲ

この名称は、丹波・若狭地域でのみ使われ、祭りは、殆どが地蔵盆の日か二百十日の日に行われる。丹波は地蔵盆の日で、愛宕山への献灯を目的とする。若狭は、地蔵盆の日のほか二百十日に当たる九月一日に行われ、風除け祈願（豊作祈願）である。

④ヒアゲ

火揚げと呼ばれる祭りは、兵庫県揖保川下流地帯で行われている。祭日は、八月十五日ないし十六日である。祭りは、雨乞い祈願であり、盆日の祭りにもかかわらず盆供養の要素は薄いと地元ではいう。

⑤ギョウトウ

牛燈（ギョウトウ・ヨウトウ・ノウトウ・ジュウトウとも呼ばれ、漢字は、牛燈・行燈・揚燈・納燈等が当てられている）という名称は、現在は、山口県の豊北町・長門市地域のみで聞かれるものである。祭日は、盆中である。祭りは、牛馬の疫病除けとして始められた。これは、牛頭天王に対する信仰である祇園信仰につながる。山口県では、ハシラマツと呼ばれる祭りにおいても同じ伝承の下に行われてきた。

⑥ハシラマツ

ハシラマツという名称は、盆時期の祭りにおいては、三重県・和歌山県・奈良県、山口県の一部、愛媛県・福岡県・大分県・鹿児島県（ここでは訛って「ハシタマツ」と称す）にみられる。

祭りの第一義的な目的は、先祖の霊の送迎、無縁仏の供養である。例えば、和歌山県東牟婁郡太地町のハチライマツは八月十四日と十五日の両夜行われ、十四日のハチライマツを「迎え火」、十五日のハチライマツを「送り火」とし、盆の祖霊の送り火と迎え火であることを明確にしている。

大分県の旧岡藩領では、岡藩主中川久清が亡父久盛の新盆供養のために催したことから、今でも新盆行事の性格が強い。

三重県・和歌山県・奈良県にまたがる北山川流域では、筏師の供養、安全祈願が主たる目的である。

三重県加茂五郷、山口県美弥市美東町絵堂、愛媛県八幡浜市五反田、福岡県直方市上境、大分県豊後大野市緒方町、鹿児島県鹿児島郡三島村硫黄島のハシタマツには、不慮の死を遂げた人の供養が目的の一つになっている。[25]

⑦その他の名称

盆時期の祭りとして、上記以外にムカビ（和歌山県有田郡有田川町金屋字下歓喜寺）、柱祭り（兵庫県加東市黒谷）、柴燈（兵庫県洲本市鮎原栢野）、という名称を持つ柱松がある。

ムカビは、和歌山県有田郡有田川町金屋字下歓喜寺の柱松で、子供さがしの伝承を持つ祭りである。[26]祭りの目的は、盆の迎え火、疫病退散祈願であるという。嘗て、祭りをやめたら疫病がはやったので、爾来継続してやっていたが、男子の子供が少なくなったので二〇一三年に止めた。しかし厄病退散祈願はしなくてはいけないので、今でも、この日、山で子供たちが花火を上げて祈願をしている。

柴燈は、兵庫県洲本市五色町鮎原栢野の柱松の名称である。祭りの目的は、盆の送り火であり、地元民は虫送りも兼ねるという。

柱祭りは、兵庫県加東市黒谷の名称である。祭りは豊穣祈願であると地元の人はいう。

以上の盆期の柱松の特徴は以下の通りである。

盆期には、現行柱松の約五八％が行われ、柱松が最も多く行われる時期である。

祭りは、山梨県・静岡県を流れる富士川流域を東端とし、鹿児島県の南海上にある硫黄島を西端とする地域に広く点在している。

祭りの第一の目的は、盆供養である。供養については、先祖供養・施餓鬼供養、特定の犠牲者の供養であるが、初盆の家が柱などの祭りの道具を提供する事例が多いところからすると、新精霊に関わる供養の面が強い。山梨県南巨摩郡身延町久成では、柱を提供するのは新盆の家に限られており、柱松と新盆との関係を重んじる集落である。柱松と新盆との関係は、地域によって異なる。

目的の第二は、豊作祈願であり、これには虫送り・雨乞い祈願・年占いも含む。豊作祈願の意を込めた祭りが以下の事例の如く多い。山梨県富士川流域、及び兵庫県加東市黒谷、姫路市勝原市朝日谷、山口県周東市祖生、大分県豊後大野市緒方町、杵築市中出原、福岡県直方市上境などである。

(3)地蔵盆時期の柱松(八月二十三日・二十四日)

この期の祭りは福井県若狭地方、京都府丹波地方でしか行われていない。

名称は、南丹市美山町盛郷・殿・川合、京都市右京区京北小塩町では上げ松であるが、福井県や丹波地域では松上げである。祭日は、嘗てはどこの集落でも八月二十四日と決まっていた。これは本地仏勝軍地蔵など、各地蔵菩薩の縁日がその日であるためであった。

地蔵盆期の柱松は、例外なく愛宕山への献火を目的としている。更に地蔵盆を盂蘭盆と認識する集落（例えば、京都府南丹市美山町殿等）では、盆の供養が付け加わる。また、わずかな事例であるが厄払いを意識する集落もある。例えば、小浜市西相生字窪谷では、柱の先端に取り付けた藁製のカラスが集落の厄を背負って、遠方彼方に運んでくれると考えている。

この地域は山に囲まれ林業を生業とする人が多く、彼らにとっては山火事が最も怖い。そのため昔から火防に対する意識が強く、ここから火除け祈願の祭りが始まったと考えられる。それが、いつ頃からか火防の神愛宕権現信仰と習合し、現在のような愛宕山への献火という意義付けに変化したのであろうと、地元ではいわれている。

行事次第の基本は、松明投げ点火方式の祭りである。地蔵盆の柱松には、愛宕信仰の具現化の儀礼が付け加えられる。これは、愛宕信仰の受容の濃淡による差がある。愛宕山への代参、愛宕講、祭り当日の愛宕社からの神火の拝受、愛宕山への献灯すべてを行うというもの（例えば、福井県おおい町名田庄虫鹿野）から、愛宕山への献灯しか行わないもの（例えば、福井県小浜市西相生字窪谷）まで千差万別である。愛宕信仰が最も端的に表れている事例は、京都府南丹市美山町芦生で、ここでは、祭りの中止あるいは火が途中で消えたりして、愛宕山へ献灯できない場合に限り、お詫びとして京都の愛宕神社に参拝し、その旨を報告するというものである。

2　特徴

⑴祭りの諸相

八月の祭りは、東は富士川流域から西は鹿児島県鹿児島郡三島村硫黄島の間に点在している。祭りの名称は、ハシラマツ以外特定地域だけのものである。名称と使用地域との関係は前章第二節（名称）で論じた通りである。

祭りの場は海・川・山であるが、山間部の場合でも若干の例を除き（山口県萩市吉部下字野田、大分県杵築市中出原等）、殆どが川の近くである。盆時期の祭りの約九二％が水辺で行われている。特に急流で有名な富士川などは、水難犠牲者の霊を供養するとして、難所のある集落で祭りが行われてきた例が多い。

(2) 盆行事との関連性

盆行事の特徴については、新谷尚紀によれば次の通りである。㉗

盆の時期について、「一般には旧暦十四日と十五日を中心としてその前後十三日と十六日を加える例が多いが」、「旧暦七月全体を盆の死者供養の月とみる考え方がうかがえる」。精霊迎え送りについては、「盆の精霊迎えは十三日という例が圧倒的に多く、送るのは十五日の夜か十六日の朝という例が多い」、「十三日に精霊を迎える方法として最も一般的なのは迎え火を焚くという方法である。その焚く場所には大別して三者があり、家の門口や庭先、道の辻、墓地である」。霊魂の所在感覚については、「全国的に共通しているのは、盆にやってくる精霊は、ふだんは海山河川などいずれかの自然界に、さらにその彼方に漠然と存在しており、それが盆のように特別な機会を定めては迎え火や精霊棚をめざして訪ね来るものと観念されている」。盆の中心的行事は、「祖先祭祀の行事ではなく死霊供養の飲食の施しの行事である」、そして「盆行事でもとくに新仏に対するそれは、高灯篭、盆提灯、精霊棚、供物、盆踊りなどあらゆる点で非常にていねいに行われている、つまり、新仏こそ盆行事の中心に位置するものである」。

以上の新谷の考えに沿って八月の柱松を整理すると、次のことがいえる。

第一に、新谷が指摘するように、盆の迎えが十三日、盆の送りが十五日夜ないし十六日朝とすれば、嘗ては山口県などでは盆の日に毎夜柱松が立てられたということであるが、現在は殆どが十五日ないし十六日で、若狭・丹波地方では二十三日ないし二十四日の地蔵盆の日に集中している。現在、迎え火の日である十三日に行っているのは、静岡県牧之原市片波（七月）、静岡市葵区坂ノ上（八月）など僅かである。

第二に、盆においては、民俗行事として迎え火として万灯や百ハッタイ等があり、送り火として大文字焼き等がある。この中で、柱松の柱は、精霊のこの世とあの世の通り道のような役割をしている。

第三に、八月の柱松の目的は、盆行事の他に疫病除け（山口県各地の牛燈及びハシラマツと呼ばれる祭り等）、雨乞い祈願（兵庫県姫路市勝原区朝日谷等）、火災除け祈願と厄除け祈願の要素もあるが、盆行事との関連で、この時期祀られる対象となる死霊は、新仏、怨霊（不慮の死を遂げた人のさ迷える霊）、無縁仏（川施餓鬼など）、そして祖霊である。

新盆との関係については、新盆の家が柱を提供したり、一番初めに松明で火を点けた人に景品を出したり（静岡県焼津市等）、新盆の家のみが柱を提供できたり（山梨県南巨摩郡身延町久成）、新盆の家のみが松明を上げられる柱を設けたり（藤枝市横内）する事例にみられる如く、新盆との関係が強い柱松があるが、これとは別に、新盆は個人が行うものと明確に区別している集落もある（静岡県牧之原市片波）。このように柱松と新盆との関係は、地域によって異なる。

怨霊慰撫については、三重県鳥羽市志摩加茂五郷、山口県美祢市美東町絵堂銭屋集落、愛媛県八幡浜市五反田、福岡県直方市上境、大分県豊後大野市緒方町、鹿児島県鹿児島郡三島村硫黄島等多くの伝承がある。無縁仏供養は山梨県、静岡県全域、紀伊半島北山川・熊野川流域に事例をみる。つまり柱松は集落の共同事業であり、個々の家の落着いた祖霊は各家で供養し、そこで供養できない霊を供養するというものである。

第四に、盆行事と農耕儀礼との関連についていえば、田中久夫は、盆の十五日を中心とする行事を供物から判断し、稲の豊作祈願であるとしている[28]。田中によれば、供物は米製品を主としていること、十五日の「満月の夜の祭」の開始行事としての七日の「半月の日の祭」は田の神の祭りであることからして、十五日の祭りも田の神の祭りであるとし、旧暦七月は田の草取りも終え、豊作のために、あとは太陽と水を待てばよく、「稲作にとってはきわめて重要な降り目」であり、「旧暦七月一五日の祭は「田の神」にその年の稲の結実を祈願する最後の機会」であるとする。

八月の柱松が豊作祈願であることを示す事例は既に述べたが、例えば、兵庫県加東市黒谷、福岡県直方市上境、山口県周東市祖生等が典型的な事例である。また、虫送り・雨乞い祈願や牛馬安全祈願等も、広義に解釈すると豊作祈願となる。その事例は、富士川流域、大分県豊後大野市緒方町、福井県小浜市・大飯郡おおい町名田庄地区、兵庫県播磨地方、洲本市五色町鮎原栢野、山口県下の「ギュウトウ」等枚挙に遑がない。これらの事例は稲の豊作祈願の目的を持ったものがあり、旧暦の七月十五日を田の神の祭りとする田中の説を裏付けるものである。

第五に、八月の柱松は、祭りの本来の目的からすれば、盆行事と愛宕信仰行事の二種の類型化が可能である。行事次第からすれば、愛宕信仰による柱松は、所により式の初めに愛宕神社への参拝があるが、それ以降の儀礼は盆における柱松と同一である。その意味で、両者は、同一形式の祭りに、祭日の違いにより、それぞれ別の意義が付加されたと推測できるし、それぞれの祭りの仕掛け人が同じであったとも推測できる。

五　九月・十月・十一月・十二月

九月の柱松は、二百十日と十五夜の日に行われる。その特徴は次の通りである。

二百十日の柱松。現在は、福井県小浜市和多田字上和多田及び同県大飯郡おおい町名田庄三重字兵瀬（二〇一七年復活）に残るのみである。名称は、松上げで、点火方法は松明投げ方式である。祭りの目的は、風除け祈願、即ち豊作祈願である。

十五夜の柱松。宮崎県串間市大納（都井岬）、串間市市木の両者とも、元来祭日は旧暦八月十五日の中秋の日であった。目的は、収穫感謝と来年の豊作祈願である。この日の柱松は、いずれにも大蛇退治伝説があり、柱松は大蛇退治の再現であるといわれている。更に柱松の後、綱引きが行われていた。これは、火で焼き殺した大蛇が再度生き返り作物を害しないようにと、綱を大蛇に見立て、綱引きで、綱を切ることにより、大蛇が再び生き返らないようにするという儀礼である。市来では、現在、柱松後の綱引きは行わないが、大蛇に見立てられた注連縄を神社でお祓いし、点火前に芯柱に巻き付けるという儀式が行われる。

十月は、静岡県富士市岩松地区（雁堤）での「かりがね祭り」のみである。

この祭りは、嘗ては、「投げ松明」と称し、八月十五日に富士川橋の東側袂当たりの富士川の河原で行っていた。この集落では、投げ松明を人手不足のため中断していたところ、行政の指導で「かりがね祭り」のイベントの一環として復活した。祭日は、十月第一土曜日。松明を下から投げ松明受け（モジリという）に点火する方式である。この祭りは、川供養を第一義的な目的としていたので、盆時期の祭りと同類である。但し、現在は祭日が替わったので、本来の意味は失われている。

十一月には柱松は行われていない。

十二月。行われる柱松は、大晦日から元旦にかけての山形県鶴岡市出羽三山神社「松例祭」のみである。

松例祭は、二人の松聖が、九月二十四日から百日間の修行に入り、その結願の日中、十二月大晦日に行う儀礼である。祭りは、門前町である鶴岡市手向地区（旧羽黒町）の修験と集落の若者により行われ、験競べによる年占い、新しい年に向けて新たな火を鑽り出す儀礼であり、穀霊の誕生を意味する予祝儀礼といえる。参詣者にとっては、現世利益を祈願する祭りでもある。

六　年中行事としての柱松の特徴

⑴年間を通じての特徴

柱松は、個々の地域にとっては、年中行事として一年の決まった日に行われる祭事であるが、日本全体を鳥瞰すれば、ほぼ年間を通じて行われている行事である。従って、柳田國男が柱松を盆行事として限定的に論じたのは、柱松の全体像を無視した議論といわざるを得ない。

年間を通じて、柱松の数は時期により大きな差がある。一番多いのが八月で、一月・五月・六月・十一月は皆無である。つまり、柱松は時期的にいえば殆どが七月・八月に行われる行事といえる。特に、鑽り火による柱松は、ほぼ七月に集中している。

⑵月別の特徴

月別に柱松の目的をまとめると以下の通りである。

二月：死霊鎮頑
三月：豊作祈願、雨乞い祈願、涅槃会としての仏の供養。
四月：死霊鎮魂、豊作祈願。
七月：盆供養、豊作祈願、厄除け、厄病除け、厄火除け、験競べによる年占い。
八月：盆供養（新仏、怨霊〔不慮の死を遂げた人のさ迷える霊〕、無縁仏〔川施餓鬼など〕供養）、疫病除け、雨乞い祈願、火災除け、厄除け。

九月：豊作を邪魔するものを避ける厄除け（風よけ・大蛇退治）、大魚・豊作感謝。
十二月：験競べによる年占い、新年に向けて新たな火を鑽り出す儀礼、穀霊の誕生を意味する予祝儀礼。
以上、一般名称としての柱松（松明投げ点火方式）の目的は、季節ごとに変化している。例えば春の神迎え、夏の厄除け、秋の神への感謝、冬の予祝という具合である。他方、固有名称の祭りは、季節に関係なく決まった日に決まった目的で行われている。

(3) 農耕祈願と柱松

農耕に関する祈願が、年間を通じて見られる。

農耕儀礼と柱松の関係については以下のことが論じられる。伊藤幹治によれば、日本本土の水稲社会に成立した稲作儀礼の基本的な構成要素は、地域差が認められるにしろ、「予祝儀礼」「播種儀礼」「田植儀礼」、稲作の成長過程に予測される災害を防ぐための虫送り・鳥追い・雨乞いなどの「呪術的儀礼」「収穫儀礼」という五つからなる。[29]

これを参考に、柱松の農耕儀礼を整理すると次の通りとなる。

①予祝行事―特に山形県鶴岡市出羽三山神社
②呪術的儀礼―例えば、四月の山口県岩国市行波、兵庫県豊岡市日高町、福岡県京都郡苅田町山口、七月の長野県飯山市瑞穂小菅、下高井郡木島平村南鴨・内山、長野市戸隠、新潟県妙高市関山、石川県七尾市能登島向田町、八月の一部の盆行事・地蔵盆行事、九月の福井県小浜市和多田、大飯郡おおい町名田庄三重字兵瀬。
③収穫感謝儀礼―十五夜の柱松という儀礼が見られる。

そして多くの柱松で「五穀豊穣」という豊作祈願が時期を問わず繰り返しなされている。特に修験系の柱松にその傾向が強い。

このように、柱松が、稲作農耕の過程とともにその節目、節目で行われていることがわかる。

(4) 一年両分性原理と柱松

一年両分性原理とは、田中宣一によれば、「年間の行事の配置・構成の上で正月(一月)と盆(七月)の諸行事に多くの類似・対応が認められ」「一年を両分し、同じ行事を半年ごとに繰り返す」「年中行事の基本的原則」である。そして、この説は、「通説もしくは定説として定着していると言えるであろう」としている[30]。また、名和清隆も同様に、「民俗学においては半ば定説化されていると言える」としている[31]。

柳田は、盆と正月の行事の類似性を指摘し、盆の柱松と正月のトンド焼きとの二つの火祭りは、盆の中元の祭りと正月の上限の祭りとして対応するものであると論じている(「柱松と子供」)。柳田は、両者に共通したものとして、子供が主役であること、余燼を持って帰り火伏にする、虫除け・悪魔除けといった俗信の如きものが存在すること、柱が用いられること等をあげている。

確かに、両者は時期が対応し、柳田の指摘する通り、盆の柱松にもトンド焼きと同様、柱に竹竿で直接点火する例は見られる(兵庫県洲本市五色町鮎原栢野)。しかしながら、この期の柱松の大部分は松明を投げて点火する方式で、トンド焼きの直接点火とは異なる。また、盆期の柱松の目的は、死者供養の他に雨乞い祈願(揖保川流域の火揚げ)、牛馬疫病除け祈願(山口県全域)、豊作祈願(兵庫県加東市黒谷)、虫送り(山梨県富士川流域、大分県豊後大野市緒方町等)等であり、年神祭り用の松や注連縄を焼却することによる「年神祭りの終結を示す」トンド焼きとは対応しない柱松が存在することも確かである。従って、盆の柱松と小正月のトンド焼きとの関係性を説明する原理として、一年両分性の原理を適用することには難があるといわざるを得ない。

田中宣一も一年両分性説については以下の通り疑問を投げかけている[32]。

一年を両分するものの代表とみなされてきた正月行事と盆行事を比較対照させてみると、正月には盆の時期上対応するもの（小正月行事に多い）と内容上類似するもの（先祖祭り的性格）のあることがわかり、また、盆行事のなかに類似対応するものを見出しえない正月行事の少なくないこともわかった。したがって、正月と盆が六ヶ月を隔てて繰り返される類似した行事であるというのは、小正月と盆との日程上の対置関係、および、年神祭りに付随する先祖祭り的性格と盆の先祖祭り的性格の同質性という点に限定してのことである。それに対して、年頭に際して行なわれる年占などの呪術的儀礼は盆に対応するものを見出しえず、一年を単位にして継承・循環する行事群のなかに位置づけられるべきものである。このように、正月と盆とは一年を折半して両分的に存在するとする考えだけでは、正月と盆を解釈しきることはできない。正月と盆との類似対応から導き出された日本民俗学の一年両分性原理の発見は大きな成果ではあったが、これのみに捕われていたのでは、わが国近代の民間年中行事の構造は理解できない。

註

（1）出羽三山神社公式ホーム・ページ http://www.dewasanzan.jp/publics/index/6（二〇一四年九月現在）。
（2）岩田重則　二〇〇三『墓の民俗学』吉川弘文館　一八四頁。
（3）大場厚順　二〇〇〇「妙高信仰の変遷と修験行事」（『鈴木昭英編『山岳宗教史研究叢書　九　富士・御嶽と中部霊山』名著出版）。

関山の柱松の目的に関し、大場の出峯の験競説に対し、由谷裕也は異論を唱えている（二〇〇二「修験道の柱松―妙高山麓関山神社の例から」『北陸宗教文化』第一四号）。
（4）和歌森太郎　一九八〇（一九六五）「柱松と修験道」（『和歌森太郎著作集　第二巻』弘文堂）。
（5）『當家記録』長野県飯山市小菅神社神主所蔵。
（6）「大徳院文書（抄）」は、昭和三十年代頃まで長野県下高井郡木島平村にあった修験系寺院中央山大徳院元賓寺花木坊に伝わる文書の総称である。現在開祖東嶽法印の子孫である中塚家が保有している。文書は開山の大永年間以降の大徳院の由緒、妙高山との関係等に関するものが含まれるが、多くは写本である。

鴨ヶ原村は小菅より南に五㎞ほどの長野県下高井郡木島平村南鴨の江戸初期の村名であり、大徳院開山縁起が書かれている「大徳院文書（抄）」によれば、大徳院（正式名は中央山大徳寺元賓寺）は、駿河出身の修験僧東嶽が大永元年（一五二一）、この地に開いた寺院（但し現在は廃寺）である。

妙高市教育委員会　二〇〇八『妙高山雲上寺宝蔵院日記　第一巻　正徳二年～寛政十年』（妙高市）。
（7）由谷裕哉は、「修験道系柱松における神仏関係―関山・戸隠・妙高・小菅山の比較」（『神道宗教』第二〇一号）において、現時点で「実証的観点から」三山の影響関係を立証することは困難であるとしている。

(8) 今村充夫　一九八五「石川県の火の民俗」(箱山貴太郎著作者代表『中部地方の火の民俗』明玄書房)。

(9) 向田明弘　二〇〇六「第五章　丹波地域の松明行事と愛宕信仰」(八木透編『京都愛宕山と火伏せの祈り』昭和堂)。

(10) 八木　透　二〇〇二「愛宕信仰と松明行列」(八木透編『京都の夏祭りと民俗信仰』昭和堂)。

(11) 大森恵子　二〇〇六「愛宕信仰と験競べ」(八木透編『京都愛宕山と火伏せの祈り』昭和堂)。

(12) 大森恵子　二〇〇六　同前

(13) 永田忠靖　二〇〇七「全国神社信仰分布の基礎的分析　愛宕信仰」(岡田荘司・加瀬直弥編『現代・神社の信仰分布』)。

(14)『南紀徳川史』は明治三十四年(一九〇一)に完成した紀州藩の歴史書。編纂者は旧紀州藩士・堀内信。慶長七年(一六〇二)から明治四年までの期間を扱う。

(15) 水本　光　一九七九「次郎四郎物語―有田郡金屋」(和歌山県小学校教育研究会国語部会編『和歌山の伝説』(株)日本基準)。

(16) 上井久義　一九六九『日本民俗の源流』。

(17) 福岡県文化財調査委員会　二〇一二『豊前神楽調査報告書―京築地方の神楽を中心として』。

(18) 大木敬久　一九九六「厄払いの構造に関する一考察―八幡浜市川名津柱松の分析を中心に」(『愛媛県歴史文化博物館研究紀要』第一号)。

大木敬久　二〇〇三「厄年の民俗―愛媛県の事例―」(『愛媛県歴史文化博物館研究紀要』第八号)。

(19) 小野重朗　一九八五「鹿児島県の火の民俗」(小野重朗著作者『九州・沖縄地方の火の民俗』明玄書房)。

(20) 小野重朗　一九八五　同前

(21) 鳥越皓之　二〇〇〇「水」(『日本民俗大辞典』下、吉川弘文館)。
(22) 平山敏治郎　一九八四『歳時習俗考』。
(23) 論者の調査によれば、明治六年(一八七三)の旧暦六月四日は新暦で六月二十八日に当たり、七月十五日ではない。
(24) 岩田　勝　一九八三『神楽源流考』。
(25) 三重県加茂五郷は、天正十年(一五八二)横死した領主九鬼澄隆の霊の供養。
山口県美祢市美東町絵堂には、江戸時代の長州藩銭屋に関する銭屋集落焼きうち事件で犠牲になった村人の供養伝承に関係するという言い伝えがある。

愛媛県八幡浜市五反田は、不慮の死を遂げた修験者の供養。

福岡県直方市上境は、鷹取城落城のとき、死んだ七夕姫(城主の娘)の慰霊。

大分県豊後大野市緒方町は、農民一揆の首謀者で非業の最期を遂げた井上村庄屋の霊の供養。

鹿児島県三島村硫黄島は、シュンカントウロウとも言われ、平家によって流された俊寛の霊の供養。
(26) 水本　光　一九七九　前掲。
(27) 新谷尚紀　二〇〇三「盆」(新谷尚紀・波平恵美子・湯川洋司編『暮らしの中の民俗信仰』昭和堂)。
(28) 田中久夫　一九七八『祖先祭祀の研究』二四四～二五九頁。
(29) 伊藤幹治　一九七四『稲作儀礼の研究―日琉同祖論の再検討』。
(30) 田中宣一　一九九二『年中行事の研究』。
(31) 名和清隆　二〇〇〇「一年両分性説再考」(『大正大学大学院研究論集』第二四号)。
(32) 田中宣一　一九九二　前掲。

第三章　柱松の構造と特徴

第一節　祭りの成り立ち――俗なるモノから聖なるモノへの移行

はじめに

祭りの諸相を詳しく分析すると、柱松も他の祭りと同様、神迎えの準備、神迎え、神の意思の表示、神への祈願・感謝(これは神態に相当する)、神送り、直会の儀礼で構成されていることがわかる。

宮家準によれば、祭りという儀礼全般に通じる構造は、基本的には聖化・境界・脱聖化という三つの要素の組み合わせであり、これは、「聖化は俗の世界から聖の世界への移行、境界は聖なる状態、脱聖化は聖なる状態から俗への移行」を意味するとされる(1)。

従って、年中行事としての祭りでは、俗という日常の世界から聖という祭りの世界への移行であり、このためには、一年のある決まった日・空間において何らかの儀礼が必要とされる。祭りに奉仕する人については、潔斎が要求される如く、モノについても同様の儀礼が必要とされる。この日常的なモノから非日常的な神聖なるモノへの移行の儀礼は、エリアーデの言を借りれば、「一つの存在様式から他の存在様式への存在論的移行」のための儀礼である(2)。つまり民俗学でいうところの、ケからハレへの移行の儀礼である。

例えば、柱松において、目的の一つに盆時期の供養がある。人々は柱を立て、柱の上の松明受けに松明を投げ入れて火を点け、祖先の霊を迎え、または送り、柱を燃やす。柳田國男は、この火の点いた柱を神霊が天から降りてくる際の道しるべと見立てている。[3]和歌森太郎も同様に、「神霊を迎えよりまさしめる具」と見なしている。[4]

しかるに、祭具としての柱が神霊の道しるべであるとしても、普通にそこらに生えている木や竹が、そこにあるがままの状態で、神霊の道しるべの柱と見なされるわけではない。木や竹がそうのように見なされるためには、俗なる樹木から聖なるモノへの移行のための儀礼が必要である。神社の巨木が神霊の憑依した聖なるモノとして見立てられるためには、巨木に注連縄を張るなどという儀礼が必要とされる如くである。

更に、俗から聖への移行が我々の生活に意味をもたらすためには、移行の儀礼だけでは不十分である。俗なるモノが、一定の儀礼を経て神霊の霊力を得、生活上の特異な効果をもたらすのだと人々に認識され、長きにわたり信じられることが必要である。つまり、柳田がいう、柱が「神霊の道しるべ」であるためには、柱が、一定の儀礼を経て神霊が憑依した結果、天と地の間を神を行き来させることができる霊力を得たということを人々が認識し、信じることが必要なのである。同様に、柱松において、柱の先に取り付けられていた御幣を見物人が家に持って帰ることは、人々が、しかるべき儀礼を経て御幣に神霊が憑依し、豊作をもたらす力を持ったと認識し、人々がそれを、長年にわたり信じてきたことの結果なのである。そうであるが故に、人々は豊作を求めて、争ってまで御幣を手に入れようとするのである。

このように、祭りにおいて祭具が聖なるモノであるためには、一定の儀礼と人々の認識・信仰が必要なのである。

祭りの構成要素である、人・モノ（祭具）・場に関する先行研究においては、祭りの場の浄化や祭りに奉仕する人の物忌・精進・潔斎等の俗から聖への移行の儀礼に関しては数々の研究がなされてきたが、モノ、例えば、柱松の柱が聖なるモノと見なされるために、如何なる儀礼が行われるかという研究は、殆どなされてこなかった。また、人々が、モノに神霊が憑依したことを如何にして認識し、信じてきたのかといった問題も充分に研究されてこなかった。例えば、桜井徳太郎・谷川健一・坪井洋文・宮田登・波平恵美子の討議集である『ハレ・ケ・ケガレ』（青土社、一九八四）では、波平が、人の場合を想定して「「ハレ」というのは人びとがケガレを意識して、ケガレを排除していく儀礼がどんどん発展していった段階」と指摘しているのみで、ケガレからハレへの移行の過程は、論点とはなっていない。

本章では、柱松において柱などの祭具としてのモノが如何なる儀礼により聖なるモノに移行し、それが如何にして人々により認識され信じられてきたのか、という点につき論じる。

一　聖なるモノへの移行の儀礼（聖化）

聖化とは、神迎えの準備の過程において、日常（俗）の状態にある人・モノ・場が非日常（聖）なる状態へ移行する過程である。柱松においては、祭りの成立要素として柱が必要不可欠のモノであるので、愛媛県八幡浜市川上町川名津のハシラマツを例にとり、柱がいかなる過程を経て俗から聖に転換するのかを論じる。

1　愛媛県八幡浜市川上町川名津の事例

①松切り神事　まず、柱となる松・杉・竹等は、自然に生息しているものの中から、祭用として選別される。川名津では、祭日の早朝、神主、町役人、四十二歳の厄年の男たち（二〇一〇年は一〇人）、青年団員（約三〇人）が祭場である天満神社でお祓いを受けた後、芯柱となる杉（以前は松）の木を切り出すため集落の裏手の山に出向く。御神木として予め定めた杉の木には、事前に幣のついた注連縄が巻かれている。この木の前で神主の主宰により松切りの神事が行われる。神事終了後杉が切り倒される。これ以降、神木はそれ自身に神霊が宿る御神木として丁寧に扱われ

る。松切りには女性は一切参加できない。

②松引き　御神木(長さは通年一二間・閏年一三間)に数本の引き綱を巻き付けて、皆が「ア、ヱンヤラヤ、ヱヤラデシヨ」「ヨッコニセ、タテニセ」「ボーホンエー」と掛け声をかけながら、山から里への柑橘類が植えられた坂道を約二時間引いていく。これを「松引き」と称す。

御神木や、御神木を引く綱に関しては、女性が触れることも、またぐことも禁忌とされ、幼い女の子にまで徹底されている。

③斎戒　松引きの途中、町内を流れる幅三m程の蟻王川をせき止めた水溜めの中へ、厄年の男たちがお互いを突き落とす「川落とし」が行われる。これは祭りの余興といわれているが、祭りの奉仕者が身を清める儀礼であると見なすことができる。

④柱の清め　その後、御神木は再び一向に引かれ、岸壁から海に投げ落とされる。同時に厄年の男たちも海に飛び込む。御神木は暫く男たちの手により遊泳した後浜に揚げられる。これは、海水で御神木を清める潔斎儀礼であると見なされる。また、柱に水をかけるという行為は火防の儀礼ともいわれている。

⑤御幣立て　御神木は浜から祭場の神社境内に運び込まれる。村人が手分けして、松に登攀用梯子としての藁縄を巻き、御神木の先端に御幣(白木綿)と竹と麻木で作られた漏斗型の籠を取り付け、その中に藁人形を入れる。御幣が取り付けられることは、この松の柱が神の依り代であることを外に向けて示すことを意味する。

⑥柱立て　夕刻、村人総出で四方綱を引いて柱を人力で立ち上げる。集落各戸の世帯主たる男性に代表される住民総出である。柱立ては、この柱が他の柱と異なり神霊の憑依した特殊なものであり、ここに神を迎えたことの表明の行為である。この行為は、集落の総意の下に行われたことを意味し、同時にこの作業を通じ、住民の連帯・団結を確

認する儀礼でもある。柱が立てられると同時に柱の立った場が祭りの場として清められ、注連縄などが張られ他と区別される。

以上が、山に生えていた杉の木が、清めの儀礼を経て聖なるモノに移行する儀礼である。

2　点火方式柱松の事例

⑴柱の聖化

点火方式の柱松においても、柱の俗から聖への移行の儀礼が行われる。事例は以下の通りである。

①柱引き

芯柱用の木ないし竹は生きたものを使用するので、生えている場所からの切り出しが行われる。切り出しの際に神事が行われ、切り出した木材は祭場まで運ぶ際に御神木として扱われる。これには通常、歌・楽器が伴う事例が以下の如く散見される。

〔事例１〕三重県熊野市遊木町

祭り当日の朝、若い衆が長さ八尋位の松を山から切り出し、もとの部分の四方に綱をつけて「ホーホーラエーエーエームスメシマダニャヒヤー　エームスメーシマダニャ　エーチョウチョガトマル　トマルハズダヨーエーハナジャエーハーヨーイトナー」とか「ムスメワカイノト　シンゾノフネハ　ヒトモシタガルノリタガル　アーヨーイートーナー」と、木遣りの音頭をとりながら、引いたり止めたり砂をかけあったりして祭場の海岸まで運ぶ。（大谷大学民俗学研究会編『総合民俗調査報告書　紀伊熊野市の民俗』第一二号、熊野市教育委員会）

〔事例２〕宮崎県串間市市木

祭り当日の朝、集落の青年が山材に松を伐りに行く。青年たちは伐り出した松を鉦・太鼓で歌って引いて、若宮神社の境内に運び入れる（現在は車を利用）。（現地調査）

〔事例3〕鹿児島肝属部県錦江町城元
祭り当日の早朝、青年団員が、向こう鉢巻にホラ貝を吹きながら山に登って松とカヤを切り出す。松には注連縄がはられ、途中、「ゴイランジヤー　ゴイランジヤー　ホイ、ホーツキサマノ　ゴイランジヤー、カカッタドカカッタド　ホイ　ミヤンキ、ソンコブハヘニ　カカッタヨ、サアーエンヤラサー　エンヤラサー、エンヤラヤー　ヤーソラサー　サノエー」と歌い、六㎞の道を運ぶ。これを御ハシラひきと称したが、柱に敬語がつけられることは、切り出した松が御神木として認識されていたためであろう。（野田千尋「大根占町河上神社のハシタマツ神事」『民俗研究』第二号、鹿児島民俗学会、一九六五）

〔事例4〕山梨県南巨摩郡身延町車田・久成・飯富・本郷各地区
祭り用の柱を新盆の家が提供するという事例である。これは新盆という、その年に特別なことがあった家が提供するもので、これも柱を特殊化した例といえる。ことに身延町久成においては、柱は新盆の家からのみ貰い受けるという決まりがあり、もし新盆の家がない場合には、前年の柱を代用する。

②柱立て
これは、神迎えの儀礼である。現在過疎化で若者が減少したため柱を重機で持ち上げる事例が散見されるが、多くの場合二股等の支え棒を使うなどして人力を利用した伝統的な方法で柱を立てる。この作業は、集落民に「自分たち皆が総力をあげて立てた特殊な、聖なる柱である」という意識を抱かせるもので、これは祭りと集落民を結び付ける重要な鍵となる作業である。最後に、祭場に立った柱の根元には清めの塩がまかれ、周囲には注連縄が張られる

（例：山梨県南巨摩郡南部町、宮崎県串間市市木等）。

柱の聖化とは、以上の事例から、日常的に生えている俗なる木が、幾多の儀礼を経ながら、他から差別化され、清められ、神聖なる柱へと徐々に価値転換され、最後に神が降臨する柱へと変化する過程である。ここにおいて、柱は、人々により神を迎え、神霊が憑依した霊力のある柱に移行したと認識されるわけである。

⑵火の聖化

点火方式の柱松においては、火が柱とともに重要な役割を負う。火は祭りの目的を具現化する手段である。火の聖化には以下の儀礼の事例がある。

第一の事例は、鑽り火である。山形県・新潟県・長野県の修験が関与したといわれる柱松では、火打ち石と火打ち金をたたいて、火を鑽り出す。長野県飯山市瑞穂小菅では、火口を作る作業が神事として行われる（写真３）。

第二の事例は、地蔵盆期の柱松で、愛宕神社（愛宕社・愛宕祠）の火が種火として分け与えられる。福井県大飯郡おおい町名田庄三重字尾ノ内では、祭り当日早朝に京都愛宕神社に詣で火を分けてもらう。同町名田庄虫鹿野では、祭り当日村落内の愛宕社に詣で、種火を移してくる（写真19）。

第三の事例は、鎮守社の神火を分けて得られた火を松明の種火とする。この事例は、点火方法に関わらず極めて多い。このために神社で神事が行われる事例もある（例：兵庫県姫路市勝原区朝日谷）。

二　聖なるモノ――移行の意味（境界①）

モノが俗から聖に移行し、神霊がモノに憑依したことにより、モノは霊力を発揮して、祭りの目的に応じた役割を果たすことになる。

柱松の目的は、点火方式においては火、無点火方式では言葉を唱えることによって具表化されるが、火も言葉を唱えることも、全て聖化された柱の上で行われて初めて意味を持つ。

以下、柱・火・言葉を唱えることの目的を具体的に考察する。

1　柱

柱松における柱は、柱そのものが神の依り代であることを表現し、その上で霊力を得た柱が、祭りの目的に応じた力(役割)を発揮する。以下柱の役割を考察する。

(1) 神聖なるものとしての柱

①柱は御神木・依り代である。このことは以下の事例から認められる。

芯柱となる材木を「御神木」と呼ぶ——愛媛県八幡浜市川上町川名津、和歌山県東牟婁郡北山村、三重県熊野市遊木町等では、「マツヒキ」「ハシラマツヒキ」と称し、木を伐採した場所から祭場まで大勢の手を借り、場合によっては音頭を取りながら運ぶ儀礼がある。この際柱は「御神木」と呼ばれて、人々は柱が神の木であることを認識する。

柱の先端に御幣が取り付けられる——一般的には柱松では、柱に御幣を取りつけるのが常態といえる。このことは、柱が神の依り代であるということを、人々が認識していることを意味している。例えば、嘗て山口県熊毛郡岩田村(現在の光市岩田)では、柱に「梵天聖霊御休足所」と書かれた旗が取り付けられ、柱が神を招き寄せる場であることが明示されていた。兵庫県豊岡市日高町松岡のオトウ祭りの柱の上には、藁人形が置かれているが、この藁人形は、一説には、田の神を具象化したもので、人形を取り付けることは、田の神を招いたことを意味すると解されている。

柱ないし松明受けに火が点いた後、柱を揺する——この事例は、鹿児島県北部、及び山梨県側の富士川流域に多くみられる。「揺する」という行為は、神道の魂振りに通じるものがあり、神の魂を若返らせるものである。これは柱に神霊が乗り移っているとの観念から来ていると解釈できる。

柱ないし松明受けに火が点いた後、直ちに柱を倒す——柱を倒すという行為は、神を送り返す儀礼を意味する。これは、祭りに際し柱に神を招いたとの考えが既にあることの表れである（事例：長野県飯山市瑞穂小菅、同県下高井郡木島平村内山・南鴨など）。

②柱は宇宙の中心であり、宇宙そのものである。

〔事例５〕山形県鶴岡市出羽三山神社

松例祭の鏡松明といわれる柱を結わう縄は、一一ヶ所で柱を堅く結んである。この数は一年十二ヶ月、即ち宇宙を表現していると解釈されている。

〔事例６〕愛媛県八幡浜市川上町川名津

柱松神事の柱の高さは、平年と閏年では異なる。平年一二間、閏年一三間である。この一二・一三という数字は、一年の月の数を表現している。つまり、柱は月ごとの自然の運行、即ち宇宙そのものを表現しているといわれている。

〔事例７〕福岡県京都郡苅田町山口

等覚寺松会の柱は、現在三三尺であり、施主が登る柱の梯子の数が三三である。この三三という数は、仏教における天界の天の数が三二あり、その中央に宇宙の中心たる須弥山に住む帝釈天がおり、これを加えると三三になることに由来する。つまり柱は宇宙の中心たる宇宙軸を表している。極めて仏教的な意味付けである。

③柱は大蛇である。事例は、柱松を大蛇退治故事の再現とする伝承のある宮崎県と鹿児島県に見られる。

〔事例8〕宮崎県串間市大納

柱は大蛇を見立てたものである。柱の先端のスは大蛇の口を意味し、ここに松明で火を点けることで大蛇を退治したことを意味する。松明を投げる時の「トントコトッタ、エートクボウ」の掛け声が、同様に大蛇退治を意味する。

〔事例9〕鹿児島県肝属郡錦江町城元

柱を大蛇に見立て、松明受けの中にテマツを投げ入れて大蛇を退治したとする。

〔事例10〕鹿児島県鹿児島郡三島村硫黄島

柱は蛇が鎌首を上げたような形をしており、先端には、籠が無く竹を細く切り三角錐にしているところから、蛇の形に酷似している。これは鹿児島県大隅半島に伝わる大蛇退治伝承の一つであると解釈できよう。

⑵手段としての柱

①柱は精霊を迎え、送る道(この世とあの世を結ぶ道)。

柱松における霊とは、新亡及び無縁仏の霊である。盆期の柱松の目的はこれらの霊を共同体として供養することにある。新盆の家との関わりは、新盆の家が柱松の柱を提供したり、一番火の賞品・賞金を提供する事例から窺える。無縁仏の供養に関しては、富士川(支流の早川)流域、熊野川(上流の北山川)流域、静岡県の海岸地帯等の柱松で、海・川の水難者の供養が行われる事例から窺える。鹿児島県鹿児島郡三島村硫黄島の柱松はシュンカントウロウといわれ、これも無縁仏供養の一種である。

②柱から厄を捨てる。

〔事例11〕下関市豊浦町川棚向畔
伝承によれば、昔、牛馬の厄病が流行った頃、旅の高僧(或いは山伏)が、疫病対策のため「空高く柱を立て清浄空に向って灯火をかかげよ」と諭したので、これを村人が実行したところ疫病が収まった。ここでは柱は、灯火をかかげて、厄を焼くという手段として扱われている(『豊浦町史』三　民俗編、一九九五)。

〔事例12〕愛媛県八幡浜市川上町川名津
柱の先端のスに置かれる藁人形は、赤い衣服を着せられていることからして、厄を背負っている。柱松の目的の一つは、人形が背負う厄と厄年の者の厄を払うことにあり、これは、大魔が柱に登り人形を地上に投げ捨てることにより表現される。

③柱は年占いをする場。柱松において年占いは、点火の遅速、火勢、柱の倒れる方向等により行われる。病気の有無を占う――柱が倒れる方向に病が流行るという事例(福岡県鞍手郡鞍手町長谷)と、病が出ないという事例(大分県杵築市中出原)の相反する事例がある。

作運を占う――新潟県妙高市関山、長野県飯山市瑞穂小菅、同県下高井郡木島平村内山・南鴨、京都市右京区嵯峨清涼寺、山口県下関市吉見、鹿児島県肝属郡錦江町城元等である。修験系の柱松では、点火の遅速で年占いが行われる。

④柱に登り宣べることにより神に願を届ける。祈願は柱に登って行うことに意味がある。

愛媛県八幡浜市川上町川名津：荒神が柱を登ることにより国家安穏・五穀豊穣・氏子繁栄・海上安全を祈願し、厄火祓いと厄年の者の厄祓いをする。

福岡県京都郡苅田町山口等覚寺：施主が柱に登り、五穀豊穣・天下泰平・国運隆昌・満民安楽などを祈願する。

⑤柱に登ることにより死霊の鎮魂浄化をする。山口県岩国市行波（岩田勝『神楽源流考』名著出版、一九八三年、三六〇頁）。

以上の事例から柱の意義を考察する。

宮家準は、「民俗宗教における柱の信仰と儀礼」において、「民俗儀礼に見られる柱」「記紀神話に見られる柱」「中世神話に見られる柱」「伊勢神宮の心御柱」「吉田神道の大元宮と十八神道」「修験道の柱源神法と柱松」「天理教のかんろだい」「アジアの柱の信仰と儀礼」を論じたのち、柱の意義を以下の六種類に整理している。⑤

・他界から神々や祖霊を招く依り代——神道や民俗宗教の多くはこれである。

・シャーマンや、修験者が登って天にいく道具——修験の柱松、一〇の剣の階段を上がる御嶽教の刃わたりがこれにあたる。

・柱そのものが神——神の数を何柱と数えるのは、柱が神であるとの信仰に基づいている。

・柱は天と地を結ぶ宇宙軸——修験道の「柱源神法」では、この修法を行った修験者は天地を結ぶ軸となった。

・柱を宇宙山ともいえる須弥山になぞらえる——古野の金峰山を国軸山と呼び、大峰山系を金剛界・胎蔵界の曼荼羅とするのはこの思想に基づいている。

・柱は万物を生み出す力の根源——記紀神話で諾・舟二神が天の瓊戈でオノコロ島を造り、さらにその周囲でミトノマグワイをして万物を生んだとする思想がこれにあたる。

以上の宮家の説から、柱の意義を、柱が神である（仏教的にいえば仏の住む須弥山）、柱は他界とこの世を結ぶ依り代である（修験道的にいえば天と地を結ぶ宇宙軸であり、天に上る道具）、柱は万物を生み出す力の根源である、の三つに分類できる。

宮家の説を、前記の事例に比較すれば、柱が神そのものであるという点は別として、柱が他界とこの世を結ぶ依り代である点については、柱松の柱は宮家の指摘以上に多く役割を有している。つまり、柱は、天と地を結びつける力を持つが故に、柱はあの世から新亡の霊や無縁仏の霊を招き、送り返す、柱から厄を捨てる、柱上で神の意思を知る年占いを行う、人々の祈願を神に伝えることができるのである。

柱が他界からくる神霊の依り代であるという点については、和歌森太郎は、柱を「精霊や御霊迎えの具」と表現している。[6] また、松前建も、盆の柱松については、「古くは太陽的意義があったのかも知れないが、少なくとも後世にはそうした意義はなくなり、祖霊・亡霊を迎える照明と解せられている」としている。[7]

柱自身が万物を生み出す力の根源という思想は、例えば、福岡県京都郡苅田町山口の等覚寺松会において、柱から舞い落ちる御幣の紙片が、地上に蒔かれている種籾と合体し穀霊を生み出すといわれている事例に見出される。

なお、柱がそれ自身で、ある存在を表すという事例がある。これは、大隅半島の大蛇退治故事再現の柱松である。ここでは、柱を蛇と見立て、これを燃やすことにより、蛇を退治したとするのである。

２　火

点火方式の柱松では、火で松明受けを燃やし柱を燃やすことにより、神の意思をくみ取り、人々の願い・感謝を神に届ける。火が祭りの目的そのものを象徴的に表している。

この他、火は、長野県飯山市瑞穂小菅の如く柱の上に取り付けられた尾花を燃やす火であり、山口県岩国市行波の「八関の舞」の如く柱に取り付けた日・月・星を意味する三光に放つ火であったりする。このように、柱松は、一種の火を焚く祭りといえる。

松前は、火を焚く祭りの意義・機能につき「一つは冬至・夏至・春分・秋分などの季節の替り目に行なわれるもので、その原義は太陽の光熱を回復、更新させるためのものであり、他の一つは、国土や村落から邪霊や悪獣、悪疾などを追放し、祓浄するためのものである」として、再生・厄除け・浄化の三点をあげている。そして「火祭の行事は、なんらかの田畑の豊穣に結びついた農耕的意義のものが多い」として、火祭りと農耕儀礼の関連性を指摘している。(8)

そこで、松前の論を参考に、柱松における火の意義を分析すると以下の通りとなる。

①再生する力

例えば、長野県飯山市瑞穂小菅のハシラマツでは、神の依りましとなった松神子が柱の上で鑽り出した火で尾花(ススキ)に点火すると、その尾花は、田畑に挿し置かれると虫除けの力を発するといわれている。これは、火が物事の本質を変え新しい力を生み出す源であることを意味しているといえる。

②除災の力

柱を焼くことは、修験系の柱松であれば煩悩業苦を焼き尽くすことを意味し、その他の柱松においては、以下の例のように、燃える火に、病厄・虫厄・火厄等を除く力があることを意味する。

燃える火により害虫が殺される。虫よけの事例は、松明投げ点火方式の柱松では、よく見られる事例である。

残り火を火縄に受けて持ち帰り、田に投げこんだり、神棚にあげたりすると害虫よけのまじないとなる(兵庫県洲本市五色町鮎原栢野)。

この火で料理すれば、年中疫病を免れる(同上)。

この火は神聖なので火の粉をかぶってもヤケドをしない(同上)。

火の粉を浴びると病気にかからない、身体が丈夫になる（鹿児島県肝属郡錦江町河上神社）。

煙や火の先の向かう方角は、病人が出ない（下関市豊北町耕原）。

柱等の燃えかすを軒先に吊るしておくと、火事にならない（山口県美祢市秋芳町別府）。

火で柱の上の人形を焼くことにより厄を落とす（愛媛県八幡浜市川上町川名津）。

愛宕山への献灯は厄火除け祈願である（地蔵盆期の柱松）。

③浄化する力

新年を迎え、旧年の穢れた火を浄化して、新しい火を燧り出す（山形県鶴岡市出羽三山神社）。

また、柱松においては、燃える火（同時に火の粉）それ自身にも意味がある。それは、燃える火が醸し出す火の魔術であろう。苦労の末松明が松明受けに入り、ボーと燃え上がる一条の火は誰もが待ち望んでいた光景であり、瞬間である。そして柱が燃え落ちるにつれて飛び散る火の粉、炎の躍動は人を興奮させる。主宰者はこの瞬間を劇的にするため、松明受けの詰め物に工夫を凝らす。あるものは花火を入れる。火により生み出される一瞬の非日常の世界。これが、火祭りが生み出す快楽であろう。

3　言葉を唱えること

無点火方式や一部の鑽り火点火方式の柱松においては、人が柱に登り、願文を唱えることで、祭りの目的が表現される。例えば、福岡県京都郡苅田町山口等覚寺松会において、施主は、柱の上で以下の通り宣べる。

謹敬て普智山上に鎮座しまします白山多賀神社の大神に、施主何某言曰く。五穀成熟の御為に、今此の松庭に於て、御獅子舞馬とぽせ、種蒔、田打、おとんぼし、田植、松役の行事と厳修し、なおこの山に於て、施主神の代人となって、天下泰平、国運隆昌、満民安楽の御為に、この大幣、二十二大天、四天王、五大明王、日本国大小の神祇を勧請し奉る。「アマツミソラツタヒクシヒタマタチ」来臨し給う諸大明王、大小の神祇、降服し、万民の七難を即滅せんとを「アビラウンソワカ」七福を即生し「オンバサラダトバン」国運隆昌、各願円満乃至法界平等利益の御為に、天地四方を祓い清む。願はくは、施主の個願を哀愁納受して悉皆成就せしめ給え。

このように、言葉を発して祈願することは、言霊信仰の表れであろう。これは、「言語を発することによりその霊魂が働いて現実が動かされる」ことを意味する。[9] 言葉に霊魂が宿り、それを発することにより霊力の発揮を期待するものである。

三　聖なるモノ――移行の認識（境界②）

聖なる状態とは、モノに神霊が憑依し、霊力が発揮される状態といえる。

柱松において重要なことは、神の意思を聞き、人々の願いを神に伝えることである。それは、火を焚くこと或いは人が唱えることにより行われるが、それは全て、他界から来た神霊の憑依した柱の霊力の為せる技である。つまり、柱松においては、柱に神霊を迎え、神霊が憑依することにより、柱が天と地を結ぶ霊力を得て、例えば、盆時期に精霊を迎え、修験系の柱松では神の意思を確認する年占いを行い、また人々の祈願を天に伝えることが可能となるのである。

更に柱松では、柱と火が合体し、新たな力の誕生、煩悩業苦や厄の焼尽・浄化が行われる。これらは、全て柱に憑依した神霊の霊力の為せるものであるといえよう。

以上の如く、柱松においては、祭具が一定の儀礼を通じて聖化されると、そこで得た神霊の霊力が発揮される。神霊の霊力発揮の具体的様相を、再び愛媛県八幡浜市川上町川名津の例をとり述べる。

川名津では、神楽の最後の演目「鎮火の舞」の中で「柱松登り」が演じられる。主役の赤鬼（大魔）が松明を背負い、柱の横に置かれた関と呼ばれる壇を通過して縄梯子で柱を登る。柱の上部で松明と藁人形を振って天下泰平・五穀豊穣・氏子繁栄・海上安全・鎮火を祈願し、藁人形を地上に投下する。そして松明を左右左と三度振りかざして、厄火祓いと鎮火を祈り、下の篝火の中に投げ下ろす。

この儀礼で重要な点は、赤鬼が、厄を背負った藁人形を清め、厄を落とすことにより藁人形の性格が変化することである。これが可能なのは、関を通過して守護神に昇華した赤鬼が藁人形を祓い、それを神霊の憑依した柱の上で行うことによる。

また、見物人は、この結果地上に落とされた人形が霊力を得て人々の生活を守る守護神としての性格を有し、これを家に持ち帰り、家の門口に飾ると幸運がもたらされると信じられていることにより、我先にとこれを奪い合うのである。この人形の性質の変化は、神霊の力によるものといえる。

モノは認識されて初めて、その存在が認識される。祭りにおける聖なるモノの存在も、これと同様に、あるモノに神霊が憑依したと人々が認め、信じて初めて聖なるモノに転換するのである。竹田聴洲は、「祭りの本義は、定時に神の降臨を迎えて、献供侍座のうちに神人和合の実をあげることにあるが、その場合、神は決して直接には姿を現わさず、常に何かの媒体に憑依し象徴的な形で人間の前に現われる」とした上で、憑依物の例として神輿・山車をあげ、「夏祭りにこれが荒れまわることの多いのは人びとがそこに御霊系の神意の具現を見たからである」と論じている。[10]

つまり、神輿・山車が暴れまわる行為の中に神の意志の具体的な姿をみる。これにより、人々は、神輿・山車に神霊が憑依したと認識し、そこに霊力の存在を知るのである。

更に、人々は、聖化の儀礼によりモノに神霊が宿ったと認識するだけでなく、聖化されたモノが霊力を発揮して生活を守ってくれる存在となることを長年の経験により知るのである。川名津の例でいえば、厄を背負った藁人形が、関を通過することにより鬼から守護神に変化した赤鬼の祓いを、聖化された柱の上で受け、神火を浴びることにより、人々に利益を与える存在に変化したと人々が信じてきたが故に、人々は、その藁人形の御利益、つまりは神の加護を期待して、これを手に入れようとするのである。

このように、祭具を他人と争っても手に入れようとする行為は、逆にいえば、人々が、その祭具が俗の存在から聖の存在に転換したことを確認したことの表れといえる。

祭り後、祭具を拾う事例は以下の通りである。

〔事例13〕長野県飯山市瑞穂小菅

小菅では、神の依りましとしての松神子が鑽り出した火で焦がされた柱上の御幣や尾花（ススキの束）を田畑に立てると虫除けとなり、神棚に供えると家内安全となるといわれ、柱が倒されるとともに地上に落ちた御幣・尾花を巡り争奪戦が行われる。（現地調査　二〇一二年）

小菅と同様な事例は、長野県下高井郡木島平村南鴨でも見られる。

〔事例14〕石川県七尾市能登島向田町

柱の先端に取り付けられた御幣は柴の炎にあぶられるとご利益があるとされ、地上に落ちると人々は争って奪い合う。（現地調査　二〇一一年）

〔事例15〕 山口県岩国市行波
柱の松の小枝は福を呼ぶ力があるとされ、柱の上から荒神が千切っては投げ落とす小枝を人々は拾う。（現地調査二〇一二年）
〔事例16〕 福岡県京都郡苅田町山口（等覚寺の松会）
柱上で施主は刀で御幣を切り落とす。切れ切れとなった御幣は、事前に松庭に蒔かれていた種籾の上に落ち、御幣と種籾が合体すると種籾に神の霊が宿り、この種籾を自分の種籾と混ぜて田に巻くと豊作がもたらされるといわれている。人々は、この種籾を拾い集める。（現地調査二〇〇九年）
〔事例17〕 山形県鶴岡市出羽三山神社（松例祭）
以下の事例は、松例祭での火の打ち替え神事で行われるものではないが、祭りの一部として行われるのでここに記す（現地調査二〇〇九年）。
・悪霊に擬した大松明「つつが虫」の綱を家の軒に飾ると火防及び家門繁栄の守りとなるとされている。つつが虫を退治する儀礼として、つつが虫を解体し、それを巻いていた縄を長さ二尺程に切り、これを松聖が参詣者にばらまくことが行われる。参詣者の間で綱の激しい奪い合いが起こり、決着がつかない場合は相撲で決める。雪の中人々の輪の中で子供同士、成人同士の相撲がとられるが、女性同士も同様である。
・再生したつつが虫を焼くために引っ張っていく際の引き藁綱には火難を防ぎ、五穀の豊穣をもたらすとされており、人は家の櫓先にかけて悪魔退散の守りとする。
〔事例18〕 山口県美祢市秋芳町別府
柱の燃えかすを軒先に吊るしておくと、火事にならない（松本麟一「山口県の火の民俗」『中国・四国地方の火の民俗』明玄書房、一九八五）。

〔事例19〕兵庫県洲本市五色町鮎原栢野

・残り火を火縄に受けて持ち帰り、田に投げこんだり、神棚に供えたりと、害虫除けのまじないとなる（現地調査）。

・「火を持錯り、此火をたべ候へは、年中疫病を免る」（「淡路島風俗問状答」谷川健一他『日本庶民生活史料集成』第九巻、一九六九）。

以上の事例は、尾花、御幣、綱、柱の燃え残り、残り火などに、厄除け（虫除け・厄火除け）、家内安全といった現世利益を期待できるところから、見物人が、それらを家に持ち帰り神棚や、田んぼなどに供えるというものであり、これらの利益を生み出す力は、神聖なる場で、祭りに奉仕する人や祭具に神霊が憑依していると信じてこられたことによる。

先に、柱松の目的には、公共のための目的と私のための目的があることを指摘した。通説では、祭りは、集落のためのものであるので、その目的も集落の安寧を願ってのものであり、そこには私的な目的が入る余地はないというものである。しかしながら、柱松の神態には、供養・祈願・除災などという公共のための目的だけでなく、柱の付属物を手に入れて、自己の息災無病・家内安全などの神の加護を得ようとする私的な目的の行為も含まれている。これらの神態は、それぞれが神霊の霊力の一側面を表しているに過ぎず、全てが神霊の為せる業である。従って、祭りにおける、私的利益を目的とする神態も、公共のための目的の神態と同列の事象として見るべきであろう。

このような、現世利益的な効果をもたらす事象は、民俗学でいう俗信である。俗信の定義は、極めて複雑で、辞書においては現在、「長い経験によって帰納した知識」と定義される(11)。しかしながら、単に知識が長年にわたって蓄積されたからといて、それが自動的に人々の生活に役立つ知識となるわけではない。井之口章次は「超自然的な力の存在を信じ、それに対処する知識と技術であって、非常に基本的な、広い範囲の文化表象の一つである」としている。つまり、ある事象が俗信として受け入れられるためには、超人間的な力が、そこに存在することを信じるからである[12]。柱松を例にとれば、例えば尾花に虫除けを期待できるということは、尾花に神霊が憑依することにより超人間的な力を得、それが虫除けの力を発揮すると長年にわたり信じられてきたことの結果である。

先に述べた俗信の事例も、その根底に人々が、神の力の存在を信じ、俗なるモノが聖なる力を得て、人に利益をもたらすと認識していることの証左である。

四　聖なるモノから俗なるモノへの移行（脱聖化）

聖なるモノから俗なるモノへの移行は、神霊を他界に戻し、聖化された人・モノ・場を俗の状況に戻すことで、これは祭りの終了を意味する。

人・モノ・場は、祭りの場にほって置かれるだけで、俗なる世界に戻るものではない。聖から俗への移行も、俗から聖への移行の時と同様、一定の儀礼をもってなされる。柱松においては、場は、注連縄が解かれて俗に移行し、人は直会により祭りの禁忌から解かれ、柱は、完全に燃やされるか松明受けを燃やすだけで、倒され祭場から取り除かれて、俗の状態に戻るのである。この柱の儀礼は、同時に神を送る儀礼でもある。

第二節　柱松の構造

一　構造の諸相

祭りの構造は、神を迎え、神を饗応し、神を送ることであるが、これを更に詳しく分析すれば、神迎えの準備、神迎え、神態、神送り、直会、俗信という六つの構成要素を有する。なお、神態とは、萩原龍夫によれば、「神霊を慰める神前で行うしぐさ・競技・芸能」であり、神の饗応という構造に対応する。[13] 具体的には、萩原が指摘する信宣、湯立て、火祭り、相撲、競争、綱引きなどの競技・演技の他に、神への感謝・祈願も含まれる。

1　神迎えの準備

神迎えの準備とは、神を迎える場、奉仕者、祭り用のモノが、これまで日常的な、俗なる世界にあったところから、祭りという非日常的な、聖なる世界に移行する過程の儀礼である。

神迎えの準備では、祭場が清められる。これは、夜宮の神事によってなされ、或いは祭場を注連縄で取り囲むこと等によってなされる。現行の柱松で夜宮が行われる事例は、長野県飯山市瑞穂小菅、同県木島平村南鴨など鑽り火点火方式の柱松において見られる。小菅では灯籠行列の進行とともに、獅子舞、猿田彦による注連切りが行われる。猿田彦の足運びは、悪霊を大地に踏み抑える反閇である。

祭りの奉仕者は祭り前に潔斎をして身を清める（事例：福岡県苅田町山口の等覚寺松会など）。祭りに使われるモノは調えられ、一定の儀式を経て神聖なるモノに転換される。特に、祭具の中心たる芯柱は、芯柱となる樹木が切り出され、祭場まで運ばれる過程で、清められ、徐々に神聖なものになっていく（事例：愛媛県八幡浜市川上町川名津など）。

2　神迎え

神迎えは、一般的には、神が神輿で渡御し、祭場に鎮座することをもって表現される。柱松において神輿渡御の事例は、新潟県妙高市関山、長野県飯山市瑞穂小菅、同県下高井郡木島平村内山、石川県七尾市能登島向田町、愛媛県八幡浜市川上町川名津、福岡県京都郡苅田町山口と少なく、石川県七尾市能登島向田町、愛媛県八幡浜市川上町川名津以外は、いずれも修験が関わってきた祭りである。

他方、柱松では、一般的に柱を立てることで神迎えが表現される。柱松では、柱のない祭りはないことから、全ての柱松で柱立ては行われる。これは、通常集落住民総出で行われることから集落の結束を確認する儀礼ともなっている。

無点火の柱松は神楽・松会の一部として行われることから、神楽や松会の一部として神迎えが行われる。

3　神態

⑴ 神態の表現

柱松では、神態とは、占いにより神の意志を知り、神に感謝し、神に祈願することを意味する。この内、感謝・祈願の具体的な内容が、当該柱松の目的の表現である。目的の表現方法は、柱に点火された火で表現するものと人が柱に登り宣べるものの二つがある。

火により神態が表現されるのは、点火方式の柱松において行われ、火そのものが目的を表現し、第一義的に柱に火が点ることを必須の条件とする。柱に火が点るまで、何日も松明を投げ続けた事例もある(『焼津市史　民俗編』二〇〇七。「三晩も連続して催した集落もあった」)。松明受けを滑車等で引き下げ点火を容易にしている例もある(例：福井県大飯郡おおい町旧名田庄村、京都府南丹市美山町、和歌山県東牟婁郡北山村、宮崎県串間市市木(子供用))。つまり、柱松においては、松明受けに火が付き、火が燃えることにより祭りの目的が達成されるのである。

この意味で、最初に火を点けた人(場所によっては、一番火ないし一番手といわれる)は、極めて意義ある人として特別の取り扱いを受ける。多くの場合は賞品や賞金が授与される。一番火に賞品を出す事例は静岡県富士市木島、三重県熊野市紀和町、兵庫県姫路市網干区津市場、大分県大分市高瀬、宮崎県串間市市木、鹿児島県鹿児島郡三島村硫黄島などでみられる。

奉仕者が柱の上で宣べることで神態を表現するのは、無点火方式の柱松の全てと鑽り火点火方式の福岡県京都郡苅田町山口だけである。宣べる内容は、神への祈願・感謝である。例えば、無点火方式の愛媛県八幡浜市川上町川名津では、鎮火・国家安穏・五穀豊穣・氏子繁栄・海上安全の各祈願、鑽り火方式の福岡県京都郡苅田町山口等覚寺では、天下泰平・国運隆昌・国土安全・五穀成就の各祈願である。

(2)神態の内容―祭りの目的

本来、祭りは、鎮守の神の慰労である。この時、祭りを行う集落は、集落全体の安全や豊作などを祈願する。これは、公共のための祈願であり、これが祭りの公的な目的である。他方、祭りを見る側には、祭りを行う側の目的を体感するだけでなく、祭りの中に、自分にとっての家内安全祈願・諸願達成祈願といった個人的な、現世利益的な目的の達成を求めてくる人も多い。これは、私のための目的である。

このように、祭りの目的には、公共のための目的と、私のための目的の二つがある。従来の祭り研究では、柳田が指摘した如く、見物するものを「見物と称する群の発生」によって、「祭りから祭礼へ」変化させた要因として論考している。つまり、祭りの様式変化を促した一要素として見物人を捉えているのである。他方、見物人は、自らが主体的に祭りの中に自己の利益となるものを求めていることも確かである。例えば、見物人は、燃え残ったモノの中に霊力を認め、それを拾い家に持ち帰り、神の加護を願うのである。

両者の事例としては、以下のものがある。

①公共のための目的

文献・口承により伝えられてきた祭りの目的は表１に記載の通りである。目的の内容を供養・祈願・感謝・恐れ・占い等に分類すると以下の通りである。

・供養―盆供養、新盆供養、無縁仏供養、犠牲者の鎮魂・供養に相当する。
・祈願―牛馬安全祈願、筏師安全祈願、豊作祈願（大蛇退治の再現を含む。雨乞い祈願も広い意味で豊作祈願である）、火伏祈願、夏越（夏煩い除け）の祈願、人探しに相当する。
・厄除け―前記の虫送り、疫病退治に相当する。
・感謝―前記の収穫感謝、献火（愛宕火）に相当する。
・怖れ
・占い

・その他（前記の月待ちに相当し、宗教的儀礼である）

目的において圧倒的に多い事例は、供養と祈願である。盆において供養は、各家の祖霊（本精霊）は各人の個人的な供養として行われるので、柱松における供養は、その他の霊、即ち初盆の荒魂（新精霊）と無縁仏（外精霊）が対象となるが、村人に柱松の目的を問いても、単に盆の迎え火・送り火と答えるのみで、明確に霊の区別をして祭りをしている事例は少ない。祈願は、牛馬安全祈願、筏師安全祈願、豊作祈願（大蛇退治故事再現、雨乞い、虫送りを含む）、火伏祈願、夏越（夏煩い除け）の祈願、疫病除け祈願等である。これらは、基本的には現世利益を求めての祈願といえる。

祭りの目的が一つであるわけではない、祭りには時間の経過とともに、その時々の集落の人々の願い事が重層的に付加されるところから、一つの祭りの中にも多数の目的が内包されている。例えば、福岡県直方市上境のハシラマツの目的は、五穀豊穣祈願、虫送り祈願、牛馬疫病除け祈願、夏煩い除け祈願、落城犠牲者供養、怨霊鎮魂と極めて多岐にわたっている。

②私のための目的

私のための目的として、山形県鶴岡市出羽三山神社、長野県飯山市瑞穂小菅、石川県七尾市能登島向田町、山口県岩国市行波、愛媛県八幡浜市川上町川名津、福岡県京都郡苅田町山口等の事例がある。いずれもが、柱に取り付けられていた綱・尾花・御幣・木の枝・人形等にご利益があると信じ、見物人はこれを、場合によっては、争ってまでして手に入れようとするのである。

この他に、柱の付属物に霊力があるものとして以下の事例がある。

〔事例1〕山口県美祢市秋芳町別府

柱等の燃えかすを軒先に吊るしておくと火事にならない（松本麟一「山口県の火の民俗」『中国・四国地方の火の民

俗』明玄書房、一九八五）。

〔事例２〕兵庫県洲本市五色町鮎原栢野

残り火を火なわに受けて持ち帰り、田に投げこんだり、神棚にあげたりすると害虫よけのまじないとなる。「火を持錯り、此火をたべ候へは、年中疫病を免る」（「淡路島風俗問状答」谷川健一他『日本庶民生活史料集成』第九巻、一九六九）

上記の事例に共通した行為は、モノに霊力があるのでこれを家に持ち帰り、その霊力の恩恵に浴しようというものである。この場合の霊力の恩恵とは、厄火払い・家内安全・虫除け・豊作・疾病除けなど、現世利益的なものである。つまり人々は、これからの生活における家内安全・無病息災・豊作をもたらしてくれるものを求めて祭りを見ていると推測できる。

４　神送り

柱松では、神送りは、柱を焼くことないし柱を倒すことによってなされる。神輿の場合は還御である。松明投げ点火方式や直接点火方式の点火を伴う柱松は、基本的には柱を焼くことによって神を送るが、鑽り火点火方式・無点火方式の柱松は、柱を倒すことにより神を送る。

５　直会

柱松における一般的な直会は、神事において祭り奉仕者が供物を食べることにより神人供食を具現化したものであり、祭りが終わり斎戒からの解放の饗宴である。これが祭り後の直会である。例えば、福井県小浜市和田地区田村川沿いの集落では、祭りが終わると集落の全員が戸外の広場に集まり直会を行っている。

二　双分制

祭りの構造を分析する理論として双分制の理論がある。柱松において、点火をする人（或いは鑽り火をする人）が複数の場合、点火の遅速を競う競争が行われる。この場合、集落間の対抗（例：大分県大分市七瀬火群祭）、複数の神間の対抗（ないし修験）（例：新潟県妙高市関山、長野県長野市戸隠、飯山市瑞穂小菅、下高井郡木島平村南鴨・内山）及び点火する人の間の対抗（例：盆時期・地蔵盆時期・二百十日時期・十五夜時期の柱松）がある。民俗学においては、このように祭りにおいて相争う現象を双分制と称している。双分制とは、「相対立する二つの単位ないし概念が象徴的・観念的に、あるいは現実に統一している状況を指示する用法」である[14]。

松平斉光によれば、争いの本質は、「相対立する中核は常に二個の神格者で、勝負の形を採るにせよ、舞の形を採るにせよ、二つの神格者が共に現われて相対立する限り、本質は同じこととなって来る。（中略）さて然らば、この対立を代表する神格者は抑も何者であるか。村は一様に氏神の支配に服している筈である。夫が二つに別れ、相対抗する神を戴いて争うとは一体どうした事なのであるか。一見不可解に見えるこの現象も、諸例をよく吟味して見るとその意味を充分理解する事が出来る。即ち祭りに際して相対立する神格者も実は同じ氏神の両面に他ならぬのである」ということである[15]。争っている主体は、実は村の氏神の多面的性格の一つをそれぞれが表現しており、それぞれの対立は氏神一つに集約されるということである。従って、祭りにおいては、どちらが勝ったとか負けたかといった争いの結果が重要なのではなく、争うことそれ自体が重要になってくる。

柱松においては、鑽り火方式の祭りを中心に、祭事の諸々の場面で競争原理が働いている姿を垣間見ることはできるが、現行の祭りは簡素化されているものが大部分であるため、競争の本質を見極めることが極めて難しい状況にある。その内でも、長野県飯山市瑞穂小菅のハシラマツは比較的対抗概念が具現化されているので、小菅を例にとり論じる。小菅のハシラマツにおいて対抗概念が見られる事象は、行事次第順では次の通りである。

①二本の柱は、東側に立てられるのを「カミ(上)」、西側に立てられるのを「シモ(下)」という。「カミ」は、集落の人たちが作り、「シモ」は、集落の人と嘗ての氏子集落たる笹沢・針田の人が作る(現在は他集落からの助っ人は小数であるが、嘗ては多数の人が参加したとのことである)。つまり、小菅集落と他の氏子集落との対抗である。

②二本の柱松の形状の差。

カミの柱松：飾り赤(天下泰平)、蔓かけ数九、高さ約四ｍ、直径約一・二ｍ

シモの柱松：飾り白(五穀豊穣)、蔓かけ数七、高さ約三・七ｍ、直径約一・二ｍ

シモがカミに比べて小ぶりである。これは登りやすさにおいて他集落に有利さを与えている。

③尾花はカミ・シモ用にそれぞれ一本ずつ作られるが、カミ用には、竹の上部を使い、シモ用には竹の下部を使う。また尾花の束を竹に巻きつける縄はカミ用一五尋、「シモ」用一三尋であり、カミ用がシモ用より若干大きめである。

④二人の松神子と一二人の若衆が、カミかシモかの担当を決める「上・下くじ引き神事」では、カミをひいた松神子には「勝った」という意識がある。神事の後その場で直会があるが、その際「負けた」方のシモの若衆がお神酒を「勝った」カミに注ぐ習慣となっている。宮司から「勝ち負けにこだわりなく、怪我のないように」との一言がある。

⑤祭りにおける勝負は、早く尾花に点火し、休み石に到着した松神子が勝である。

以上の対抗は、奥社の神と里社の神、小菅集落と他集落或いは二人の松神子同士のものである。嘗て柱松は、集落内の寺方と村方との対抗場面もあったが、現在は祭りの支配体制が一本化され、集落が一体となって取り組む態勢となっている。

対抗の統合という点では、小菅のハシラマツにおいては、松神子の行動によって対抗の解消がなされる。

①女性神である山の神と男性神である里社の神との統合過程は次の通りである。即ち、山の神は松神子とともに里に下り、里の神が鎮座するお旅所に着く。宮司が里の神が鎮座する神輿と、祭り前夜奥社で参籠し山の神の依り代となった松神子の前で、奉幣舞を舞う。これは、松神子に里の神の神霊を憑依させる儀礼であり、ここで二柱は統合されるのである。

②山の神の霊力により火を鑽り出す力を得た松神子が、柱に登り火打ち石と火打ち金をたたき合わせ火を鑽り出し、これをもって里の恵みの産物たる尾花に点火する。これは山の神の霊と里の神の霊が火により統合されたことを意味する。これはまた、祭りは山の神が女神、里の神が男神であるところから、陰陽の結合ということでもある。

③松神子にとっては、くじ引き神事でカミを引くか、それともシモを引くか、また尾花に早く点火し、休み石に早く到達できるかどうかで勝ち負けが決まる。休み石に早く到着するためには尾花に早く点火することが必要であるから、松神子にとっては、くじ引きでカミを引き、点火が早ければ勝ち、くじ引きでシモを引き、点火が早ければ互角、くじ引きでシモを引き、点火が遅ければ負け、というケースが考えられる。

集落の人々は、祭りにおいて松神子に勝った、負けたとの感じを持たせるのは良くないという配慮が働く。互角の勝負にしようとするのである。くじ引き神事は、カミを担当するのか、シモを担当するのかはカミの意志の表れであるので、くじ引きの結果は尊重する。しかし点火については、火を鑽り出す若衆のさじ加減で、鑽り出すスピードを調整できる。つまりシモに早く火が点くように配慮するのである。時々の例外はあるが、多くの場合は、シモの火が早く点いている。シモの松神子はくじ引きでは負けたが、点火では勝った。カミの松神子はくじ引きでは勝ったが点火では負けた。つまり互角の勝負で終わったわけである。二人の松神子の対抗は、若衆（つまりは松神子）の配慮により解消されたのである。この点、松平は、「即ち祭に際して相対立する神格者も実は同じ氏神の両面に他ならぬのである」と述べている。[16] 集落の人々が、点火の遅速による年占い、「五穀豊穣」か「天下泰平」かという点のこだわりがないことも、本質において両者が同一であるという認識を持っていることの証左であろう。

第三節　柱松の特徴

1 類型・分布・祭日など

(1)柱松の類型

柱松という学術用語の範疇に属する祭りの名称は、ナゲタイマツ・アゲンダイ・トウロン・ヒアゲ・ギュウトウ・ハシラマツ等多数あり、地域ごと或いは祭りごとに異なる。但し、ハシラマツという名称だけは、長野県・石川県・三重県・和歌山県、山口県の一部、愛媛県・福岡県・宮崎県・鹿児島県各県で地域に関係なく、使用されている。これは、これらの地域に柱松に関する共通の信仰があるのか、或いは同一の人物ないし団体が広めたのではないかと推測できる。

本書では、この名称を手掛かりとして、柱松の実相を解明してきた。ここに共通してみられる柱松の外形的特徴は、祭場に、必ず柱が立てられることと火が伴うことである。

柱は祭りの最後に燃やされたり、倒されたりするが、そこに至る儀礼は、柱に火を点すか否かにより大きく異なり、更に点火の場合、点火の方法に依っても異なる。そこで、点火の有無を基準に類型化した結果、柱松には、柱ないし柱に取り付けた松明受けに点火する型と、点火の伴わない型があり、更に、点火する柱松の点火方法として、松明を松明受けに投げ入れて点火する型、火のついた竹竿などで柱に直接点火する型、火打ち石と火打ち金を叩き合わせて火を鑽り出して点火する型、の三種類があることが判明した。それぞれを松明投げ点火方式の柱松、直接点火方式の柱松、鑽り火点火方式の柱松と称し、点火の無い型を無点火方式の柱松と称した。

現行柱松のうち、点火を伴う柱松は、全体の九六％を占め、無点火の柱松は四％であるが、点火の無い柱松においても火が一定の役割を担っていることは前述の通りである。従って、柱松は、火を伴う祭りである。このことは、柱松は、日本人が持つ柱の信仰と火の信仰が混ざり合った祭りである、ということができる。

柱松を行う理由は、先祖供養・新盆供養・川供養・豊作（豊漁）祈願・収穫感謝・虫除け・厄火除け・疫病除け・厄払い・愛宕山への献灯・大蛇退治等、祭りを行う集落の安全・繁栄を祈るとともに、祭りを通じて集落の団結を再確認すること、つまりは、神への祈願・感謝、神の意思の確認である。各祭りにおいて共通してみられる目的は、供養と除災である。供養とは盆に代表される祖先・無縁仏の供養だけでなく、不慮の死を遂げたものの鎮魂も含む。除災とは、あらゆる種類の厄を除くことで、その先には家内安全・五穀豊穣祈願がある。特に、鑽り火点火方式においては、神の意思の確認である年占いが主たる目的であるといえる。この目的は、柱や松明受けに火を点す、あるいは人（鬼）が柱に登り、その上で唱える、という儀礼により達せられる。点火の伴う柱松では、火を点けることが最も必要とされる。

他方、見物人は、柱が燃え、火が醸し出す雰囲気を楽しみ、祭りの快楽を味わうとともに、祭りに使われた御幣・尾花・綱などを入手して、そこから現世利益的な神の加護を得ようとする。集落にとっての祭りの目的を、「公共のための目的」とすれば、個々人が求める祭りの目的は「私のための目的」といえよう。

⑵分布・名称

柱松が過去・現在において行われた府県は、合計一九県ある。それは、岩手・山形・山梨・静岡・新潟・長野・石川・福井・京都・三重・奈良・和歌山・兵庫・山口・愛媛・福岡・大分・宮崎・鹿児島の各府県である（この内、岩手・山形・石川・奈良はおのおの一事例のみ。奈良県は現在皆無）（図1）。このことから、柱松は、基本的には中部地方を含む西日本に限定的にみられる祭りであるといえる。また、それぞれの県内でも、全県にわたって行われているのは静岡県・山口県のみで、他の県では特定地域に偏っている。柱松の地域的偏在性の理由については、今のところ不明である。

類型から見た柱松の分布は、松明投げ点火方式が地域的に最も広い範囲で行われている。鑽り火点火方式は、主として新潟県と長野県の県境地域、直接点火方式は主として近畿地方、無点火方式は、瀬戸内地域に偏在している。その理由として、例えば、鑽り火点火方式は嘗て修験が関係していた地域と考えられるが、類型と地域との関係は今後の更なる調査が必要である。

名称から見た柱松の分布の特徴は、それぞれの名称が基本的に、一つの地域のみで使用されていることである。例外は、ハシラマツという名称で、これは、類型を問わず長野・三重・奈良・和歌山・山口・愛媛・福岡・大分・宮崎・鹿児島の複数の県で使用されている。その理由として、同一名称とする地域に共通の信仰が存在した、或いは特定の人ないし集団が同種の祭りを広めた等をあげることができるが、今のところ推測の域を出ていない。

(3) 祭場・祭日

柱松の祭場を大別すると、水辺と水に関係しない地に分かれる。これは、個々の祭りによって異なるが、若干の例外はあるものの、松明投げ点火方式は海・川・用水等の水辺で行われ、直接点火方式・鑽り火点火方式・無点火方式は、寺社の境内（またはその近く）など水と無関係の地で行われる。松明投げ点火方式が水辺で行われるのは、この祭りでは火が大規模に燃やされるため火防として水を必要とするという実際的な理由がある。この他、この祭りの目的との関係がある。本方式の祭りの多くは、盆供養のために行われる。供養では、霊がこの世とあの世を去来する。他方で水は、この世と異界との境といわれる。従って、盆供養を目的とする柱松が水辺で行われることは、祭りの目的に合致していると言えよう。

各類型の柱松と祭場の関係は、それぞれの柱松と宗教との関係を示唆しているものと考えられる。例えば、鑽り火点火方式柱松が行われる越後妙高、北信濃戸隠・小菅は嘗て修験の修行場であり、修験系の寺院が関与していた。無点火方式柱松には神社の関与が見られる。これに対し、寺社が祭場でない松明投げ点火方式は、宗教関係者の関与は見られない。丹後・若狭地方の愛宕火を目的とする柱松は、これを流布したのが愛宕修験と考えられるが、その儀礼・祭場は、他の松明投げ点火方式と同じで、住民主体の民俗行事の体をなしていることから、元来住民が行っていた祭りを修験が自己の教義に基づき再構築したものといえよう。直接点火方式についてみてみよう。静岡県静岡市葵区坂ノ上は、祭場が川辺で、目的が川供養であることから、富士川沿いの祭りと同種のものといえる。また、兵庫県加東市黒谷は、祭場が神社の前とはいえ、主目的が豊作祈願であることからして、住民の民俗行事といえる。他の京都市右京区嵯峨清涼寺と兵庫県洲本市五色町鮎原栢野は、前者が年占い、後者が名称（柴燈という名）からして修験の関与が窺われるが、儀礼としては民俗的な行事である。

現在の国土地理院「二万五千分の一」地図で「柱松」の地名が記載されているのは、山口県長門市油谷向津具上字柱松と、福岡県宮若市芹田字柱松（旧筑前鞍手郡笠松村大字芹田字柱松）のみである。これらの地で柱松が実際に行われていたのか否かについては、伝承・文献から不明である。

柳田は、「柱松考」で、柱松という名の地名が、三重・京都・兵庫・福岡の他、千葉・栃木・大阪・島根・高知にも存在し、「東西の諸州にわたってこの地名があるのは、この風習が少なくともある時代には全国一般のものであったことを示す上に、さらに進んで考えると、柱松を執り行うべき地点が一定していたことも推測し得られるかと思う」と述べている。

柳田が指摘した地名は、以下の通りである（カッコ内は現在の地名）。

・和泉泉北郡山滝村大字内畑字宗峯小字杜松（大阪府岸和田市内畑町）
・同　泉南郡山直上村大字積川小字柱松（大阪府岸和田市山直中町）
・伊勢度会郡七保村大字野原字東柱松（三重県度会郡大紀町野原）
・下総香取郡多古町大字喜多字柱松（千葉県香取郡多古町大字喜多）
・下野上都賀郡日光町大字日光字御柱松（栃木県日光市日光）
・丹後加佐郡西大浦村大字赤野字柱松（京都府舞鶴市赤野）
・但馬美方郡温泉村大字春来字柱松（兵庫県美方郡新温泉町春来）
・備中上房郡有漢村字中山ノ端小字ハシラ松（岡山県高梁市有漢町有漢）
・出雲能義郡比田村大字梶福留字梶小字柱松（島根県安来市広瀬町梶福留）
・同　飯石郡一宮村大字高窪字西畑小字柱松（島根県出雲市または雲南市）
・同　八束郡川津村大字西川津字大内谷小字柱松（島根県松江市西川津）
・同　同　大野村大字魚ノ瀬字魚ノ瀬小字柱松（島根県松江市大野町）
・同　同　持田村大字東持田字納蔵小字焼柱（島根県松江市東持田町）
・土佐幡多郡伊豆田村大字立石字焼柱（高知県土佐清水町立石）
・同　同　橋上村大字野地字松柱（高知県宿毛市野地）
・筑前鞍手郡笠松村大字芹田字柱松（福岡県宮若市芹田）

柳田があげた地名がいつの時代のものであるのか不明であるが、現在、これらの場所の在り処を、現地を訪れ地元の人に尋ねても、福岡県の事例以外「知らない」という答えが返ってくるだけで、場所を特定することが困難である。今のところ、管見の限り、これらの地で柱松が行われていたとの伝承も文献も見出せない。

祭日と柱松の類型とは関係がある。即ち、松明投げ方式と直接点火方式の柱松は七月・八月、鑽り火点火方式の柱松は、七月、無点火方式は四月以前に集中している。各類型が一定の時期に集中して行われるのは、それぞれの類型の祭りの目的と関係しているといえよう。例えば、松明投げ点火方式は、若干の例外はあるにしろ、盆供養は盆の時期、愛宕山への献灯は地蔵盆の時期、風除け祈願は二百十日、収穫感謝は十五夜という具合である。また、鑽り火点火方式は、修験の修行の時期との関係で祭り日が決められている可能性が高い。また、祭日は、稲の成長具合と深く関わり、稲の成長に応じ、予祝・虫除け・風除け・豊作祈願・収穫感謝を目的とする祭りが行われてきた。

2　行事次第と担い手

柱松の行事次第は、点火方法の違いにより異なる。松明投げ点火方式、直接点火方式、鑽り火点火方式では、基本的に、松明や竹竿で松明受け・柱・御幣等に火を点け、これを燃やすか途中で柱を倒し、祭りは終了する。他方、無点火方式では、点火はなく、人(神)が柱に登り祈願文を唱えた後、柱を曲芸的に降りてくることで、神楽の一部としてのハシラマツは終わる。ここで共通していえることは、柱を立てることで神を迎え、火を使ったり、柱に登り祈禱したりして祭りの目的を表現し、柱を燃やしたり、或いは倒したりして神を送り、最後に祭りの禁忌から解放されるために直会を行うことである。

祭りの担い手は、地元住民であるが、点火する柱松の点火役は、松明投げ点火方式では子供ないし成人、鑽り火点火方式では神の依り代としての子供ないし修験、直接点火方式は全て成人である。また、点火の無い柱松は全て成人である。愛媛県八幡浜市川上町川名津では、厄年の若者が祭りの重要な役を演じている。

現行の柱松で年齢階梯制を堅持しているのは、石川県七尾市能登島向田町と山形県鶴岡市出羽三山神社のみである。向田の年齢集団は、現地調査によれば、子供組と壮年団に分かれ、子供組は、小学四、五年生が「カマヒバシ」、小学六年生と中学一年生が「フジキリ」、中学二年生が「マーカイ」、中学三年生が「ハヤシカネ」という名称で、それぞれの役どころが決められている。出羽三山神社の松例祭も、明確な役割分担の下に行われている。

柳田は、「柱松考」で、柱松は、「以前にはそれが真面目な大人たちの運だめしの方法であったかと思う」と述べ、柱松が嘗て大人(成人)の行事であったとし、その後子供主体となり、子供の遊戯となったとし、祭りの担い手が大人から子供に変化したとしている。

確かに、子供の祭りへの関わりについては多くの事例があり、その典型として、山梨県身延町下部の記録が詳しく記している。長くなるが、当時の子供の役割を知る貴重な記録なので以下転載する(なお、下部では現在、柱松は行われていない)。

町内の各集落では盆行事の一つとして、精霊の迎え火や送り火を、「なぎんでえ、投げ松明、投げってえ」などと呼び、集落の子供達が、低中高・男女それぞれの労力を結集して、集団で行うことに特徴がありました。

支度は子供達の組織である少年団が総出で行いました。新盆の家から柱にする松か杉の木を提供してもらい、高学年の男子が林の中から、これを自力で伐り倒し、枝を払って担ぎ出しました。伐りたての丸太は重いし、山道は狭く急坂ですから、子供達は、大人がするように、丸太の数箇所の下から綱を入れ、その綱の両端を輪にしてそこに担ぎ棒を通し、それぞれの棒に二人とか四人とかが取り付いて担ぎました。四人で担ぐことを四てん、六人が六てん、というように、背丈を合わせながら、なぎんでえ場まで担ぎ下ろします。これが最大の重労働であり、危険な仕事でしたが、現在の中学二年生を筆頭にした十数人でやり通したものです。その間に、低学年の子供達は、集落中の各家から麦殻を貰い集めます。燃やすのには大麦の殻を、柱の上に作るチョコの為には小麦殻を、というように仕分けて置きました。新盆で、柱用の丸太を貰わなかった家からは縄をもらいましたし、時には現金を貰うこともありました。

なぎんでえ場の整地が終わると、柱の根元のまわりには支えの杭を数本打ち込んで枠を作り、柱の根元には倒れにくくするためのカソザシを二箇所ほどにつくり、頭部には杯形のチョコという火袋を作ります。上部の直径は一ｍから一・五ｍもあり、杯形の廻りを小麦殻で編み、その中へ大麦殻を詰めてチョコは完成です。いよいよこれを立てるわけですが、長さが十ｍ近くもある大柱ですから、容易なことではありません。柱の上部に取り付けた引き綱を引っ張る者、梯子で徐々に押し上げる者、柱の根元を杭に巻き付ける者、大人達顔負けの大仕事が子供達の手で完成します。長年の経験なのでしょうか、柱の基部のまわりには石をうず高く積み上げて、火で縄が焼けないように、また枠杭の補強をする必要がありました。この石を運ぶのがたいへんな仕事で、はだか同然の腹の上に抱えた石の熱さに、腹が焼けるようだったと、当時を回顧する古老達は今なお、なまなましく思い出を語ってくれます。

子供達の仕事振りを見守ってくれている大人達も、余程のことが無い限り手を出しません。それだけに、半日の汗の労作を子供達は喜び合い、下級生達に伝統的な仕事を引き継いでいったのです。

この頃の夕食は冷やむぎが多く、一般的でした。作業を終えた子供達は、その冷やむぎを放り込んで　なぎんでえ開始に備えました。夕闇が集落を覆う頃を見計らって、少年団の吹き鳴らすラッパの音で、子供も大人もなぎんでえ場に集まります。「今夜はだれがチョコに火を付けるだろう」そんな期待を込めた会話が交わされる中で、いよいよ点火。観衆の顔があかあかと浮かび上がってきます。火のついた投げ松明をぐるぐる回して、チョコを目掛けて投げ上げる。それが出来るのは高学年の子供。低学年の子供達は、専ら麦殻の運び役。体力的に無理だからです。投げた松明がとんでもない方向に落下して、観衆を驚かせます。燃え盛る火の海、投げ上げる松明の火。でも、未だチョコまで届く松明はない。見兼ねて先輩達も加わる。開始後一時間経過。なかには麦殻の松明を見限って、布切れを丸めて針金で固め、紐を付けて灯油に浸し、これを投げ松明に代用する者も出てくる。この方が確率が高い。やがて、誰かの松明がチョコを掠めたり、片隅に落下して火袋の麦殻に燃え移る。調子がでると一つ二つと続いて火袋に命中する。ラッパを吹く子供の顔が歓喜に歪む。残っていた麦殻が投げ込まれて、炎は沸き上がる。チョコの中の麦殻も中空を焦がすように燃え盛る。壮麗な火の海。やがて地上の火も衰え、チョコも火の粉を四方に散らしながら燃え尽き、なぎんでえの火祭りは終わる。（下部町民俗文化調査編集委員会編『下部町の民俗文化調査報告書　わが町の民俗　そのルーツと心を探る』下部町・下部町教育委員会、一九九四）

また、『防長風土注進案』には山口県長門地方や光・柳井地方の十九世紀前半の柱松が記されているが、それによれば、当時の柱松は子供の行事として扱われている。この事例をそのまま、全国に当てはめるのは当を得ていない可能性はあるが、各地で残されている伝承から判断するに、松明投げ点火方式の柱松では、一時代前、子供が柱松を主体的に取り仕切っていたことがわかる。

柳田は、前述の通り、柱松が本来成人の祭りであったものが次第に子供の祭りになったと述べている。しかしながら、管見の限り、文献や伝承からは、柳田が指摘する如く、柱松（松明投げ方式）が本来は成人の行事であったか否かについては、確定できない。

以下、子供主体の祭りであるか否かを現行柱松で検証してみよう。点火役を例にとり事例を調べると以下の通りである。

①子供のみでの点火

山梨県南巨摩郡南部町南部、身延町車田・大塩、鰍沢町鳥屋、静岡県富士市北松野字大北・木島・岩松地区、牧之原市片波、焼津市田尻北・石津、長野県下高井郡木島平村南鴨、福井県小浜市下田地区、兵庫県姫路市勝原区朝日谷、姫路市網干区垣内、山口県萩市三見、長門市上三隅・中三隅・下三隅、下関市内日、豊浦町川棚向畔・湧田後地字野田、岩国市周東町祖生等。

②成人のみでの点火

福井県小浜市下田・滝谷、おおい町名田庄久坂・名田庄虫鹿野・名田庄三重、京都府舞鶴市城屋、南丹市美山町芦生、京都市左京区花背八桝町・久多宮の町・広河原下之町、兵庫県洲本市五色町鮎原栢野、姫路市大津区長浜、姫路市網干区津市場、豊岡市日高町松岡、三重県熊野市木本、鳥羽市松尾、和歌山県新宮市佐野等。

③子供と成人での点火

一つの柱に成人も子供も一緒になり松明を投げるという事例はない。子供が投げ、点火されない場合に成人が投げる（福井県小浜市上和多田等）。または、一緒に投げても成人は成人用、子供は子供用の柱に投げる（静岡県富士市木島等）。現行の祭りにおいては、直接点火方式と無点火方式の柱松は全て成人である。鑽り火方式の担い手は、子供（長野県飯山市瑞穂小菅区、下高井郡木島平村南鴨・内山）と大人（新潟県妙高市関山、長野市戸隠）の両方がある。松明投げ方式の柱松では、石川県七尾市能登島向田町、京都府舞鶴市城屋、和歌山県東牟婁郡太地町、兵庫県豊岡市日高町松岡、福岡県直方市上境、鹿児島県鹿児島郡三島村硫黄島などは成人であるが、その他は子供だけか子供と成人である。

多くの地では、本来は子供の行事であるが、子供の数が少なくなったり、または、子供では、松明がなかなか松明受けに入らないことから、やむなく成人も投げざるを得ないとのことである。この言に従えば、松明投げ方式は、基本的に子供の行事ということになる。しかし、姫路市勝原区朝日谷の火揚げの例の如く、昭和三十二年（一九五七）までは、成人用と子供用の柱があったが、人手不足で二本の柱を一日で立てるのが困難となったため、以降、子供用一本としたとのことである。この事例は、成人が主役の柱松も存在していたことを示している。

以上の事例は、現行の柱松が、必ずしも子供が主体の祭りではないことを示している。

柳田の指摘する子供が主体となった柱松が、遊戯化されたか否かという点については、疑問とせざるを得ない。そもそも民俗学の通説では、子供は神霊に近い存在であり、神そのものないし神の依りましである。柳田の論じている投げ松明方式の目的は、盆の迎え火・送り火としての祖霊ないし無縁仏のこの世とあの世の行き来を司ることである。とすると、神と人との中間に位置する子供が、松明を投げることにより霊の行き来を司ることは、その性格からしてもっとも適した立場にあるといえよう。特に柱松は水辺で行われる事例が多い。水に霊力があるとされているところから、子供が神の依りましとして、その霊力を得て、霊力を発揮できる能力を備えているわけである。従って、柱松における子供の行為は、神の依りましとしてのものであり、決して遊戯ではないといえる。

柳田は、柱松が「競戯」となったのは、後世の小児のなせる業としているが、子供を神の依りましと考えれば、柱松が「競戯」となったのは、子供が行うようになったためではなく、他の要因を考えるのが適当と思われる。

石川県七尾市能登島向田町などで、子供が松明作りの役を担っているところはあるが、昨今多くの地で、少子化や、子供の余暇の過ごし方の多様化、子供が用具の使用に疎いことなどの影響で、子供が柱松作製の過程に参加することは殆どなくなっている。この部分は成人がして、松明を投げるのを子供がするというのが通例のパターンである。

3　語源と開始時期

(1)柱松という名称

『日本国語大辞典』によれば、柱松という語には、一つに周囲を照らす松明という意味があり（初見。『小右記』寛仁元年〔一〇一七〕十一月二十五日付の記）、二つに、盆や夏の祭りに伴う火祭行事で、柱の上に柴などをとりつけ、下から火のついた松明を投げて点火させる神迎えの祭りの一形式という意味がある（初見。『諸国風俗問状答』十九世紀前半）とする。

和歌森太郎は、民俗行事としての柱松の起源を第一の意味の立あかしとしている。しかしながら、和歌森は、立あかしが、どのような経緯で祭りとしての柱松に発展したかについては論じていない。このように柱松の起源については、議論が十分にされていないこともあり、現在では、不明であるといえる。

(2)柱松の開始時期

柱松の開始時期については、文献をたどると、少なくとも「この時期には行われていたであろう」という時期は推定できる。文献を時代順にたどると以下の通りである

・天暦八年（九五四）　福岡県京都市苅田町山口（等覚寺）松会（『普智山等覚寺来由』）
・嘉保元年（一〇九四）　大分県杵築市中出原（瑞巌寺再建。松柱という祭りあり）（江戸時再開）
・長禄二年（一四五八）　長野県長野市戸隠神社（『戸隠山顕光寺流記』）
・明応年間（一四九二〜一五〇一）　兵庫県姫路市勝原区朝日谷（大旱魃あり、村人は氏神の愛宕大権現に火揚げをして雨乞祈願）

・元亀年代(一五七〇~七三)　山形県鶴岡市出羽三山神社(『拾塊集』)
・寛永元年(一六二四)　三重県鳥羽市志摩加茂五郷(極楽寺開基)
・寛永二年(一六二五)　山口県長門市向津具(大寧寺十八世鉄材和尚の牛馬厄除け祈願年祭)
・承応二年(一六五三)　大分県旧岡藩領(岡藩主中川久清が亡父久盛の命日に催す)
・享保十二年(一七二七)　長野県下高井郡木島平村内山(大日如来像奉納)
・享保十九年(一七三四)　山口県岩国市周東町祖生の柱松(『産土社諸控早採略記』)
・十八世紀中頃　長野県飯山市瑞穂小菅(『諸修行事』)
・天明六、七年(一七八六・八七)　和歌山県西牟婁郡すさみ町佐本(悪病流行、疫病退散祈願)
・寛政三年(一七九一)　山口県岩国市行波(七年ごと。社家神楽奉納)
・文化十年(一八一三)頃　兵庫県洲本市五色町鮎原栢野村(「淡路島風俗問状答」)
・天保年間(一八三〇~四四)　静岡県榛原郡吉田町大幡(「寺島川除地蔵」建立)
・嘉永四年(一八五一)　福岡県直方市上境(霊府社に五穀神の碑献納)
・嘉永七年(一八五四)　愛媛県八幡浜市川上町川名津(注連神楽・柱松の勤役式の記載)

以上から、傾向として、修験道の起源を持つ鑽り火点火方式は江戸期以前、その他は江戸期以降に開始されたといえる。

修験との関係については、多くの先行研究で、柱松との関係が強調されている。明確に修験がかかわっている(又は、いた)と判断される祭りは、山形県鶴岡市出羽三山神社、長野県長野市戸隠、飯山市瑞穂小菅、新潟県妙高市関山、福岡県京都郡苅田町山口等の修験の住む里の柱松、社家神楽の時代に修験の関与を示す痕跡が多くある山口県岩国市行波の柱松、および里修験の布教によると思われる京都府・福井県の地蔵盆時期の柱松である。しかしながら柱松の大部分を占める盆時期の松明投げ点火方式祭りについては、鑽り火や点火の遅速を競う験競べといった修験の儀礼は見られず、修験関与の伝承・文献は認められない。従って、柱松は修験が関与して広まったとの説は、検証のため更なる調査・分析が必要であろう。

註

（1）宮家　準　一九七七「民俗宗教の象徴分析の方法―秘められた意味を求めて」（藤田富雄編『講座宗教学　第四巻　秘められた意味』東京大学出版会）。
（2）エリアーデ（ミルチャ）　一九六九『聖と俗』法政大学出版局。
（3）柳田國男　一九五三「神樹篇」（『柳田国男先生著作集』実業之日本社）。
（4）和歌森太郎　一九八〇（一九六五）「柱松と修験者」（『和歌森太郎著作集　第二巻』弘文堂）。
（5）宮家　準　二〇〇四「民俗宗教における柱の信仰と儀礼」（『神道と修験道　民俗宗教思想の展開』春秋社）。
（6）和歌森太郎　一九八〇　同前。
（7）松前　健　一九七四「文献にあらわれた火の儀礼」（大林太良編『日本古代文化の探求　火』社会思想社）二〇四〜二〇五頁。
（8）松前　健　一九七四　同前　二〇四頁。
（9）伊藤好映　一九九九「言霊」（『日本民俗大辞典　上』吉川弘文館）。
（10）竹田聴洲　一九八六（一九六九）「神の表象と祭場」（『日本民俗学大系八』平凡社）一五七・一六五頁。
（11）古家信平　二〇〇〇「俗信」（『日本民俗大辞典　上』吉川弘文館）。
（12）井之口章次　一九七五『日本の俗信』弘文堂　一七頁。
（13）萩原龍夫　一九五九「祭り方」（『日本民俗学大系　八　信仰と民俗』平凡社）。
（14）大胡欽一　一九九八「双分制」（『日本民俗事典』弘文堂）。

（15）松平斉光　一九九八『祭』（平凡社　東洋文庫）三六～三七頁。
（16）松平斉光　一九九八　同前　三七頁。

第Ⅱ部　小菅の柱松

第一章　集落の空間

第一節　地理的空間・社会的空間

一　地理的空間

小菅は、長野県北部の中心地である飯山市から北東に七㎞ほどの山裾にある人口一四〇人、世帯数六四（二〇一七年十二月末現在）の集落である（図15）。現在小菅の行政上の地名は長野県飯山市瑞穂である。

小菅の地理的特徴の第一は、近隣の集落が街道沿いにあるのに対し、小菅は街道から約二㎞入った、道の行き止まった地にあることである。これは、小菅が他の近隣集落とは異なり、江戸時代以前修験系の寺院が立ち並ぶ宗教都市とし発展してきたことに起因する。嘗て小菅は元隆寺と称する寺院の集落であった。

第二の特徴は、集落内での標高差が激しいことである。それは集落が小菅山西側面の扇形斜面に位置しているためである。標高は西から東へと高くなり、住宅群の西端に位置し集落の入口にあたる仁王門が四七〇ｍ、集落の中央にある講堂前広場（裏側に小菅神社里社）が五〇三ｍ、住宅群の最東端にある大聖院跡（嘗ての元隆寺別当）が五三〇ｍとなる。集落の西側には、標高三一〇〜三一五ｍの飯山盆地・千曲川が眼下に広がり、その向こうに標高二四五四ｍの妙高山を最高峰とする山々が連なっている。集落の南と北の両側は、小菅山からの小高い尾根が腕のように伸びている。尾根の向こうは南に神戸の集落、北には小菅の水源地たる北竜湖がある。

第三の特徴は、住宅街の道路が碁盤の目のように整然と形作られていることである。集落の人々が小菅の集落として意識している地域は、東は小菅神社奥社がある小菅山、北は北竜湖、西は関沢から二の鳥居を抜け、道が急な勾配になる地点(昔ここに尋常小学校があり、集落の人々はこの地点を尋常小学校と呼んでいる)、南は隣村の神戸との境にある風切峠である。これら東西南北の地点をそれぞれ結んだ線の内側が小菅集落である。

この集落の中心に住宅街がある。集落内の道は、中心を東西に走る、長さ八七〇ｍほどの急勾配の大通りがあり、それに直角に交差して南北に枝のように伸びる何本かの側道がある。この大通りと側道沿いに七〇戸ほどの家々が立ち並ぶ。家屋はほぼ一軒ごとに棚田の如く階段状に建てられている。家の周りには水路が通っている。家屋は西面か南面である。母屋の屋根は切り妻形式か寄せ棟形式で、嘗ては、全てが茅葺きであったが現在は一軒を除き全部が屋根にトタンをかけている。

この碁盤の目のような集落の区画は、僧院が立ち並ぶ様子が描かれた中世期絵図「信州高井郡小菅山元隆寺之図　永禄九年」の景観に似ている[1](図16)。絵図の中の寺院を民家に置き換えれば、そのまま現在の集落が出現するかのような錯覚に陥る。

第四の特徴は水の確保の重要性である。自然と人間の生活との関わりという点では、水は重要な位置を占めている。集落内に川のない小菅にとり、山からの清水と北竜湖の水が、この地の生活を保障している。『信州高井郡小菅山元隆寺略縁起』(以降『略縁起』と称する)では、小菅山を「旱魃に雨を降らし農業の愁なく、風雨時にしたがひ、五穀成就万民ゆたかに、天下を守る」と表現し、その水の豊かさが小菅を豊かにさせているとしている[2]。小菅の里に長年にわたり人が住めるのも、この地で水が確保できたからである。後述するが、小菅山の中腹にある水源を祀ることが、後述する祭りの始まり、神社の始めとなっている。

集落の人々によれば、桂清水・大海清水をはじめ、小菅には七つの清水(これを小菅七清水と称する)があるというが、小菅山から流れ込む水路は、確認されているもので五本ある。この清水が集落の人々の生活用水であり、農業用水である。しかしながら、この清水だけでは、不十分で、嘗て、雪解け水を湛えるだけの小さな池であった早乙女池の面積を拡張し、現在見る規模の貯水池(北竜湖と称する)とすることによって、水不足がかなり解消した。この北竜湖では、四月の下旬に湖水開きが行われ、用水に水が流れる。集落の南に広がる棚田では、殆どの水路が石積みのままで古くからの水路網が保全されている。水路の維持は、今もって集落の共同作業であり、自治組織維持の根幹となっている。集落には用水委員会があり、夏には集落をあげて用水の清掃が行われる。これは水源地の北竜湖から集落までの広範囲にわたる水路である。小菅山を水源とする用水は小菅だけでなく、その下の集落にとっても重要なもので、昔、小菅と隣村との水争いが絶えなかった様子である[③]。

第五の特徴は、小菅は豪雪地帯であることである。この地は日本一の豪雪地帯の一つで、豪雪地帯対策特別措置法が適用されている。「豪雪地帯のうち、積雪の度が特に高く、かつ、積雪により長期間自動車の交通が途絶する等により住民の生活に著しい支障を生ずる地域」である(同法第二条第二項)。通例十二月中旬から翌年四月初めまでが根雪期間となり、二m近く積もる。昭和五十年(一九七五)頃までは、積雪時、一km下の学校までの道を、住民たちが交代で朝夕雪踏みをしたとのことで、積雪の深さの大変さがしのばれる。豪雪は集落の人々の生活のあり方に多大の影響を与えてきた。

一つは、除雪との戦いである。屋根の除雪をしなければ家がつぶれ、落下する雪で人が大けがをするという緊張感である。二つは経済的負担である。暖房用燃料代の支出、豪雪のために痛む家の修理代、高額な除雪機の購入等々である。昔は、豪雪で傷んだ家の修理費用の捻出できない家は自ら集落を去っていかなければならなかったとのことである。[4] ただ、雪は集落に害をもたらすだけでなく益ももたらしてきた。この雪の冷たさのお陰で良質の紙を漉くことができ、江戸時代はこの地域で最大の紙の生産地であった。[5] 集落には、雪が墓地に四月下旬まで残るので彼岸のお墓参りの習慣はない。一部の人々には、できるなら雪のない土地に住みたいとの願望があるようで、それを理由として雪の少ない隣村に居を構える人がおり、これが小菅の人口減少の一因ともなってきたようである。

二　社会的空間

(1) 集落の区分け——三区分

『信濃国高井郡小菅山八所権現并元隆寺来由記』(以降『来由記』と称す)によれば、中世の宗教都市としての小菅は、仁王門内の地域を東から西に向かい「上院」「中院」「下院」と三地域に分割されていた。上院に一六坊、中院には一〇坊、下院には一一坊が立ち並んでいた。上院の発心坊大聖院が本坊であった。[6]

この三区分は現在も継承されている。即ち「黒門」から「十王堂跡」までの地区を「カミネ(上根)」、それから下にくだり里社参道までを「ナカネ(中根)」、その下を「シュウネ(下根)」と呼び、集落が三区分されている。一時期までは、それぞれの地区の人々は、自分の住む地区内で、相互扶助的生活をしていた。例えば、正月には各地域では入口に当たるところに、注連縄をはり、松を飾り、それぞれの地区でトンド焼きをした。古老曰く、昔子供の頃は、友達も同じ区の中のものと遊び、他の区に行くようなことは、殆どなかったとのことである。しかしながら現在では、三区分は生活単位の区分ではなくなり、「組」が集落の行政組織の末端として機能している。一一ある組には伍長がいて、区費の集金、普請の際の人繰り、お伝馬の割り振り等を行っている。

(2)広場

原田敏明は、「村の境」で集落の生活においての「広場」の持つ意味について次の通り論じている。[7]

部落の入口の道の岐(ちまた)は、部落の生活にとっては広場であり、何事もそこで行われる公の場所である。政治も経済もその外娯楽も宗教もそこに見出される。そこに行われるいろいろの実際生活のうちに存するのである。そうした部落の実際生活の中心が部落にとって重要であり、特別の場所として注意され、他の場所とは区別して考えられ、取扱われることになる。部落の生活に大きな役割を果し、重要な位置を占めるために、そこを一種の神聖な場所とする。従ってそこでの行事は宗教的な性格を伴い、いろいろの宗教的な施設もそこに出来ることになる。そうして設けられるものが「やしろ」「ほこら」そのものでもあろうが、しかし独り部落の祭礼というようなものだけでなく、さきにも挙げた政治や経済やその他娯楽に至るまで、これらすべてがそこを中心にして営まれて行くのである。

小菅においても、「広場」の持つ意味は原田の指摘通りである。この意味での広場は、小菅の場合講堂前の広場である(東西幅約二五m、南北幅約三五m)。広場は、北側の里社のある山を背にして存在する。広場の入口には、石造の市の神が祀られ、かつて、西端に六地蔵が安置されていた。北端に講堂がある。講堂は、『来由記』によれば、大同元年(八〇六)に坂上田村麻呂将軍が元隆寺創建の一環として建立したとのことであるが、現在の建物は元禄十年(一六九七)飯山城主松平忠喬により修復されたもので、江戸時代浄蓮坊(後に浄蓮院)と呼ばれる菩提院末寺であった。[8]内部には、本尊阿弥陀三尊像があり、中尊は享保十四年(一七二九)、別当大聖院第六世恵舜願主、京都大仏師奥田杢之丞により制作されたものである。ここは幕末期無住の寺となり、明治の神仏分離の際は、集落の財産となり、学校として使用された。[9]戦後は、昭和六十三年(一九八八)に広場西端に「小菅農業生活改善センター」ができるまで集落の集会場として使われていた。

現在、祭りの際、講堂は祭事部の本拠となり獅子舞の練習が行われ、灯籠の文字もここで書かれる。夜宮では、灯籠行列の出発点となる。また本祭では、広場東端にあるお旅所に神輿が鎮座し、その前である広場でハシラマツの祭りが行われるのである。この広場はまさに神聖なる場である。

広場西端の「小菅農業生活改善センター」は、総会を初め集落の各種の集会場として使用されている。ある意味で、集落の政治の場である。広場の南端に「作業所」がある。南端の広場入り口に、集落の安全確保のための火の見櫓・消防機器収納所がある。また広場は、時にはゲートボール場と化し人々の娯楽の場ともなる。

このように、講堂前広場は、昔から集落の祭事・政治・経済・娯楽の場であり、人々の社会生活の中心的空間であり続けている。

(3) 集まり

小菅には、人口の多い時代には、子供会・浅葉の会(未婚女性のみ)・青年団(青年男性のみ)・婦人会・老人会など、年齢別・性別に各種の集まりがあった。しかし、その後人口が減少してくると、これらの会は次々となくなり、現在は皆無となった。住民が一同に集まる機会は、柱松や区の総会以外殆どなくなった。時代の推移とともに人々のコミュニケーションの場が消滅している。現在は、集落センターで、老人を中心とした個人的な集まりが二ヶ月に一度を催されているだけである。

(4) 血縁関係

家レベルの社会的関係は、葬式の例をとれば、フタリヅキアイ・ヒトリヅキアイ・タチクヤミがある。フタリヅキアイは、夫婦二人を単位として付き合う集団である。家により異なるが、ほぼ自分にとっての従兄までの関係のある親族及び血縁関係がなくとも、昔何らかの深い関係のある人々である。フタリヅキアイは葬式において、葬式の段取りなどを決め、主婦は台所の手伝いをする。ヒトリヅキアイは、フタリヅキアイとタチクヤミの中間に位置する「遠い親戚」である。葬式の場合は、夫婦のうち夫がお悔やみに行く関係である。タチクヤミの人は、玄関先で悔みをいう程度の付き合いの人である。

(5) 生業

現在田畑は、住居地域の南・西・北の外側に棚田状に存在するが、大聖院跡以東の山裾は山林となっており田畑はない。嘗て南側の南竜湖も田圃であったが、現在は芦の茂る湿地帯と化している。土地利用の形態を二〇〇四年と明治二十七年（一八九四）の地籍図とで比較してみると、集落の中心に住宅地があり、その東・南・北に耕作地が広がり、その三方を山が取り囲んでいる点では、両者に大きな違いはない。ただ、現代に至り耕作地の減少が見られる。明治二十七年の地図では、田畑は大聖院の奥、南東方向にも存在していたが現在はない。これは、労働人口の減少により耕作者が減少したことが大きな原因であると考えられる。

集落は山に共有地を持つ。昭和三十年（一九五五）代以前は馬が農作業の助けをしたので、その餌となる草を共有地で入手した。また炭も作った。嘗ては金がたまったら「山を買え」といわれた時代もあり、急な出費は山林を売って捻出した、という話も聞く。しかし現在は、山はまったく利用されず荒れるに任されている。

集落の人々の生業は、高度成長期以前までは殆どが農業で、極僅かだが林業を営む者、萱葺き職人・大工・教員がいた。昭和三十一年（一九五六）に集落で初めて農業の将来を懸念して給与所得者に転向する者が出た。現在、専業農家は一軒のみで、他は殆ど集落以外を勤め先とする者と年金生活者である。

生業の変化は、集落の人々の集落に対する考え方（生産の場からベットタウンへ）、集落の自治組織のあり方（例：集落の祭日を週末にする。村の役員の仕事の合理化）等に大きな影響を与えている。ただ、集落では多くの家が今もって田畑を持ち農業に関わっている。自分の家で食べる米ぐらいは自分で作るという意気込みであるが、それとともに、もし休耕にしたら田が荒れ、近所に迷惑がかかるという義務感で農作業に励む人たちも多い。この意味で小菅の住民の農業に対する意識はいまだ強い。

(6)行政

小菅区の共同体としての意思決定の最高機関は、区民総出（各戸から一人）で行われる二月・十二月の通常総会である。その他、緊急に協議しなければならない時には臨時総会が開催される。総会のもとに、協議委員会・たんぼ保全管理協定運営委員会・景観委員会・小菅公民館・氏子総代会・道路委員会・用水共有地委員会・瑞穂財産区管理委員会・観光委員会・小菅の里づくり委員会・文化財収蔵庫大聖院跡地管理委員会がある。協議委員会は区長・代理区長・顧問（前区長）・相談役（前々区長）・道路委員長・用水共有地委員長・小菅の里づくり委員長・観光委員長で構成されており、通常区政の中で重要問題を審議する機関である。氏子総代会（五人）は区長経験者と宮司により構成され、専ら神事を取り扱うにもかかわらず政教分離はなされておらず、区の行政機関の一つとなっている。

このように小菅区では、農業用水の管理・水道管理・観光事業等を独自で行っており、極めて自治の度が高い集落といえる。

区の経費は、区費と神社費によって賄われるが、人口の減少に伴い区民の負担が増大傾向にあり、これが問題となりつつある。

総会は、予算・年次計画・決算審議の他、区民にとって重要な問題の審議を行う。最近の議題では、これまで区が管理していた水道施設の管理を飯山市に移行させるか否かであった。人口が減少していく中で水道の管理をどうするかという、小菅の将来にとり重要な問題で区を二分しての議論がたたかわさられた。論者は、総会に出席し議論を聞いたが、巷間でいわれているように、村での議論は村の長老の意向で全てが決まっていくという通説とはかなり異なった状態のもとに審議されていた。皆が議論に参加し極めて率直に行われた。これを見る限り、通説は、この集落には当てはまらないといえる。

この集落では、平等が優先されるよう努めている。例えば、区長の選出は、総会における投票で決定されるが、これは、二年前の総会で選出された区長代理（いわゆる副区長）である。区長代理は、ほぼ年齢順に選出されるのが通例であるが、年齢の他、能力・宗教が考慮される。これは、区長は役目柄神社での祭事に出席しなければならず、それに宗教的事情で出席できない人は暗黙のうちに除外される。

区長・区長代理の選出には、民俗的に極めて興味ある儀礼がある。

十二月、集落センターで開かれる通常総会で選挙が行われると、区長・区長代理になると見なされている人は自宅に帰る。総会では、選挙で区長・区長代理に選ばれた人に、区長・区長代理になってもらうべく二人の使者を立てて説得に当たる。この人を「付け届け人」と称し、通常区長・代理区長候補者の親族を当てる。これは、区長・代理区長候補者が就任を断らないようにするための配慮である。付け届け人は、候補者の家に出向き、区長ないし区長代理に選出されたことを述べ、就任を要請する。要請の説得に成功した付け届け人は、総会場に帰り、結果を報告し、新区長の登場を待つ。区長・代理区長候補が到着し、区長・代理区長受諾を宣言し、ここに新区長・代理区長が誕生する。

新区長は、次の総会（通常翌年の二月）で正式に区長・区長代理としての仕事を開始するが、その一ヶ月程前に、新旧区長・区長代理は書類の引き継ぎを行う。特に区長の場合は、小型の箪笥に引き継ぐべき書類が収納されており、これを総会場に広げ、目録に従い、一つ一つの存在を確認する作業が行われる。書類が収められたタンスは、昔は天秤棒で担いで区長宅まで運んだが、現在は軽トラックで運ばれる。書類箱は、一年間区長宅に保管される。

二月十一日、神社で新区長の名の奉告が行われる。区長の期限は一年であるが、ある意味で区の最終決定者として、住民の苦情処理、問題処理、行政への陳情、対外的会議出席等に追われ極めて忙しく、通常、退職者がこれに当たる。

区の行政は、区長を中心に行われるが、神事に関しては、氏子総代会と神社の宮司が権限を持つ。この意味で、区の運営に関し、区長・氏子総代会長・宮司が重要な役割を演じているといえる。

第二節　宗教的空間

一　小菅の参道

『来由記』によれば、小菅神社の結界を示す鳥居は、西の「大倉崎口」、北の「前坂口」、南の「小見」と「神戸口」にあり、二の鳥居が「針田・関澤」にあったとしている。現在に残る鳥居は「針田・関澤」の二の鳥居のみである。参道は三つあった。南の神戸から風切峠を越えての道、西の大倉崎から千曲川を渡っての道、北の前坂から北竜湖を抜けての道である。現在では車道ができたため、西からの参道のみに人の往来がある。ここが表参道である。集落の人々は仁王門前の道を「西表参道」と呼んでいる。

この参道を図17に従い辿ってみる。千曲川の対岸の大倉崎に美妙寺という浄土真宗の寺がある[10]。この近くに「一の鳥居」があったとされるが現時点では特定できていない。度重なる千曲川の氾濫で流されたのだと考えられている。この近くの千曲川を字名「瀬付」から渡し舟で渡ると、着いた先が関沢集落の字「舟場」である。そこから徒歩で字「護摩所」、字「大門」を過ぎると、字「鳥居大門」に入る、ここに「二の鳥居」がある。ここから道が急坂になる。集落の入口たる仁王門が見えだすところで十字路に差しかかる。ここが「追分」であり、四つ角に「いちご、ぜん光寺」と書かれた石造の道路標識が置かれている。現在ここに、嘗て仁王門の前にあった庚申塔などの石造物九基がまとめて置かれている。ここから字「北大門」となる。道は仁王門をくぐり抜けると直ぐに高さ二ｍほどの石積みの壁にぶつかり、右に折れ、また直ぐ左に折れる。集落の人々は敵の侵入を防ぐために道を卍形に曲げたのだろうといっている。『鷲尾山城守元昌代　當家記録』（以降『當家記録』と称す）によると、安政六年（一八五九）に疫病が大流行した際、「仁王門ノ下」「風切」「大菅」の三ヶ所で注連縄を張り、厄病除けをしたとのことである。[11] 仁王門は小菅の結界を意味していたと考えられる。外部からの悪気の侵入防止である。

道は、ここから東にまっすぐ坂となって伸び、道沿いに茅葺きの屋根にトタンをかぶせた寄棟造りの家が段々状に並ぶ。これが小菅の中心地たる居住地域である。この道に直角に交差する形で側道が何本かある。これを絵図「信州高井郡小菅山元隆寺之図　永禄九年」と比較すると、現在の道路配置は、絵図と殆ど同じである（但し仁王門と中央通りの位置が若干異なる）。これは、家の敷地を囲む石垣が中世以来残ったために集落の道路配置に基本的な変化が起こらなかったからではないかと考えられる。

道は里社の参道と交差するところまでが「大門通り」と呼ばれている。大門とは小菅神社里社の参道入り口の鳥居である。参道入口に社務所があり、鳥居をくぐり参道を更に奥へ行き、六六段の急な石段を登ると小高い山の上に里社がある。

道が参道入口を過ぎると、北側に講堂前広場がある。広場の入り口に火の見櫓・消防機器収納所が見える。ここから字「蓮池」となる。「蓮池」とは、ここにある小さな池の名前である。『略縁起』によれば、この池に棲む大蛇が、祭りの時、舞を舞う稚児を飲み込んでしまったため、以降神楽が途絶えたとある。道を暫く行くと、右手に十王堂跡のある三つ角に達する。左手に菩提院の鐘楼が目に入る。この鐘楼は、江戸時代末期まで大聖院にあったが、明治の神仏分離により菩提院に移されたものである。菩提院の下手の細い脇道を曲がると昔のエンドウバ（引導場）に至る。

道は奥社の入り口たる鳥居に到着する。ここまでの道は、「本通り」と呼ばれている。字名は菩提院以東が内山で小菅山の山頂まで続く。鳥居は色が黒いこともあり、黒門と呼ばれているが、本物の黒門は鳥居の前にあった屋敷の正門であった。鳥居の額には「小菅山」と書かれており、その「小」の文字は八咫烏で書かれている。熊野神社との関係が推定できる。この鳥居からは奥社の聖域である。女人禁制でもあった。奥社に到達する直ぐ下の岩場に「比丘尼石」という大きな石がある。これは禁を犯して神社に参拝しようとしてここまで来た女性が石に変わったという言い伝えのある石である。

鳥居の周囲には、高さ二ｍに及ぶ「国常立命」「不動明王」、刻経塔の石碑の他、大正・昭和時代建立の頌徳碑が立ち並ぶ。鳥居前の北側の土地は江戸時代の創建といわれる「愛染院」「不動院」の跡地である。鳥居南側に城壁かと見間違うほどの立派な石垣（高さ三・六八ｍ、幅六・六ｍ）が目に入る。これは第十二代小菅山元隆寺別当栄真が近隣の石工丸山忠右衛門に発注したもので、幕末の弘化から嘉永にかけての三年間に作製され、石組みが梅の花弁をあしらった豪華なものである。この石垣の上が小菅山元隆寺別当大聖院の寺院・屋敷跡である。今は護摩堂を残すのみであるが、石垣は、当時の大聖院の権勢を物語る。

鳥居をくぐると、奥社への参道である。石畳の道の両脇には、樹齢三百年とも四百年ともいわれる杉並木が鬱蒼と立ち並ぶ。道の所々に本地堂跡・八幡宮跡・加耶吉利堂跡、また『小菅神社伝記』にいう七石（鏡石・船石・御座石・鐙石・御割石・烏隠石・大黒石）の内の、鏡石・船石・御座石・鐙石・烏隠石が置かれている。また、この参道に集落の人々が「賽の河原の地蔵」と名付けた、高さ九〇㎝ほどの地蔵菩薩がある。ここが「あの世」と「この世」の境と理解されている。集落の人々にとり小菅山は他界なのである。杉並木を過ぎると道は細くなり、急坂の山道となる。巨大な岩の下に鎮座する「愛染院」を過ぎ、鎖のある岩場を登ると奥社である。昔参詣の人が籠ったという小屋が奥社入口近くにある。

以上、千曲川岸の船着場を出発し奥社に至る西参道の字名を辿れば、「護摩所」という仏教的・修験道的な名前に始まり、「大門」「鳥居大門」「北大門」と神道的な名が里社まで続き、その後「蓮池」という仏教名に変わり、最後に、入会林野という意味の非宗教的字名「内山」に変わり、奥社に至る。俗と聖、神と仏の混淆の世界が小菅の集落である。

二　宗教的建造物・石造物

⑴宗教的建造物

小菅の集落で目にすることのできる宗教関連の建造物には、旧大聖寺境内の護摩堂、菩提院、菩提院所有の墓地、観音堂、講堂、里社、共同墓地がある。他に個人の屋敷神としての、お稲荷さんとお薬師さんの小さな木製の社がある(図18)。

観音堂について特記すれば、これは八所権現の本地仏である馬頭観音像を納めている。『来由記』によれば、行基が当地に来た際、自ら馬頭観音像を彫刻し、それを奉安するお堂加耶吉利堂(カヤキリは馬頭観音の梵名)を建立したとのことである。享保十四年(一七二九)に奥社への道の途中に「カヤキリ堂」という本地堂が作られ、それが明治二十七年(一八九四)に移築されたのが現在の観音堂である。集落の人々によれば、嘗ては九月の八の付く日は観音様の縁日で、屋台が出てにぎわったとのことである。現在は菩提院の管理下にあり、信濃三十三番観音めぐりの十九番札所となっている。また十月には、ここで護摩供養がなされ、多くの参拝者が集まる。

⑵石造物

小菅には一〇〇体以上の石造物が存在する。一九九五年から翌年にかけて飯山市教育委員会により行われた石造文化調査、及び論者の調査による現存する石造物の一覧は、表３の通りである。

宗教関連の石造物の建立は、江戸時代が最も盛んであり、明治時代以降激減する。明治二年（一八六九）風切峠に金毘羅宮の石祠、同十六年北竜湖への山中に石祠秋葉社、同三十五年石灯籠が建てられた。大正時代には、十一年（一九二二）庚申塔、昭和時代には五十五年（一九八〇）庚申塔が建てられたのみである。明治以降の宗教関係の石造の激減は、明治を境にして日本人の信仰表現に大きな変化が起こったことを物語っているといえよう。

小菅住民の宗教観を知るには、長きにわたり建造されて来た庚申塚が良い例であるが、これについては、次の「講」の項で述べる。

三　講

現在集落に存在している講は、戸隠講のみである。いつ頃から小菅に戸隠信仰が広まったかについては、集落側にも戸隠側の衆長（二澤家）にも記憶・記録はない。千曲川の氾濫、あるいは北竜湖の増水の災害除けの祈願から勧請されたのかもしれない。

現在は、戸隠神社の衆長から年一度お札が郵送されてきて、それを集落の世話人が講中に配り歩くだけで、代参が神社にお札を貰いに行くとか参詣するとか、講中が定期的に集まるといったことは行われていない。現在講中は二五世帯位で、かつては五〇世帯を超えていたとのことであるが、年々数が減っている。特に世帯が交代すると、講に対する関心が低くなる模様である。

嘗て、相互扶助組織として「オゴシン仲間」が存在していた。オゴシンとは庚申講のことであろう。十数軒の親類関係のない世帯の集まりで、集落には一〇組ほど存在し、集落全体を網羅する形で形成されていた。例えば、葬儀の場合、オゴシン仲間に知らせると、オゴシン仲間は集落全体に点在しているので、知らせが直ちに集落全体に届く利点があったとのことである。オゴシン仲間は基本的には葬儀における互助組織である。時には除雪も手伝った。組によっては定期的に集まって飲食を共にした。この場合、年(組によっては月)ごとに当番宿を決め、その家に、決められた日に集まり、床の間に掛け軸をかけ、その前で神拝し会食して仲間との親睦をはかった(12)。古老によれば、葬儀の場合の様子は以下の通りである。

土葬の時はオゴシン仲間に助っ人として集まってもらう。オゴシン仲間に、まず墓穴を掘ってもらう。次に、オゴシン仲間に、葬式の出る家ではなく、その近くの仲間の家に集まってもらう。そこにお酒やご馳走を用意しておく。そこで飲食をしてもらう。出棺の時、オゴシン仲間が棺桶をかつぎ、菩提院の裏のエンドバまで運んでもらう。お師さんのお経が終わると、オゴシン仲間は、棺桶だけを棒で担ぎ、穴に埋めた。終わると先ほどの仲間の家で飲み食いをしてもらった。葬儀の間中、オゴシン仲間が葬儀の出た家に招かれることはなかった。ムラ人は全て菩提院の檀家ではないので、遺体をそれぞれの他のムラにある菩提寺まで運んだ。また雪の時でも、墓を探して穴掘りをした。

昭和三十年代の半ば頃から、土葬の終焉、葬儀屋が葬儀一式を賄うようになったことでオゴシン仲間の集まりは自然に消滅していったが、現在、集落の人に「どこの家がオゴシン仲間でしたか」と聞くと、皆はっきりと仲間の家の名前をあげてくれる。それだけ結束の強い講仲間であったのかもしれない。

小菅の庚申信仰で注目すべきは、庚申塔の建立である。それは、小菅において、庚申塔が江戸初期以来六十年という間隔を置きながら、庚申の年（或いはその近くの年）に、ほぼ定期的に建立されて来たということである。

庚申塔は、現在小菅に六基あり、最古のものは、高さ九九㎝、寄棟型の石祠で延宝二甲寅年（一六七四）（実際の庚申の年はそれより六年後）の年号が書かれている。また三基には万延元年（一八六〇）、大正九年（一九二〇）、昭和五十五年（一九八〇）の建立年がそれぞれ記載されている。建立年号が書かれていない二基は、これら三基の建設時期から、元文五年（一七四〇）・寛政十二年（一八〇〇）の庚申の年前後に建立された可能性が高い。万延元年建立の塔には、台石に三匹のサル（見ザル・聞ザル・言ザル）の形が彫られている。

庚申塔がこのように、ほぼ庚申年ごとに建立されてきたことは、集落の人々が六十年ごとに庚申塔を建立することの習慣を記憶していることであり、庚申信仰が集落の人々の生活に潜在的に生き続けていることを物語っている。現在庚申塔の全ては追分に集められているが、延宝二年のものは、嘗て仁王門の前に置かれていた。

集落の会計簿によれば、大正九年の石祠は集落の費用で建立されたが、昭和五十五年の石祠は、当時六十歳の申年生まれの集落の人々が発起人となって建立された。いってみれば前者が公的な石祠であり、後者は私的な祠である。集落における宗教の位置づけの変化を物語るものであろう。

集落の人が庚申についての文書（一九九六年三月二十日付）を残しているので、ここに全文を掲載する。これは講の代表者が講中に庚申の解説をしたものであるが、当時の講の様子を知ることのできる内容である。

庚申の歴史

庚申講と講中塔はいつ頃から始められたかは知らない。唯話は庚申の晩にしろと言う事は聞いている、この晩は夜明けまで話し明かすこととしていたらしい。庚申の夜床入りすると、変わった子が生まれると言い伝えられたことに拠るのではないだろうか。永い戦乱の時代が終わって我が村も復興の息を吹き加えしたのは大聖院の墓石の年号や農家の墓石の年代から推して、元和・寛永（一六一五～四四）頃らしい。庚申塔は六体あって一番古いのは延宝年代である。以後六十年ごとに建てられている、信仰に拠るか、交際上必要で講を存立させたことの、双方考えられる。

一　最近の塔は昭和五十五年七月吉日建。自然石に庚申と刻されている。

二　次大正九年七月吉日建の自然石のもの。この塔も庚申と刻まれている。

三　次は万延の石祠である。右側面に万延元庚申とある。台石に三猿が刻まれている。

四　次は寛政十年の自然石の大きいもので、庚申小菅村惣村中と刻まれている。

五　次は年代が読めないが石祠の両側に鶏が刻まれ、日月、台石に二猿がみえる（享保年間の建立と推定できる）。

六　次は石祠で延宝二年六月吉日とある。台石に二猿と上方に天窓がある。

これより前のものは無い、年代を古代に下れば元和の頃であるが塔石、墓石、共に寛永以前のものは見られない。五輪塔はあるが年代は刻まれていない。昭和も初年は講宿が決められており年に三回位は講中が集まって小宴が聞かれた。その晩には家から出た者もお呼ばれにあずかったものである。会費は備品の升にお米を一杯と決まっていた。

我々の組も大所帯であるが明治以降分家した家も仲間に入った為そうなったのである。三百六十年も続いたのは信仰と共に必要な存在であったからであろう。尚針田村の塔は皆、青面金銅が刻まれている。内野村のものも針田村のものの由、延宝八庚申年では無い。最近のものは庚申塔と刻まれた御影石である。尚余談だが観音堂にある石祠は追分延宝の塔と同形年代、摩耗して不明。追分の三角形のものは庚申塔では無い、多分護法石と考えられる、講堂の北南にもあった。

古老によれば、昔は葬儀が終わるとその日か、次の日に、念仏講の人々によりジュジュマワシを行った。皆で「ひとつとせー」といいながら数珠をまわし、最後に「南無阿弥陀仏」といって念仏を唱えた。今では、この習慣もない。

相互扶助組織として、この他に農耕の際の講「エ」、馬の共同利用のための講「馬のヨリアイ」などがあったが、農作業における機械の導入により、共同作業、馬の使用が必要とされなくなり、今はいずれも残っていない。

四　現行の年中行事

平山敏治郎の『歳時習俗考』によれば、年中行事とは「一つの社会集団が一年の間にきまったある時期、または特定の日時に毎年くり返しておこなう特殊な行為」である。[13] つまり年中行事とは、ある特定の地域に住む、ある特定の社会集団が共同体の明示的ないし暗黙の慣行として、毎年決まった日に、同じ様式で繰り返して行っている伝承的行事である。

ここで研究対象上問題となる点は、第一に、同一集落内で、ある年中行事が、ある集団では行っているが、他の集団では全く行っていないという事例があることである。特に、宗教の違い、同一宗教でも宗派の違い、マキ（同族）等の違いにより年中行事が異なる場合がある。本書では、一定規模の集団で行われる行事であれば、研究対象とした。小菅の場合は、集落世帯の約六割が檀家である菩提院の行事も対象とした。第二は、現在は、個人で繰り返される行事であっても、それが嘗ては集落全体の行事と集落の人々が認識して参加していた行事であれば、研究対象とした。

小菅では、この例は、屋敷神の祭りに見られる。現在屋敷神を祀る古老によれば、自分たちの親が生きていた時代は、祭りの日に集落の多くの人が、お参りに来てくれたとのことである。

1　概要（二〇〇八年の例）（月順）

【一月】

元旦　元旦祭兼宮司発令奉告会（主催：氏子総代会。場所：里社。時間：元旦午前零時。参列者：氏子総代（五人）、区長・区長代理、来賓）

参列者は、社務所に集合後、社務所前で区長・氏子総代会長を先頭に列を組み、提灯の灯りを頼りに雪の中を里社に向かう。参道は昼間氏子総代会により除雪されている。拝殿での神事は、氏子総代会庶務の司会で執り進められる。

着座。役職により座る位置は決まっている。

神事（太鼓、笛〔二〕の伶人による楽が伴う）。

祝詞奏上（祝詞の内容は、集落の今年一年の繁栄と人々の健康祈願、及び昨年十二月十五日神社本庁より宮司発令を受けた新宮司の就任を奉告）。

終わって、一同、生活改善センターで直会。

（集落の人々の多くは、大晦日夜、菩提院に参拝し〔雑煮が振舞われる〕、鐘を突く。真夜中を廻ると神社にお参りするのが慣例である。正月料理は、いも・なます・餅・昆布等である。親しい家に年賀の挨拶に行く）

三日　釜の神祭り

各家で、宮司が作ったハート形の御幣を神棚に供え、お神酒を上げて祝う。現在小菅で、この祭りをしているのは二〇世帯位である。

七日　七草

各家で、雪のため「春の七草」はないが、山菜で粥を作り食べる。門松を下げる。

十一日　蔵開き・鏡開き

各家で、鏡餅でお汁粉を作り、お神酒とともに、土蔵に供える。

十二日　ものづくり

各家で、米の粉で稲穂や豆などの形の団子を作り、これをアカボの木（団子の木）に挿し、神棚横の天井から吊し飾る。後日、トンド焼きで焼いて食べる。病気にかからないようにとの願いからだ。また、太目のアカボの木で、男女のコウジンさまの人形を作り、神棚に飾る。家によっては、囲炉裏の煤で真っ黒になった人形が神棚に置かれている。

十四日　道祖神祭り（トンド焼き）（主催：区。祭場：里社の裏手の個人所有の畑地。祭場は、これまで土地所有者の都合により点々としてきた。時間：午後四時より）

区の役員、子供（中学生を含む一一人）、親が里社に参集、神社の蠟燭から火種をとり、全長五〇㎝程の松明に点火する。区長を先頭に、松明を持った子供が列を作り、雪道の中を祭場に向かう。祭場は、里社の裏手にある、西に夕日を受けた妙高連山が望める見渡しの良い畑である。集落の人々が、御神酒・お菓子等を用意して、道祖神の周りで、一行を待っている。

道祖神の柱は、この頃雪が深いので前年の十一月初めに、区の公民館委員、ＰＴＡ、子供たちで、事前に祭場に立てておく。芯木は、本来は楢の木が望ましいが、昨年は、近くの山から切り出した唐松であった。道祖神の小屋は三角錘で、芯柱の高さは六ｍ位で、周りは菰がかけられ、達磨が吊るされたり、子供の習字が貼り付けられていたりする。中に、各家から集めた松飾等が入っている。子供たちにより点火される。ものつくりの団子を火で焼いて食べる。御神酒・甘酒が振る舞われる。適宜解散。小屋は、約一時間で燃え尽きる。

【二月】

三日　節分

各家で、夕食後「福は内、鬼は外」と一升枡に入れた炒った落花生を蒔く。年齢の数だけ豆を食べる。

十一日　おひまち兼区長・区長代理奉告（主催：区。場所：里社。時間：午前十一時。参列者：区長・区長代理）

「おひまち」の本来の意味は忘れられ、前年十二月に区総会で選出された区長・区長代理の神前奉告、併せて区の安寧を祈願。家によっては、宮司に御幣を切ってもらい、それを神棚に祭る。

建国祭（紀元節ともいう）（主催：氏子総代会。場所：里社。時間：午後二時。参加者：氏子総代・区長・区長代理）、常の神事（楽が入る）後、直会。

現在、「国民の祝日」の中で唯一、「建国祭」だけが、氏子総代会の行事として残っている。その理由について、集落の人々は承知していないが、この神事が新区長の神前奉告を兼ねていることから、区行事として残っているものと考えられる。

十二日　初午

現在小菅で、実際に定期的に祀られている屋敷神は、「お稲荷さん」と「お薬師さん」の二つだけである。ナカネのＭ家の「お稲荷さん」は、初午の日に祀る。高さ三〇㎝、幅五〇㎝、奥行き二〇㎝程の木製の社である。敷地の北東の隅にある。この時期、雪に埋もれているために、雪から掘り起こす。夕刻六時頃、家の夫妻が榊・そば・小豆ご飯を神前に備える。お稲荷さんや天ぷらは供えない。当主は、この神は、農業のカミと認識している。

十五日　涅槃会（主催：菩提院。場所：菩提院。参列者：檀家）
　釈迦入滅の日に行われる追悼報恩の法会。基本的には菩提院の檀家の集まり。壇家の人々は、米一升を寺に寄進する。この日、菩提院の檀家であるか否かを問わず、集落の多くの家が「やしょうま」を作り、仏前に備える。「やしょうま」は、米の粉に、胡麻や大豆を入れ、食紅で色をつけ、こねて蒸し、円状に形作り、輪切りにしたもの。これを食べると病気にならないという。釈迦が入滅する時「やしょ　うまかった」といったと伝えられたことから、こう呼ばれたとされる。

【三月】

三日　雛祭り
　各家で、女子が生まれた場合に祭る。親戚を中心に近しい人がお金を出し合って人形を贈る。寄贈者たちは、それに対するお返しとして、この日、当該の家に呼ばれ、しばし歓談する。

二十三日　彼岸（春分の日）
　墓地が、雪に埋もれているため墓参はしない。

【四月】

十五日　春祭り（主催：氏子総代会。場所：里社。時間：午後二時。出席者：氏子総代・区長・区長代理・伍長・招待者）
　集落にとり、例祭、秋祭りと並ぶ重要な神事である。穀物の豊穣を祈念する祭りと位置付けられている。神事は、常の如くであるが、招待者は、小菅神社崇敬会員・議員・功労者等集落外からも招待される。招かれた人は、金一封を奉納。後、生活改善センターで直会。直会は、宮司の挨拶、来賓の挨拶、神社への「いやさか」万歳、氏子総代会会長の挨拶と、儀式ばっている。

二十一日　御影供法要（主催：菩提院。参列者：檀家）

弘法大師の誕生日を報恩する日（菩提院は新義真言宗）。本来は、三月二十一日であるが、三月は雪がいまだ深いので一月後れにしたとのこと。

【五月】

四日　節句

各家で、軒先に菖蒲やもぐさを挿す。これは蛇が家に入らないようにとの呪い。菖蒲湯に入る。菖蒲湯に入ると山に行っても蛇にかまれないという。長男が生まれた家では、庭先に鯉幟や吹流しを立てる。

八日　お薬師さん

お薬師さんの社は、シュウネのK家（三代前から、くず屋根葺き職人であった。同時に大工をした）の庭先にある。元は、敷地の北西の隅にあったが、家を新築した際に、現在の南東の隅に移した。高さ四〇cm、幅七〇cm、奥行き三〇cm程の入母屋の木製の社である。ご神体は、高さ二〇cm、幅三〇cm位の平べったいベージュ色の自然石である。御神体は、顔のような形をしており、左目から涙が流れたような痕跡がある。眼病に効くとのこと。お神酒が供えられる。社の梁のところに、左右に提灯がつり下がっている。向かって左の提灯には「奉」「小田地さす子」との文字がある。右の提灯には、「納」の字がある。屋代の垂れ幕の左に「吉原せん　当年八十三歳」、右に「昭和三十一年五月八日」の文字がある。社の脇の左右にそれぞれ高さ三m位の幟が立っている。左「薬師瑠璃光如来　信者真島そよ」、右「薬王長壽守護尊　信者真島そよ」、さらに、左には、長さ二m位の小幟が立っており、「奉薬師如来御寶前　願主宮崎せつ」と書かれている。

K氏（社の所有者）によれば、「現在は、家の祭りとして祀っているが、父が生きていた頃は、村の老人が来てお参りし、母がお茶を出していた。ご神体の目から涙がこぼれているということで、目の悪い人が集落以外からもお参りに来ていた。昔は、バスを仕立ててやってきた人達もいた。多分「講」の人達であろう」、という。

二十五日　斎田祭（主催：氏子総代会。場所：宮司所有の田圃。時間：午後二時。参列者：氏子総代・区長・区長代理）里社から南に三〇〇ｍ程下ったところにある宮司所有の田圃において行われる。田の南東の隅に、高さ一ｍ程の棒四本を正方形に打ち込む。その真ん中に、棒一本を打ち込む。それぞれの杭に、長さ一ｍ程の榊を取り付ける。真ん中の棒には、御幣を取り付ける。四本の棒に注連縄を張り、注連縄の真ん中に御幣を結びつける。注連縄を張られた内部空間が神域である。神域の前面の畦に杭をあつらえ、その上に神饌（右より苗、野菜〔きゅうり・人参〕、御神酒、魚〔鱒〕、果物〔ミカン〕）を供える。参列者は、その前に並ぶ。最前列は宮司。宮司が太鼓を打ち、警蹕、祓詞、祝詞、玉串奉奠、警蹕を行う。その後、各人が苗を神域内に植える。式典終了。この間二十分。終わって社務所で直会。

【六月】

三日　田休み

田休みは、その年の田植えの状況を見ながら瑞穂地区が日取りを決めて行う。この日、田休みということで瑞穂地区主催の地区球技大会が行われ、集落の人々が参加する。

三十日　大祓式（主催：氏子総代会。場所：里社。時間：午後二時。参列者：氏子総代・区長・区長代理）

里社拝殿で常の神事の後、宮司と参列者は、本殿前の神楽殿に全員移動、宮司が裁った人の形をした紙で体を撫で、罪穢れをそれに託した後、人形を細かく破り捨てる。後、生活改善センターで直会。

例大祭の年は、神事後松神子、及びその親族同席のもとに、松神子の名の神前奉告が行われる。

【七月】

十九日　例大祭

二〇〇八年は、三年に一度の例大祭の年である。十八日夜宮、十九日里宮での神事、神輿渡御、柱松が行われた（例大祭でない年は、夜宮・里宮での神事のみが行われる）。例大祭については、次章で論じる。

二十五日　風祭り（主催：区。場所：神戸との境の風切り峠にある「風の神」の祠の前。時間：午後二時。参列者：区長・区長代理）

午後二時前。宮司・区長・区長代理が祭式用具（太鼓・玉串・お神酒・御幣・梵天等）を持って、徒歩で桂清水のところから山道を風切り峠に向かう。道は、清掃済み（神戸は七月十五日（祭り日）までに清掃）。祠は、山頂に向かう急な斜面に位置する。ここはKK氏（嘗ての小菅の住民。現在中野に在住）の私有地。午前中に区長により祠の前に注連縄が張られる。宮司は、礼服に着替え、祠の中の御幣を新しいものと取り替える。

二時七分。宮司、開始の太鼓。祠に向かって左に区長、右に代理。祓い言葉、一拝、警蹕、祓い、大きな御幣を祠入口に二本掲げる。御神酒の冠を抜く、祝詞（水田を悪しき風、あらぶる水から守りたまえ）、玉ぐし奉呈、警蹕。

二時十四分。一行は、山を降り、南竜湖（笹が生い茂り田圃はない）の中の、KK氏所有地（嘗ては田圃）に、宮司が梵天（一・五m位の竹棹で、天辺に御幣を紅白の糸でくくりつける）を立てる。続いて一行は、集落の南部にある田（水が張ってあるのみ）の水取り口付近に移動し、そこに、区長が梵天を立てる。二時四十分終了。

弁才天祭り（江戸時代、水の祭りといわれていた）。風祭り終了後、一行は直ちに車で、北竜湖東岸の弁才天島に向かう。参列者は区長・区長代理・水道委員会長。神事は、弁才天像の前で執り行われる。神事は常の如く。後、生活改善センターで直会。嘗ては、集落中央にある蓮池の畔に立つ「弁財天」（左横に「神主　山城守」の銘がある）

と書かれた石碑の前で行われた。

三十日　施餓鬼供養（主催：菩提院。場所：菩提院。時間：午前十一時。参列者：檀家）

【八月】

七日　七夕

子供のいる家は、七夕を作り軒先に飾る。

十三日　迎え盆

集落の人々は、この日、墓に行かずに、夕刻各家の前の路上で、一ｍ程の長さの藁でできた三角錐の束を、「オボンコイ　オボンコイ」といって、燃やして、ご先祖様を迎える。仏壇は、盆花で飾り、仏前に灯籠を置く。新盆の家は、仏壇の横に清霊棚を作る。

十四日　おやきを食べる

（十五日　飯山市主催の成人式）

一月は豪雪のため大規模な催しを行うことが困難なので、若者が盆で帰省する八月に行う。

十六日　ご先祖様を送る

精霊棚を取り壊し、午前中墓地にご先祖様を送る。夕刻、庭先の路上で藁の束を立てて、「オボンカエレ　オボンカエレ」といって燃やす。

二十七日　御射山さん

各家で例大祭の尾花用にススキを切って神棚に供える。また、そのススキの茎で箸を作り（これをアオバシという）、これで朝、赤飯を食べる。詳細は次章で述べる

【九月】

八日　観音様の縁日

【十月】

六日　縁日法要（主催：大聖院）

観音堂で護摩を焚く。一日に二度行われる。参拝者が集落以外からも来る。住職（当地ではオッシサンと呼ばれる）が護摩壇の前に座し、従僧が護摩木に書かれた名前を読み上げ、それを焚く。約五〇人分の護摩木、集落以外の人の分も含まれる。

【十一月】

三日　秋餅つき

各家で、秋餅つき。餅をついて親戚・知人に配る。集落の人々にとっての収穫祭。この日、田の神は山に帰るといわれている。

八日　お薬師さま

K家の祭り。儀礼は五月八日と同じ。御神酒を上げるだけ。

二十四日　秋祭り（主催：氏子総代会。場所：里社。時間：午後三時。出席者：氏子総代・区長・区長代理・来賓）

行事次第は、春祭りに準じる。招待客の参加があり、集落にとっては重要な祭り。宮司は、新嘗祭と呼んでいる。

【十二月】

二十七日頃　松飾り用枝の切り採り

各家で、松飾り用に、山から、三段の松の枝を切り採ってくる。この頃、餅つき。

二十八日　注連縄張り

宮司は、鳥居・社務所に、氏子総代は、二の鳥居・仁王門・黒門・護摩堂に、区長は、講堂・生活改善センターに、それぞれ注連縄を張り、松飾を飾る。この作業区分は、長年の慣例である（月の神・猿田彦大神・市の神・お旅所等は、例祭の際、注連縄を張る）。

二十九日　大祓式（主催：氏子総代会。場所：里社。時間：午後二時。出席者：氏子総代・区長・区長代理。神事は常の通り）

大晦日　正月の準備

各家で、神棚を掃除、御供え物（米、鱒（ます）の尻尾、御神酒）をし、注連縄を張り、松を飾る。注連縄は、神棚・床の間のみ。松は、神棚・床の間・土蔵・味噌蔵・車庫などに飾る。子供のある家は、床の間に天神様の掛軸をかける。

年越しの魚は、鱒・鮭・鰤（ぶり）・秋刀魚・鰊等で、各家により異なる。鱒は、通常お歳暮としてもらう。ますます栄える、という縁起を担いで食する。

2　特徴

①小菅には、年中行事を主催する組織として、行政組織の区、氏子総代会、及び集団としての個人があり、その他、集落の世帯の半分以上を檀家とする菩提院がある。年中行事のうち一二行事は、区及び氏子総代会の主催である。

②区及び氏子総代会主催の祭事においては、出席者は、区ないし氏子総代会の役職のある人たちであり、例（大）祭のみ集落の各戸主（基本的には男性）である。この意味で例大祭は集落挙げての祭りといえる。仏事に関しては、基本

的には檀家の人は全員参加し男女を問わない。

③以下の如く多くの稲作関連行事がある。住民が農作業の折り目折り目で行事を行っていることがわかる。なお、個々の行事の性格付けは、小菅の住民の解釈による。

一月元旦、元旦祭。正月は歳神を祀ることが中心であり、歳神は田の実りを守る神である(予祝祭)。小菅の歳神は山の神と推察できる。三日、釜の神祭、豊作祈願。十四日、ものづくり、予祝祭。

二月十二日、初午。豊作祈願、他に厄除け、山の神祭り、豊作祈願。

四月十五日、春祭り、豊作祈願。

五月二十七日、斎田祭、豊作祈願。

六月三日、瑞穂地区主催球技大会、田休み。

七月十五日、例大祭(年占い、豊作祈願)。二十五日、風祭り・弁才天祭り(水神の祭、豊作祈願)。

八月七日、七夕。季節祭としての第一収穫感謝祭ないしは第二予祝行事に源がある。二十七日、御射山さん、豊作祈願、厄除け祈願(この日に採ったススキは柱松神事の火で聖化され、田に挿し、害虫除けの霊力を発揮する)。

十一月三日、収穫祭(カカシアゲ)、収穫感謝、この日田の神が山へ帰る。二十四日、秋祭り、収穫感謝。

以上の稲作関連行事は、現在小菅住民の多くが農業と関係のない仕事を生業としているため直接的な関係はないが、いまだ自給自足的規模で農業に従事していることから、住民の生活と深くかかわっていることは確かである。

小菅においては、稲作の作業は、雪のとける四月上旬から始まる。まず種籾の準備・種まきを行い、五月前半に田起こし、代かきが行われ、下旬にかけて田植えが行われる。六月・七月に草取り、除草剤の散布が行われ、例祭の前までには草取りを終える。七月下旬に仲干しが行われ、九月下旬から十月上旬にかけて稲刈りが行われる。

この作業と年中行事とは、次のような関連性がある。お正月に田の神である山の神を迎え、ものつくりに代表される予祝儀礼を行う。田作業の始まる最中に神に豊作祈願をし（春祭り）、また田の神に稲の健やかな成長を祈る（斎田祭）。田植えが一段落する六月はじめに、住民全員で田休みをする。その後、草取り・除草が一段落すると、稲の健やかな成長を祈り、村にとり最も重要な例祭を催し、田の神を慰撫する。また稲の成長の害を取り除く風祭り・水祭りを行う。十月、稲刈り、脱穀、籾の貯蔵の後、最後に、十一月、カカシアゲをして人馬の労働を慰労し、田の神を山に送り、神前に新米を献上し神に収穫を感謝する（秋祭り）。

即ち、稲作関連行事は、春に山の神を迎え、秋にその神を山に送ることを基本とし、その間に、農作業に合わせ、神に対する予祝・豊作祈願・収穫感謝を表現するものである。それは、同時に、一年の日々をハレとケにわけ、人々の生活にリズムを与え、活力を与えるものである。前述の平山の言の通り、年中行事は「生産勤労の日と休息慰安の日とが自然に組み合わされ」ており、「祭の行為には、勤労を安全にするために祈願し、感謝する心持が表現された。こうして、日々の生活の幸福と利益とが神によって保障されると、おたがいの間で確信した」行為なのである。

④稲作関連以外の行事とその特徴は以下の通りである。

二月十一日、おひまち、建国祭。「おひまち」は、最近までは、神職が御幣・御札を持って氏子の家を廻ったとのことである。おひまちの性格として、菊池健策によれば「山伏あるいは法師などが正月などにお札などを持って各家をまわり、祈禱したり、護摩を焚いたりする行事」でもあったとしており、その性格は祓いなのかも知れない。[14] 二月十五日、涅槃会。

三月三日、雛祭り。二十三日、彼岸。

四月二十一日、御影供法要。

五月四・五日、節句。八日、お薬師さん。
六月三十日、大祓い。
七月三十日、施餓鬼供養。
八月七日、七夕・盆。
九月八日、観音様縁日。二十三日、彼岸。
十月八日、縁日法要。
十一月八日、お薬師さん。
十二月二十九日、大祓。

これらは、集落の安寧祈願（建国祭）、祖先供養、現世利益といった、いわば集落・個人の精神的安らぎを祈願することに係る行事である。行事の主宰者は、主として集落の集団としての個人と宗教団体である。ただ、宗教団体は、その檀家が、地域的に広がりを持ち、その行事も生産活動、季節の変動とは直接関係ない。

⑤以上、小菅における年中行事には、第一に、山の神の送迎、神への予祝・豊作祈願・収穫感謝といった稲作農耕に係る行事、第二に、集落の安寧祈願、第三に、個人の現世利益の祈願の三種類がある。年中行事と集落の生産活動、季節との関連からいえば、第一の行事は密接に関連しているが、他の行事に関しては、より人的な要素に関連している。

⑥民俗学においては、年中行事に関し一年両分性の原理という説がある。これは、一年を二分すると、同じような行事が半年ごとに繰り返して行われるという説である。

一年両分性の原理で小菅の年中行事を分析すると、一月十五日のトンド焼きと八月盆の迎え火・送り火、四月十五日の春祭りと十一月二十四日の秋祭りとは、日にちの面で対応するが、斎田祭・風祭・水祭等は単独の他の行事は、半年後に対応する行事がない。従って、小菅の年中行事に関しては一年両分性の原理は該当しない。

特に、小菅集落にとって最大の行事であるハシラマツは、明治五年（一八七二）太陽暦が採用されるまでは六月四日に行われていた。明治六年の新暦において旧暦六月四日が七月十五日に当たることから、爾来、ハシラマツは七月十五日に行われるようになったという。ちなみに新暦採用までの小菅の盆は七月であり、新暦採用後は八月であることから、ハシラマツは火祭りの性格を持っているからといっても、盆とは異なる行事である。ハシラマツの祭日は、盆とは別の理由によって決められたと考えなくてはならない。ハシラマツが元来修験の修行行事の一部として行われてきたものであるとすると、修験による何らかの修行の日に該当すると考えるのが妥当であろう。

五　年中行事の変遷

以下、現在の小菅の年中行事がいつの時代まで遡れるかを考察する。

1　古老たちの語る年中行事

古老たちの年齢から判断するに、以下の年中行事は、昭和三十年代までに集落で行われていたと推定できる。

(1)概要

【十二月】正月の準備

二十五日　注連縄作り

子供が集落の家の一軒一軒から藁を一束ずつ貰って来た。子供仲間の親方(小学六年生。高等科の者はならなかった)の家が「宿」となっており、そこの土間で「ワラハタキ」で叩いて、藁を柔らかくした。それから、大人が太い三本の縄を綯って長さ一ｍ、カブツ(一方の端)四㎝ぐらいの注連縄に仕上げていった。これを「ゴンボジメ」(ゴボウ締め)という。宿は、その年、子供の生まれた家がかって出ることもあった。

二十七日　この頃餅つき

一夜餅はいけないといって、この頃に餅つきをした。

この頃、注連縄を張った。注連縄は、神棚・床の間に張り、玄関には張らない。松は、神棚・床の間・土蔵・味噌倉・車庫等に飾った。

二十九日　大祓

神棚を掃除、鱒の尻尾を皿に乗せて供えた。神棚には、左より順に、①恵比寿様、②お日待ちの木札、③戸隠神社のお札、④天照皇大神宮のお札、⑤小菅神社のお札を置いた。恵比寿様は作神(農業神)である。子供のある家では、床の間に天神様の掛け軸をかけた。

年越しの魚として、鱒・鮭・鰤・秋刀魚等を食べた。家により違った(大正時代、千曲川の下流にダムができるまで、鮭は川を上ってきた)。鱒は、お歳暮としてもらった。ますます栄える、という縁起を担いだ。

【一月】

元日

除夜の鐘を聞いて(人により菩提院に鐘をつきにいく)、里社に元旦詣(お神酒が振る舞われる)。

竈口に塩を撒いて清めた(元旦の主婦の朝一番の仕事であった)。

神棚に、その朝焚いた白米を杯に入れ、切り餅とともに供える。この切り餅は、後に雑煮に入れて食べた。正月の朝は雑煮を食べた。正月料理として、いも・なます・もち・こぶ・鮭等を重箱に入れて食べた。元旦に、囲炉裏に足を入れると罰が当たると怒られた。また、爪を切るなともいわれた。「切る」という言葉が、縁を切るという意味を連想させたからであった。

親しい家に行き、年賀の挨拶をした。

集落の大通り三ヶ所に、以下のような鳥居の形をした門松が建てられた（図19）。

集落の大通り沿いにある、三つの地区の境である、「下馬」と書かれた石碑（カミネの境）、「詰所の前」（ナカネの境）、「四つ角」（シモネの境）の地点に、道路を挟み両側に長さ数ｍの棒を一本ずつ立て、更にその上に杉の芯木を結びつけた。この二本棒の間に竹の棹を渡し、それにゴンボジメを吊した。ゴンボジメには、「ゴマネ」（魚の一種。煮干の親方みたいなもの）一㎏位、コブ等を吊した。ゴンボジメは、地上から数メートルの高さにあるが、雪が積もってくると、子供でもだんだん手に届く高さになる。そうなると、よその地区の子供たちがやってきて、ゴンボジメを揺さぶりいたずらした。そうはさせまいとする地元の地区の子供との攻防戦があった。このゴマネを山の神の好物のオコゼの代用品と考えれば、これは、まさに山の神へのお供物であり、山の神への感謝のしるしともいえる。[15] 正月七日に、この門松をおろし、道祖神祭りで燃やした。

三日　ねずみの年取

土蔵・味噌蔵に、おてしょう（普段用の小皿）に白米をいれ、それをネズミに食わせた。普通は、土蔵の床の間に供える。

三日の晩　釜神様の祭り

大釜の蓋の上に、おにぎりが三個入った重箱を盆に添えて置いた。カズカラ（コウゾの茎）を真ん中で折って（これをベロベロという）、それを、おにぎりに一本ずつ刺した。蓋の上に、お灯明を上げ拍手を打って拝んだ。また、カマドの前三ヶ所に、塩をつんで置いた。これは、火及び釜に対する感謝の祭りであった。小菅では多くの家で紙を漉いていたので大釜があった。神棚に釜の神を祭った。

七日　七草

七草粥を食べる。雪で春の七草はないが、それに替わる山菜・大根・人参で、かゆを作る。これを仏様に供えた。この日、松飾をはずした。

十一日　蔵開き

鏡餅でお汁粉を作り、お神酒とともに土蔵に供えた。

十四日　ものづくり

米の粉で、稲穂・繭・米俵・豆など農作物に模した形の団子を作り、これらをアカボの木（団子の木）に挿し、天上からつるした。アカボの木は、雪が降る前に山から切り出し、人形（道祖神）が作れる程度の大きさに切って蔵に保管しておいた。この日、これで、男女のコウジンさまの人形を作った。団子は、翌日、トンド焼きの火で焼いて食べた。病気にかからないようにとの願いからである。

十五日　道祖神祭り

道祖神祭りの小屋（これをドウロクジンという）は、シュウネ・ナカネ・カミネの三地区がそれぞれ作った。ドウロクジンは、火の粉がまわり、家に近いと火事の危険があるので、なるべく家から離れた所に作った。シュウネは仁王門の南、ナカネは里社の東側、カミネは大聖院の南側に作ったが、その年の雪の多少により場所が変わった。

ドウロクジンは、大人が作るが、そのための柴は、子供が各家から二束ずつ貰ってきた。芯木は、その年男の子が生まれた家が寄付した。

祭りは、大人が火を点け、それを子供が消すという攻防戦であった。大人が麻（どこの家でも作っていた）皮をはいで作った「になわ」を松明にして、ドウロクジンに火を点けようとした。これに対し、子供は雑木で作った先が二股の「火消しのマタンボ」で消そうとした。また、大人が火を点けようとする場所（地上二m位の所）にやぐらを組み、そのあたりに氷を置いたり、ドウロクジンに水をかけて凍らせたりして、火が点かないよう工夫した。ドウロクジンが大体燃え尽きる頃、「ものづくり」で作った団子や餅を、残り火で焼いて食べた。ドウロクジンで燃え残った芯木は、翌年使えるのを残し、あとは、のこぎりで切って自分の区域内の家に売った。また、できた炭も売って、翌年の祭りの資金とした。これは、全て子供会（小学生の集まり）がした。

終わって、「宿」で、参加した子供たちは親方（子供会の長。高等科の生徒）から、お菓子を貰った。この資金も芯木や炭を売ったもので、お菓子は、集落の「マタゾウ」という店から買った。ドウロクジンの「宿」には、その年、男の子が生まれた家からお酒、女の子が生まれた家からは、お豆腐一箱（一〇丁）の差し入れがあった。「宿」は、基本的に、ほっぺた回しだった。ドウロクジン祭りでは、大人がドウロクジンを作ったが、後は、全て子供たちが運営をしたので、子供たちにとっては楽しかった。特に親方になると子供たちを使って何でもできたので楽しかった。

道祖神祭りは、昭和十二年（一九三七）頃自然消滅したが、戦後場所を一ヶ所にして復活した。

十五日　小正月

鱒を食べ、餅をついた。餅を細く切ったのをイナホといった。稲穂が立っているように見えるので、こう呼ぶのであろう。

当時は、遊ぶところも少なかったので何かにつけて人が集まった。これが、「イワイッキヒ」である。「イワイツキヒ」には、馬もご馳走に預かった。馬は、家の中で飼い、家族同様であった。普段は、飼葉だけであるが、この日は、直径一mもある釜で稗を煮て、それを食べさせた。当時小菅は貧しく、日頃満足なものを食べていなかったので、「イワイツキヒ」の食べ物は、栄養のある、日頃食べることのできないものであった。天ぷら・豆腐などは栄養価のある食べ物で、エゴ・鮭・鰤は高価なものであった。囲炉裏の周りで皆で食べた。

【二月】

初午

お稲荷さんの祠は、全部で四軒の家にあった。この日、雪にうずもれた祠を掘り起こし、旗を立て、小豆ご飯・天ぷら・油揚げを供えた。集落の人たちがお参りに行き、御茶をした。子供たちが内山紙で「正一位稲荷大明神」と書き、それを祠の周りに立てかけた。Mさんの家では、赤飯を炊いて祝った。子供たちはそれを貰うのが楽しかった。

お稲荷さんの祠を祀ってある家では、嘗て精神的に不安定な人がおり、それを治療する方法を神主に訪ねたら、お稲荷さんを祀れば病が治るといわれ、祀るようになったとのことである。

十一日　おひまち

里社で神事。熱心な信者は、宮司のところに行き、初穂料を渡し、お日待ちのお札とタレをもらう。お札は、神棚に祭り、タレは神棚の横の柱に飾る。丁寧な人は、家に神主を呼び、祈禱してもらって、お札を上げてもらった。

十二日　山の神祭り（十二講ともいう）

嘗て農業以外を生業としていた何軒かの家で、「山の神」を祭っていた。神棚に、小豆ご飯と御神酒を供えるのみで取り立てた儀式はなかった。床の間に「大山祇大神」の掛け軸をかけ御神酒を上げた。

「父は、親分肌で、一年に一度、山に関係する人たち（樵・鉄砲撃ちなど）を家に集め、神棚に、小豆ご飯とお神酒を供え、山仕事の無事を祈った」（話者Ａ）。

「山に関係ない人も祝った。母親が何を作って祝うべきかといっていた。この日になると、母親が、お祭りだといって、お祈りしていたのを覚えている。お豆腐なんか毎日食べていたわけではなかったので、豆腐屋に大豆を持っていって、作ってもらってこいや、なんていわれたのを覚えている。炭焼き・樵・鉄砲撃ちなどが、山の仕事の安全を祈って、「宿」に集まり祝っていた。山の神の祠は、桂清水の上辺り、飯綱様の辺りにあった。小学三、四年の頃まで、祭りを　やっていた」（話者Ｂ）。

「山の神のお札を神棚に祀っていた。祭りの日は寒中であった。祭神は大山祇神であった。山に関係していた人にとっては、大切な、重要なお祭りだった。自分の小学校の頃は、山に携わった人は多かった。宮司から、家の家業が山に関係していたので、祀るようにいわれた。夏は、炭焼き、夏・秋ぐちになると北竜湖の西面の木を切り出し、それを積み上げて置く。冬になると、湖に薄い氷が張り、その上に雪が積もると凍り、又その上に雪が降り、凍り、と繰り返しているとソリが通れるほどの硬さになった。湖面をソリで製材所のあたりまで引き、その後トラックで山から運び出した。湖上を運ぶのをソリノリというが、日に二度ほどやり、賑やかであった」（話者Ｃ）。

「樵・炭焼き・鉄砲撃ちなどが、代表の家に集まり、神棚にお神酒・ご馳走を上げて祝った。宮司を呼んで祝う、というほどのことではなかった。今では、山の神を祀る神社が、どこかにあったのかわからない」（話者D）。

十五日　やしょうま

菩提院で涅槃会があり、「やしょうま」を食べた。

【三月】

三日　節句

一時期、初節句では、お雛様は実家が贈った。その後、実家が一番高価なものをあげ、その他は親類縁者が買って与えた。御仲人が、親類縁者からのおカネ集めの音頭を取った。節句の日には、人形を贈った人たちが呼ばれ、御馳走になった。男の子も女の子も、綺麗な人形を飾っている家に見せてもらいに行き、お菓子をもらった。子供にとり楽しい日であった。

【四月】

二十一日　ミエグ法要

菩提院に檀家が集まり、法要。

二十五日　春祭り

春祭りと十一月の秋祭り（新嘗祭）は、昔から役元だけが出席した。

【五月】

四・五日　節句または菖蒲の節句

長男の生まれた家は、鯉幟、人形を飾った。菖蒲と百草を土間口や窓・軒端へ挿しておくと、畑に出てマムシにかまれないという呪いであった。菖蒲湯に入るのも、これをすると、山に入っても蛇にかまれないという呪いであった。

嫁は、実家に帰った（嫁節句）。

八日　お薬師様

お薬師様の祭りの日は、Ｋさんの家（集落で唯一お薬師さんを祀る家）に行くとお菓子を貰えて楽しかった。「お薬師さんは目に効くといわれた。この日はまた、嫁が実家に帰って良い日であった。薬師さんといえば、嫁は、皆家に飛んで帰っていった。嫁にとっては、嬉しい日であった。この日、獅子を舞ったりした。金井の爺さん（お薬師様のある家の当主）は、一番上手だった。講はなかった。この集落に住んでいる人が、皆お参りに行った。旗を持って、食べ物をあげた。この集落では、お寺以外お金はあげない」（話者Ｄ）。

八日　観音様の縁日

回向柱のあるところに出店が出た。小遣い貰って、夜買いにいった。五月八日、九月十八日が縁日であった。

二十五日　斎田祭

嘗てはＫＵさんの家の裏の土地（嘗て蓮池という池があった）にある弁才天の石碑の前で行った。この土地は、社家鷲尾家のものであった。

【六月】

六月中　マンガ（馬鍬）洗い

それぞれ家で、田植えが終わると馬鍬を洗って物置に収めた。マンガ洗いだからこいや、といわれて家に誘われ、一杯やった。餅を作り休んだ。

三十日　大祓

神社で神事、例祭の始まりの日でもあった。

【七月】

十四日　夜宮

十五日　例（大）祭

「当時、この日は学校が休みだった。小学五、六年生は神社に参拝した。「小菅市」といった。お店も出て、飴玉一つも買えた。子供が馬に乗ってきたのを覚えている。何百頭もの馬が来た。凄かった。馬の健康を祈った。昔は馬の売り買いもあったようだが、当時はなかった」（話者E）。

祭りの日には、初嫁は黒い裾模様の着物（実家が買う）を着て、姑に連れられて神社に御参りに行った。これは嫁が小菅の一員として正式に認められる儀礼であった。

十六日　お神楽

祭りの日は忙しいので、この日にやった。岩戸開きもやった。

二十五日　風の神祭り　水の神祭り（弁才天祭り）

この日、北竜湖の弁才天様の前に集落の人全員が料理を持ち寄り、集まり、筵をひき、宴会をした。刈り入れの前の小休止という感じだった。

三十日　施餓鬼供養　オセガキ

菩提院に、檀家の人たちが集まった。本堂の右端に施餓鬼棚が設けられた。僧は、全部で四人来た。

【八月】

七日　七夕

子供たちが行った。

十三日　迎え盆

朝、仏壇の掃除をする。夕刻（人によっては日没後）、道路に面した庭先で「オボンコイ、オボンコイ」と唱えながら、高さ一m位の三角錐の藁を燃やした。墓に迎えには行かなかった。仏壇を竹で囲んで、提灯を飾った。新盆の家には、親戚が提灯を贈った。

十四日朝　おやきを食べた。

講堂の前の広場で盆踊りをした、からす踊りが有名であった。踊り手は仮装をした。

おやきは昔は手作りだった。キュウリウマ・ナスウシを作った。

十五日　盆礼

初嫁は、親戚に帰れた。

十六日　帰り盆

朝、お墓にお参りして、夕刻に「オボンカエレ　オボンカエレ」と唱えて、藁を燃やした。

二十七日　御射山祭り

村人は、ススキ十数本を採り、花は神棚に上げた。その茎で箸（アオバシ）を作り、それでお赤飯を食べた。親から、一口でもいいから、アオバシで赤飯を食べるようにいわれた。健康祈願である。この日を過ぎると蚊がいなくなる。これは、蚊が山にお嫁に行くためといわれた。

ハシラマツの尾花用のススキをとった。

【九月】

八の日(八日・十八日・二十八日)　観音様の祭り(観音様は信濃十九番札所)
観音様の前に屋台が出た。親に連れられて、店で買い物をするのが楽しみだった。

十九日　子供の祭礼　夜宮
この頃は、刈り入れの前で農家も一息つく時期であった。夜宮は、全て七月の例祭の夜宮と同じ形式であった。行列は、子供の持つ色鮮やかな、花灯籠、バレンが練り歩き、今の灯籠より綺麗だった。大きいものは、大人が持った。各家では、自分で書いた色派手やかな紙を張った灯籠(これを「花灯籠」といった)を庭先に立てた。綺麗だった。今でも各家の大通りへの出入口には、灯籠を立てる穴がある。店も出た。「子供会」が全てを取り仕切った。

「獅子宿」と「灯籠宿」があった。「宿」は、ほっぺた周りで決まった。獅子舞の練習は、祭りが近くなると、神楽連の大人たちが教えてくれた。特に新参者には、しっかり覚えてもらわなくてはならなかったので連日のように練習した。獅子舞の練習は、晩に里社の拝殿に集まり、蠟燭の火の下でやった。当時の衣装は、今の神楽殿の裏に「ザッコツ」という倉庫があり、そこに納められていた。本番の時は、大人の獅子頭でやった。獅子頭は重かった。

獅子は、「獅子宿」で舞い、それから、「灯籠宿」に行き、お礼にここでも舞い、それから灯籠と一緒に講堂まで行き、講堂内で舞った。祭りの行列は、七月の夜宮と同様、講堂から里社まで行った。獅子は、講堂前・社務所前でそれぞれ舞い、猿田彦(子供が演じる)が鳥居の前で注連切りをして、一緒に里社に登った。本殿で神事があり、その後拝殿で舞った。

祭りの日は、はじめ学校は半ドンであったが、その後は休みではなくなり、祭りに出る巫女の子を持つ親は、学校に休みの許可を貰いに行った。子供の祭りは、昭和三十年代の前半まであったが、自然消滅した。何で祭りがなくなったのか皆わからなかった。祭りがなくなって、皆つまらないといっていた。[16]

子供の時、獅子舞・注連切りなどをやったので、大人になっても、問題なく七月の祭りの役ができた。

（昭和三十年代のはじめ、子供の祭りは、学校側より子供が夜出歩くのは風紀上よくないとの懸念が表明され中止となった）

【十一月】

八日　お薬師様

お祝いした。シンコヤ（現在のＫ家の屋号）の東側に祠があった。そこに旗を持って祝った。ごちそうを作り、神棚に供えた。

十一日（又は十五日）カカシアゲ

二十日　エビス講

鱒・新米を神棚に供えた。えびす様は田の神、幸福を呼ぶ神である。

二十四日　秋祭り

役元による神事。農家は、お祭り前に菜種・麦を播く。これで、この年の農作業が終わる。

【十二月】

大晦日　大祓

(2) 特徴

この時代、集落全体に係る年中行事は、一二あった。稲作関連行事も、基本的には現在と同じである。当時は、世帯の殆どが農業を生業としていたために、現在以上に行事が、それ本来の意味を持っていた。つまり、年中行事は農作業と絡み合いながら、真の意味で人々の生活にリズムを与え、非日常的世界を生み出してきたのであった。例えば、例大祭において、参道に幡がたなびき、多くの人が集まり、新潟の方面からも馬が集まり、屋台が所狭しと立ち並び、沿道の家々は、道沿いの部屋を開け放ち店として、ものを販売した。まさに非日常の世界の出現である。

この時代、最大の祭りは例大祭であるが、特筆すべきものは、九月の子供の祭礼である。これは、例（大）祭の夜宮の子供版である。灯籠行列、猿田彦の注連切り、獅子舞と全てが子供によって行われた。子供が、将来例大祭で果たす役割の予行練習ともいえるが、この祭礼は秋の例祭とされている。子供中心の祭りとして注目すべきもう一つの行事は、道祖神祭りである。当時、道祖神は、地区ごとに合計三本立てられた。それだけ子供の数が多かったのであろう。また、これは、それぞれの地区が、そこに住む人にとっての自給自足的生活圏であったことを物語るものであろう。火を点けようとする者と、火を消そうとするものとの攻防戦は、現在隣村の野沢温泉村の道祖神祭りでみられるところである。これが現在のような、道祖神祭りが一ヶ所となり、単に子供が道祖神に松明で火をつける形となったのは、人口の減少が主たる原因であろう。

年中行事ではないが、地区ごとの門松は民俗学的に意味がある。この門松が意味するところは、小菅では歳神が山の神を意味していることである。これは、集落にとっての、水源としての小菅山の重要性からすれば当然のことといえる。

2　明治三十九年（一九〇六）から昭和四十五年（一九七〇）まで

この時期は、小菅神社が、明治三十九年の神社合祀令により、村唯一の神社となり、明治四十二年に瑞穂村村社一

○社及び無格社五社を合祀し、更に昭和八年の県社昇格と、瑞穂地区住民の宗教・生活に大きな影響が与えられた時代である。この状況は、昭和二十年十二月の神道指令により、翌年小菅神社が分社されるまで続いた。

『瑞穂村誌』（一九三八年）によれば、小菅神社では、地域の元旦祭・紀元節祭・祈年祭・大祓祭・新嘗祭の全てが小菅神社で行われ、神社としての重要性が増した。また、七月十五日の小菅神社大祭は、供進使が参向し、「県官・村長・校長・区長・県村会議員・氏子総代・警察官以下、主なる崇敬者等百余名の来賓を請じ、神職数輩の司会者となり、区内の青年壮年殆ど総出で祭儀を行ふ」（森山茂市『増訂　小菅神社誌』一九三一年）ほどの規模となった。祭りに際し、馬が参拝し、子供らは学校が休みとなるため集まり、店が出、青年たちの武道競技があるなど盛況を極めた模様である。

この時期の年中行事を、『下高井郡誌』（一九二二年）、『増訂　小菅神社誌』及び『瑞穂村誌』を元に、以下記録する。但しこれらの年中行事が全て小菅で行われていたかは不明である。

一月一日、元旦祭。六日、六日年取。七日、七草正月。十一日、蔵開・鏡開き。十四日、お物作り（餅花）。十四日、年取。十五日、道祖神小屋焼、二十日、二十日正月。

二月十一日、紀元節祭。十二日、十二講（山之神祭）。二十二日、太子講（瑞穂職工組合、及び南瑞職工組合）。節分、追儺の豆まき。初午、稲荷祭。

三月三日、雛祭。十五日、涅槃会、やしょうま作る。

四月十五日、祈年祭。二十一日、菩提院報恩講。二十九日、天長節。

五月八日、薬師の縁日。

六月四日、菖蒲挿・菖蒲湯・宵節句。五日、端午節旬（月後れ）、三十日、大祓祭。下旬、田休笹餅を作る。

七月十四日、小菅県社献灯。十五日、小菅神社大祭(祇園祭)、青年演武会、十八日、菩提院大般若転読会。

八月一日、盂蘭盆(月後れ)。七日、なぬかび(七夕)。十三日、精霊棚装飾、迎え火を焚き迎盆、墓参。十四日、菩提院施餓鬼会。十六日、盆踊、焚火を焚き送盆を行う。二十七日、御射山祭(尾花祭)、御射山青箸祝。

九月十九日、秋季例祭(神楽献奏)。二百十日、風祭。

十月、なし。

十一月三日、秋餅搗。七日、親薬師。十日、とをかんや(十夜講の意か)。十五日、案山子揚(下元)。二十日、ゑびす講。二十四日、新嘗祭。

十二月二十九日、節季餅・門松注連飾、天神像を掲げる。大晦日、大祓・年越し祝。

この時代の年中行事の構造は、現在と基本的に異ならないが、行事の数が現在より多く、それだけ、人々の生活に年中行事が入り込んでいることがわかる。それは、農業が、主たる生業であったこと、また行事(人が集まること)が大きな娯楽であったこと等によるのであろう。

この時代の特徴は、皇室関係の行事が増えたことである。四大節(四方拝〔節〕・紀元節・天長節・明治節)と、祈年・新嘗両祭日には、神職・区長・氏子総代等の参拝あった。また、年中行事とは関係ないが、この時期、十二講(山之神祭)、太子講(大工・茅葺職人等の職能講)、とをかんや、ゑびす講といった講の活動が盛んであった。そして、神社では産児の五十日詣、兵士や旅行者の出発の奉告、帰着の奉賽、新婚者の御神酒進献、区長新任の拝礼等が行われ、現在以上に、神社が人々の生活の中で大切な役割を演じていた模様である。

なお、『下高井郡史』によれば、八月二十七日の祭りは、同じススキを採取するといってもその使用目的の違いから、尾花祭と御射山青箸祝に区別されている。現在、この日の祭りは「御射山さん」と呼ばれ、両者の区別はないが、これは、両者の祭りが、ススキをとる時期が同じであることにより、習合したためではないかと考える。

3　明治三十八年（一九〇五）以前

(1)明治時代

明治時代の年中行事は『信濃国下高井郡神社明細帳』（明治十四年（一八八一））に記録があるが、七月十五日と十月十九日の祭りのみをあげている。七月十五日の祭りは現在の柱松に、十月十九日の祭りは十一月の秋祭に相当するものである。

(2)江戸時代の年中行事

江戸時代末期の年中行事について、『小菅神社伝記』（文化十四年（一八一七））が、三・五・六・九の各月に祭礼があったことを記し、『當家日記』（嘉永元年（一八四八）～明治元年（一八六八））が、三月四日の鎮火祭、六月四日の祭礼、六月二十五日の風祭り、九月十九日の祭礼を記している。三月の鎮火祭は現在の四月の春祭りに相当する。五月の祭りについては不明であるが、六月四日祭礼と九月十九日の祭礼は、時代に関係なく行われていたと判断できる。

十九世紀前半には、稲作関連行事に関しては、集落の行事として、予祝・豊作祈願・収穫感謝のための祭りは存在していたものと推測できる。

また、個人の安心を求めての行事については、前述の通り、巡礼碑が寛政期（一七八九～一八〇一年）以前に既に六基建立されており、月神の石碑（文化七年）、真言宗の講・光明真言塔の石碑（天保三年（一八三二））、徳本念仏講の石塔（天保九年）等の講関連の石碑も建立されたこと等から、現在以上に盛んであったのではないかと推測される。

江戸中期の年中行事については、大聖院の行事を記載した『諸修行事』（十八世紀中頃）がある。このうち、大聖院独自のものを除くと正月十一日の蔵開、二月の彼岸、三月の節句、六月四日の祭礼と、七月の盆、十四日の菩提院施餓鬼供養、二十七日の諏訪神社祭礼(「同日、萱之穂少々取置祭礼之節用之、村方同前」との記載がある)等がある。

また、「小菅村村差出覚控」(宝暦四年〔一七五四〕)によれば、当時の祭礼として、六月四日の柱松、九月十九日の神事の他、風祭・水祭・火祭等をあげている。これらの祭礼は、後の世の鎮火祭(祈年祭・春祭り)・例祭・風祭り・弁才天祭り・秋祭りに相当すると推測されることからして、当時すでに、稲作耕作の農作業に霊的な意味を与える祭りの形態が既に存在していたと判断できる。

このことは、十六世紀の初めから、六月四日の例祭が現在まで継続し、稲作儀礼を中心とする小菅集落の年中行事には、基本的な変化はなく、人々は、行事に合わせて生活にリズムを付けてきたといえる。

(3)戦国時代の年中行事

『来由記』(天文十一年〔一五四二〕)によれば、年に八度、祭礼があった。当時の小菅は僧・修験者を主体とする宗教都市であったため、如何なる祭礼が行われていたのか定かではなく、僧と村人が混ざって祭りを行っていたようで、修験の祭り以外に村人の祭り、つまり農耕に伴う祭りも行われていたであろう。しかしながら、当時の祭りと江戸期以降の祭りとの関連はわからない。

(4)まとめ

小菅の現在の年中行事の祖型は、少なくとも十七世中頃までは遡ることは可能である。十七世紀中頃には、現在同様の春秋の例祭、風祭り・水祭りがすでに行われていた。住民の生業を反映し農耕儀礼の祭りである。祭りの中心は六月四日の柱松で、これは市が立ち並ぶほどの賑わいを見せていた。柱松の中心となる松神子が誕生し、御射山祭りの日に尾花をとる風習も始まり、行事次第も現在とそれほどの差は見えない。

九月十九日の祭りは現在、小菅では見られないが、祭りの基本は江戸初期より変化なく継承されているといえる。江戸時代以前も中心となる祭りは、六月四日の祭りと推定されるが、江戸時代以前と以降の行事の関係は、集落の住民構成に大きな変化があったため、今のところ不明である。

第三節　歴史的空間――集落と寺社の歴史

小菅の地にいつ頃から人が住み始めたのかは定かでないが、北竜湖周辺には、旧石器時代から平安時代にいたる各時代に人が住んでいた痕跡が発見されている。[17] これから判断するに、この地域には、少なくとも一万数千年以上にわたる人間の営みの歴史があることになる。

一　中世までの小菅

1　由緒が伝える草創期の小菅

小菅の名が史料に最初に現れるのは興国二年（一三四一）である。[18] 従って、それ以前の小菅の集落や神社の沿革を知るには集落に残る由緒『来由記』（天文十一年〔一五四二〕別当弁衆徒中）、『略縁起』（慶長五年〔一六〇〇〕別当大聖院澄舜、元禄元年〔一六八八〕大聖院住恵付記）、『小菅神社伝記』等から類推するしかない。但し『来由記』については、『新編瑞穂村誌』（一八四頁）が、この由緒は「江戸時代初期に作られたものであるが、当山の盛時を物語るものである」としている。従って、これに従えば、前述の史料全てが江戸時代の作ということになる。

それぞれの由緒の細部を見れば違いはあるが、大筋で同一なので、最も作成年代が古い『来由記』をもとに小菅の寺社の創建時の模様を辿ってみる。[19]

①役行者が小菅山を開山した。即ち役行者が仏法を広めるに適した地を求めて全国を巡っていた時、この地の山の頂で一人の異人に出会った。異人は、「この山には昔仏が修行した祠（洞窟）があり、それは諸神が集まる場でもある。どうか、この地に住み衆生のために仏法を起こしなさい」といって姿を消した（『略縁起』によれば、異人は地主神の飯縄明神（飯縄権現）である）。[20]役行者がこの言葉に喜び、呪いを唱えると憤怒の形相の馬頭観音が現れ、諸神の来臨を請うと、熊野・金峯・白山・立山・山王・走湯・戸隠の霊神が出現した。役行者は洞窟に、これらの霊神に小菅の神を加えた八所宮殿を建立した（『略縁起』によれば、三社八扉の社を建立）。小菅権現の本地は馬頭観音で、その化身は摩多羅神である。

以上の記述は、小菅山の開山者を役行者としているが、これは小菅が当時から修験と関係のある地であったことを物語っている。なお、八所宮殿が現在の奥社、小菅権現の鎮座する社が里社である。

②後年、行基菩薩が当地に来たとき、自ら斧で馬頭観音の像を作り、それを安置するための堂、加耶吉利堂を建立した。加耶吉利とは馬頭観音の梵名である。

③桓武天皇は、八所権現の神威を聞き（延暦十四年（七九五））東夷が反乱を起こすと、使いを出し小菅山第五世祖壽元上人に逆徒退治の祈願をさせ、それが成就すれば伽藍を造営すると約した。[21]なお、小菅神社は桓武天皇の皇子嵯峨天皇の祈願所となり、嵯峨天皇が開基した嵯峨御所（大覚寺）との関係は明治初期まで続き、神仏分離の時代嵯峨御所は、小菅寺社擁護の口添え状を発している。

④大同元年（八〇六）桓武天皇は坂上田村麻呂将軍を遣わし八所権現本宮及び加耶吉利堂を再建、小菅山元隆寺を建立した（『略縁起』によれば、元隆寺を建立したのは平城天皇）。伽藍は金堂・講堂・舞台・三重宝塔・荒神堂・鐘楼・大

門（別名仁王門。額の元隆寺と言う文字は弘法大師の書）より成る。仁王門内の衆徒僧房は総計三七坊。本坊を発心坊大聖院と号し、神職四人、修験四人、神楽座八人が在住。末院一〇ヶ寺。門徒二六ヶ寺。山麓七村（小菅・北澤・針田・前坂・関澤・小見・神戸）は小菅山の神領で、四方に華表が建ち、その域内を結界とし殺生禁断・守護不入の地とした。

以上が、小菅の寺社創建に係る由緒であるが、戸隠を中心とした北信濃の修験道場が都にその名が届くほど盛んになったのは十二世紀後半とされること、[22] 小菅に残る最古の木造彫刻馬頭観世音菩薩坐像が平安時代後期およそ十二世紀後半の作といわれていること等からして、[23] 戸隠と同じく、修験道場としての小菅山元隆寺も十二世紀後半までには建立されていたものと推察できる。

また、『来由記』は、小菅権現の仏教的姿を馬頭観音としているが、同時に『略縁起』は、この神は、適宜雨を降らせ五穀豊穣、天下太平をもたらす神であるとし、この神が、水分神・農耕神であることを示唆している。さらに『略縁起』は、弘法大師が奥社の岩屋の池の水を飲んだところ、甘露の味がしたので、これを甘露池と名付け、この前で馬頭の護摩を修したとしている。即ちこれは、農耕の恵みを与える水の源は小菅山の洞窟にあるということを示し、農作物の成長祈願における八所宮殿の重要性を述べたものと解釈できる。

2　室町・戦国・安土桃山時代の小菅

小菅の名が初めて文献に表れた「結縁灌頂道具目録」（大阪府金剛寺所蔵）の興国二年（一三四一）九月九日の条には、小菅山の大進阿闍梨が醐醍寺座主覚済から三宝院流の結縁灌頂法則と灌頂に用いる道具目録が与えられた旨記されている。三宝院は、永久三年（一一一五）に創建された寺で、平安時代の僧で醍醐寺の開祖聖宝が再興した修験道を継承してきた寺である。その意味で小菅が三宝院と強い関係があったことは、小菅が修験と強いかかわりを持っていたことの証左である。

この時期は南北朝抗争の時代で、小菅山もその争いに巻き込まれ、貞治四年（一三六五）灰燼と化したが、将軍義満が守護泉信濃守氏重に命じ再興させ、嘉慶二年（一三八八）までにほぼ元の通りに修復された。㉔

南北朝の戦乱の時代が終わり、室町政権が安定し修験道が盛んになるにつれて、小菅も安定的発展の時期を迎えた模様である。それを示すものとして、現在、十四世紀末から十五世紀前半の作と推定される縦・横一m程の大きさの絹製の両界曼荼羅図が菩提院に残されている。また、近郷の人たちにより奉納され加耶吉利堂に置かれていたとされる応永十二年（一四〇五）作製の観音菩薩三十三応化身像の板絵一五面が集落に残されている。現在の奥社本殿の内陣の柱には、「宝徳」（一四四九～五二）の墨書がある。

この時期「馬頭観音を本尊とする小菅台地は牧場経営も行われたので」、小菅山元隆寺は「常盤牧の外様衆をはじめ地方の信仰を集めて繁栄をきわめた」とされている。㉕

小菅の繁栄ぶりは、小菅が応永二十八年（一四二一）、室町幕府により京都禅林寺若王子寺に荘園として安堵され小菅庄と称されたことからも知ることができる。㉖若王子寺は新熊野神社とも呼ばれたことから、小菅の修験はこの頃までに本山派の熊野修験との関係を強化した模様である。この時期、小菅庄に熊野社が勧請された。㉗

小菅山の繁栄は十六世紀に入っても続いた模様である。この時期、本殿内部に安置されている三基の内の二基の宮殿が永正五年（一五〇八）造立、奥社本殿が長尾景虎（上杉謙信）により天文年間（一五三二～五五）再建、桐竹鳳凰文透彫奥社脇立二面が天文十五年（一五四六）に制作された。この当時の元隆寺の繁栄ぶりは、弘治三年（一五五七）長尾景虎が武田晴信に勝利するため元隆寺に納めた祈願状に、小菅には三〇の坊が存在することが記述されていることからも推測できる[28]。正徳六年(一七一六)付、大聖院発行の『小菅山日供並燈明再建立縁起』は、元隆寺への参拝者の多い時代として天文元年(一五三二)から永徳元年(一五五八)までの時期を特記している[29]。

この繁栄は、戦国時代の上杉・武田の覇権争いで中断される。現在の集落は仁王門以東の地にあるが、当時の小菅は、『瑞穂村誌』によれば、「永禄の地図には今の区(引用者註：小菅区)即ち仁王門以東は、所謂元隆寺の七堂伽藍三院四十余坊の地域で、小菅村は仁王門以西にみえる」とある。つまり、現在、仁王門の西に広がる耕作地が、当時の小菅である。その後、仁王門以東の宗教関係の土地では、弘治四年(一五五八)といわれる川中島の合戦の兵火にかかり、奥社・里社を除く塔寺院が悉く炎上、その後の度重なる合戦により衆徒が離散し荒廃した。仁王門以西の若王子社領たる小菅も同様の運命をたどった模様である。これは、小菅庄が永禄十一年(一五六八)武田信玄の侵略により不知行地となった旨記されている京都熊野若王子神社所蔵史料から知ることができる。

しかしながら、この地が荒廃したとはいえ、年五度あった祭りの内、六月四日と九月十九日の神事だけは挙行されていたとのことであるから、この地から住民が全くいなくなったというわけではないようであった[30]。小菅村は存続していたのである。戦国時代の混乱は上杉氏が奥信濃を支配するに及び収まり、小菅は景勝の直轄領となった。景勝は謙信の意思を継ぎ小菅の復興に尽力した。天正十九年(一五九一)には、大聖院別当と一八坊が願主となり奥社本殿・大聖院以下の諸堂が再興された[31]。

この時期、景勝から飯山城代に任命されたのは岩井信能で、小菅権現は、岩井氏が信濃泉氏の一族であることもあり、泉一族の領地常岩牧(現在の川中島辺り)の諸村で厚く信仰されていた模様である[32]。しかし、この回復の兆も慶長二年(一五九七)領主景勝が豊臣政権により会津に移封されることにより頓挫した。この時、景勝は小菅の農民を除く在地支配者たる家臣だけでなく大聖院等の寺院関係者も移封先に連れて行った[33]。

そして、在地支配者がいなくなった跡地に、近隣の住民や他所からの者が移り住んできたのである。この間の様子を『略縁起』は、「伽藍の地ハ変して田畠となり寺院の跡ハうつりて民屋となる」と記し、『瑞穂村誌』も「祭祀僧侶は四散し廃墟は農民の占拠に任せた」と記している。近隣の住民とは仁王門以西の住民であり、他所からの者とは、この時期遠方より移り住んだ戦国牢人であると推測される。同誌によれば、現在小菅に一八ある氏のうち、例えば真島氏は、清和源氏の末裔村上義清の臣で川中島真島村に住んでいたが、のち高井郡大菅村に移住して後小菅村に転住、山岸氏は武士で越後より小菅に転入したとのことである。つまり、川中島の落武者や戦国武士によって荒廃した村の再整備が行われ、それらの者がやがて村の開発者と呼ばれるようになるのである。(34)

『信濃国下高井郡高野村々誌』（大正十一年〈一九二二〉）は、文禄年間（一五九二〜九六）の頃、小菅・大菅が合併し小菅村と改称したとしている。これは新たな「小菅村」の誕生である。この地の社会構造に大きな変化が起こったのである。仁王門内の小菅は、宗教都市から農民主体のムラに変貌したことがわかる。

二　江戸時代の小菅

1　集落の寺社と信仰

戦国時代の混乱からの寺院の復興は、戦国末期に、大聖院が神袋坊ないし海津練光寺の僧恵秀ともいわれている中興の祖によって、新義真言宗高野山龍光寺の末寺とされたことに始まる。また、小菅神社里社も、神職鷲尾家の中興の祖といわれる鷲尾山城守藤原元重が天正十三年（一五八五）京都吉田家から継目免許を得て再興された。集落には寛永十三年（一六三六）銘の神袋法印の墓碑、明暦二年（一六五六）銘の元重の墓碑がある。

天正十九年(一五九一)、奥社本殿と宮殿が大聖院別当並びに一八坊を願主として再建された(『新編　瑞穂村誌』一九三頁)。ただ大聖院は、慶長三年(一五九八)、上杉家の会津・米沢への移封に伴い、かの地に移転したが、小菅においては、元隆寺の別当として存続した。

大聖院以外の寺院については、天正十九年の奥社本殿再建の時には一八坊が、慶長五年の『略縁起』作成時には一一坊が存在していたとされている。しかるに天和二年(一六八二)飯山藩の社寺を調査した「松平遠江守様御代飯山寺社領幷由緒目録」では、小菅にある寺院として桜本坊の名しか記載されていない[35]。また宝暦四年(一七五四)付「小菅村村差出覚控」には桜本坊改め菩提院の他、愛染院・浄蓮院・大日坊の三つの寺名が記されているに過ぎない。十七世紀前半の寺院数減少の原因は明らかでないが、いずれにしろ、その後、江戸時代には寺院再建・建立はなかった模様である。但し、文化十五年(一八一八)の明細帳には、大日坊の名がなく不動院の名が記されている。

このように、寺院数からみる限り、江戸時代には、嘗ての宗教都市としての小菅の繁栄は戻らなかったといえる。元禄元年(一六八八)大聖院佳恵我が付記した『略縁起』は、「池塘荒て龍蛇退き、山林空して、天仙去る、茫々然として荒原のことし」と表現、正徳六年(一七一六)の大聖院別当の『小菅山日供並燈明再建立縁起』は、「百五十年来亡所と成りおわんぬ」と記し、『瑞穂村誌』は、「七堂伽藍四〇余坊の盛況は畢竟過去の夢の如く葬られた」と表現し、いずれもが、一六〇〇年代後半から一七〇〇年代初めまでの小菅の宗教都市としての衰退を嘆いている。

しかし、このような中にあっても、小菅権現に対する信仰は維持された。これを示す事例として、慶長五年に大聖院別当澄舜が『略縁起』を上杉景勝に上申、慶長六年には飯山城代皆川広照等が小菅神社に白・黒神馬の額を奉納等があげられる。更に小菅権現への崇敬の念が強い松平遠江守忠親が飯山城主になると、奥社は慶安二年(一六四九)、延宝六年(一六七八)、貞享四年(一六八七)、元禄十五年(一七〇二)と続けて修復され、講堂も元禄十五年に修復された

（講堂内に納められている高さ三ｍ程ある阿弥陀如来坐像は、京都大仏師奥田杢之丞の享保十七年（一七三二）の作である）。元禄九年には、現在観音堂の厨子に安置されている馬頭観音菩薩坐像が作られた。更に一七〇〇年代はじめ、奥社に通じる参道に、杉が植樹され（全長二〇〇ｍ、樹齢約三百～四百年）、馬頭観音菩薩石像が建立（享保三年（一七一八））され、更に本地像を安置する加耶吉利堂が建立されるなどして（享保十四年）、奥社への参道が整備された。[36] 奥社の修繕、参道の整備等は、また神社への参拝者の増加を物語るものといえよう。

前述の『小菅山日供並燈明再建立縁起』は、小菅は亡所になったと嘆いたが、縁起作成の前年（正徳六年（一七一六））より、これまで聞いていなかった仏法僧鳥の鳴き声を奥院で聞くようになったと記している。これは、小菅に再び参拝者が訪れるようになり、この人たちに御供米・燈明油の奉納、昔の通りの愛敬守、疱瘡除けの守、平産の守、厄病除けの守、牛馬の札の拝受を呼び掛けたものと解釈できる。

一七〇〇年代半ばに作成されたと推定される大聖院の『諸修行事』が六月四日の祭りを記載しているところから、この祭りも少なくともこの時代には形式が整ってきたといえる。

以上のことから、一七〇〇年代の初めには小菅信仰が再びを取り戻されたといえよう。

小菅は、この時、支配者の交替が行われる。即ち享保二年（一七一七）年、小菅はこれまでの飯山藩の支配下から天領となったのである。とはいえ、小菅権現に対する飯山城主の尊崇は、天領となっても変わらず、その後も奥社の修理も城主の庇護の下に不断なく続けられた。江戸期最後の大修理は、文政四年（一八二一）から翌年にかけて大聖院第十一代別当栄厳の時に行われた。このような城主側の庇護に対し、小菅側も報恩として弘化四年（一八四七）の大地震で壊れた飯山城の普請に際しては数百本の杉を献納し、両者の関係は深かった模様である。[37]

他方、里社への信仰も維持され、寛延二年（一七四九）から寛政六年（一七九四）にかけて、大鳥居から階段に至る参道に九基の石灯籠が崇敬者より寄進された。さらに、小菅の名所旧跡の由来を説き、小菅権現の霊験を称えた謡曲「小菅山」が明和年間（一七六四～七二）に越後高田藩士山本吉三郎により制作された[38]。

次に小菅に現存する宗教的石造物から江戸時代の人々の宗教観を追ってみる。

表3は、小菅に如何なる種類の宗教的石造物があったかを時代別にまとめた表である。石造物の建造は、年代的には一六〇〇年代に始まる。石造物の存在する場所は基本的には村の北半分である。南側には、神戸へ通じる風切り峠に石造物があるのみである。これは、南側の大半を占める南竜湖が湿地帯で最近まで田圃として使用されていたためではないかと考える。

現存する最古の石造物は、観音堂前にある高さ五〇㎝程の船型半肉彫立像の地蔵菩薩である。寛永元年（一六二四）の銘がある。次に古いのは寛永十三年（一六三六）銘の大聖院再興者神袋法印の墓碑と、明暦二年（一六五六）銘の里社再興者であり、社家鷲尾家中興の祖祠官鷲尾元重の墓碑である。

小菅で石造物が最も多く作製された時期は、一七〇〇年前後からの百五十年間である。まず、石灯籠が一七〇〇年末からの五十年間、里社の参道を中心として六基建立された。慶応二年（一八六六）にも参道入り口に対の灯籠が寄進された。この時の金銭の出入りについて『當家記録』は次の通り記している。

里宮大門前石灯籠、去年より始当年出来、五月二日棟上、石工手間衆弐百四拾人計送ル、作料金弐拾壱両壱分壱朱、石工江祝義、〆金壱両三分弐朱、其他酒扶持米賃銭等惣〆金四拾五両余送ル、外に金五両燈明料役元より出ス、去年石工宿利右衛門江頼扶持米ハ、世話人より遣ス、当年ハ石工賄予方ニ而世話スル、石工手間八十五人、此分米八斗四升代金四両請取、酒九升代金弐分請取、外ニ金弐両弐分礼として持参致し候故、辞退致し候へ共、達テ申ニ任せ燈明料として請取置候、棟上の節、村中江酒披露、酒五斗予方ニ而買、此代金弐両弐分也、金壱両より壱分迄寄進いたし候者江、ハタ飯振舞、入用別帳に記、棟上ノ節、偏倍行事勤初尾金壱分也、神戸手代ニ頼、犬飼、初尾金壱朱つゝ、（後略）

次に巡拝塔が、一七〇〇年後半三基、一八〇〇年前半六基建立され、集落の人々が西国・秩父・坂東の聖地を精力的に巡礼した様子が窺える。また、十九世紀前半に講が盛んに行われた模様である。里社参道入り口の二十三夜と書かれ、講中により立てられた月神の石碑（文化七年（一八一〇））、真言宗の講・光明真言塔の石碑（天保三年（一八三二））、徳本念仏講の石塔（天保九年（一八三八））、また、神仏分離の影響で仏教的色彩を排除して「国常立命」の名で立てられた御嶽講の石碑（明治十七年（一八八四））等がその例である。念仏講は明和五年（一七六八）に開始されたとの記録がある。

例祭関係では、天明五年（一七八五）に里社参道に猿田彦命の石造が置かれ、時代が下り元治元年（一八六四）に祭場の講堂前広場の南端に〇印のみ記された「市の神」の板碑が設置された。

小菅権現の本地仏である馬頭観音菩薩は、木造彫刻としては、「加耶吉利堂」の本尊といわれる平安期後半の馬頭観音菩薩坐像、現観音堂の本尊といわれる江戸時代前期の馬頭観音菩薩坐像、観音堂の厨子に入っている元禄九年（一六九六）の馬頭観音菩薩坐像、そして大聖院別当第七世秀光が天明二年（一七八二）に作製した馬頭観音菩薩坐像がある。石像としての馬頭観音菩薩像で年号があるものは奥社参道に建立されたものがあり（享保三年（一七一八））、また建立時期不明の像が奥社にある。神社と観音菩薩の組み合わせという神仏習合の具現化がここに読み取れるが、旧暦六月四日の小菅の祭礼が「馬市」といわれている割には、馬頭観音菩薩の像は少ない。

この他、建立の時期は不明だが、集落の二つの共同墓地には高さ二ｍに及ぶ菩薩坐像がある。人々はお盆が過ぎると御供え物を地蔵の前に置いておく。観音堂の前にはたくさんの石仏が置かれている。ここは土葬時代の集落の引導場であった。当時女性の葬儀参列者は、引導場までは足袋をはかずに草履で来たが、埋める場所へは裸足になって行く風習があったとのことである。蓮池の淵には、弁才天と書かれた石像があり、嘗てはここで斎田祭が行われた。風切り峠には風神のほか、馬頭観音・巡拝塔が多数ある。馬頭観音は峠で死んだ馬の持ち主が建立し、巡拝塔はこの峠から出入りした巡礼者が建立したものであろう。修験・密教関係では、大日如来・不動明王像がある。

2　里社祭神の変化

『小菅神社伝記』に、これまでの由緒と異なる記載が見出される。

①役行者の前に現れた神を、『来由記』、『略縁起』とも、馬頭観音の化身である印度摩訶陀国の仏教の神である摩多羅神であるとしているが、『小菅神社伝記』においては、馬頭観音が垂迹した神は摩多羅神ではあるが、実は日本の神道の神、素戔嗚尊(表記は原文のまま)であるとしている。これは、神社の権現が小菅という地名を持った神であったが、何らかの理由で権威付けが必要となり、記紀の神名を持ちだしてきたと考えられる。

②『来由記』、『略縁起』では、元隆寺創建時代の人物としては登場していなかった鷲尾元隆なる人物の名が『小菅神社伝記』に記されている。関連部分は以下の通りである。

延暦帝八所大権現之間食神威ヲ、為勅使ト鷲尾中将元隆詣此地ニ使祈為逆徒対治ノ伽藍造栄御願ヲ、観応如響逆徒伏誅王事無監、大同元年田村将軍七百貫文之神領賜之ヲ、再ヒ建八所権現ノ宮殿幷末社伽藍等ヲ、輪奐改観ヲ、又新ニ建社司社僧ヲ、則賜り鷲尾元隆之四字ヲ、社司鷲尾姓壱人幷社家二人巫女八人、

即ち、延暦天皇が、逆徒退治及び伽藍造営の祈願のため小菅に鷲尾中将元隆を派遣した。大同元年(八〇六)田村将軍が八所権現宮殿及び末社伽藍を建造した時、神社も建てられ、その時の社司は鷲尾元隆という名を賜わったという。

③『来由記』では、大同元年、田村将軍が八所権現本宮と権現の本地仏を奉安する加耶吉利堂を再建し、新たに元隆寺を建立した（『略縁起』では元隆寺とは一山の寺号であるとしている）。そして落慶供養の夜に八幡大神が現れると、直ちに神祠を建てて鎮守の神としたとある。ここで述べる「神祠」を現在の里社と仮定すると、寺を守る里社という位置付けになる。しかるに、『小菅神社伝記』は、「神宮寺ハ号元隆寺一箇寺」と記し、元隆寺は神社を守る寺という位置づけにしている。

④以上、『小菅神社伝記』での変化は、第一に社家鷲尾家が神社史の中に新たに登場し、神社（現在の里社）と元隆寺との関係が逆転し神社が寺の上に立ち、全体として神道色が強くなっていることである。第二は、祭神の変化である。これらの変化は、社家の立場が寺僧より強化されたこと、或いは立場が逆転したことによるとも考えられる。しかしながら、当時の小菅村における大聖院の権勢から考えるに、両者の立場が同等になった、あるいは逆転とまで表現されるほど大きく変化したとは考えにくい[39]。とすると『小菅神社伝記』が書かれた当時の神道を巡る時代背景を考えねばならない。それは、国学の台頭である。神道を、神仏習合から、「漢意」を捨てた『古事記』重視の視点から再構築しようとする時代の流れである。小菅神社の祭神についていえば、この時代的背景を反映して、摩多羅神（本地馬頭観音）という神仏習合の神が『古事記』の神、素戔嗚尊に変更されたとも考えられる。

『小菅神社伝記』で、小菅神社の祭神として素戔嗚尊の名が登場することにより、以降これが集落で定着していった模様である。例えば、明治二年（一八六九）付「弁事役所宛高井郡小菅山別当大聖院等復職願並び社号改称願等」では、小菅神社の祭神は素戔嗚尊となっている。これは、当時由緒の書き換えの際、神社の権威を高めるために記紀の神を祭神とした例の一つといえるのかもしれない。また、『下高井郡誌』は、明治時代以降、祭神が素戔嗚尊であるが故に、その祭りが祇園祭と呼ばれるようになったとしている。

いずれにしろ素戔嗚尊というような記紀に登場する神に祭神を変えたことは、何らかの作為があってのことであろうが、『小菅神社伝記』が如何なる経緯、時代背景の下で執筆されたのかを知る必要がある。これは今後の研究をまたねばならない。

3　農村としてのムラの発展

他方、農民にとっての集落は、江戸初期より「小菅神社の旧観漸く恢復し、六月四日の例祭に当り、毎年一週間宛の馬市を開く事なり、「小菅四日」又は「小菅の市」として、近在に名高く、以て明治に至れり」との『下高井郡誌』の記述の如く、里社が復活し祭りが盛大に行われ、馬市が開催されるまでに発展した模様である。(40)

小菅の村高は、松平遠江守時代(一六三九～一七〇六)に、急増し二〇三石八斗四升六合から三六三石六斗四升二合と七八・四%増の高率で伸びた。その後小菅は、享保二年(一七一七)から天領となり明治を迎えるが、村高は、天明三年(一七八三)、四二一石四斗二升一合、天保五年(一八三四)、四三五石五斗六升六合と大きな変化はなく、また人口・世帯数も、宝暦四年(一七五四)に人口四一五人、世帯数九〇、弘化四年(一八四七)に人口四七六人、世帯数一〇八とそれほど増してはいない。(41)

副業としては、江戸時代の初めより紙漉きが盛んとなり、昭和の中期まで続いた。

集落の人々は、大聖院が支配する寺百姓と村方が支配する百姓とに分かれ、日常生活はともかく、神事・祭り等においては、おのおのが別々に独立して行っていた模様である。(42)大聖院は、この頃、経済的基盤が強化され、大聖院別当は江戸時代を通じ、「だんな様」といわれ、小領主の如き権勢があったとのことである。例えば、文化十五年(一八一八)付「小菅村差出明細帳」によれば、大聖院高が七九石四斗二升四合、寺百姓二三戸であった。ちなみに当時の小菅全体の村高は四二一石六斗五升六合であり、戸数は一〇四戸であった。小菅の二分割支配体制については、後述する。

三　明治時代以降の小菅

1　明治から現在まで

小菅は、明治維新後、現在に至るまで人口・世帯数において、大正二年（一九一三）に人口五六〇人、世帯数一〇七、昭和二十五年（一九五〇）に人口五五六人、世帯数一〇四と二度のピークを迎えたが、その後は減少の一途を辿り、現在（二〇一七年四月末）は人口一四七人、世帯数六五戸である。現在、集落は少子高齢化・過疎化に直面している。

小菅は江戸時代初期飯山藩領であったが、享保二年（一七一七）以来天領となり、幕末まで信濃国高井郡小菅村といわれていた。維新後行政改革が行われ、明治四年（一八七一）の廃藩置県にともない長野県高井郡小菅村となり、明治十一年（一八七八）、近隣の村々（小菅・犬飼・神戸・関沢・針田・笹沢・前坂）との合併により下高井郡高野村小菅に、明治二十五年（一八九二）、他村との合併により下高井郡瑞穂村小菅となった。戦後は、昭和二十九年（一九五四）に飯山市と合併し飯山市瑞穂となり、小菅の名は行政名としては消えたが、瑞穂を形成する一つの「区」の名として現在でも使用されている。

明治二年（一八六九）、神仏分離により、小菅山は分離され、大聖院は廃寺となり大聖院別当武内大膳は復飾し神主となり、社家鷲尾元福は帰農し神主を廃業した（但し明治二十五年（一八九二）に八所大神祠掌となり神職に復帰）。この結果、里社が唯一の神社となり、社名を八所大神に変更した。明治四年（一八七一）五月、神社の社格制度が敷かれ、明治六年(一八七三)四月、郷社に列格された。更に明治三十三年(一九〇〇)、社名を小菅神社と改名した。明治四十二年(一九〇九)七月、瑞穂村内の村社一〇社、無格社五社は小菅神社に合祀され、以来一村一社全村民が氏子となった。これは昭和二十一年(一九四六)の分社時まで続いた。この間、氏子による寄進奉仕のもと社殿が整備充実され、昭和八年(一九三三)十二月県社に昇格、昭和二十五年(一九五〇)十二月、連合軍による神道指令まで、例祭日には県の供進使の参向があった。

2 小菅信仰の波及

小菅山は、室町時代、戸隠山・飯縄山と並ぶ北信濃の三霊山の一つといわれていた。『瑞穂村誌』(四一五頁)、は、「室町時代にはかく回禄や戦禍に罹ったが、幸いに付近篤信者の合力で宮殿坊舎の美観を保ち、北信の霊域として戸隠山・飯縄山と共に三山として崇められた」と記している。確かに、戸隠や飯縄の当時の修験の活動の盛況さやその信仰の後世への影響も史料等から確認できる。小菅信仰については、中世期における当多くの僧坊を擁した元隆寺の繁栄振り、江戸時代における奥社への参道の整備、灯籠の寄進、馬市を兼ねた柱松祭りの盛況さなどから、小菅権現への信仰の程が窺える。しかしながら、現時点では、戸隠信仰や飯縄信仰と異なり、小菅信仰が小菅集落以外の地へ波及している痕跡は殆ど見出されていない。数は少ないが論者の調査で、これまで判明した小菅信仰の痕跡は以下の通りである。

(1)柱松

現在、小菅と同類の柱松の行事を行っているのは、小菅近郊の長野県下高井郡木島平村南鴨と同村内山の二ヶ所である。祭りを南鴨では柱松子、内山では松子と呼んでいるが、いずれも、二人の松神子が柱松の上に置かれた尾花に火を鑽り出して点火し、年占い的手法を用いて、豊作祈願を行うという小菅のハシラマツの儀礼を基本的に踏襲している。但し両者とも、祭神は大日如来であり、南鴨は全員子供、内山は祭りが夜間に行われる点が小菅と大きく異なる。両者の祭りの起源については、小菅のハシラマツを導入したとの伝承がある。

南鴨の祭りの起源については、一説は、火防のため戸隠神社より大日如来を勧請、護摩堂を建てて祀り、祭事として柱松子をしたというものである。他の説として、江戸の初期、鴨ヶ原村を北・南に村分けした際に、南鴨の住民が村の結束を図るため、祭りを始めることにし、その際、同村にある修験寺である大徳院の修験中塚家に頼み、小菅に出向き祭事を習い、村の祭事としたとの言い伝えがある。[43] 江戸期、中塚家の修験僧が小菅の祭りに参加していた記録がある。[44]

内山の松子の起源については、『信州ふるさとのまつり』（笹本正治監修・長野県商工会青年部編、星雲社、二〇〇五）に次の記述がある。

三百年近く前、内山地区に疫病が大流行した。この時、御嶽山で修行を積む地元の修験者たちが、小菅山元隆寺の講中を通じて、疫病除けの神事に柱松神事を導入した。それが定着し、祭りとして現在まで継承されている。行事が行われる大日堂は、当時の人々が疫病退治の願いを込めて建てたものといわれ、現在も厚い信仰を集めている。

村には、確かにこの通りの言い伝えがある。村の入り口にある三基の赤地蔵の座像は、当時疫病よけに建立されたものであるとのことである。祭場に建つ大日堂に納められている本尊大日如来は、享保十二年（一七二七）の製作で、赤地蔵もその頃建立されたといわれている。

(2) 講

上記の内山の小菅ハシラマツ導入は、「小菅山元隆寺の講中を通じて」とある。確かに、内山には、江戸時代、ここで述べる講と同一か否かはわからないが、「小菅山護摩講中」と呼ばれる講が存在していたことを示す史料が残されている[45]。このことは、小菅以外の地にも小菅権現を信仰していた宗教団体が存在していた可能性のあることを示唆している。講の存在は、今のところ内山でしか確認できていないが、小菅神社の社領が小菅以外近郊六村（笹沢・針田・前坂・関沢・小見・神戸）にまで及んでいたことから考えれば、ある程度の範囲の地域で小菅信仰が存在していたことは推論できる。

(3) いのち権現

新潟県十日町市松代・松之山地区には小菅権現を「いのち権現」と称し、これを信仰する人々がいる。

この地域の人たちの話によれば、この地域では、小菅の権現様を「いのち権現」といい、昔からお参りする風習がある。特に男子は一生に一度は「いのち権現」にお参りに行かねばならない。戦争中は、若者が兵隊に行く前に必ずお参りに行った。他方女性は昔、この地方が機織の産地であるので、機織がよくできるようにと機織の神様が鎮座する黒姫山に詣でたとのことである。小菅への参拝は基本的には個人で行くもので、講を作って組織的に行くということはないとのことである。

現存する奥社の賽銭箱に書かれた「小菅講」は、当時寄付金を集めるために便宜的に作られたもので、目的が達成されると自然に消滅したとのことである。小菅権現詣の理由について、多くの人は、昔からの習慣で行っている、健康祈願のために行く旨話している。実際、お参りして難病が治った人がいたとか、病気になったのでお参りを始めたという人もいた。奥社にある賽銭箱、灯籠立て、願掛け・満願の幟は、この「小菅講」から寄贈されたものである。

管見の限り、松代・松之山地域の公的文献で「いのち権現」に触れたものは、松代町蒲生集落誌『蒲生ガ池―蒲生の歴史―』（蒲生教育委員会、一九六九年）の「小菅様権現（小菅神社）」の項のみである。ここには、「長野県下水内郡の小菅村にある、岩窟を利用して社殿を築き、老杉全山をおおい、神秘の感に打たれる。上杉謙信の蹄の跡、弘法の投筆等の伝説も残っているが、近隣の尊敬篤く、蒲生でも生命救護の願をかけるものが多く、命権現とも言われている」と記されている。

小菅の集落の人々は、松代・松之山地域からの参拝者が多いことは知っているが（小菅の民宿の一つが参拝者の常宿であった）、何故に多いのかについては、僅かに「謙信との関係ではないか」という人がいる程度である。唯一、ある古老が戦時中新潟県高田の連隊に配属された時、松代の人から「松代では、小菅の権現は「いのち権現」といわれているが、これは川中島の合戦の時謙信が武田の追っ手から逃れるために小菅の山に逃げ込んだところ助かったという故事による」と聞かされたことを話してくれた。確かに奥社への参道に高さ一ｍ程の石があり、謙信が武田の追撃から逃れるために隠れたという故事にちなみ「隠石」と呼ばれている。小菅は上杉との関係が深く、天正の頃、上杉の所領となり、この頃神社が復興した。また謙信は八所権現への信仰が厚く信玄との戦いの勝利を願う願文を神社に奉納している。他方松代地域においては氏神社である松苧神社（松苧大権現）が謙信との関係が深い。

小菅神社の会計簿に、「昭和二七年八月一二日　新潟県東頸城郡崇敬講へ出張　二人分四、二九〇円。昭和五二年七月八日　松之山講　賽銭箱奉納　初穂　二〇、〇〇〇円。同上　お礼代四、四〇〇円。同上　賽銭　三、三一七円。昭和五四年　松之山講へ　額送料　一、〇〇〇円」との記載がある。ある時期、小菅と松代・松之山との関係が深かったことを窺い知るが、現在はこのような交流はない。

以上、小菅信仰の外部への影響を見てきた。小菅柱松の宣伝文句に、小菅山は「北信濃の三霊山の一つ」という文句があるが、戸隠・飯縄と異なり、小菅の信仰は限られたものであった模様である。

註

（1）元隆寺の坊を書き示した絵図「信州高井郡小菅山元隆寺之図　永禄九年」には、永禄九年という年号が記されているが、『新編　瑞穂村誌』（一八四頁）は、「史料は江戸時代初期に作られたものであるが、当山の盛時を物語るものである」としている。

（2）『信州高井郡小菅山元隆寺略縁起』（慶長五年〔一六〇〇〕、貞享五年〔一六八八〕五月付記）（『信濃史料』第一二巻　一六六頁　信濃史料刊行会　一九五八）。

（3）『新編　瑞穂村誌』近世　第一章　第四節　村と村との争い（一九八〇）。

（4）集落の古老からの聞取り。

（5）『新編　瑞穂村誌』一九八〇　三九三頁。

小菅では、江戸時代より昭和四十年代中頃までは、雪の寒さ、また清水が豊富なことを利用しての紙漉きが盛んであった。紙はその発祥地が近郷の内山村であることから「内山紙」と言われているが、生産が開始された江戸初期から生産量において小菅は近郷の他の村より多かった。紙漉きは冬の仕事であり、これがために、小菅では冬季に出稼ぎに行く必要性が少なかった模様である。

（6）小菅山並びに元隆寺の歴史を伝える『信濃国高井郡小菅山八所権現幷元隆寺由来記』（『信濃史料』第一二巻　一六六頁　信濃史料刊行会　一九五八）には、天正十一年（一五八三）五月の日付があるが、『新編　瑞穂村誌』（一八四頁）は、この史料は「江戸時代初期に作られたものであるが、当山の盛時を物語るものである」としている。

（7）原田敏明　一九五七　「村の境」（『社会と伝承』第一巻第四号）一一八〜一一九頁。

（8）「小菅村村差出覚控」宝暦四年（一七五四）（小菅区所蔵）等。
（9）「寺院廃却届」明治六年（一八七三）（小菅区所蔵）。
（10）美妙寺は、『信濃国高井郡小菅山八所権現幷元隆寺来由記』に、小菅山末院一〇寺の一つとして、記載されている。ただし村名は小倉崎となっている。寺の住職によれば、寺の鐘に「元隆寺」という文字が刻まれているが、現在寺は真宗となったため、小菅の菩提院（元隆寺末寺、真言宗）とは関係がなかった。
（11）『當家記録』は、『鷲尾山城正元昌代　當家記録　弘化五年申正月吉日付』と題する史料で、小菅神社の社家鷲尾家に伝わる史料で、同家第八代当主鷲尾山城正元昌代が弘化五年（一八四八）から明治六年（一八七三）までの二十六年間にわたり書き続けた記録である。この史料は、同時代の集落の様子を伝える、集落で唯一現存する貴重なものである。その内容は、元昌の家庭内のことから、神社・村の出来事、各地の異常事、中央での出来事等極めて広範囲に亙っている。詳細は、拙稿「『當家記録』―神主の記録」（『信濃』第六四巻第一号）を参照されたい。
（12）現存する掛け物には、三猿が描かれている（菩提院保管）。
（13）平山敏治郎　一九八四『歳時習俗考』法政大学出版局。
（14）菊池健策　二〇〇〇「ひまち」（『日本民俗大辞典　下』吉川弘文館）。
（15）亀山慶一　一九九四「おこぜ」（『日本民俗事典』弘文堂）。
（16）ムラの会計簿では、子供の祭礼への補助は昭和三十一年（一九五六）まで毎年なされているがそれ以降はない。ここから判断するに、祭りは昭和三十二年から取り止められたと推測出来る。その理由については、当時の学校の先生が子供を夜遅くまで遊ばせておくのは教育上望ましくないとして反対したためとのことである（聞き取り）。
（17）『新編　瑞穂村誌』一九八〇　一一五頁。

(18)「結縁灌頂道具目録」興国二年九月九日の条(『信濃史料』第五巻　信濃史料刊行会　一九六九年)。
(19)各由緒における異同については、笹本正治「小菅山縁起から見た元隆寺の歴史と伝承」(長野県飯山市教育委員会、二〇〇五『長野県飯山市小菅総合調査報告書—市内遺跡発掘調査報告　第二巻　調査・研究編—』「第二章　信仰の変化とまつり」)を参照されたい。
(20)北信濃斑尾山の名は密教の魔多羅神から名前が由来しているということであるが、この地方の伝承によれば、小菅に現れた馬頭観音は、斑尾山から飛来したとのことである(『新編瑞穂村誌』一九八〇　一八二頁)。なお、魔多羅神は天台宗系の寺の祭神であることから、元隆寺も天台系の寺院であったことがわかる。
(21)桓武天皇を『略縁起』では平城天皇としている。
(22)井原今朝男「顕光寺と修験道の発達」(『戸隠信仰の歴史』戸隠神社　一九九七)。後白河院が編纂した『梁塵秘抄』に四方の霊験所の一つとして「信濃の戸隠」が詠まれた。
(23)高橋平明「第六章　小菅山神社の馬頭観音信仰と美術工芸」(長野県飯山市教育委員会　二〇〇五　前掲)。
(24)『来由記』。
(25)『新編　瑞穂村誌』一九八〇　一九一頁。
(26)熊野若王子神社所蔵、応永二十八年付足利義持発禅林寺僧忠意宛御教書及び応仁元年付足利義政発禅林寺僧忠雅宛御教書(『信濃史料』第七巻及び第八巻)。
(27)『新編　瑞穂村誌』一九八〇　一八九頁。
(28)江戸時代初期の作と言われる「信州高井郡小菅山元隆寺之図　永禄九年」には、四八坊が描かれている。この絵図は、「永禄九年」当時のものでないにしても十六世紀中頃に、小菅に多数の坊が存在していたことを推論させてくれる。

(29) 版木『小菅山日供並燈明再建立縁起』は個人の所蔵である。全文（読下し）以下の通り。

信心の輩をすすめて小菅山の日供並びに燈明の絶えるを再び建立せんと欲する縁起

それ神は人の敬うによって威を増す、人は神の徳に依りて運を添んなる哉、当山権現は本地馬頭観音、神国相応の姿を現し万民豊楽の恵を施し、未来成仏の契を結ぶ、まことに神仏不二の妙體なり、誰人か是を敬うはさらん、そのかみ、平城天舜殊御帰依有て、当山結界の地七ヶ処をよせられ、並びに信心の守護寄進の荘園或るとは、諸民運び来たる燈明御供料山のごとく霞に似たり、故に毎日の神供とばしかくぞ、諸法読経の僧は雲のごとく集り、社参仏詣の輩は霞のごとく来たる、これによって仏法日々に繁昌し神徳年々又倍増す、誠秘密瑜伽の道場、国家鎮護の霊地なり、常に仏法僧の鳥来て三宝をとのう、誠是日ノ本の浮陀落山なり、然る処に永禄十年兵火の災にかゝり堂塔寺院悉炎上し、あまつさえ社領いつとも如く離散して百五十年来亡所と成りおわんぬ、故に不断の勤行神楽もおのずから遠く、寄進の燈明御供を断絶し、人も敬うことをしらず、神徳もいさゝか疎に似たり、しかるときんば、人の運命も又薄かるべし、嗚呼悲しきかな、我山の衰えたる予常に是を嘆くこと年久し、然しといへども不才不徳にして、是をいかんともする事なし、ここに去年卯月初より五月末まで奥院において毎年仏法僧の鳥を聞く、永禄以来此鳥来らざるに、今再びその声を発す、諸人不思議の思いをなす、予神徳の昔にかえらん事を知って、深く歓喜し懇に燈明、香花、御供を供養し、専ら仏法興隆天下泰平の旨を祈る、此功徳遍ねく万人に蒙り、信心の輩をすすめ、昔のごとく毎日の御供をそなへ、不断の燈明をかかげ、万民の願を成就せんとほっす、右分量は別紙にこれをしるす、各信心に供養せば、終に大日の日に立返り神徳再び天下にかがやかん、是神は人の敬によって威を増すの謂なり、又此功徳によって天下泰平、五穀成熟、所願成就、未来仏果の大結縁ならん、是人は神の徳によって運をそふるの道理なり、感応何ぞ空しからん、仏神供養の功徳広大なる事経文にあきらかなり、事繁に依ってこれをおくのみ、

正徳六年丙申正月　日　　別当

日供並燈明油分量乃事

一　毎日白米一夕づつの御供を一年供し奉る、

一年分合三升六合是を日供一膳と定め候、

一　毎日朝晩一燈づつかけ一年分油三升六合、

是を日燈明一燈と定め候、

何も請けとり候日より三百十日供し奉り候、

毎月十九日の御縁日一昼夜燈明一燈供し奉る、

十二月分油壱升弐合是を十二燈と定め候、

常燈は其の法各別なり、もし燈明十人寄り合せ候わば常燈にもいたし候、

各々その意趣を神前に記し置き致し、神願候、

一膳一燈にかぎるにもあらず、信心次第何膳何燈なりとも意にまかすべし、

昔の日供燈明帳少々ここにしるし、信心の輩へしめす、

昔の日供帳

一膳　両親二世安楽のため　　今井村五朗兵衛

天文元五月より

三膳　當病平癒の立願　　野尻九左衛門

昔の日燈明帳

一燈　當病平癒への立願　　　　飯山九兵衛妻
弘治元年正月より
一燈　公事訴訟理非分的利運のため　　中野丸や久蔵
同日
一燈　衆人愛敬の立願　　　　八幡喜兵衛奥女
同年六月より
昔の十二燈明の帳
一基　眼病平癒のため　　　　善光寺
永禄元年六月より　　　　　九や八朗兵衛
二基　商売繁昌勝利のため　　越後長岡
同日　　　　　　　　　　　亀や十兵衛
一基　現当未来安楽のため　　川田村喜栄太
同年八月より
右は昔の帳面少々相残す所をうつし出し候、此度もかくのごとく帳面を神前に相認め納め候、又往古の例にまかせ施主人は札守進み候、愛敬守、疱瘡除の守、平産の守、厄病除の守、牛馬の札如く、往古これを出し候、望みの方は別当へたずねてきたるとも、又奥院へ参詣候はば戴かざる為し、右の御供米、燈明油は、奥院御供所にて成とも別当にて成とも、勝手次第納め致すべく候、
正徳六年丙申正月　日　　　　別当

(30)『小菅神社伝記』。

(31)『新編　瑞穂村誌』一九八〇　五一一頁。

(32)『新編　瑞穂村誌』一九八〇　二二〇頁。

(33)『新編　瑞穂村誌』一九八〇　二二三頁。

他方、『小菅神社伝記』は、移封の模様を以下の通り記している。

国主上杉景勝移ス封ヲ奥州ニ之日、勧請八所ノ神霊ヲ於奥ノ米沢ニ、即建神祠ヲ号小菅山八所大権現ト、建神宮寺ヲ云元隆寺ト、神主又云鷲尾氏ト、此時灰燼余ノ宝物悉移米沢ニ、

これによれば、米沢に八所大権現と称する神社が建てられ、同時に建立された神宮寺を元隆寺と称した。神主は鷲尾氏である、ということであり、移転したのは、八所大権現(奥社)・元隆寺・社家鷲尾家である。しかし『米沢市史』によれば、江戸期米沢において見られる小菅関連の寺社の名は、大聖寺のみである。大聖寺は、慶長十四年(一六〇九)、上杉家の御廟に勤仕する寺院(これを能化衆という)の一つとして米沢城二の丸に建立され、明治三年(一八七〇)、神仏分離令により破却され、市内の新義真言流龍燈院に引き取られた。しかしながら、現在、龍燈院は存在するも、大聖院は廃寺になっている模様である。なお、会津における大聖院の所在は不明である。また、本史料によれば、小菅山八所大権現の神主は鷲尾氏であるとしている。鷲尾氏は、小菅神社里社の神主であるので、里社も米沢に移転したとも解釈できる。しかしながら、管見の限り、米沢における史料において、小菅神社が存在した記録はない。従って、小菅神社・神主は奥州に移転しなかったのではないかと推測するが、この点に関しては更なる調査が必要である。

(34)『新編　瑞穂村誌』一九八〇　六二頁。

(35)桜本坊の名は、大同元年(八〇六)桓武天皇が坂上田村麻呂将軍を遣わし建立した小菅山元隆寺の僧房の名の一つとし

てあがっている。また、「信州高井郡小菅山元隆寺之図　永楽九年」にも、桜本坊という名の寺が現在菩提院がある地に存在する。

(36)『来由記』によれば、行基が当地に来た際、自ら馬頭観音像を彫刻し、それを奉安する堂を建立したが、その名を加耶吉利堂と言う。このお堂は、明治二十七年（一八九四）に移築されたが、それが現在の観音堂である。観音堂には八所権現の本地仏である馬頭観音像を納めている。

(37)『新編　瑞穂村誌』一九八〇　五一一頁。

(38)『新編　瑞穂村誌』一九八〇　五三八頁。

(39)天保三年（一八三二）付村高帳によれば、大聖院は七八石余、他方神主は七石余で、両者の経済力には雲泥の差があった。更に大聖院は寺領百姓として、二三世帯、一〇七人保有していた（文化十五年（一八一八）当時）。

(40)『下高井郡誌』一九二二　二四九頁。

(41)『新編　瑞穂村誌』一九八〇　三〇一〜三〇二頁。

(42)『當家記録』安政三年（一八五六）の項。

(43)木島平村教育委員会作成資料　二〇〇七『南鴨　柱松子』。

(44)元禄十六年（一七〇三）付大徳院文書。

(45)明治三年（一八七〇）六月付高井郡内山村小菅山元護摩講中惣代発信州高井郡小菅山武内大膳宛文書「入置申一札之事」（内山村所蔵）は、神仏分離の際、小菅山護摩所にある不動明王の立像を内山村の龍奥寺（現在廃寺）で保管すると言う内容で、その仲介の労を取ったのが「小菅山護摩講中」である。差出人の名前は「小菅山元護摩講中」となっているが、文中では「元小菅山護摩供講中」と記されている。

第二章　柱松の儀礼と意義

第一節　現行の柱松

現在小菅では、一年を通じて集落全体の祭りとして、元旦祭（元旦）、道祖神祭り（一月十四日）、おひまち・建国祭（二月十一日）、春祭り（四月十五日）、斎田祭（五月下旬）、大祓式（六月末日）、例祭（ハシラマツが行われる例大祭は三年ごと）（七月中旬）、風祭り・弁才天祭り（七月二十五日）、秋祭り（十一月二十四日）、大祓式（十二月二十九日）、除夜祭（大晦日）が行われている。例祭は、小菅神社にとり、また集落にとり最も重要な祭りである。

以下、二〇〇七年の例大祭を事例に取り論じる（写真３）。

一　祭りの名称・祭日・運営母体

１　名称

祭りの名称は、祭り前日の夜宮と当日の本祭で神事（里社）、神輿渡御及びハシラマツが行われる祭りが例大祭、夜宮と本祭の神事だけ行われる祭りが例祭と、それぞれ称されている。地元では前者を松子、後者を例祭とも呼んでいる。名称は神社側からすれば、式年大祭或いは式年祭である。その他、「柱松柴灯神事」（『長野県飯山市小菅総合調査報告書』長野県飯山市教育委員会、二〇〇五）、「柱松行事」（文化庁）、「小菅祇園祭」（小菅のポスター）等の呼び名がある。

二〇〇七年の祭りは、本祭で神輿渡御・柱松双方が行われたので例大祭であった。

現在、小菅神社の主祭神は素戔嗚尊となっている。里社の祭神の名として素戔嗚尊が最初に文献に現れるのは、文化十四年(一八一七)写の『小菅神社伝記』であり、公文書は、明治初期の神仏判然令に基づき権現号改称を申し出た「弁事事務所宛高井郡小菅山別当大聖院等復飾願並び社号改称願等」(明治二年(一八六九))である。『下高井郡誌』一九二二年、三三三頁)は、祭神が素戔嗚尊であるが故に、その祭りが祇園祭と呼ばれるようになったとしている。『新編瑞穂村誌』(一九八〇年)は「七月十五日祇園祭」という表現を用い、『信濃』(第一次第二巻八号、一九三三年)は、「小菅おてんじょう」と題する論文で「おてんじょう、と云へば直ちにわが小菅のお祭り日と合点され」たと紹介している。現在でも集落外の古老の中で祭りを祇園祭と呼ぶ人がいる。確かに、夜宮の灯籠行列の扇灯箭には、「祇園祭」の文字がみられる。また、神輿を「てんのさま」、祭りの際に神輿を里社の神輿殿から急な階段を下すことを「てんのおろし」、神輿が講堂前広場に入る前に、ひと休みのために降ろされる石を「てんのいし(天王石)」と呼ぶなど、素戔嗚尊と習合した牛頭天王信仰との関係を窺わせるものが多々ある。

『小菅神社伝記』によれば、元来、役行者が小菅山に招致した八所からの権現の一つが小菅権現であり、その別名は摩多羅神、本地仏は馬頭観音であった。従って、論理的には馬頭観音は、役行者が八所権現を祭る宮殿を建てる前に小菅という集落に何らかの形で鎮座していたことになる。その集落が現在の小菅であると想定すれば、小菅の集落に鎮座していた祭神が、小菅権現即ち馬頭観音であり、それを祀る社が現在の小菅神社里社と言えよう。馬頭観音は、本来は衆生の無智・煩悩を除き、諸悪を毀壊する仏教の菩薩であるが、馬頭という名称から馬に結び付けられ庶民に広く信仰されてきた。小菅の祭りも、かつて「小菅の市」と称され、祭りと平行して開かれる馬市で有名であった。これは、神社の祭神が馬頭観音であったことに由来するものであろう。この信仰によれば、小菅神社の祭神は、馬の健康・安全を守る神、つまりは馬の労働により豊作をもたらす神ということができる。

従って、里社の祭神の性格からすれば、祭りを「祇園祭」と呼んでは、祭り本来の意味がみえてこず、的確ではないと考える。『新編　瑞穂村誌』では、「柱松の祭りという名は、現在も続けられているこの祭りの中心行事の内容から出たものであり、一般にはこの名で広く通っている」としている。

また小菅の住民自身、「祇園祭りという名称は、集落では聞いたことがないし、集落の人は使わない」ということで、「祇園祭」という呼び名は小菅では定着しなかったようである。

2　祭日

二〇〇七年の例大祭は、夜宮が七月十四日(土)、本祭が十五日(日)に行われた。祭日は、明治五年(一八七二)、太陽暦採用以前は六月四日で、祭りは「小菅四日」とも呼ばれ、六月十一日まで行われた。太陽暦を採用した明治六年、旧暦六月四日が新暦七月十五日に当たったため、以降祭日を毎年七月十五日(本祭)にしたといわれている。さらに、集落の多くの人が給与所得者となり週日を祭りのために割くことが困難となったため、一九八九年より本祭を七月十五日の後一番近い日曜日とした。なお、昭和四十一年(一九六六)、奥社大改修が行われた際、人口の減少、祭事費の増大等の理由で昭和四十三年(一九六八)より、夜宮、里社での神事、神輿渡御、ハシラマツを一緒に行う「例大祭」を、三年に一度とし、その他の年には、夜宮、里社での神事のみの「例祭」を行うこととなり、現在に至っている。

何故に祭日が、旧暦の六月四日であったのかについては不明であるが、中世期小菅は修験道系の寺院の町であったこと、現在の祭りに点火の速さを競う修験の験競べを始め修験道の要素が多く含まれていることから、祭り日が修験者の修行の日にちと関係していたと推定できる。

3　運営母体

祭りを執行する機関は、「小菅神社柱松柴燈神事保存会」と「小菅神社氏子総代会」(以降、氏子総代会)である。前者は二〇一一年、祭りが国重要無形民俗文化財に指定される際に、宗教色を払拭した名称として行政の指導の下に生まれた組織であるが、実質的には後者が区の行政の一機関として祭り全体を統括している。但し、氏子総代会が担当するのは本祭のみであり、夜宮(灯籠行列・獅子舞・注連切等)、若衆の選任等は「祭事部」が担当する。祭事部は氏子総代会の下の組織であるが、独立性は強い。祭事部は、昭和十八年(一九四三)「小菅祭事和楽部」として組織化され、獅子舞を担当する獅子掛(獅子舞を舞う者と獅子舞のための笛・大太鼓・小太鼓)、楽器を担当する祇園掛と、柱松掛で構成されている。

獅子舞については、以前、獅子宿があり、一種の講形式がとられていた。親方の家が「獅子宿」となり練習した。祭りの日、まず獅子宿に神主を招き祈禱をし、その場で舞い、その後、講堂内・大鳥居前・神楽殿で舞った。しかし、「獅子宿」制度は「宿」となった家の経済的負担が大変であったこともあり、昭和四十三年(一九六八)、例大祭が三年に一度になった際に廃止された。現在、講堂が祭事部の事務所として使われ、獅子舞の稽古もここで行われる。獅子掛は中学・高校生が担当し、かつて獅子を舞ったことのある人たちが指導している。

柱松掛は、祭事部が選考する。通称若衆と呼ばれ、松神子を補佐する者で総勢一二人。当年は小菅在住者三人、小菅出身で他地域居住者九人、年齢二十五歳から四十二歳であった。若衆は、松神子と同様、祭りの役割と人名が書かれた「行列人足帳」には、若衆とのみ記され個人名は記されない。

その他の組織として「伶人」がある。これは、明治十二年(一八七九)に発足した「神楽講」を母体として組織化され、笛・太鼓・神楽から成る。伶人は宮司により任命される。伶人は、かつては集落生まれの長男しか任命されなかったが、現在はそのような制限はない。現在神楽は人手不足のため女児が舞っている。「伶人」は本祭での里社では神事や行列での楽を担当する。

二　行事次第

二〇〇七年に行われた例大祭を時系列で追ってみると、以下の通りである（図20）。

【六月三十日（土）】

里社における松神子の奉告及び祭りの安全祈願神事が、大祓いの神事直後に催される。これが、祭りの最初の公的な行事である、

一四：〇〇（里社）

社務所から出発した宮司・氏子総代会役員・区長・区長代理・松神子、及びその保護者等の一向が里社に到着すると、拝殿において、まず宮司により大祓いの儀が施行され、続いて松神子二人の奉告、祭りの安全祈願神事が行われる。

松神子は、佐藤一希（関沢）、小林皓成（針田）の二人である。両人とも六歳。両家とも小菅神社の氏子。両家とも子供が生まれた時点で松神子志願を神社氏子総代会長に申し込んだとのことである。

里社における神事後、社務所において、宮司より松神子へ祭りの説明がなされる。

この日、区長は、宮司に燧箱の作製を依頼する。

この日、区長は笹沢・関沢（両区とも昭和二十一年（一九四六）まで小菅神社の氏子であった）、針田（この区には神社がなく、現在でも小菅神社の氏子）各集落の区長を往訪し、柱松立てと祭事の人足の提供を依頼する。

この日前後から、夕刻社務所において、伶人の笛・太鼓、巫女役の神楽の練習が、また講堂において、祭事部員獅子掛の獅子舞の練習が行われる。笛・太鼓の音が森閑とした夜空に鳴り響き、祭りが近いことを集落の人に知らせる。

【七月六日（金）】

山葡萄の蔓の献納（講堂前）

朝、柱を束ね、地上に支える山葡萄の蔓（全長約二〇〇ｍ）が、前坂の人たちにより講堂前に運ばれる。前坂集落よりの献納品である。氏子総代会長が受領。

前坂の人（元前坂氏子総代会長）曰く。「祭への葡萄蔓の献納は、前坂が天領であり、小菅神社の氏子であったことによる。前坂は、ウワムラ・シモムラ・ムコウムラ・ウラムラの四組に分かれており、それぞれのムラが蔓を一本ずつ献納してきた。蔓は地に張っているものでないといけない。幹に巻きついているものは、曲がっており、硬さもあるので綱にするには不向きである。蔓は前坂の入山のものでなくてはいけないとされてきたが、現在は、入山で探すのが難しくなっている」。

神戸（小菅の南隣の集落）の人曰く（昭和元年生）。「神戸は嘗て小菅の祭りで使う柴や雑木を奉納した。それは風切り峠の山頂近くの村の共有林から切り出した。この山を「松子の山」と称した。自分は小菅の祭りに馬で行ったこともある。風切り峠を越えて桂清水で馬の足を冷やし、観音様にお祈りした。馬の格好は特別なものではなかった。昭和四十年（一九六五）初頭まで馬で行った」。

【七日(土)】
午前中、祭場たる講堂前広場で区長・氏子総代会が、柱松及びそれを支える綱を止める杭(各四本)、松石・吹流し等の位置を確定する作業をする。

【八日(日)】
この日までに、集落の一一ある組の伍長は、各自の組に属する家々を回り「尾花」を集め、講堂に集め置く(各家は、尾花たるススキを前年の八月二十七日の「御射山さん」の日に採取し、保管しておく)。

早朝
講堂軒下等から祭りに使用される柱等の資材が取り出され、講堂脇に仮置きされる。

八：〇〇　番屋普請
祭り関連場所を各組で分担して掃除。場所はくじ引きで決める。清掃場所は、追分・仁王門・大鳥居・講堂前・御旅所・里社・社務所と、護摩堂周辺、下馬碑より船石(奥社への参道上にある)までである。各組から誰が出るかは組長の判断。かつては神社関係の祭りには女性は一切関与できなかったが、昨今の人手不足で戸長として女性も参加するようになった(普請は、一年に、春・秋・祭礼時の三回行われ、原則として各家から一人出る。村としての重要な共同作業である。もし自分の家から人を出せないのであれば、他地域に住んでいる自分の親戚等を出すこともできる。まったく人を出せない場合は、金銭を支払うことになっている)。

一〇：〇〇頃　粗朶採取
普請終了後、各組は粗朶(なるべく真っ直ぐな雑木。漆以外なら何でも良い)伐採のために車で北竜湖付近の山(村の共有地ないし民有地)に行く。粗朶は柱松に使う。ケヤキは御旅所の壁代わりに使われる。山に生えている木から、枝を三ｍ位の長さに切る。約三十分で軽トラック二台分がとれ講堂前に運ぶ。
集落の人曰く。「山は今では殆ど手入れをしていないので、雑木をどこの山から取っても文句は言われない。特に集落の人の山なら許可なく採れる」。

一三：〇〇

幟竿立て

集落の入口たる仁王門前から奥社参道入口たる黒門までの、集落の中央を東西に貫く全長約四五〇ｍの大通り沿いの一二ヶ所に、幟（仁王門前、及び民宿マジマ荘前）、大幟（講堂前広場入り口）、大緋旗（黒門前）、緋旗（七ヶ所）を取り付ける竿を立てる。講堂前には吹流しを取り付ける柱が立てられる。黒門前の二本の大緋旗の竿は氏子総代が取り付ける（取り外しも同様）。

小菅においては、基本的に神社関係は宮司、奥社・護摩堂関係は氏子総代、その他は集落の人と、それぞれの仕事の分担が明確に決まっている。

集落の人曰く。「かつて黒門前の大緋幟は大聖院の武内氏が担当したので、その名残で、現在氏子総代会が取り付けるのだと思う」。

大灯籠立て

この間、里社前の大通りでは、祭事部の若手が重機の助けを借りて大灯籠を立てる。昔は全て人力で組み立てたとのこと。その方が安全とのこと。大灯籠は六ｍ程の高さがあり、里社参道の入り口付近の大通りに鳥居のように道をまたいで建てられる。大灯籠は祭事部員で建てられる。灯籠が取り付けられる。

松子立て（柱松作りともいう）（講堂前広場

昭和六十四年（一九八九）に祭日が週末に変わる前は、松子立てが七月十一日に行われていた。この場合、柱松は祭日の当日も青さを保っていたが、現在のように一週間前に松子を立てると、祭りの日には茶色に変色してしまう。

一三：四八　作業開始

最初に区長より、作業の安全祈願の挨拶。柱松作りのために、原則として集落の各家から一人が参加。関沢・笹沢・針田の氏子も参加。針田は慣習的に区長一人が参加。全体として男性三五人、女性一〇人位が参加。

円筒状の柱松が広場の南側の東西の端にそれぞれ一本ずつ立てられる。東側に立てられるのを「カミ（上）」、西側に立てられるのを「シモ（下）」という。「カミ」は、集落の人たちが作り、「シモ」は、集落の人と笹沢・針田の人が作る。

二本の柱松の形状は次の通り。

カミの柱松：飾り赤（天下泰平）、蔓かけ数九、高さ四m、直径約一・二m。

シモの柱松：飾り白（五穀豊穣）、蔓かけ数七、高さ三・七m、直径約一・二m。

両者とも真ん中が膨らんでいる。シモがカミに比べて小ぶりである。

小菅集落の人曰く。「二つの柱の高さの違いの理由はわからないが、勘ぐれば、小菅にハンディをつけて、柱松の祭りが単なる競争を目的とするものではないことを示すためではないか」。

講堂前で、女七人、及び若干名の男性が、葡萄の蔓をタケヤでほぐして、柔らかくする作業をしている（蔓を石の上で、木槌で叩くことにより柔らかくする）。この作業は柱松を立てる作業と並行して行われる。蔓は柱松を縛るためと、柱松を垂直に立てるために柱松と地面にさした杭を結ぶ綱として使用（四本）される。

柱松の作り方は、基本的には、地面の上に、横にして置いた芯棒となる丸太の周りに、粗朶を巻きつけ、それを葡葡の蔓で縛り、できた太い柱を垂直に立てる、というものである。粗朶をしっかりと巻きつけるために、二、三人が丸みを帯びた柱の上にのり、足で踏み固める。柱松の真ん中を太めにして仕上げるのに苦心していた。このような形にすると見た目が美しくなり、今年の柱松は良くできたという評価をもらうようだ。「シモ」は、村の長老が適宜指導しながらやったので、作業がスムースに進んだ。他方「カミ」は、特定の指導者もおらず、各人が前回(三年前)の作業を思い出しながらやっていたので時には意見が食い違い、時間がかかった。例大祭の祭日が三年に一度になったことにより、記憶が薄れ、口伝による技術の継承が難しくなっている模様である。

集落の人曰く。「ビデオでも撮っておかないと、わからなくなっちゃうな」。

柱松ができると、両端をチェーンソーで余分な粗朶を切り落とし揃える。柱松の四方に蔓をかけ、綱と棒杭で皆声を掛け合いながら所定の場所に立ち上げ、蔓で地面に固定する。柱松の天辺に杉の小枝と若衆を支える棒杭を挿す。柱松を囲んで四隅に高さ一m位の杭を打ち、縄をかけ、四方に注連縄を張る。

この間、屋根と支柱のみのお旅所の周囲を粗朶(ケヤキ)で囲う。

この間、お旅所の前にあった「松石」「休み石」(両者とも、後述する松太鼓の演技において使用される)を広場の所定の位置にクレーンで移動。

講堂前広場に紅白の吹流し用の棒二本、反対側に緋旗用の棒二本が立てられる(旗は十四日の午前中に取り付けられる)。

一六：五五　「柱松立て」完了

一七：〇五　直会

講堂内で、関沢・針田からの助っ人も参加して円座して直会が始まる。酒の肴は伝統的に干した鰯である（本年は雨が降ったので、講堂内で行われたが、通常は講堂の西脇の広場で行われる）。

例祭役割分担発表

区長の挨拶の後、区長より、一人一人の例大祭における役割が読み上げられ、各人に役名の書いた紙が渡される。中には不満を漏らす人もいるが、ほぼこれで決まる。役割分担は、基本的には氏子総代会が決める。役割分担については、集落の人には殊の外気を使うためか、氏子総代は、事前に役割案が漏れることのないよう気を配っている様子である。夜宮の灯籠行列（別名灯籠づれ）の制札の一文に、「役割を活発に申し受くる事」とある。

ここで発表される役割は次の通り。

①例大祭当番：奥社当番柏尾（三人）、里社当番（二人）、護摩堂当番（二人）、社務所当番（二人）。

②例祭行列：警固（前衛二人、中衛二人、後衛二人、計六人）、槍（四人）、楽人太鼓（二人、内一人笹沢より）、長柄、唐櫃（二人、いずれも笹沢より）。

③神輿行列：警固（六人）、槍（四人）、楽人太鼓（二人、内一人笹沢より）、長柄、猿田彦命、手力雄命、鈿女命、御榊（二人、いずれも笹沢より）、四神旗（四人）、神輿担ぎ（輿丁）、総計二〇人（関沢祭り保存会〔一九九〇年より〕、針田祭り保存会〔一九九三年より〕からの参加者を含む）。

④柱松行列：槍（二人）、猿田彦、警固（三人）、日旗（天下泰平）、月旗（五穀豊穣）、宝剣旗（上下）、松太鼓、青竜刀、仲取、楽人太鼓（関沢二人）、御榊（関沢二人）、長柄、若党（大紋）、警固。

基本的には、集落の人たちが多くの役を分担するが、人手不足のため、集落出身で現在他に住んでいる者で構成される「小菅の庄友の会」に属する人、及び針田・笹沢・関沢・柏尾等の人たちの助けを借りる。

一七：一七　乾杯
区長より、十五日お願いします、の一言。あとは流れ解散。
【十一日(水)】
一九：〇〇　灯籠張り(講堂内)
夜宮の灯籠行列で使われる灯籠及び大通りの大灯籠用の紙張りが、祭事部員により講堂内で行われる。灯籠の枠は、全て木でできており、そこに糊で白い紙を張り火袋を作る。中に蠟燭を入れる。祭り用灯籠には、制札・剣灯籠・扇・大幟・小幟・御幣の形がある。
終わって獅子舞の練習。
【十二日(木)】
一九：〇〇　灯籠書き(講堂内)
前日紙張りした灯籠に菩提院の住職が墨で文字を書く。灯籠ごとに書かれる文言は決まっており、何を書くかは祭事部が保管する「控え帳」に記されている。
大通りの大灯籠用の灯籠には、正面に「御祭礼」、裏面に「浅葉野の　桂がもとの苔清水　清の心をくむ　人を知る」の歌が書かれている。
【十三日(金)】
一三：〇〇　奥社掃除
宮司が一人で、大鳥居・社務所に注連縄を張る。
氏子総代五人(慣習として区長も参加)が、奥社までの全長約一・五kmの参道沿いにある愛染岩・不動岩等に注連縄を張りながら登り、約一時間かけて奥社を掃除する。

この日、大通り沿いの家では、道路に面した部分に粗朶で垣根を作る。昔は、道路に面した部屋を開けて、そこで見物人に物を売った。現在でも、道路に面した部屋が硝子障子の家があるのは、店の名残である。

【十四日(土)】

八：一五

大灯籠に灯籠が取り付けられる(祭事部員)。

九：四五頃

大聖院の跡地にある護摩堂の正面参道両側に、白旗(五穀豊穣)・赤旗(天下泰平)・宝剣・緋幟等が二列に立てられる。護摩堂内に紅白の幕が張られる(氏子総代等)。護摩堂東脇の空き地に火口神事で使用する火口の焼き場(直径五〇cm程の穴)を作り、その上にテントが掛けられる(雨天用)。

一〇：〇〇頃

大聖院跡地の収納庫から、祭り用の面・衣装・飾り等を取り出し、護摩堂に運び込む(氏子総代等)。

一〇：二五

講堂広場前の大通りに大幟が取り付けられる(祭事部員等)。

一〇：五一

黒門前の大通りの左右に大緋幟(「八所大神」「小菅本社」とそれぞれ書かれている)が立つ(氏子総代)。幡(旗)には、「八所大神」「小菅大社」「流沢加生民」「精誠通神明」「神祇感敬誠」「神餐克滅」「天壌無窮」「左右旋柱」「光華明彩」等の文字がそれぞれ書かれている。氏子総代により里社の前に四神旗が立てられる。里社の拝殿・神饌所に幕が張られる。

以上をもって、祭りを迎える集落の景観がほぼでき上がる。

尾花つくり（護摩堂内）

尾花とは、ススキの穂を竹に束ねたもので、柱松の天辺に取り付けられ、松神子により点火される。尾花の全長は一・六m程である。竹棒にススキを直径一〇cm、長さ三五cm程に束ねて巻き尾花とする。カミ用・シモ用二本作る。尾花を巻く縄（昔は麻を使用。現在は藁製）の長さはカミ用一五尋、シモ用一三尋で、竹の使用部分も異なる。竹は神主の家の裏手の山から伐採。尾花作りは、年季のいる作業で長年の人が一人でやっていたが、最近後継者を育成している。本年は二人の住民により作られた。

一六：一五
尾花が完成、護摩堂内の祭壇に置かれる。

尾花作製者談。「尾花用のススキは良く乾燥しているか否かが問題で、御射山祭り（八月二十七日）の頃採取するススキが一番良い」。

一三：五〇頃
二人の松神子が親族とともに護摩堂に到着。周囲から「おめでとうございます」という言葉で迎えられる。

母親（小林）曰く。「子供が生まれたらすぐ、祖母が申し込み、自分は後になってそのことを知った」。

父親（小林）曰く。「自分が小さい時松子になるようにいわれたが、泣き虫だったので、嫌だといってやらなかった。それが後になり後悔の種だった。そこで、子供には松子をさせようと思っていて、生まれてすぐに申し込んだ。自分は小菅神社の氏子で、結婚式も小菅神社で挙げたので、小菅に対する思いは人一番強い」。

松神子役は、現在では、ほぼ六歳の男児がなる。松神子は、申し込み順で決定されるので、志ある氏子の家では、男児が生まれると直ちに六年後の例大祭の松神子として小菅神社宮司に申し込む。かつては、松神子になるのには経済的負担が大きく、あまりなり手がなかった。しかし昭和五十年代になり、神社への奉納金の額を減じたことから申込数が多くなり、抽選制度を導入した。当時四人募集した。四人の候補者は七月十四日の護摩堂における禊、奥社での参籠に参加するが、翌十五日の「くじ引きの神事」におけるくじによる選別で、その内の二人が除かれた。しかしながら、折角お籠りし、神の依り代になったのに直前で祭りに出られないのは可哀想だとの批判が出て、昭和六十三年（一九八八）以降は、応募者が二人になった時点で募集を止め、その二人が祭りで松神子役を務めることとなり、現在に至っている。松神子の存在は、史料的に江戸時代も確認できる。

一四：三〇　禊（松神子）

褌一つの宮司が護摩堂裏の池に注ぐ滝で禊。池の淵で宮司が二礼、祓の祝詞、二拍手後、裸の松子のそれぞれに左肩・右肩・背中の順で塩をかけ次に柄杓で肩から御神水をかけ、清める（一四：四〇終了）。

神事（参籠奉告祭）

護摩堂内の神棚の前、松神子と親―神棚に相対する。氏子総代役員―神棚左側に一列。

松神子、奥社参籠の無事を祈願。

一四：五五

松神子、護摩堂で着替える。白の浄衣、右衿「小菅神社」、左衿「松神子」黒字。浄衣は、かつては大聖院武内家の奥さんが縫ったが、現在は集落の有志により作製される。

この頃、講堂前広場に紅白の吹流し二本、緋旗二本が立つ。

一五：三〇
松神子一行、奥社へ出発。禰宜・氏子総代会役員・代理区長・松神子、その保護者・奥社当番等、護摩堂を出発。鏡餅（宮司作製）・お神酒・食事等を持参。

一七：〇〇頃　神事・参籠
奥社で式年大祭安全祈願の神事（禰宜が執り行う）。直会後、松神子・男親・奥社当番以外は下山（特に女性の宿泊は固く禁じられている）。

松神子は奥社で籠る。これは松神子が神と同衾し神の依りましとなる儀礼である。

二〇：一五　献灯の儀（夜宮）

第一回目のふれ太鼓（祭事部員）。講堂前から出発し、約十分間大通りを練り歩き、講堂に帰る。

第二回目のふれ太鼓。

第三回目のふれ太鼓（これを合図に集落の人々は講堂前に集まる）。

道路沿いの家の入り口に設けられた小さな道提灯に火がともされる。提灯には家内安全・交通安全等、思い思いの字が書かれる。昔は、この頃家長が神棚に神酒・灯明を上げ、家神へ祭りの奉告が行われた。この日、各家では近在の親戚を呼びご馳走する。男手は殆ど祭りに取られるので、その接待は主として主婦がやる。この日の特別料理は、エゴである。エゴは、日本海で採れる海藻の一種。海のない北信濃においては珍品。そのため、祭りという特別の日にしか口にできなかったとのことである。エゴを食べる習慣は、この地域までで、これ以南の地にはない模様である。これは、昔、エゴは行商人に背負われてきたが、このあたりで売れつくされたためであろうという。

二〇：五三

講堂内阿弥陀仏像の前で、若衆が円座となり神式の拝礼、お神酒。

二一：〇五

講堂玄関入口の階段のところで楽（笛・太鼓―二つ。太鼓は階段の下に置かれ中腰で叩く）。この楽は、社務所にいる警固（別称わけより）に、獅子舞出発の準備ができたことを知らせるためのものである。祭事部員が、社務所に行き、警固を講堂に招く。警固が講堂に到着、祭事部長より一献。警固とは、祭の進行に絶対的な権限を持つ天を司るものであるが、小菅では、江戸の天領の時代中野の代官所より奉行・足軽（六人）の出会いがあり、警固はその名残といわれている。警固が先導しない限り、行列は進行しない。なお現在、奉行役は区長が演じる。

二一：二〇

再度、講堂玄関先で楽。警固に再度一献、全員で「おめでとうございます」。

二〇：三〇　灯籠行列役割発表

講堂前に集まっている集落の人たちの前で、祭事部長が灯籠行列の役割を発表（別名、献灯役割）。制札（火の用心のこと。「役割を活発に申し受くる事。献灯行列を乱す或いは礙げざる事。境内にて不浄行為のあるべからざる事。社内に於いて喧嘩口論なさざる事。右条々堅く相守るべく候成」）、猿田彦、猿田彦掛、神酒、御幣（裃姿の子供が持つ）、高張提灯（社務所・御祭礼。二人）、祇園掛（獅子舞の舞手楽）、獅子掛（七人）、月番（天下泰平・五穀成就。二人）、剣灯籠二、扇灯籠（御祭礼・祇園祭）、大幟（奉献鎮守小菅神社御広前、氏子連。二人）、小幟（奉献鎮守小菅神社御広前、若者連。二人）、八所神（灯籠。広国押武金日尊・伊弉冉尊・大国魂命・手力雄命・素盞雄尊・菊理媛命・瓊瓊杵尊・大己貴命。八人）、大太鼓（二人）、小太鼓（二人）、祇園太鼓、当番長（二人）、祭典掛（七人）、その外（六人）。

祭事部長に名前を呼ばれた者は、講堂の前に立てかけてある灯籠（或いは献灯。それぞれ形は違うが、いずれも木製和紙張りの白一色の火袋に墨で文字が書かれている）を持って、呼ばれた順に講堂前に並ぶ。
灯籠行列（別称灯籠ヅレ。警固を先頭に三列）
広国押武金日尊　伊弉冉尊　御祭礼高張提灯
○警固　区長―御幣―剣―大幟・小幟（天下泰平）―扇（大国魂命・手力雄命）
○警固　社務所高張提灯（御祭礼）―制札―猿田―猿田掛―御神酒―大太鼓（二）―小太鼓（二）―ギオン太鼓（二）―ギオン掛
○警固　祭事部長―御幣―子供―剣（五穀成就）―大幟―小幟―扇（「祇園祭」と墨書）―素盞雄尊―菊理媛命―瓊瓊杵尊―大己貴命―御祭礼高張提灯
近年、灯籠行列は、祭事部員（男性）だけでは、まかないきれないので、各組に一人ないし二人の外部からの助っ人を頼んでいる。昨今は人手不足で女性も参加。
二一：五〇　獅子舞
講堂前に御座を敷き、その上で祇園掛の楽に合わせ、獅子掛による獅子の舞（おんべの舞・剣の舞・おこりの舞―別名くつくつ舞）がなされる。獅子頭の着物は、白と赤、これは女獅子を表す。
二二：〇〇　灯籠行列出発
一行は、警固の持つ高張灯籠（この時、講堂に立てかけてあった高張灯籠二帳も列に加わる）を先頭に、講堂前広場を抜け、大通りを経由して里社参道に入る。
二二：〇五　大鳥居前（社務所横）で獅子舞
社務所の玄関に区長が正座して見物（これは、江戸時代奉行がこのようにして獅子舞をみていた模様を現在区長が再現）。

二二：二五
猿田彦（山伏姿で鳥兜を被る）の注連切り。
左右の薬指に紙縒りを巻いた（血が滴るのを防ぐため）猿田彦が、左手に長さ一ｍ程ある麻の束の松明と右手に真剣を持つ。右足指で「鬼」という字を書いては消し、何度となく注連縄の前を行き来、注連縄を切るしぐさをしながら、縄に取り付けられている御幣に火をつける。最後に真剣で注連縄を切り、大鳥居を駆け抜ける。猿田彦による注連切りは、夜宮の一つの見せ場となっており、松明の火が闇夜に舞う光景は幻想的である。観衆は、猿田彦が注連縄を切りそうになると「まだまだ」とか掛け声をかけ、猿田彦との掛け合いを楽しんでいる様子である（猿田彦にとり、右手と左手にそれぞれ真剣と松明を持ち、また松明の火の粉、汗が顔にそそり、肉体的に大変なこととのことである）。
夜宮の主眼である場の清めは、悪霊を地中に抑え込む反閇という猿田彦の足の運びにより強調される。猿田彦による注連切りは飯山市近郊の祭りの特徴である。
二二：四五
猿田彦に続き一行参道を進み、里社到着。拝殿で神事（区長・氏子総代・祭事部等参加）。
一番長い「大幟」二帳は社務所前の大鳥居に立てかけられたままで、祭りの終わりまでここに置かれる。灯籠は、里社の社殿に上がる石の階段の脇に並べ、立てかけられる。
二二：五五
社殿前の神楽殿で、薪火のもと獅子舞奉納。氏子総代役員は社殿に向かい左側に一列に並び拝見（役員の服装は羽織・黒足袋。役提灯）。薪火の元での力強い躍動的な獅子舞、闇夜に響く楽の音、極めて幻想的。

二三：一五　獅子舞終了
　祭事部員は講堂で直会。
【七月十五日(日)】本祭
七：一〇
　松神子は父親とともに白装束で奥社から下山し護摩堂に到着。朝食後、赤装束の正装に着替える(烏帽子は、この時点ではつけない)。
七：五〇
　若衆一二人が、パンツ一つになり護摩堂裏の滝(昨日宮司が禊した滝に同じ)で禊。若衆、浴衣姿(赤襷)に着替える。
　前回までの慣例では、柱松の上に立てる榊として用いる桂の木二本を、護摩堂裏手の山より切り出すが、この年は、適当な桂の枝が見つからないので、桂清水の近くから伐採。一本には白の御幣一六枚、他の一本には赤の御幣一六枚を結びつける。
七：五五
　松神子を柱松の上に引き上げるための二本の補助縄を撚る作業が、若衆全員により護摩堂広場で行われる(手縄二束と、護摩堂玄関の柱を使い、四本の縄を撚り合わせる独特の方式)。二本目は九時に完成。若衆が祭場の柱に取り付ける。
八：三〇　火口焼き神事(写真3)
　一般的に柱松で点火する火の種は、神火・鑽り火などの清浄な火である。小菅では、火打ち金と火打ち石とを打ち合わせて鑽り出した火を火口で受け、これを火種とし、御幣に火を付け、この火で尾花に点火する。火口として、ブナの木片を使う。このブナの木片を炭状にする儀式が火口焼き神事である。

前日用意された護摩堂東横の火口焼き場で、西端に東面して宮司が座り、真ん中にある炭火の焚かれた穴をはさみ、若衆がそれぞれ六名ずつに別れ、南北に相対峙して座る。里山より切り出したブナを長さ一〇㎝位の木片にして、それを若衆が炭火の上に乗せ、赤く炭状になったら、周りについた灰を吹き飛ばし燧箱に入れ、蓋でつぶす。箱の三分の二ぐらい貯める。

火口を作り終えると、若衆の代表者は、火打ち石を火打ち箱に入れ、これに蓋をし、用意してあった和紙でこれを包み、紅白の水引で留める。この火打ち箱は、柱松行列の出発まで護摩堂内に作られた祭壇に供え置かれる（大聖院があった頃は、火口焼き神事は、大聖院の一室の囲炉裏端で行われた）。

九：〇〇　上・下くじ引き神事（写真3）

松神子と若衆がくじを引いて、カミかシモかどちらの柱の尾花に点火するかを決める儀式である。

護摩堂の祭壇前で、宮司・松神子・若衆が横一列に並ぶ。松神子・若衆は、宮司の持つ「カミ」「シモ」とそれぞれ書かれた紙縒りを一本ずつ引き、「カミ」「シモ」を決める。

その後、祭壇前の横隅で宮司・松神子・松神子の親・若衆が口の字型に座り、「シモ」の若衆の一人が各人にお神酒を注ぐ。宮司より「勝負にこだわりなく、怪我のないように」言い渡す。一拍手、献杯、一拍手、一礼。

警固の到着

警固・槍の一行、社務所前から護摩堂へ出発

一〇：〇五　例祭行列出発（楽の音に合わせ）

里社での例祭に出席する人たちの護摩堂からの行列である（二列）。

○（先導）区長―警固（三）―槍（二）―楽人太鼓（笹沢）―楽人（複数）―巫女（複数）―神官（二）―長柄―御唐ヒツ（笹沢）―松神子（脇に親）―地元（大聖院、祭事部長・副部長等）

○（先導）氏子総代会長―警固（三）―槍（二）―楽人太鼓―楽人（複数）―巫女（複数）―神官（二）―御唐ヒツ（笹沢）―松神子（脇に親）―来賓（国会議員・県会議員・飯山市議会議長・飯山市長等飯山市関係者、文化学園理事長・神社庁・野沢温泉村長、関沢・笹沢・針田・柏尾・北原・神戸・福島・小見・前坂各区長、小菅神社奉賛会長・崇敬者・功労者等）

一行は、氏子総代会計係の音頭で護摩堂の前で勢ぞろいした後、大聖院跡地の石段を降り、梅鉢積み石垣前・黒門前・大通りを通り、大鳥居をくぐり里社に向かう（警固は、素足に草鞋履き、印半纏、陣笠を斜めにかぶり、手に六尺棒）。

一〇：二〇　一行里社到着（警固と槍は社殿外で待機）

一〇：三〇　拝殿で式年祭神事（二五人以上の来賓が玉串奉奠）

一一：二〇　神事終了

御神輿行列（神輿渡御：別名、祇園行列・里社行列・おねり行列）。里社からお旅所までの神の御成りである。

一二：四五　里社境内で楽（太鼓）（時間を置き三回笛を吹く）

一三：〇〇　宮出

神輿掛が神輿殿から神輿を引き出す。鳳凰が禰宜の手により神輿の屋根に取り付けられる。神酒と榊が神輿前に置かれる。

禰宜により、神輿前で神事。神輿に相対して神輿掛が整列。神輿は、宝暦六年（一七五六）越後国新発田藩主溝口出雲守直温公が、娘が飯山藩に嫁ぐに際し、娘の息災を願い大聖院に寄贈したものである。天王様とも呼ばれる。

一三：一〇　神輿行列一行里社出発（二行列）

代理区長を先導に行列は二列で進む。

○警固（三）―槍（二）―楽人太鼓―楽人（複数）―神官（二）―長柄―御榊―四神旗白（白虎）―四神旗黄（青龍）―御神輿掛―来賓

○警固（三）―槍（二）―楽人太鼓―楽人（複数）―神官（一）―猿田彦―手力雄神―鈿女命―御榊―四神旗青（玄武）―四神旗赤（朱雀）―御神輿―来賓

神輿を急な石段（六六段）を降ろすのに、一段一段滑らせる（これを地元では、「てんのう降ろし」という）。階段を降りたところの石橋で神輿を下ろし一休み。その後、講堂前で待機していた若衆が担ぎ手に加わり、早く行こうとする若衆と、そうはさせまいとする神輿掛との間で神輿をもみ合う（神輿を土につけたりするのは神様に申しわけないという宮司の意見で、この年は例年に比べもみ合いが少ないとのこと）。区長は、社務所の玄関の間に正座し、神輿が通るのを見物。これは江戸時代中野代官からの奉行がやっていたことの再現。

揉み合いは、大鳥居まで続く。その後、神輿を講堂前広場入り口にある天王石に下ろし、一休み。

四神旗が神輿を囲む。神輿は、二つの柱松の間を抜けてお旅所に安置される。神輿の前で神事（柱松の無事を祈願）。

一三：四四

松神子は、護摩堂で真紅の直垂（狩衣）に着替え、両端に燧金と鈴をつけた細縄を首にかける、燧金を懐に入れる。

「カミ」の松神子は赤い丸の描かれた立烏帽子、「シモ」の松神子は白い丸の描かれた立烏帽子をかぶり、背中に「カミ」は赤の、「シモ」は白の小さな御幣を背負う。双方白鉢巻。

宮司：赤の正装。

松太鼓：直垂・腰紐・袴・太刀・黒足袋・草鞋・面、左手に太鼓、右手に撥、素足に草鞋。
仲取：ぼさぼさした茶褐色の髪に同系色の面をつけ、直垂に袴、腰に紐をまき、太刀を背負い、素足に草鞋という異様な風態の女性の姿である。
猿田彦：上着（金色）・袴（紫）・草鞋（二枚重ね）・黒足袋、両手中指に「紙縒り」「水引」（手の穢れを祓うため）、面。
神官：正装。
祭壇前で神事。
一五：〇〇　柱松神事
柱松行列一行出発（護摩堂より講堂前広場へ）。神輿がお旅所に到着したのを確認して、一行出発。行列二列。
〇先導・氏子総代会長―槍（二）―松榊白―尾花―燧金―警固（三）―月旗（五穀豊穣）―宝剣旗―松神子（若一名同伴）―楽人太鼓（関沢二）―巫女―御榊（関沢）―御玉串（祭事部長）―神官―長柄―大紋―警固―来賓
〇先導・氏子総代会庶務―槍（二）―猿田彦―松榊赤―尾花―燧金―警固（三）―日旗（天下泰平）―宝剣旗―松太鼓―青竜刀旗―仲取―松神子（若衆一人同伴）―楽人太鼓（関沢二）―巫女―御榊（関沢）―神官―警固―来賓
二人の松神子は、仲取に手を取られて進む（仲取は山姥ともばっさの鬼とも呼ばれる）。
松太鼓は別名、くねり山伏。松太鼓の太鼓の合図に従い、行列は黒門前、菩提院横で一時止まる。更に行列は番所前で立ち止まり、松榊から松神子までの役が左右にそれぞれ入れ替わる（入れ替わらないと、松神子・若衆が講堂前の自分たちの定位に着けないからである）。
講堂前広場では、柱松を囲んで観衆が総勢千人程行列を待っている。
行列、講堂前広場入り口に到着。

ここで、松太鼓が太鼓をポンと鳴らすと、松榊を持った若衆が柱松を駆けあがり、天辺に松榊を立てる（若衆は柱松の上にそのまま残る）。次に松太鼓が太鼓をポンと鳴らすと、尾花を持った若衆が駆けて、柱松の上中央に尾花を立てる（若衆は柱松の上にそのまま残る）。更に松太鼓が太鼓をポンと鳴らすと、右手に燧箱を持った松子若衆二人が早足で柱松に上がり、燧箱を尾花の基に据える（若衆は柱松の上にそのまま残る）。

行列は、松太鼓を講堂入り口に残したまま、二本の柱松の間を抜けてお旅所前に進む（お旅所）。

行列はお旅所正面で、中の神輿に一礼、松神子と男親のみがお旅所に上がる（正面に神輿が鎮座し、その前に二名の神職が座っている。松神子・親は入り口のところに座る）。

神事（楽入り）

宮司・神官は立ち上がり幣帛を持って奉幣舞を舞う（別名、宮司舞）。

奉幣舞とは、神楽開始時に、幣帛を持って行う礼拝の舞。通常は神主か神楽の代表者が舞う。宮司によれば、この儀式は、松神子が里社の神より、霊力を分けいただくものであるとのこと。これにより昨夜のお籠りで奥社八所大神の霊力を受けている松神子は、里社祭神である馬頭観音等の霊力も得え、里社の神の霊と奥社の神の霊を一体化する。

松神子は仲取に手を取られ講堂正面の玄関前に立つ。宮司は講堂内へ。他の役どころは講堂入口の階段上に並ぶ。

講堂前で、仲取を中心に松神子と若衆（三人）が、左右に立ちそれぞれ手をつなぎ並ぶ。

松神子は、これまで履いていた草履を脱ぎ裸足となる。

松太鼓が広場の松石まで六方を踏みながら進む（松神子・若衆も松太鼓に合わせて六方を踏む足まねをする。これは、修験の反閇であり、地を鎮める儀式である）。

松太鼓は、太鼓を打つまねを身振り手振りおかしく二度ほど繰り返し、じらす。芸能的な仕草、松太鼓の見せ所。例年は、三度位打つまねをするとのことであったが、今回は二度であった。

松太鼓が太鼓を打つと、若衆二人が松神子を抱きかかえて柱松まで走り、柱松の中ほどで待機していた若衆が、松神子の胸元の引綱を引っ張り、松神子を柱松の上に引き上げる。若衆は、松神子の胸に着けている火打ち金と若衆自身が持っている火打ち石を火打ち箱の中の火口に向けて打ち合わせる。火花が火口内に飛び火種ができる。若衆はその火種を御幣の紙を持って炎にして尾花に点火すると、尾花が燃え上がる。

一六：一五

シモの尾花に煙が立ち昇る。

尾花に点火されると同時に、若衆は松神子を地上に降ろす。

松神子及び三人の若衆が地上に降りると同時に、柱松を支えていた葡萄蔓が切られ、柱松は東の方向にどっと倒れる、と同時に、参観者が倒れた柱松に駆け寄り、松榊や尾花を奪い合う。

他方、地上で待機していた若衆は松神子を背負い、大通りを菩提院の道を挟んで斜め前にある休み石まで全速力で駆ける。

休み石のある所は、昔、十王堂があった場所（集落の人々は「ジョード」という）である。ここは村の中央を走る大通りと風切り峠からの道が交差するところである。記録によれば、十王堂は、無檀無住の寺院庵堂廃止命令により明治四年（一八七一）に廃止届けが出されているが、実際には第二次大戦直後まで存在していた模様である。現在この地は、駐車場として使われている。

柱松神事においては、休み石に早く到着した組を勝ちとする。休み石は二段になっており、早く到着した松神子が高いほうの段に立つ（写真３）。

一六：三〇

カミの柱松にやっと火と煙がのぼり、参観者から拍手が沸く。

この日は雨のため、尾花が湿っておりなかなか点火しなかった模様である。こちらも参観者が倒された柱松に向かって駆け寄り、松榊や尾花を奪い合う。着火と同時に柱松から下された松神子は、下で待機していた三人の若衆に背負われて、休み石まで運ばれる。こちらは、一段低い部分に立つ。

今年は、シモが勝った。年占いは、この年五穀豊穣であることを告げる（カミが勝てば、天下太平）。

集落の人曰く。「倒された柱松の尾花や松榊は畑にさし置けば、虫除けになる。縁起物だ」。

松神子二人は護摩堂に行く。これは、奥社の神送りの儀礼である。

一六：四〇　神輿還御

二つの柱松が倒され暫くすると、神輿は、神輿掛等に担がれて、宮司・氏子総代等とともに講堂の裏手の道から里社の神輿殿へ静々と還る。

一六：四五

神輿殿の前で鳳凰が抜かれ、神輿は神楽殿に納められる。神事（これは、里社の神送りの儀礼である）。

一七：〇〇　直会（護摩堂）

宮司・松神子（白の半被姿）・若衆が護摩堂祭壇前に並び、宮司より「ご苦労様」の挨拶、松神子は若衆よりお礼を受け取る。記念に火打ち箱・火打ち石が、それぞれ松神子に渡される。負けたほうの松神子が勝ったほうの松神子にお酌、献杯。

松神子の退場後、招待者・役どころ、出場者等が講堂内に参集して直会。区長より感謝の辞、一献。

【七月十六日(月)】片付け

灯籠・幟旗・柱松の片付け(祭事部、若下の区民)、獅子・祭事装束等の虫干し・整理(氏子総代)が行われ、集落はいつもの景観に戻る。柱松の雑木の一部は翌年のドウロクジンのために講堂下に保管。

【二十三日(月)】　清算会

社務所で氏子総代会・祭事部により会計の清算。

三　小菅ハシラマツに係わる民俗学的特徴

1　里社の祭りと奥社の祭りの合体

小菅のハシラマツの特徴の第一は、祭りが小菅の歴史を色濃く反映していることである。一つには、祭りが験競べの儀礼で行われることである。二つには、祭りが里社の神の祭りと奥社の神の祭りが合体して行われることである。

前者の験競べの儀礼とは、言い換えれば修験系の祭りであることである。現行の祭りの起源は不明であるが、小菅に残る最古の由緒書『来由記』によれば、小菅山は役小角により開山され、室町の頃には、小菅には三七の坊があり、日は不明だが(恐らく六月四日)、修験が神輿の前で柱松柴燈護摩を焚く祭りを行っていたとのことである。この祭りが、現行の祭りとして継承されているといえる。それを端的に表わすのが修験の祭りの特徴とされる験競べである。これは修験が修行で得た力を里人の前で競いあう儀礼であるが、現行の祭りでは、二人の松神子が尾花に点火する競争により表現されている。つまり、現行の祭りは、修験の儀礼で農民の祈願を行うもので、これは、中世、小菅が修験の里であったことと関係すると推測される。

小菅のハシラマツが、二柱の祭りが合体した祭りであることは、現行の祭りで、里社から渡御した神が鎮座する里社の神の前で、奥社から降臨した神が柱松神事を行うことを意味する。これは、里社と奥社の成立の特異さに深く関わっている。即ち、通常の例は、神は山に降臨し、そこに社が設けられるが、村里で祭りを行う必要から里にも社を設ける。前者が奥社、後者が里社と呼ばれ、両者の祭神は同じである。しかるに、小菅の場合は、これと異なり、開山者である役小角が山頂で諸神の来臨を請うと、熊野・金峯・白山・立山・山王・走湯・戸隠の七霊神が出現したので、ここに地元神である小菅の神を加え山腹に八所宮殿を建立した。小菅においては、これが奥社であり、地元神の鎮座する社が里社である。両社祭神は異なる。小菅に残る由緒によれば、平安時代以来、奥社の管理は元隆寺別当大聖院に委ねられ、里社は、大同元年（八〇六）に建立され、鷲尾元隆が神主となったとある。そして元隆寺は神宮寺として位置付けられている。このことから判断するに、小菅の里社は奥社との関係で建立されたものではないことがわかり、それぞれ別の神が鎮座していた社ということになる。

この両柱の社と小菅の祭りとの関係については、『小菅神社伝記』では、「従往古営社之例、奥院別当支配、里社者神主支配、両宮格別而、唯六月四日之祭礼双方一同ニ相勤而已、（中略）自余之神事ハ於里宮ニ祠官等勤之」とある。即ち、江戸時代には、元隆寺別当寺院大聖院が奥社を支配し、神主が里社（現在の小菅神社）を支配し、それぞれの神の格は別で、それぞれが自己の祭神の祭りをしていたが、六月四日の祭りだけは、両者が合同で祭事を行ったというものである。これは、江戸時代、小菅の住民が、大聖院支配の住民と里社を中心とする村方とに分割されていたことも意味する。

小菅の二分割支配体制については、次節以降で詳細に述べるが、この体制に変化があったのは、明治初期の神仏分離である。この時、里社の神主は復職、他方、大聖院は廃寺となったが別当職が神官となり、小菅の祭りは新神官の下に統一された。しかし実際には、旧里宮の神職が村の祭事を管轄し、新神官が柱松を管轄した。これが、完全に一本化されたのは、大聖院系の神職が小菅を去り、旧里宮系の神職が宮司となった昭和五十年代である。とはいえ、現行ハシラマツは二分割支配体制を反映した複合的構造を有している。

つまり、本祭(奥社関係)が氏子総代会、夜宮(里社関係)が祭事部の担当である。両者は独立して祭事を行う。この役割分担は、奥社の関係が大聖院、里社の関係が村方という江戸時代の祭りの分担の習慣が現代にも引き継がれていることを物語っていると推定できる。以下、二〇〇七年に行われた祭りに見られる二柱の祭りと二分割支配体制の実相を述べる。

①神迎えの準備　祭りの準備段階において、黒門前の大緋旗立て、護摩堂の整備等は氏子総代会によりなされ、仁王門から菩提院あたりまでの大通りの旗・大灯籠立ては、祭事部を中心とする村人により行われる。講堂前の松子立ては、近在の氏子を含めた村人全員(氏子総代会と祭事部合同)で行われる。

②神迎え　里社の神は、神輿でお旅所に渡御する(神輿行列)。里社の神がお旅所に鎮座すると、奥社の神の一行が行列をなして旧大聖院護摩堂を出発し祭場に向かう(これを柱松行列と称す)。これは、奥社の神の降臨を意味する。奥社の神は、仲取といわれ、別名を山姥、または、「ばっさの鬼」ともいわれ、近くの万仏山に住む赤鬼ともいわれているが、その実態は、由緒にいう、小菅山の五穀豊穣をもたらす水を守る神である。奥社の神は、奥社に参籠し神の依り代となった松神子を里まで送り、里に五穀豊穣をもたらす。

松神子は、祭場横のお旅所で里社の神に迎えられる。これは宮司が舞う神迎えの儀礼である奉幣舞により表現される。同時に、この舞は、里社の神の神霊を松神子に授ける儀礼でもある。これは、前夜奥社に参籠し山の神の神霊が憑依した松神子に、更に里の神の神霊が憑依し二つの神の神霊が合体したことを意味する。

二柱の神霊を内包した松神子が、火打ち金と火打ち石で火を鑽り出す遅速で、その年の作物の豊凶を占う。これが験競べであり、神の意思を聴く年占いである。これは二柱の合体した霊力がもたらしたもので、同時に松神子によって炙られた尾花には田畑に挿すと虫を寄せ付けないという霊力が生じる。

③神送り　柱上の尾花が点火され、松神子が柱から下ろされると、柱は直ちに倒される。これは奥社の神の神送りの儀礼である。他方、里社の神は、神社に還御する。これは里の社の神の神送りの儀礼である。別々に降臨した二柱の神は、祭場で合体するが、最後には、また二手に分かれて、それぞれの神界に送られるのである。

④直会　祭り後、護摩堂で松神子と若衆のみの直会が行われ、その後、同じ場所で祭りの奉仕者・来賓が集い護摩堂で直会が行われる。ここも、二柱の祭りの違いを具現化している。

2　諏訪信仰―豊作祈願

第二の特徴は、祭りの目的が諏訪信仰の具現化であることである。

小菅のハシラマツでは、簡単にいえば、松神子が尾花に点火する、その速度の差で年占いする儀礼である。尾花は、諏訪神社の御射山祭りである八月二十七日に村人により採取される。この慣習は、十八世紀中頃の作といわれる、大聖院の年中行事を記した『諸修行事』七月二十七日の項に、「諏訪明神へ参詣（中略）、萱之穂少々取置祭礼之節用之、村方同前」とあり、少なくとも江戸中期には、この習慣のあったことがわかる。

北信濃地方では、この日前後にススキの茎で箸を作り、赤飯等の食事をとる風習がある。現に小菅でも同様に、この日の朝、家の近くに生えているススキを採り、その茎の端を二〇㎝程の長さに切り、これを箸（アオバシという）として使い、赤飯を食べる風習がある。家族の健康祈願のためであるという。[1]

小菅の風習の特異さは、この日に採ったススキを、祭りの点火用として用いることにある。小菅の各家では、ススキを箸として使う他、穂を含み一m位の長さに刈り取り、この束を新聞紙等に包み（昔囲炉裏の煙でいぶされ穂が変色するのを防ぐためとのこと）、神棚に祀って保管し、祭りの尾花用として奉納するのである。[2]

御射山祭りの一面は狩猟の神事であるが、もう一つの性格について、金井典美は、農耕的・厄除け的性格を指摘している。[3]つまり、御射山祭りで「虫送り」「蚊がいなくなる」といわれることは、「御射山祭りに　自分の体から、あるいは居住領域としてのムラから厄を何かにつけて外に流し去るという側面がある」としている。

小菅の尾花は、神の依りましとなった松神子の鑽り出す火により虫を除く力を得、これを田畑に立てておくと、豊作がもたらされると信じられている。[4]この尾花の霊力は、諏訪大社の御射山祭りの農耕的・厄除け的性格を反映するもので、この霊力を信じることが豊作祈願に繋がる。内山大介は「御射山祭り全体としていえることは、（中略）諏訪信仰の祭りとして広がった行事であることは明らかである」としている。[5]

なお、なぜこの日に採ったススキが尾花として適しているかについては、尾花の製作者によれば、この頃に採るススキは穂がしっかりとくっついており、「尾花」を作るに適しているし、点火も容易であるからとのことである。

五穀豊穣祈願というハシラマツを貫く民俗的信仰は、人々が尾花を田畑に挿すことにより完結する。これは将に諏訪信仰の表れであり、ここに小菅の柱松神事の真髄があるといえる。

3　火の重視

第三の特徴は火の重視である。

小菅のハシラマツにおいては、火を鑽り出す松神子が神の依りましであること、火口を作るための儀礼が神事として行われること、焦がされた尾花に厄除けという霊力が生まれること等から、火の重視が窺える。[6]

松神子役は、現在では、ほぼ六歳の男児がなる。松神子は、申し込み順で決定されるので、志ある氏子の家では、男児が生まれると、直ちに、六年後の例大祭の松神子として宮司に申し込む。松神子の存在は、史料的に江戸時代も確認できる。松神子は、祭りの前夜精進潔斎の上奥社に参籠して神霊を受け、神ないし神の依りましとなる。松神子がこのような霊的な性格を帯びることは、祭りの役割と人名が書かれた「行列人足帳」に松神子と記載されるも個人名は記載されないこと、松神子が六ないし七歳、いわゆる「神の子」の年齢の男子であること、松神子が山から下りると白装束から真紅の直垂（狩衣）に着替え背中に御幣を背負うこと、祭場において、足を地面に着けないこと等により、知ることができる。

火口つくりが神事として特別扱いとされている例は、管見の限り小菅のハシラマツ以外全国に例を見ない。また、火打ち石は、風切り峠の特殊な岩から採取されたもので、祭りでは、ハシラマツ行列の一部として若衆により運ばれ、柱上の若衆に丁寧に手渡される。さらに火打ち金は、松神子が首に下げて柱松まで持ち運ばれる。火を鑽り出す用具は、このようにして丁重に扱われる。

火は神の霊力を得た松神子により鑽り出されるのである。その火が尾花を焦がすことにより、尾花に豊作をもたらす霊力を与えるという俗信的信仰を生み出すのである。これは、また、モノに神の力を感じ、神の加護を得ようとする神霊信仰の表れでもある。つまり、この信仰は、聖化された柱の上で神霊の憑依した松神子が鑽り出す火に霊力があり、この火を浴びたモノに新たな力が生じたと人々が認識し、信じることにより生まれる信仰である。単に尾花が火で焦がされたから虫を寄せ付けない効力が生まれたわけではない。神という介在、人々の認識があって初めて尾花は霊力を得るのである。人々は、豊作祈願という神の加護を求めて、争ってまでして尾花を手に入れようとするのである。

第二節　昭和時代初期の柱松

一　祭りの儀礼

昭和時代初期の祭りの詳細を伝える史料に、『増訂 小菅神社誌』（一九三一年、私家版）と、『瑞穂村誌』（一九三八年）がある。著者はいずれも、森山茂市である。同氏は、明治二十七年（一八九四）に瑞穂村立小菅尋常小学校訓導として小菅に赴任した。

長くなるが、当時の祭りの様子を知る上で貴重な史料であるので、以下該当個所を全文掲載する。

(1)『増訂　小菅神社誌』

毎年の祭礼は、古文献上に見えるやうな往時の盛儀を今は存しないが、一月一日の歳旦祭・二月十一日の紀元節祭・四月十五日の祈年祭・同廿九日の天長節祭・七月十五日の夏季例祭・九月十九日の秋季例祭・十一月三日の明治節祭・同廿四日の新嘗祭には、それぞれ成規の祭典を行ふのである。

七月の夏季例祭は、土俗に「小菅四日」（旧祭日六月四日）とも「小菅の市」とも称して、最も古風で森厳な祭典である。先づ前夜には里宮で燈籠揃の儀を行ひ、注連切・獅子舞と共に数十本の燈籠を献ずる。之を夜宮といふ。翌十五日には普通の祭式と神輿渡御式・柱柱（ママ）柴燈の神事が行はれる。此日は県官・村長・校長・区長・県村会議員・氏子総代・警察官以下、主なる崇敬者等百余名の来賓を請じ、神職数輩の司会者となり、区内の青年壮年殆ど総出で祭儀を行ふ。

普通祭式は、始め神輿還御後に行ったが、大正二年県の供進使が参向されるやうになつてから、午前に行ふこととなつた。先づ来賓一同が参列して里社宝前で厳粛な祭式を行ふ。此の時斎庭で学校児童の参拝があり、神饌を配給する。祭式の次第は次の通りである。此の時シーと警め、ヲーと応へる警棒の声が終れば、万衆一斉に鞠躬屏息して、唯神殿外に蟬の声高鳴く音のみが聞える。

一修祓
一開扉
一神饌拳進、並幣帛供進
一祝詞奏上、並玉串奉奠。畢て撤饌
一閉扉
一直会

神輿渡御の式は午後に行はれる。其の行列は左の如くである。

警固・警固……区長（裃）……猿田彦（天狗面、鶏冑）……手力雄（獰猛面、白衣）……鈿女（温容白面白衣）……御榊（神鏡付）……楽人笛・太鼓……鎗・鎗……四神旗（青龍・朱雀・白虎・玄武……神職傘持……警固・警固……神輿舁丁数十人……警固・警固……鎗……

神輿は俗に天王様（蓋し牛頭天王の義で素戔嗚尊のこと）と呼び、元来鷲尾社掌司令の下に、氏子及近郷の信徒たる仕丁数十名、半裸体で、午後一時頃、神輿殿より舁き出し、六十余階の石段を下り、表参道に出て御旅所に向ふ。此の間舁丁が前後より、互に押し合い行きつ戻しつ、流汗淋漓喧々言々として相争ひ、甚しきは神輿を地上に引据ゑることさへある。陣笠に六尺棒の警固六名、之を警衛して神輿を御旅所に入御奉安し、神職より神饌を供す。此の時武内社司が別記の行列で参着して、礼拝し、祝詞を奏上する。

次に柱松柴燈の儀を終へて、神輿還御の儀を行ふ。

柱松柴燈の神事は、俗には単に柱松と呼び、武内社司の司令の下に行ばれる珍奇な庭儀で、往古悪鬼降伏の護摩を修めた遺法だといふ。式は先づ武内邸内の社務所旧護摩堂から始まり、次の如き行列で、里社祭式場へ行く、其の進止の合図は松太鼓手加太鼓をうつて之を行ふ。

鎗・鎗……猿彦……松榊（白）・松榊（赤）……尾花・尾花……燧箱・燧箱……月旗日旗…宝剣旗・宝剣旗……松太鼓（白面異装小鼓を持つ）……青龍の旗……仲取（赤面異装太刀を佩ぶ）……松神子助手付・松神子助手付……笛太鼓……御榊（神鏡勾玉付）……御玉串……神職傘持……若党・若党……祭官数名……警固・警固……県官……村吏氏子総代等々……

この松神子（まつみこ）は単にマツコとも称し、十歳位の男子二名を近郷の志願者中から選抜してこれに充てる。マツコに上げると強健になると言つて志願者が多い。昔は奥社で七日間参籠したが、今は前夜に参籠潔斎する。二本ある柱松のうち、「カミ」「シモ」どちらの柱松を担当するかは抽籤で決める。マツコは各々緋衣にカルサンを穿き、立烏帽子を被り、鈴付の燧金を携帯する。マツコは、若衆（青年の助手）六名によつて之に分属して介錯する。鬼面異装、満仏山の悪鬼に扮した仲取は、松神子を指揮して御旅所で神輿を参拝させ、それから一同講堂前の祭式場に進む。式場には予め柱松といふ柴燈二基を建つておく。柱松とは古来神戸区より献納する柴数十束を、前坂区から貢納する葡萄蔓で、関沢・針田・笹沢三区の氏人が、長さ四米位に結束したるを上下二箇所に立て、同じ蔓で支へ置くのである。先づ赤白の松さかき榊（雲葉樹（かつら）にへい幣をさげたもの）は馳せて柱松に攀ぢ登り、次に尾花、次に燧箱、各々上下に分れて先着を競ひ登る。斯くて松神子は助手に助けられつつ、仲取のくねる態度を模倣し、一進一退して一定の位置に就く。次に前面壇上に居る松太鼓手は、極めて滑稽な態度で打つては外し打つては外し、最後に打鳴らす鼕庫裡の音を相図に、二人の松神子は助手に抱かれ、一散に走つて柱松に登る。其の携帯する燧金で助手は手早く火を鑽り出し、火口から尾花に点火し、松神子を卸すや否や、支へ蔓を緩めて柱松をイトし、その上下双方の勝負を見て、農作の豊凶をトするのである。下の方が勝てば豊年の兆とし、この柱松の材料の燼余を農作物の駆虫用として持帰る例である。

此の尾花は前年の御射山祭（八月廿七日）に、小菅の各家で其の神棚に捧げた物を採集して用ひる。燧箱は三寸に八寸といふ一定の寸法で造られ、火口（ほくち）焼も神職立会で一定の式がある。燧石は一定の処よりかき取る黒色堅緻の石で、通称をヤマカドと呼び、急激冷却の複輝石安山岩で、殆ど全部輝石から成り、石基は微晶質の長石及磁鉄鉱で、斑晶が極少量の鉱石である。柱松は高さも丸さも凡そ十三尺で、上の松はかがり九つ、下の方は七つと極つてゐる。上部には生杉を頭状に挿し、昇降の足場に木代を横刺にしておくのである。明治三年までは当日奉行一名・足軽六名の出張監督があった遺風として、今も警固六名は陣笠・法被で六尺棒を携へる。警固所の前には昔ながらの突棒・刺（さすまた）…袖搦（そでがらみ）の三道具を立てる例になつてゐる。

(2)『瑞穂村誌』

祭儀祭典は元日祭以下年中数次に行はれるが、七月十五日の例祭は最も古風を存する大典で殷賑を極め、木島平飯山平の全部に亙る地域から人馬の参拝者群集する。祭式は夜前の献燈に始まり、当日午前は武内社司及県の奉幣使以下数十名の参列員礼装して厳粛の典を挙げ学童の参拝と青年会奉納の剣道試合が行はれる。午後は神輿渡御と柱松柴燈の神事があつて往時の盛儀を偲ばせる。翌日は紳楽舞の奉納を行ひ榊楽講の代参者参拝する。神輿渡御の神事は古来里宮神主（鷲尾氏）司令の下に行はれ、猿田彦・手力男・鈿女等の仮面異装者・楽人・神職の行列に次いで、半裸体の仕丁数十人神輿を舁き出し一往一復流汗淋漓として押合ふ。六尺棒の（陣笠）警固六人前後を警めて御旅所に奉安する。此時武内社司参拝献饌して祝詞を奉する。神輿は俗にお天王様と稀し牛頭天王即ち素盞鳴尊を祀ってある。柱松柴燈の神事は武内社司々令の下に行はれる。古来神戸貢納の柴を前坂貢納の葡萄蔓で長さ四米の円柱状に結束した柱松二基を祭場に樹ておき、社司は鎗を立て松榊・尾花・燧箱各一対、松太鼓手・仲取・松御子等古式の行列を先立て、数十名の参列員を従へて臨席し、松榊等それぞれ競うて柱松に攀じ上り松太鼓手の合図で紅装の神子二人燧金を携へ助手に助けられて上り、鑚火で尾花に点火し勝負を争ふのである。その服装といひ行動といひ古代の遺風を見せて床しい。

二　現行の祭りとの異同点

両史料は、六年の隔たりはあるが、この間、祭りに大きな変化はなかったと想定できるので、双方の時代に同じ儀礼の祭りが行われていたと推定して、以下論じる。

上記二つの史料に記された祭りを現行の祭りと比較すると、二柱の神を迎え、神態として年占いをし、神を送るという基本的な祭りの構造は同じであるが、祭りの最後に尾花の奪い合いという俗信的儀礼があったか否かは不明である。類似点の細目は以下の通りである

尾花用のススキが、祭り前年の御射山祭り（八月二十七日）に、各家で採集されること、柱松用に前坂からの葡萄蔓

献納、関沢・針田・笹沢三集落からの助っ人（但し現在は関沢・笹沢は氏子ではない）、柱松の形状、注連切・獅子舞という夜宮の式次第、前夜の松神子の奥社参籠、祭日当日の火口焼き神事・くじ引き神事、午前の祭式、午後の神輿渡御・柱松柴燈神事という祭りの式次第、神輿渡御の行列、護摩堂から祭場までの柱松行列、松神子の服装、松太鼓の太鼓による行列の進止の合図、祭場入り口からの榊・尾花・燧箱の柱松天辺への持ち運び、警護の存在と服装、お旅所での参拝から尾花点火までの式次第、農作の豊凶を卜する年占い、柱松の材料の燼余を農作物の駆虫用として持ち帰ること。

現行の祭りと違っている点は以下の通りである。

第一は、参列者が多いことである。現行では、議員、官公庁、近在の区長、氏子崇敬会であるが、『増訂　小菅神社誌』及び『瑞穂村誌』によれば、木島平・飯山平の全てに亘る地域から人馬の参拝者群集する、とある。これは、明治四十二年（一九〇九）七月瑞穂村の村社一〇社・無格社五社が小菅神社里社に合祀され、以来一村一社全村民が氏子となったこと、瑞穂一帯の学校が休校となり、学生の参拝も行われたこと、更に、昭和八年（一九三三）十二月に小菅神社が県社に昇格したこと等による。

また当時は馬も多く参拝した。これは、祭りの俗称が「小菅の市」といわれる如く、江戸時代には祭りと平行して馬市も開かれていた。この市は明治になり廃止されたが、小菅権現は、そもそも馬頭観音の化身であるとの信仰から、市廃止後も、馬の健康・安全を祈願するために祭りの時に多くの人々が馬を連れて参拝した。これは昭和四十年代初頭まで続いた模様である。また、多くの出店があり、子供にとって楽しい一日であったとのことである。

第二は、大正二年（一九一三）より県からの供進使（奉幣使）の参向があったことである。[7] これは、戦後廃止された。

第三は、祭りに神の意向を問う行事が多いことである。現行のハシラマツには、このような行事はない。当時は、祭日午前の青年会主催の剣道奉納会が行われ、翌日には神楽の奉納があった。古老によれば、一時期、講堂横で相撲も行われていたとのことである。剣道・相撲というのは神意の啓示の儀礼で、祭りでは良く行われる行事である。

第四は、年占いの方法である。現行では、柱松が倒したのち、松神子は若衆に背負われて休み石に駆けていき、どちらが先に着いたかにより「天下太平」か「五穀豊穣」かの年占いが行われる。他方、当時は、上下双方の勝負を見て、農作の豊凶をトする、とあるだけで、何を持って占ったのか定かでないが、柱松の性格が年占いによる豊作祈願であることは確かである。

第五は、松神子の年齢である。十歳くらいの男子二人を近郷の志願者中から選抜して之に充てる、とある。現行は、六ないし七歳の男児である。

第六は、祭りを司る人である。これは、祭りの二分割支配体制にかかる問題である。『増訂　小菅神社誌』及び『瑞穂村誌』によれば、この時代、神輿渡御の神事は、里社神主（鷲尾氏）司令の下に行われ、柱松柴燈の御事は、武内社司々令の下に行われた。柱松は、二人の祭主による共同の祭りであったことがわかる。前述の通り、小菅の奥社と里社は、通常の山と里との関係から生まれた神社ではなく、里社は小菅権現を祀る社、奥社は八所権現を祀り社として建立された。江戸時代、奥社は別当大聖院が支配し、里社は神主が支配してきた。そして、六月四日の祭りだけは両者が同格で一緒に執り行った。江戸時代、小菅の祭りは、柱松を除き二人の祭主により分割支配されていたのである。

祭りの二分割支配体制の存在は、『當家記録』からも知ることができる。その安政三年（一八五六）の項に次の記述がある。

当正月中、上ノ寺より村方火祭風祭九月十九日神事之節、社領方より壱人出勤致度由、庄左衛門を以村役元江願出候ニ付、正月二十日村春寄合之節、村中へ相談致シ、上ノ寺より酒壱斗寄合之席へ持参、小前一同江相談之上、右三神事之節社領方より壱人出勤致候積りニ取究ル、尤役元へ書付一通取ル、右書付左ニ写置候、（中略）其後又六月四日神事ニも出席致度旨役元ニ頼候得共、村方ニ而不承知ニ而止ム、三月四日鎮火祭之節、庄左衛門神酒壱升持参致シ候て出勤、

社領方より村役元ニ出候書付写

差出申頼書之事

社領百姓弐拾之三軒之儀も、古来より村役元之組下ニ相違無御座、取締方者不及申万事御公儀百姓同様之御取計ニ而難有存候得共、社領方者人別帳別段寺納ニ仕来候故、村三役共相勤候儀難相成、此段身元ヶ成之もの之身分ニ取歎敷存候ニ付、何卒御贔屓ヲ以村方火祭風祭秋祭右三ヶ度之祭祀ニ、社領惣代壱人罷出度御頼申入候処、古来仕来ニ無之、殊ニ組下之儀、村役人立会候て上者新規之儀相成間敷旨被申聞、此段大ニ存候得共、倍信トして私共壱人被罷出度段達而御頼ミ申入候所、御承知被下置存候、然上者此外先例ニ闕候儀、決而頼立間敷候、就而者来々ニ至り右祭礼ニ罷出候迚、彼是村役人中与争論等仕候もの罷出候ハヽ、其節者早速相除キ被下候共決而御恨ミケ間敷儀申間敷旨、今般致議定置候ニ付、為後証一札差出申所如件、

社領総代庄左衛門

安政三辰年三月

立会仲右衛門

村三役人御中

本史料の趣旨は以下の通りである。

安政三年の正月、大聖院（上ノ寺とは大聖院を指す）より、村の主宰で行われている鎮火祭・風祭・九月十九日の祭

りに、大聖院支配下のムラ人を一人参加させてもらえないかとの申し出が社領代表より村方にあった。そもそも社領の百姓は人別帳を大聖院に直接納めるという点で、村方の百姓とは身分的に違うが、実際上は村役人のもと、村方の百姓と同様な取り扱いを受けてきたので、この点を勘案して申し出を受けてほしい。この件につき村方で相談し一人の参加を認めることとする。但し六月四日の神事への参加は認めない。なお今後、本件に関し村との間で論議を呼ぶことがあれば、この許可は取り消すものとする。

この結果、三月四日の鎮火祭には、社領百姓総代である庄左衛門が参列した。

本文書で明らかな点は、小菅の集落は大聖院の寺領と村方の二つの支配組織があり、住民はそれぞれの組織に属したということである。明治四年（一八七一）の「高井郡小菅村村差出明細書上帳　御普請明細帳上帳　下書」によれば、安政三年（一八五六）当時、小菅の総家数一二二軒、内社領百姓二三軒、総人数四六六人、内社領百姓一〇〇人であった。つまり「小菅」には、大聖院を主体とする組織体、社領二三軒・一〇〇人のグループと、村方の組織体九九軒・三六六人のグループとがあった。そして祭りも、寺と神社は六月四日の祭りを除き、それぞれが別個に行っていたことがわかる。村人はおのおのが属する組織体が主宰する祭りにしか参加できなかったのである。

ところが、別当職（武内元隆）が慶応四年（一八六八）の神仏判然令により復飾し神職となり、他方、神主鷲尾が「神職一同帰農」の御触により帰農した（明治六年（一八七三））。ここに村の祭事の全てが神職武内の下で執り行われることになった。『當家記録』明治五年（一八七二）の項は、「六月二十五日、大菅幷弁才天神事幷風祭武内元隆勤ル」と記している。これは、二分割支配体制の終焉を意味する。

しかるに、『瑞穂村誌』が神輿行列の神主支配、柱松神事の武内支配と記していることは、この時代、かつての二分割支配体制が復活したことを意味する。これは一つには、社家鷲尾元福が明治二十五年（一八九二）、八所大神祠掌となり神職に復帰したことによるのであろうが、実際は、先の通達にかかわらず里社は、以前同様、鷲尾家の管理下にあったのであろう。但し、二分割支配体制復活は、ハシラマツの祭りに関してだけであり、他の祭りは武内家の主宰するところであった。

なお、昭和四十年代、武内家が事情で神職を離れたこと、昭和五十四年（一九七九）、先代神職鷲尾守義が小菅神社宮司に任命されたことにより、以降、鷲尾家が小菅神社神事全体を執り行うことなった。なお、現在、夜宮・神輿渡御が祭事部担当、ハシラマツが氏子総代会担当という形態は、二分割支配体制の一部がいまだ残存していることを意味しているのかもしれない。

以上、昭和初期の祭礼の模様を記したが、現行の以下の儀礼はこの時代まで遡ることができる。つまり、祭り前年の御射山祭り（八月二十七日）に尾花用のススキを刈り取ること、前坂から葡萄の蔓が献納されること、柱松立て等に始まる祭りの準備、夜宮、松神子の参籠、祭り当日の火口焼き神事、くじ引き神事、柱松行列、神輿渡御、祭りの式次第、祭りの意味が年占いによる豊作祈願であること等である。現行と大きく違う点は、祭りの二分割体制で、神輿渡御が神主支配、柱松神事が武内支配という形であったことである。

第三節　明治時代以前の柱松

一　明治時代の柱松

明治時代初期、政府の神仏分離政策は、祭りの性格や大聖院と里社関係に大きな変化をもたらした。

(1) 神仏分離令が祭りに与えた影響—祭りの継続

小菅のハシラマツについては、県庁より修験道・仏教色の払拭を条件に、その存続が認められた。その間の事情を以下の『當家記録』（明治二年の項）が述べている。

> 六月四日柱松之義は柴燈護摩と申仏事ニ而、古来より鴨ヶ原村大徳院貝吹き来り候所、神仏混淆之儀ハ堅ク不相成義ニ付、大聖院、伊那県江柱松之次第申上如何致し候而宜敷候哉と伺候所、伊那県役人被仰候ニ者修験等立変りほら貝等用ひ候義ハ不相成、柱松之上ニ榊を立、柱之神事と名付、ほら貝の代り太鼓を打候而可勤と被仰候由ニ付、右之通致し候也、是迄ハ柱松之上ニ者日月を画き候、団扇を立候也、六月四日神事之節ハ大聖院復飾致し、烏帽子狩衣ニ而御旅所へ来る、是迄ハ大聖院御旅所へ来り候節、予御幣為戴候所、大聖院神職に相成候事故、御幣三方ニのせ置、大聖院自分ニ而御幣を取戴き退散いたし候積りニ取極メ候也、

つまり、村の人たちは、六月四日のハシラマツは、柴燈護摩といって仏事で、また昔から鴨ヶ原村（現在の長野県下

高井郡木島平村南鴨）の大徳院から修験が来ており、神仏混淆の祭りであるに違いないと考え、県に事情説明したところ、県側から、修験が法螺貝を吹いたりすることはまかりならない、法螺の代わりに太鼓を打つべし、柱松の上に榊を立てるべし、祭りの名を柱之神事とすべし、との回答があり、村としてはこの通りにしたとある。また、神仏判然令により、社家鷲尾が帰農し、別当職武内が復飾したことにより、お旅所での神主役は武内が行うこととなった。

なお、神仏分離が厳しく行われた伊那県で修験色の強い柱松祭りが存続を許された背景には、小菅が昔から関係の深い嵯峨御所（小菅神社は嵯峨天皇の祈願所であった）からの働きがあったことも忘れてはならないであろう。(8)

明治十四年（一八八一）の「信濃国下高井郡神社明細帳」には、

祭日前六日、後六日、馬市ト唱シ□牡千余頭□来リ、或ハ遠近ヨリ諸商人入来リ群衆最モス、本日氏子総代トシテ各村ヨリ壱名ツヽ出頭ス、但シ氏子、旧小菅村、旧神戸村、旧前坂村、旧笹沢村、旧針田村、旧関沢村、明治九年高野村ト改ム、旧小見村、明治九年穂高村ト改ム、全テ七ヶ村各司ル、□ノ祭具ヲ調達シ人夫ヲ課シ、七月十一日ヨリ十四日迄祭場ヲ装束ス、

とあり、祭りの始まる前の七月十一日より十四日まで、嘗ての神領七ヶ村の氏子が柱松立て等の祭場の準備をしたこと、また祭日の前六日間、後六日間、馬市が開かれ、多くの馬・人が集まり、出店がにぎわっていたこと等、祭りの盛況ぶりを伝えている。馬市は明治初期に取りやめられたが、祭神が馬頭観音ということで昭和四十年代初めまで、多くの人々が馬を連れて参拝した。村の古老によれば、村の南の入り口である風切り峠の麓にある清水では、多くの馬が休んでいたとのことである。

この時期、江戸時代と比べ、小菅の住民の構成に基本的な変化はなく、また生業も主たるものは農業で共同体としてのムラ社会の構造はほぼ維持されているといえる。従って江戸時代と比較して、祭りの儀礼にも、前述の通り仏教

色・修験道色の払拭の県からの要請はあったが、基本的なところでは変化はなかったと考えてよさそうである。

小菅には、神輿行列と柱松行列の人足帳がそれぞれ保存されている。最古のものは、前者が慶応三年（一八六七）、後者が明治十八年（一八八五）である。祭りの行列につき明治二十七年（一八九四）を例にとると以下の通りである。[9]

柱松行列：猿田・御榊・尾花・日旗・月旗・火打箱・宝剣・松太鼓・青竜頭・仲取・神子・大鼓・笛太鼓・神楽連・榊・御玉串・神官・大紋・長柄傘

神輿行列：組惣代・警固・槍持・猿田・姫面・手力雄面・御榊・四神・神輿・太鼓

これらの行列は基本的に現在と殆ど同じである。なお、明治二年（一八六九）の祭りまで、支配代官所の奉行一人、及び足軽六人の参向があったが、これ以降取りやめられ、その役は現在村人が演じている。[10]

修験の関わりについては、ムラの古老（大正十二年（一九二三）生まれ）によれば、祖父からの話として、風切り峠を越えて修験が法螺貝を吹いて祭りに参加するためにやって来た、と話していた。また修験寺であった木島平村の大徳院の子孫も祖父の話として、「小菅の祭りにはここらの修験を同行して行き、祭りをやった。祭りは我々が行かないと始まらない時期もあった。終わって切り通しに差し掛かると法螺貝を吹いた。これが南鴨の家まで届き、家のものはこれを聞いて料理を作り始めた。家で同行者を労った」とのことで、明治のある時期までは、いかなる役割かは別として、祭りに修験が、関わっていたことは確かなようである。

祭日は、明治五年（一八七二）太陽暦の採用に伴い、この年旧暦の六月四日が新暦の七月十五日に当たったため、以降祭り日はこの日になったという。

(2) 神仏分離令が宗教関係者に与えた影響―祭主の一元化と二分割支配体制の崩壊

二分割支配体制について、前項でも触れたが、再度述べると以下の通りである。

慶応四年（一八六八）の神仏判然令により、明治二年（一八六九）、大聖院は廃寺となり、大聖院別当武内大膳元隆（明治六年（一八七三）五月五日民籍に編入、同日祠掌拝命、明治八年（一八七五）三月辞職。同日武内廣助祠掌拝命）は復飾し神主となった。他方、明治六年「神職一同帰農」の御触により、社家鷲尾元福（明治四年に政雄と改名）は、帰農し神主を廃業した（但し明治二十五年（一八九二）八所大神祠掌となり神職に復帰）。この結果、これまで神主鷲尾が取り仕切ってきた村の祭り（鎮火祭・柱松・風祭等）は武内が一元的に主宰することとなった（但し里社の鷲尾家管理は継続され、神輿渡御神事は鷲尾家のもとで行われた模様である）。

この点に関し、『當家記録』は、明治二年（一八六九）の項で「六月四日神事之節ハ大聖院復飾致し烏帽子狩衣ニ而御旅所へ来る、是迄ハ大聖院御旅所へ来り候節、予御幣戴き候所、大聖院神職に相成り候事故、御幣三方ニのせ置、大聖院自分ニ而御幣を取戴き退教いたし候積りニ取極メ候也」と記し、また明治五年（一八七二）の項で「六月二十五日大菅弁才天神事幷風祭武内元隆勤ル」と記している。

このように、村の祭りが武内家のみで行われ、また、これまでの大聖院所属の寺百姓（一三戸）が村に所属していた住民と一体化したということは、これまで村に存在していた寺方・村方という二分割支配体制が崩壊したことを意味する。

神仏分離により、大聖院の社領高七八石五斗四升四合、及び里社の社領高七石は上知され、また、大聖院の所有物は所管替えされた。観音堂・仁王門は菩提院の所有となり、寺にあった釣鐘・仏像は菩提院に移された。護摩所にあった不動明王立像（高さ一尺四寸、目方三貫一〇〇目）は、明治三年（一八七〇）内山村の元小菅山護摩供講中の斡旋で同村の龍奥寺に保管された。これは、明治元年（一八六八）の仏像取払い令を逃れる処置と思われる。大聖院の建物は、解体された昭和四十年代初頭まで、そのまま武内家が使用した。この地は、現在、大聖院跡地として保存され、ここにある護摩堂から柱松行列が出発することは、昔と変わらない。

以上、明治時代の祭りを巡る動きを記したが、神仏分離により、修験道色・仏教色が取り払われ、祭主が一元化されたとはいえ、祭りの構造は現行と同じで、行事次第（但し火口焼き神事やくじ引き神事があったか否かは不明）も、祭り当日の里社における神事が午後であった以外は、現行と同じであり、豊作祈願という祭りの意義も同じであったと推察できる。

二　江戸時代の柱松

1　史料に見る祭り

江戸時代の祭りの様子を伝える史料に以下のものがある。

①「村差出帳」類（複数）

②『略縁起』慶長五年（一六〇〇）　別当大聖院澄舜記（元禄元年（一六八八）五月、大聖院住恵我付記）

③『諸修行事』　大聖院の年中行事等を記したものであるが、文書に差出人羽州米沢家中尾崎孫太左衛門、宛先高井郡小菅山大聖院恵舜法印の書状が挟んであり、恵舜法印の在職時期が享保十四年（一七二九）から宝暦十二年（一七六二）であることから、本史料がこの時期のものであろうと推定できる。

④『御祭礼日立中村定連判帳』天明三年（一七八三）

⑤『小菅神社伝記』文化十四年（一八一七）写

⑥『小菅山祭礼旧記之写』文久元年（一八六一）

⑦『當家記録』弘化五年（一八四八）～明治六年（一八七三）

前記の史料のうちから、儀礼について殆ど記述のない『略縁起』を除き関係部分を抜粋すると、以下の通りである。

なお、これらの史料は約百年の時間的差があるので、これを同一時点の出来事として扱うには難があるが、一応各史料に書かれている儀礼が明治二年（一八六九）（『當家記録』で祭礼の記述がある年）まで継続していたとの前提で論を進める。なお、里社が関連する行事としては、神輿渡御のみが言及されている。

①「小菅村村差出覚控」宝暦四年（一七五四）

当村氏神祭、毎年六月四日柱松幷神輿等□御座候、同十一日迄日市立来リ、□本祭礼日市中、古来ヨリ□時之御地頭様ヨリ御奉行様御壱人、□□例年御幕御灯□等、□前々ヨリ在リ候附、毎年九月十九日ヨリ神事仕候、

一風祭水祭火祭等、例年仕候、

③『諸修行事』十八世紀中葉成立

六月朔日、柱松立氏子役也、此方より並酒壱斗遣也、前坂より縄之人足台所迄来ル、酒出ス、

同日、幟立、鳥居共七五三曳、

三日晩、奥院江代僧遣、松子も遣、八日より夫人来、十日迄、

四日祭礼、朝赤飯壱斗五升程、是は諸方より之人ニ出幷百姓人足ニハにきりて壱ッつゝ、山伏ハ村より願、此方ニて饗応ス、

朔日、神主、紙七五三此方へ来リ、相認候事先例也、是下社家ノ証也、

同日、庭掃へ玄米壱斗五升遣、

四日、四ツ時警護来次第酒出ス、大鐘鳴行烈シテ出、御旅所ニて神拝之内惣衆心経読、経頭錫杖ニて、次講堂内ニて、火界呪ニて加持、
同四ツ時前護摩修畢、直ニ柱松子本堂ニて鬮為取、
当日、松子宿入用米弐升・酒五升之由、松子方より可遣事、祭後男共松片付ニ遣候、
同四日朝、奉行所へ使僧以伺、使僧以呼使申上候、御奉行、
七月廿七日、諏訪明神へ参詣、神酒持参、
同日、萱之穂少々取置祭礼之節用之、村方同前、

⑤『小菅神社伝記』

六月四日ヨリ同十一日迄、日市立、其時従地頭御奉行所壱人、御幕、御高張桃燈、足軽二人下シ賜ハル、是往古ノ例、自余之神事ハ於里宮ニ祠官等勤之、

⑥『小菅山祭礼旧記之写』

柱松之儀ハ、往昔当山権現鎮座之砌、悪神障気をなす儀、神霊役行者ニ託して悪魔降伏之法ヲ行しめ玉ふ、于今天下泰平之柱松護摩を修行す、但柱松火打役として拾弐才迄之男子弐人ツヽ、五月廿七日より六月三日迄前当所ニ罷在、日々三度ツヽ水行之上奥院江日参仕、尤之此儀ハ諸人男子無もの当山へ変成男子之願相立願之通、男子出生之上ハ息災延命之為、柱松火打役相勤候、又ハ小児九死一生之節立願仕、柱松火打役相勤申候、一大聖院より神事修行場へ参り候儀ハ、古例ニ依而真言家伝法灌頂之庭儀式ニ准し行道仕候、一無鮹之槍者、往古ハ天王御輿之四方江四神之宝剣相建候処、弘治年中兵火之節焼失ニ相成申候由伝ニ候、其後天正年中、皆河山城守殿四天種子之鎗四本奥院江奉納被致候、右之鎗神事之節、天王御普之四方江相立年々祭礼仕候、右御尋ニ付、

以書付奉申上候、以上、

小菅村小菅山別富大聖院(印)

右村名主利助(印)

中野御役所

⑦『當家記録』明治二年(一八六九)の項

六月四日柱松之義は柴燈護摩と申仏事ニ而、古来より鴨ヶ原村大徳院貝吹き来り候所、神仏混淆之儀ハ堅ク不相成義ニ付、大聖院、伊那県江柱松之次第申上如何致し候而宜敷候哉と伺候所、伊那県役人被仰候ニ者修験等立変りほら貝等用ひ候義ハ不相成、柱松之上ニ榊を立、柱之神事と名付、ほら貝の代り太鼓を打候而可勤と被仰候由ニ付、右之通致し候也、是迄ハ柱松之上ニ者日月を画き候、団扇を立候也、

2　祭りの行事次第

以上の史料から、当時の祭りの行事次第は以下の通りであったと推測される。

(1)祭りの名称・祭日

祭りの名称については、江戸時代の公文書である「村差出明細帳」等では、氏神祭という名が使われている。氏神は八所大権現である。祭りは別名、「小菅四日」とも「小菅の市」とも呼ばれた。「市」というのは、祭りと同時に開催された馬市との関係からである。なお、市との関係でいえば、市の運営を取決める『御祭礼日立中村定連判帳』が作成されたのが、天明三年(一七八三)であり、市の立つ広場に市神の石碑が建てられたのが、元治元年(一八六四)であった。

祭礼は六月四日であるが、祭りは、四日から十一日まで行われる。

(2)行事次第

①祭りの準備

前年の七月二十七日(諏訪神社の御射山祭りの日に当たる)に、次の年の祭りの尾花用にススキをとる。柱松は、氏子たちにより三ヶ日前に立てられる。その日、前坂より葡萄の蔓が届く。松神子は、五月二十七日より祭りの前日六月三日まで、大聖院で日に三度水行を行い奥院へ日参。三日の晩には代僧とともに奥院に籠る。

六月一日、幟を立て、鳥居に注連縄を張る。この日、神主が大聖院に来て紙子や注連縄を用意する。

②祭礼当日

六月四日朝、奉行所に大聖院の僧を遣わし奉行を呼びにやる。

十時、別当は護摩を修し、終わると直ぐに、この朝、奥院から帰った二人の松神子にくじを引かせ、「上」か「下」かの役割を決める。いずれかの時点で、神輿渡御がある。

十時頃、大聖院では、警固に酒を出し饗応し、鐘楼の鐘が鳴ると、これを合図に行列が出発する。行列がお旅所に着くと、別当が神拝する。その間、惣衆が心経を読む。次に講堂内で、別当が火界呪にて加持をする。外では柱松護摩が行われる。[11]山伏は、村からの依頼で別当が接待する。山伏は、行事のしかるべき場面で法螺貝を吹く。

③祭り後

ムラより大聖院へ祝儀の人が来て、大聖院は酒で饗応する。男子が松の後片付けをする。

以上から、里社からの渡御、大聖院からの柱松行列という二柱の神迎え、童子の火打ち役による柱松護摩の神態及び神送りという祭りの構造は、現行と差はない。例えば、尾花用のススキを前年の御射山祭りに採取すること、前坂より葡萄蔓の献納があること、祭りの前口に松神子が奥社で参籠すること、松神子の分担をくじで決めること、神輿渡御があること、大聖院から祭場までの行列があること、柱松の祭りがあること等は、江戸時代まで遡れることができる。但し、現在のような尾花に霊力があるという俗信があったかどうかは不明である。

3　祭りの特徴

(1)祭司──二分割支配体制

前節で述べた通り、小菅では、大聖院と里社が、それぞれが別個の祭りを行ってきた。住民はおのおのが属する組織体が主宰する祭りだけにしか参加できなかった模様であるが、六月四日の祭りにつてのみ村人全員が参加できた。この間の事情を記したのが、前述の『當家記録』安政三年(一八五六)の項である。

そもそも村の二分割支配体制は、村の中に別当大聖院という支配組織が別途存在していたためにできたものである。これは、大聖院が独自の寺領を持ち、それを耕作する百姓が存在していたがために一つの独立体として存在しえたのである。

ただ、六月四日の祭りを両者が一緒に行ったといっても、大聖院は、幕末までおよそ八五石の社領と二十数戸の百姓を持ち(小菅全体の百姓の四分の一)、別当職はだんな様と呼ばれ小領主の権勢があり、村への影響力という点では、社家鷲尾家とは雲泥の差があった模様である(ちなみに社家鷲尾家の石高は六斗四升。『新編　瑞穂村誌』五一五頁)。

なお、『新編　瑞穂村誌』は、村方騒動と題し、文政二年(一八一九)二月、村人との間で騒動を起こし、死罪となった大聖院別当孝精の事件を記しており、騒動の原因の一つに、「里宮神主鷲尾播磨と里宮の支配権」争いをあげている。これから判断するに、江戸時代を通じ大聖院と里社との間には里社の祭祀権を巡り緊張関係が存在していたこ

とが推察できる。(12)

(2) 松神子と修験の役割

史料において、松神子ないし松子といわれる子供が柱松の火打ち役として登場するのは、『諸修行事』で、これに、六月の「三日晩、奥院江代僧遣、松子も遣」、「同四ツ前護摩修畢、直ニ柱松子本堂ニて鬮為取」、及び『小菅山祭礼旧記之写』に、「但柱松火打役として拾弐才迄之男子弐人ツヽ、五月廿七日より六月三日迄前当所ニ罷在、日々三度ツヽ水行之上奥院江日参仕」とあることから、松神子の存在を知ることができる。

松神子の祭りにおける主たる役割は、火を鑽り出すことである。つまり松神子には、火を管理する能力が備わっていたのである。江戸時代の松神子も、現在と同様に、祭りの前日に奥社に上り参籠し、神より火を管理する能力、火を鑽り出す力を得たのである。松神子は神の依りましということができる。このような能力を備えたものは、柱松の性格からして祭りの中心的存在ということができる。火の重要性は、火口を作ることが神事となっていることからも推測できる。

当時、柱松の祭りが行われていた英彦山、妙高の関山、戸隠(最近復興)などでは、柱松は修験の験競べとして行われ、修験が主体で行われていた。小菅においては、中世に三七もあったといわれた坊が、天和二年(一六八二)の「松平遠江守様御代飯山寺社領幷由緒目録」によれば、桜本坊といわれる寺院たった一つしか残っていなかった。これは十六世紀後半の川中島の合戦による余波、及び上杉の移封により宗教都市としての小菅が衰退したことによる。もちろん、小菅より修験が皆姿を消したというわけではない。その後、愛染院・浄蓮坊・大日坊という修験系の寺院が復興されたし、また、例えば、飯山城主の行動を記した『松平日記』に「元禄十四年三月四日、飯山小菅村万十郎ト申山伏、帰り所ニ社之計帳盗取候ニ付、御成敗被仰付」とあることからも修験の存在は確認できる。

そして、祭りに際しては、小菅以外の地から修験が来て、祭りの進行を助けていたことは、以下の大徳院文書から確認できる。

口上書

小菅山祭櫃之儀、従古来、北鴨ケ原村豊蔵院、高石村天正院、計見村大蔵院、市ノ割村本明院等、同道仕罷出来り候処ニ、近年私儀和合院ト出入ニ付、不残和合院支配ニ罷成候故、先住代々壱人ニ被仰付候故、越後与り同行共よびよせ、是迄罷出候得共、遠方故何共難儀仕候間、右罷出候山伏共罷出候様ニ被仰付、私儀ニ仰此処御赦免被置可被下候、御尋之上口上ニ申上候、以上、

元禄拾六年

南鴨ケ原村　大　徳　院

寺社御奉行所

これによると、元禄年間(一六八八〜一七〇四)に、小菅の祭りに北鴨ヶ原村豊蔵院・高石村天正院・計見村大蔵院・南鴨ヶ原村大徳院・市ノ割村本明院、及び越後から修験僧が参加していたことがわかる。[13]

このことは、時代が下がるが小菅側の文書からも確認できる。『當家記録』明治二年(一八六九)の項で「古来より鴨ヶ原村大徳院貝吹き来り候(中略)修験等立変りほら貝等用ひ候義」とある。[14] 幕末・維新期でも、柱松の祭りに修験が参加していたことを示している。

文中の大徳院の参加については、大徳院の子孫が祖父から聞いた話として、以下の通り語った。「小菅には近郷の修験を同行して行き、祭りをやった。祭りは我々が行かないと始まらなかった。終わって切り通し(注：小菅から南鴨へ行く際に通りかかる「切り通し」として考えられるのは風切り峠のみである)に差し掛かると法螺貝を吹いた。これが南

鴨の家まで届き、家の者は、これを聞いて料理を作り始めた。家で同行者を労ったものだ」。

また、小菅の古老(八十二歳)は、「おじいさんから、祭りのとき修験が風切り峠から法螺貝を吹きながらやってきた」と聞いているとして、南鴨からの修験の来訪を記憶している。これらの「祖父」の年齢からすれば、他所からの修験道の参加は、明治五年(一八七二)の修験道廃止令以降も続いていたということになる。

ただ、『當家記録』が示すように、江戸末期修験は祭りにおいて「貝吹き」という脇役を演じるにすぎなくなったことがわかる。修験が江戸のいつ頃から、このような役を演じるようになったのかわからないが、少なくとも、このことは、祭りの主体が修験から農民へ変化したことを物語っている。

また、江戸時代の祭りには、『諸修行事』で「火界呪の加持を修す」とあるようにいまだ仏教・修験道色が色濃く残っていたことは確かである。例えば、小菅のハシラマツには日・月が画かれていた模様であるが(『當家記録』明治二年の項)、日・月は、修験の峯入り修行に入る前の罪の払い、身の清浄を意味しているわけだが[15]、これは柱松祭事の主が密教寺院「高野山龍光寺末　新義真言宗　大聖寺」であることからすれば当然のことである。さらに、八所権現という祭神名、お旅所に鎮座する神(神輿)の前での大聖院別当による神拝は、まさに神道と仏教・修験の混淆の現れである。

(3)年占い

『小菅山祭礼旧記之写』の記載「柱松火打役として拾弐才迄之男子弐人ツヽ」から、松神子は二人いたことがわかる。そして大聖院『諸修行事』によれば、柱松子にくじを引かせ、「カミ」か「シモ」かの担当分けをしている。松神子二人ということは、当然のこととして、柱松が二本あることで、これは両者で何らかの競争が行われていたことを想像しても無理はないであろう。他方、尾花が用いられていることからすると、この時代も尾花への点火の遅速をめぐっての年占いが行われていたことが推測できる。尾花に点火されたのち、現行のごとく松神子が若衆に背負われて休み石まで駆けて行ったのか否かは不明であるが、少なくとも現行と同様、松神子による点火の競争が行われていたことは窺い知れる。

⑷馬市

『下高井郡誌』（二七四頁）によれば、下高井郡では、江戸時代の初期より、「時代の要求によって」市場の開設がなされ、小菅でも神社の旧観が次第に快復し、六月四日の例祭に当たり、毎年一週間宛の馬市が開かれ、「小菅四日」又は「小菅の市」として、近在に名高くなったとのことである。馬を連れての参拝は、小菅の場合は、八所権現の本地仏が馬頭観世音であることも大きく影響していると考えられる。馬市には多数の見物者を集めた。おそらくは、この見物者の目を意識して祭りを更に華々しくするために、柱を高く太くしたのであろう（現在は高さ約四m、直径約一・五m）。このため松神子が単独で登ることが困難となり、松子の補助者としての若衆が誕生したと考えられる。これにより祭りが躍動的で面白味が加わった。これは松太鼓・仲取の所作の滑稽さとともに祭りの芸能化といえる。

4　祭りの意義

祭りの意義が初めて書かれた由緒は、『略縁起』である。これによれば、権現が小菅山に来た時に、山に住む悪鬼が椿の枝を持って襲ってきた。権現は鉾でこれを退治。また国に危害を加える悪神がおり、権現がこれを降伏。毎年六月に金堂の庭で行われている柱松は、この悪鬼悪神を降伏させるための護摩である、というのである。「悪鬼悪神」を煩悩業苦と見なし、柱松を焼くことを煩悩業苦の焼尽と解釈すると、祭りは修験的意味を持つ。江戸中期に入ると、文久元年（一七六一）の『小菅山祭礼旧記之写』が「柱松之儀ハ、往昔当山権現鎮座之砌、悪神障気をなす儀、神霊役行者ニ託して悪魔降伏之法ヲ行しめ玉ふ、于今天下泰平之柱松」として、柱松の意義の変化を述べている。「天下泰平」とは、村の最大の構成員である農民にとっては豊作ということになろうから、まさに祭りが、悪魔降伏に象徴される煩悩焼尽という修験的精神を基盤とした祭りから、豊作祈願という現世利益的祈願を求める農民の祭りに変化したことを意味する。これは集落が宗教都市ではなく、農業を基盤としたムラに変化したことの表れでもある。

このことは、祭りの行事次第からも知ることができる

第一に、大聖院から祭場までの行列である。ここには、山姥及び松神子が参列している。山姥は山の神で、松神子は神の依りましである。祭り前日、奥社に参籠し神となった松神子が、祭り当日、山の神とともに行進する。これは、山の神の里への降臨の儀礼である。山の神は里に幸を持ち運んできたのである。

第二は、柱松神事そのものである。ここでは、八月二十七日の御射山祭りの日に、各戸で採取したススキの尾花を神となった松神子が鑽火で浄化し、それを田畑に挿し置くと虫除けとなるという一連の儀礼である。

上記二つの儀礼から、祭りが豊作祈願の儀礼であることがわかる。

以上、江戸時代の祭りにも、現在と同様な祭りの構成要素たる、前年の御射山祭りの日における尾花の採取、前坂よりの葡萄の蔓の献納、二本の柱立て、二人の松神子（年齢は現在より高い）、松神子の参籠、くじ引き神事、柱松行列、お旅所に渡御した神の前での柱松神事といったものが読み取れる。そして、江戸時代の祭りの意義も現在と同様、豊作祈願であったことからして、現行の祭りの儀礼、意義は、少なくとも江戸時代中期まで遡ることができる。

三　戦国時代の柱松

『来由記』は天文十一年(一五四二)の日付があるが、『新編　瑞穂村誌』によれば、江戸時代初期の執筆という。従って、本史料が、天文十一年の事実を正しく伝えていない可能性はあるにしろ、中世の小菅がどういうものであったのかを推察することは可能と考えるので、当時を知る史料として用いることにする。

『来由記』は、祭りについて以下の通り記している。

又年中有八度祭礼、衆徒於金堂勤大般若、理趣三昧、法華八講、法会之間、伶人奏楽、衆徒論議、修験於神輿前修柱松柴燈護摩、神主、楽人等於舞台奏神楽、為児舞七箇村民為種種技芸、奉慰神慮而已此月瞻礼之輩摩肩接膝、

内容を要約し、補足説明を加えると以下の通りである。

祭りの日、神威を慰め奉るために、以下の行事が行われた。

①僧侶たちは金堂で大般若・理趣三昧・法華八講を勤める。

②神輿渡御がある。

③法会の間、伶人が楽を奏し、僧侶たちは議論をし、修験達は神輿の前で柱松柴燈護摩を焚く。

④舞台では、神主や楽人が舞を舞い、稚児たちも舞った。

⑤小菅山の山麓の七ヶ村の村人たちはそれぞれの芸を披露した。

ここに記されている祭りは、僧たちが金堂で大般若を読み、理趣三昧・法華八講を勤める法会が行われ、伶人が楽を奏し、僧たちが論議している時に、修験者が神輿の前で柱松柴燈護摩を執り行い、神主や楽人が舞台で神楽を奉納し、稚児が舞い、神領たる小菅庄七ヶ村の民が種々の技芸を披露した、というものである。

つまり、年八度ある祭りのうちの一つの祭りでは、仏教的儀礼、即ち僧たちによる法会、衆徒の論議と、修験道的儀礼、即ち修験による神輿前での柴燈護摩と、神道的儀礼、即ち渡御、伶人の楽、神職・楽人による神楽と、民俗的

儀礼、即ち稚児の舞、村民による芸能とをもって、神慮を慰撫していたことが推定できる。

しかし、この記述だけでは、渡御した祭神は誰なのか、現行の如き奥社の神の降臨があったのか、柱松柴燈護摩とはいかなる儀礼であったのか等不明である。つまり、当時の祭りが、現行の如く二つの社の祭りが合体された構造を持つものであるかどうか知ることができない。

この時期の小菅が修験系の寺社の集落であり、修験が主たる住人であり、柱松柴燈護摩が修験によって行われていたことを考えれば、推定できる祭りの意義も極めて修験のものであったと思われる。とすれば、戦国時代の祭りと江戸時代以降の祭りとの間に、祭りの意義において大きな差があったのではないかと考えられる。

四　現行ハシラマツの形成時期に関する考察

小菅のハシラマツの歴史を逆に遡った結果、現在行われているハシラマツについては、その特徴である二柱の神迎え、即ち里社からの渡御、奥社の神の御成り、及び神態としての年占い（松神子が点火の遅速を競うこと）という行事次第のうち、史料的には、神輿の前での祭事は、戦国時代まで遡れるが（この時期、神輿の前で修験により護摩がたかれた）、それ以外の儀礼は、『諸修行事』が書かれた江戸時代中期（十八世紀中頃）までしか遡ることができない。

しかしながら、下記の事由により、現行の柱松の原型は、遅くとも十七世紀中葉までには形成されたのではないかと推論できる。

①慶長五年（一六〇〇）の『略縁起』によれば、「今に至るまで毎年六月祭礼あり」とある。
②木島平村南鴨の柱松子は、小菅と異なり全て子供により執り行われているが、行事次第からして、小菅と同系統

の祭りである。この祭りの起源については、江戸時代初期、鴨が原村が南鴨と北鴨に村切りされた時、南鴨が村人の結束を図るために、当時法印であった中塚家を通じて小菅の柱松を導入したとの伝承がある。村切りは、村の文書によれば慶安五年（一六五二）までには行われていた。

③現在、村に残る松太鼓及び仲取の面は、江戸時代初期の作といわれている。

④領主の移封により荒廃した院坊跡に村人たちが最終的に移住し、集落が南竜池方向にまで拡大し、現集落の原型ができたのが十七世紀中葉である。[16]

現行のハシラマツは、修験の験競べを踏襲した年占いと、農民の豊作祈願である虫除けとが習合した形態をとっている。このことは、小菅の祭りが中世以来の形式を継承してはいるが、近世初期、小菅が農民を主体とする集落に変化したことに伴い、祭りに農民の祈願の要素が加味され、しだいに現行の祭りの形態が形成されたと推定できる。

小菅のハシラマツの起源は今のところ不明である。和歌森太郎は戸隠・妙高の影響を論じているが、史料的根拠を示していない。[17]また、これまで小菅と戸隠の柱松の関係を示す史料・伝承は見出されていないことから、現在のところ戸隠からの直接的伝来説は、推論の域を出ていないと考える。

註

（1）『長野県史　民俗編　第四巻(二)　北信地方』五三〇頁。
内山大介　二〇〇七「御射山祭の伝播とその性格─「送る」祭祀としての御射山祭り─(上)(下)」(『信濃』第五九巻第四・五号

（2）小菅では「お諏訪様」の小規模な社があり(戦後災害で崩壊)、九月十八日に夜宮、十九日例祭があり、夜宮では、子供の獅子舞があったとのことである。

（3）金井典美　一九七八「諏訪の御射山信仰」(鈴木昭英編『富士・御嶽と中部霊山』二八七頁　名著出版)。

（4）『新編　瑞穂村誌』一九八〇　一〇三九頁「この枝は畠にさしておくと害虫にやられないといっている」。

（5）内山　二〇〇七　前掲。

（6）宮坂瑞紀　二〇〇八「柱松行事　火口作り」(『小菅の柱松』長野県飯山市教育委員会)。

（7）大正二年(一九一三)、県から供進使(奉幣使)の参向に伴い、これまで神輿の還御後に行われていた神社本殿での神事が午前に行われるようになった。また供進使が里社での神事に出席のための行列が始まった模様である。大正五年(一九一六)の「武内行列人足帳」によれば、供進使は警護を伴い神職・氏子総代を帯同し唐櫃を持って社務所より里社まで行列したことになっている。これが現行の護摩堂から出発する例祭行列といかなる関係があるか不明であるが、現行の行列には、警護・神職・氏子総代・唐櫃は参列している。

（8）「嵯峨御所ヨリ御□簡ノ写」(明治八年付小菅村発教務省宛「神社由緒書出綴」(小菅区所蔵)に収録)。

（9）人足帳の表紙に書かれた名称に関し、現行の神輿行列は、慶応三年(一八六七)以来、「御祭典人足割賦帳」「御祭典人足役割帳」「御神事行列役割帳」「里社神輿行列帳」「里宮行列呼出帳」と変化し、明治二十六年(一八九三)以降「里宮行列人足帳」と記載された。他方、柱松行列に関しては、現存の最古のものは、明治十八年のもので、「上の社人足割賦帳」と書かれた(「上の社」とは、旧大聖院のことである)。以降、明治二十二年(一八八九)の「祭典柱松行列帳」を除き、全て「武内行列役割帳」と書かれている。

(10) 奉行の出席は、享保二年(一七一七)小菅が幕府領となって以来の習慣と思える。現存する村差出帳において、奉行の参向が記されている最古のものは宝暦四年(一七五四)のものである。明治三年(一八七〇)まで続く。現行の祭りでは、区長が奉行代りとなり、社務所玄関口で神輿渡御を見守っている。

(11) 『諸修行事』には、講堂における祭事は記されているが、その後(或いは同時に)行われた行事柱松柴燈神事(護摩)の記述はない。他方『小菅山祭礼旧記之写』は、「天下泰平之柱松護摩を修行す」とし、昔からの真言伝法灌頂之庭儀式を行うとある。なお、真言家伝法灌頂之庭儀式とは、興国二年(一三四一)大進阿闍梨が醍醐寺座主覚済から与えられた三宝院流の結縁灌頂法則である(『新編　瑞穂村誌』一八九頁)。

(12) 『新編　瑞穂村誌』四九八〜四九九頁、及び文政二年(一八一九)「小菅村大聖院孝精御裁件之写」(小菅神社所蔵)。

(13) 現在これら寺院のうち残るのは、満昌院と名を改めた大蔵院のみであり、その他は明治期の修験廃止令を境に衰退した。

(14) 鴨ヶ原村は小菅より南に五㎞ほどの長野県下高井郡木島平村南鴨の江戸初期の村名であり、大徳院開山縁起が書かれている「大徳院文書(抄)」によれば、大徳院(正式名は中央山大徳寺元宝寺)は、駿河出身の修験僧東嶽が大永元年(一五二一)、この地に開いた寺院(但し現在は廃寺)である。
初出史料「大徳院文書(抄)」は、昭和三十年代頃まで長野県下高井郡木島平村にあった修験系寺院中央山大徳院元賓寺花木坊に伝わる文書の総称である。現在開祖東嶽法印の子孫である中塚家が保有している。文書は開山の大永年間以降の大徳院の由緒、妙高山との関係等に関するものが含まれるが、多くは写本である。

(15) 宮家準「日・月」(『修験道辞典』一九八六　東京堂出版)。

(16) 遠藤公洋　二〇一四「第四節　谷の内部の変化と役割分担—霊場から村へ」(長野県飯山市教育委員会『文化的景観「小菅の里」』第Ⅰ部　調査編　第三章　集落の形成と変遷)。

(17) 和歌森　前掲　一九七五。

終　章

1　柱松の特徴

本章では、第Ⅰ部・第Ⅱ部の柱松の調査・分析を踏まえ、柱松の特徴を論じ、再度先行研究を検討、今後の研究課題を提示することとする。

(1)柱松は、柱を主体とする祭りである

柱松には、柱、松明、松明受けの三要素で構成されているものと、祭具が柱だけのものとがあるが、いずれの祭りにも柱があり、何らかの形で火が関わる。

柱松では、①柱を立てることにより神を迎え、②柱に向かって松明を投げて柱・松明受けに点火するか或いは人が柱に登り唱えごとをすることにより神の意思を聞いたり、神への感謝・祈願を行い、③最後に柱を燃やすこと或いは柱を倒すことで神を送るという、全ての儀礼が柱を中心として行われる。柱は、柱自身が大蛇等を具現化する事例はあるが、殆どの場合は天と地とを結ぶ「はしご」の如き役割を負っている。つまり、地上で祭りをする人々の思いを、天上の神に届け、同時に天上の神の意志を地上の人々に伝える役割である。

火は、柱・松明受け・祭具などに点されることにより、祭りを行う集落及び人々の思い、具体的には豊作祈願・盆供養・川供養・鎮魂・厄火除け・虫除け・献灯等々、人々の現世利益的願望を具現化するものである。これが祭りの

目的である。

⑵柱松は、モノに霊力が宿ることを信じることが根底にある祭りである

柱松の目的は、前述の通り、柱に火を点すこと、或いは人が柱に登り唱えることにより、人々の願いを神に伝えることで、柱は、天と地を繋ぐ手段なのである。

では、何故に、柱に火を点じること、或いは柱に登り唱えることが、神への感謝、年占い・供養・祈願となるのか。祭りに関わる人・モノ・場は、祭りに際し、全て一定の儀礼を経て聖なる状態に移行する。これは、日常の世界にあった人・モノ・場が、清められ、神を迎え、神霊が憑依し霊力を宿す、非日常的な聖なるものに転換することを意味する。そして、人々が、この聖なる移行への転換を認識し、柱に霊力があることを信じる結果、柱で感謝・供養・祈願をすると、それが天(神)に届くのだということを何の疑いもなく受け入れるのである。ここに、柱松の宗教的意味合いが生まれてくる。例えば、盆時期に柱を通して祖霊の送り迎えをすることが可能なのは、柱が神霊の憑依した聖なるモノに転化し、天と地を繋ぐ力を得たと信じられてきたことによるのである。

同様なことは、次の事例にも当てはまる。柱松では、祭りによっては柱に取り付けた御幣や綱や木の枝などを見物人が争って奪い合う光景に遭遇するが、人々は、何故に祭りのモノを争ってまでして手に入れようとするのか。野にある尾花なり、松の枝を持ち帰っても、それにご利益があるわけではない。尾花なり、松の枝が一定の儀礼を経て、神霊が憑依し聖なるモノ、霊力を発揮するモノに転換し、この変化を人々が信じて初めて、尾花や松の枝にご利益があるとする信仰が生まれるのである。つまりモノを奪い合う行為は、まさに人々が、そのモノが聖なるモノに転換し霊力を得たと認識したことの表れである。言い換えれば、人々が、祭具を自分のものにして神の加護を求めるのは、祭具が儀礼を経て霊力があると、人々が信じている証である。

(3)柱松は地域的・時期的に偏在している

柱松は、岩手県と山形県におのおの一事例はあるが、基本的には、東は富士川流域から西は鹿児島県鹿児島郡三島村硫黄島までの西日本を中心に行われてきた祭りである。鑽り火点火方式は主として新潟県と長野県の県境地域、無点火方式は瀬戸内地域に集中している。また、各県でも柱松が行われている場所は、ほぼ特定の場所に集中している。柱松が、ある特定の場所で行われてきた祭りであり、何故に西日本の一定地域に集中して行われてきたのかについての定説はない。

祭りの場は、松明投げ点火方式では河原や海辺が多いが、直接点火方式、鑽り火点火方式、無点火方式では寺社の境内が多い。前者は、宗教者の管理のない行事となっている。後者の場合、宗教者の関与が窺われる。この違いは、祭りの起源の違いによるものと推測できる。

柱松は点火の方法により、集中して行われる時期がある。それぞれに例外はあるが、松明投げ点火方式は八月、直接点火方式は八月、鑽り火点火方式は七月、無点火方式は二・三・四月の春の時期である。柱松が行われる時期は、祭りの目的と密接な関係がある。盆・地蔵盆・二百十日・十五夜などにおける柱松は、盆供養、愛宕山への献灯、風除け、収穫感謝を目的とする。また、柱松は、年間を通じ稲の成長具合に応じて、春は予祝、夏は虫除け、二百十日は風除け、十五夜は収穫感謝と、その目的を変えながら行われている。なお、修験系の柱松は、修験の峯入りの日と関連しているともいわれている。

(4)柱松の名称は多数ある

祭りの名称は、投げ松明・トウロン・アゲンダイ・松上げ・上松・柱松・火揚げ・牛燈・ハシラマツなど多数あり、基本的に地域ごとに同じ名称が用いられている。但し、ハシラマツという名称は広い地域で使用されているが、この名称が、この種の祭り全般を総括する名称であるとの全国的な共通認識はない。また、松例祭・オスズミ祭り・お松明式等は、特定の祭りにしか使わない名称もある。

2 先行研究の再検討

以上解明された柱松の実相を基に、序論で述べた先行研究の妥当性を検証する。

柳田國男・和歌森太郎・五来重は、それぞれの視点で柱松の諸相を明らかにし、柱松研究に深みを与えた。特に、柳田は、初めて柱松という祭りの存在を世に知らしめ、その中で、柱松の性格としての一年両分制・双分制についても言及している点は注目に値する。また、和歌森は、初めて柱松における修験道の役割を指摘し柱松研究深化に貢献した。

ただ、各論者が論じた柱松は、各論者の関心テーマに応じて取り出された柱松の一部である、これは論考の視点設定の当然の結果であるとも考える。また、序章でも指摘したが、各論者とも、柱松の定義においてあいまいさがある。自己が定義した柱松の範疇に入らない柱松を、あたかも自己が定義した範疇の柱松であるかの如く論じている。これは、意図的なものか或いは資料が不十分なため正確な知識に欠けていた結果であるのかは不明であるが、論考の客観性を損なう結果となっている。例えば、柳田の定義がその好例である。

祭りという民俗事象の研究のためには、民俗事象の中に秘められている宗教性を、具体的な行動・モノの中から読み取り、それを地元の価値観も合わせで分析・理論化することが重要である。そのためには、実際の祭りを見ることが必要である。先行研究においては、一部の祭りは論者自身が実際に見たであろうが、参与観察せずに文献のみで論じられている部分もかなりある。これは、先行研究において祭り現場の観察が欠けていることに表れている。柱に松明が投げられ、松明受けに火がともる瞬間の見物人の感嘆、見物人が御幣を求めて争う暴力的姿といった、見学人の個人的な感情の発露が何を意味しているのかという祭りの多面的姿の論考の欠落である。現場を見るということは、祭りがどのように集落や個人に受け取られているかを知るとともに、祭りの本質を理解する上の重要な手がかりを与えるものである。民俗事象の研究では、現場に来て初めて知ることが多い。現場の雰囲気、祭りを取り巻く環境を体験して初めて、祭りの真の姿を捉えることができるのであろう。

和歌森は、「柱松と修験道」において、民俗行事としての柱松の初めの姿を、大松明の「立ちあかし」としている。しかし、和歌森は、「立ちあかし」が如何なる過程を経て、現在のような松明を投げ上げて点火する柱松になったのかについての十分な説明はしていない。問題は、和歌森のような高名な学者の説が何の検証も受けないまま、それがあたかも反論の余地のない事実であるかの如く世間に受け入れられ、引用されていることである。本書作成に際しての調査において、幾多の点で、先行研究に取り上げている事例に事実誤認があることを発見した。先行研究の事例については、十分な検証が必要であろう。

3　柱松の四類型と和歌森太郎の二類型との関係

以上の考察から、和歌森が提示した柱松の類型とこれまで論者が論じてきた柱松の類型との関係について論じる。

和歌森は、柱松を「民俗行事としての柱松」と「修験道系の柱松」に分類し、それぞれの特徴を、前者は、祭日が盆の頃、点火方式が投げ松明形式、柱の本数が単基、目的が迎え火・送り火、牛馬の安全守護。後者は、祭日が迎年の頃、点火方式が登柱点火形式、目的が修験の祭りにおける役割が時代の推移に伴い変わったことに応じ、神霊送り・柴燈護摩・精霊送迎・御霊鎮め・年占いへと変化した、とした。この分類において、重要なことは、修験が祭りに関与しているか否かであるが、祭りの行事次第から見れば、修験にとり、柱松は修行で得た力を競いあうことであることからして、祭りに　鑽り火方式による験競べが行われるか否かが、修験道系の柱松を他と区別する重要な要素であると考える。

この視点から、論者が類型化した四つの方式を分析してみる。

「松明投げ点火方式」は、柱の数が松明の投げ手の数に応じ変わり、柱に火を点すことにより祭りの目的が達成される。その目的は、盆供養・豊作祈願・収穫感謝・虫除け・疫病除け・雨乞い祈願・火伏・鎮魂・川供養・年占い、という現世利益を求めてのもので、当該地域の生業・歴史的環境・生活習慣に深く関わったものである。この方式の祭りは、殆どが神社仏閣と関係ない所で行われ、宗教関係者の関与はない。この意味で祭りは民俗的な色彩の濃い祭りで、民俗行事としての柱松といえる。

「直接点火方式」は、和歌森の指摘がない祭礼形式である。現存する四事例のうち、京都市右京区嵯峨清涼寺は、柱の火勢による年占いが行われるが、これは修験の験競べではない。また、兵庫県洲本市五色町鮎原栢野の祭りの名称が柴燈で極めて修験的であるが、点火は竹竿で直接点火するもので、修験の鑽り火方式の験競べはない。従って、現行の直接点火方式柱松は、地域住民主体の「民俗行事としての柱松」として分類できる。

「鑽り火点火方式」は、現在戸隠を除き、多くは地域住民により執り行われているが、嘗ては修験が大きく関与し、その点火方式も鑽り火であることから、和歌森のいう「修験道系の柱松」に該当する。

「無点火方式」は、和歌森の類型にはないものである。柱を立てること、目的が現世利益の祈願ということでは、民俗系の祭りと類似しているが、荒神が柱に登り祝詞をあげること、荒神に清められた祭具にご利益があるという俗信があること等では、修験系の祭りと類似している。担い手は現在在野の人々が継承しているが、明治の神仏分離までは社家が継承していた。また、岩国市行波を始めとする山口県南東部の同種の祭りは式年祭の形式をとっている。これは神道のものである。更に、この方式の柱松は、全て神楽の一演目として行われ、神楽全体としては、仏教・神道・修験道等、いろいろな宗教的要素が混在している。この点から、無点火方式柱松は「混淆系の柱松」と類型化できよう。

結論として、柱松は、和歌森の類型化を発展させて、民俗行事としての柱松、修験系の柱松、混淆系の柱松の三つに分類できる。

4　今後の課題

本書では、先行研究で不十分であった柱松の実態を明らかにし、今後の柱松研究のための基礎データを提供することを目的とした。しかしながら柱松の調査・研究は、いまだ緒に就いたばかりで、今後更に現地調査・分析を重ねて、柱松の真の姿を明らかにしていくことが求められる。特に、柱松の起源、性格、地域的偏在性、ハシラマツという名称で複数の地で行われている理由等の解明が、柱松研究深化のために必要であろう。また、祭りが高齢化・少子化等で年々消滅・簡素化される傾向にある今日において、各地の祭りの実態を詳細に調べ記録に留めておくことは、火急の課題である。

参考文献

文献を県別と全国とに分け、それぞれを、自治体史・報告書・史料集・地誌類と、研究論文・研究書に大別。

【山形県】

『山形県の祭り・行事―山形県祭り・行事調査報告書』二〇〇四　山形県教育委員会

岩鼻通明　一九八三「出羽三山信仰圏の地理学的考察」『史林』六六―五

岡　晃子　二〇〇一「羽黒山松例祭の民俗学的研究」『伝承文化研究』一号　国学院大学伝承文化学会

大川広海　一九八四『出羽三山の四季』新人物往来社

五来　重　一九七七「羽黒松例祭と験競」『山岳宗教史研究叢書七　東北霊山と修験道』名著出版

片山正和　一九八五『羽黒三山山伏の世界』新人物往来社

鈴木正崇　一九九〇「儀礼的殺害の論理―羽黒山松例祭」『哲学』九一　三田哲学会

出羽三山神社　一九六五「出羽三山神社松例祭」『日本祭祀研究集成　第三巻』名著出版

戸川安章　一九五五「羽黒山における穀霊信仰」『日本民俗学会報』二(三)

戸川安章　一九七二『修験道と民俗』民俗民芸双書　岩波美術社

戸川安章　一九七五「歳夜祭」『羽黒山秘話』東北出版企画

戸川安章　一九七六「羽黒山の歳夜祭における藁綱」『まつり』二八　まつり同好会

戸川安章　一九八六『新版　出羽三山修験道の研究』佼成出版社

戸川安章　二〇〇五『出羽三山と修験道』戸川安章著作集一　岩田書院
戸川安章　二〇〇五『修験道と民俗宗教』戸川安章著作集二　岩田書院
内藤正敏　二〇〇七『鬼と修験のフォークロア』法政大学出版局
宮家　準　二〇〇〇『羽黒修験―その歴史と峰入』岩田書院
和歌森太郎　一九六五「柱松と修験道」『日本民俗学会報』三七

【山梨県】

『山梨県史　民俗編』二〇〇二
『山梨県史民俗調査報告書　第二集　福士の民俗―南巨摩郡富沢町』一九九五　山梨県史編纂専門委員会編
『都道府県別日本の祭り・行事調査報告書集成六　中部地方の祭り・行事二　山梨・静岡』二〇〇九　海路書房「山梨県の祭り・行事調査報告書」山梨県教育委員会
『鰍沢町誌　下巻』一九九六
『下部町誌』一九八一
『下部町の民俗文化調査報告書　わが町の民俗　そのルーツと心を探る』一九九四　下部町民俗文化調査編集委員会
『富沢町誌　下巻』二〇〇二
『中富町誌』一九七一
『改訂　南部町誌　下巻』一九九九
『本郷の民俗―山梨県南巨摩郡南部町』一九九九　早稲田大学第二文学部民俗調査団
『成島の民俗―山梨県南巨摩郡南部町』一九九九　早稲田大学第二文学部民俗調査団
『大須成の民俗―山梨県南巨摩郡中富町』二〇〇〇　早稲田大学第二文学部民俗調査団
『早川町誌』一九八〇
『身延町誌』一九七〇
青山　靖　一九七〇「河内地方の〝投げ松明〟について」『峡南の郷土』四・五　峡南郷土研究会
上野晴朗　一九七三『やまなしの民俗―祭りと芸能　下巻』光風社書店
大島暁雄他　一九九六『日本民俗調査報告書集成　中部・北陸の民俗　山梨県』三一書房
加藤為夫編　一九八七『富士川谷物語』山梨日日新聞社
鈴木富治　一九七七「南部の火祭りについて」『峡南の郷土』

一六　峡南郷土研究会
土橋里木・大森義憲　一九七四『日本の民俗　山梨』第一法規出版
土橋里木　一九八三「火祭りについて」『甲斐路』四一
林佳孝他編　二〇〇二『定本　富士川』郷土出版社
三保高齢者教室　一九八〇『古里の習慣　下部町』
渡辺淳朗　一九九七「南部町の火祭りについて（一）」『峡南の郷土』三七　峡南郷土研究会
渡辺淳朗　一九九九「南部町の火祭りについて（二）」『峡南の郷土』三八　峡南郷土研究会

【静岡県(1)　富士川流域関連】

『駿国雑志　巻之十五下　年中行事　七月』阿部正信（一八一七～一八四三）
『静岡県史民俗調査報告書　第十九集　北松野の民俗―庵原郡富士川町』一九九三　静岡県教育委員会
『静岡県の祭り・行事―静岡県祭り・行事調査報告書』一九九九　静岡県教育委員会
『静岡県史　資料編二四　民俗二』一九九三
『芝川町誌』一九七二
『富士川町史追補　第一号』一九六八
『富士川町史追補　第二号』一九七六
『富士川町史追補　第三号』一九八六
『富士川町史追補　第四号』二〇〇四
『富士川町史追補　第五号』二〇〇八
『ふるさと富士川　第一集』一九七九　富士川町文化財保護審議会
『ふるさと富士川　第二集　昔ばなし・伝説集』一九八一　富士川町文化財保護審議会
『ふるさと富士川　第三集』一九八四　富士川町文化財保護審議会
芦川守正　一九七九「盆行事　富士川流域に於ける川供養」『文淵』一四号　富士川町文化協会
静岡県立富士宮北高等学校郷土研究部　一九七二『行人塚第十四号　富士川流域民俗調査史料集』
渡辺繁治　一九九六『ふるさと・富士の歳時記年中行事の起源』私家版

【静岡県(2)　富士川流域以外】

『静岡県史民俗調査報告書　第十八集　石津の民俗―焼津市』一九九三　静岡県教育委員会

『静岡県史　資料編二四　民俗二』一九九三
『大井川町史』一九九二
『ふるさとの年中行事』一九八八　大井川町婦人団体連合会
『金谷町史　地誌編』一九九二
『中藁科誌』一九六九
『藤枝市史　別編　民俗』二〇〇二
『焼津市史　民俗編』二〇〇七
『焼津市誌　下巻』一九七一
鈴木文基　一九九二「相良町片波の盆行事について」『遠州常民文化』一　遠州常民文化談話会
静岡県立静岡高等学校郷土研究部　一九八〇『安部川流域の民俗』
富山昭他編　一九七四『静岡の民俗語』静岡民俗の会

【新潟県】

『訂正　越後頸城郡誌稿　下巻』一九六九
『中頸城郡誌　第四巻』一九四一
『関山神社火祭り調査報告書』二〇〇六　仮山伏保存会・妙高市教育委員会
『妙高山雲上寺宝蔵院日記　第一巻』二〇〇八　妙高市教育委員会編
『妙高山雲上寺宝蔵院日記の風景』二〇一〇　妙高市教育委員会編
安達　恩　二〇〇〇「妙高山信仰と年中行事」『山岳宗教史研究叢書九　富士・御嶽と中部霊山』名著出版
大場厚順　二〇〇〇「妙高信仰の変遷と修験行事」『山岳宗教史研究叢書九　富士・御嶽と中部霊山』名著出版
佐藤和彦　二〇〇八「関山神社の祭り」『高志路』三六六　新潟県民俗学会

【長野県】

『當家記録』一八四八　鷲尾元昌
『新編　信濃史料叢書　第五巻』一九七三
『新編　信濃史料叢書　第一二巻』一九七五
『下高井郡誌』一九二二
『瑞穂村誌』一九二八
『新編　瑞穂村誌』一九八〇
『長野県飯山市小菅総合調査報告書　市内遺跡発掘調査報告第二巻　調査・研究篇』二〇〇五　飯山市教育委員会
『小菅の柱松―北信濃の柱松行事調査報告』二〇〇八　飯山

市教育委員会
井原今朝男　一九九七「顕光寺と修験道の発達」『戸隠信仰の歴史』戸隠神社
小畑紘一　二〇一三『小菅の柱松―その儀礼と意義』飯山市教育委員会
五来　重　一九八〇『修験道入門』角川書店
森山茂市　一九三一『増訂　小菅神社誌』私版家
和歌森太郎　一九六五「柱松と修験道」『日本民俗会報』三七

【石川県】
『能登島地方誌』三版　一九七九　鹿島郡第七部教育委員会編（初版一九一二年）
小倉　学　一九六七『石川県能登半島の火祭』伊夜比咩神社社務所
小倉　学　一九八四「祭りと年齢階悌」『祭りと民俗』民俗民芸双書　岩波美術社

【福井県】
『福井県史　資料編一五　民俗』一九八四
『知三村誌』一九一四
『わかさ名田庄村誌Ⅰ』二〇〇四
『わかさ名田庄村誌Ⅱ』二〇〇四
今井和大編　二〇〇〇『福井県における虫塚・虫送り・虫供養』福井県植物防疫協会
神崎宣武　二〇一〇『小浜市指定文化財説明資料三』
永江秀雄　一九九九「若狭の火祭り」『まつり』六一　まつり同好会
八木　透　一九九七「丹波・若狭の松明行事」『京都民俗』一五　京都民俗学談話会

【京都府】
『若狭の四季―年中行事と祭り』一九八九　福井県立若狭歴史民俗資料館
『京都府和知町誌　第一巻』一九九五
『日吉ダム水没地区文化財調査報告書』一九八八　日吉町
『日吉町の文化財』一九九五　日吉町・日吉町教育委員会
『舞鶴市史　各説編』一九七五
赤田光男　一九八五「京都府の火の民俗」『近畿地方の火の民俗』明玄書房

大野　啓　二〇〇〇「同族集団の構造と社会的機能―丹波の株を事例に」『日本民俗学』二二一
金久昌業　一九七九『北山の峠―京都から若狭へ』ナカニシヤ出版
日本観光文化研究所　一九八一『あるくみるきく』一六八「一北山の松上げ行事」
服部夏子・森田佳苗・原田ゆかり・木村栄理子編　二〇〇七「広河原　松上げ調査報告書」『薪炭ＫＹＯＴＯ（二〇〇四）京都・火の催事記』
ブッシイ・アンヌ・マリー　一九六〇「愛宕山の山岳信仰」『山岳宗教史研究叢書一　近畿霊山と修験道』名著出版
向田明弘　二〇〇六「丹波地域の松明行事と愛宕信仰」『京都愛宕山と火伏せの祈り』昭和堂
八木　透　一九九七「丹波・若狭の松明行事」『京都民俗一五　京都民俗学談話会
八木　透　一九九七「京都北山の松上げと愛宕信仰」『創造する市民』五二　京都市社会教育振興財団
八木透編　二〇〇二「愛宕信仰と松明行事」『京都の夏祭りと民俗信仰』昭和堂
八木透監修・鵜飼均編　二〇〇三『愛宕山と愛宕詣り』京都愛宕研究会
山路興造　一九九二「京都の盆行事―その歴史的考察」『京都市歴史資料館紀要』一〇
湯浅貞夫　一九八二『丹波風物詩』文理閣

【三重県(1)　鳥羽松尾】

『鳥羽市史　下巻』一九九一
『鳥羽市民俗文化財調査報告二　志摩加茂五郷の盆祭行事調査報告書』二〇一〇　鳥羽市教育委員会
『志摩加茂五郷の盆祭行事』二〇〇二　三重県鳥羽市河内町河内若衆
赤池憲昭　一九八七「志摩の盆行事―「新亡」の性格をめぐって」『愛知学院大学文学部紀要』一七
乾淳子編　一九九四『三重の祭　しおさい文庫(三)』伊勢志摩編集室
牛島　巌　一九六五「民俗芸能とその基底」『志摩の民俗』吉川弘文館
上村角兵角衛　一九八五「三重県の火の民俗」『近畿地方の火の民俗』明玄書房
佐藤米司　一九九九「火踊り・柱松・いぼ地蔵のまつり」

『まつり』六一
杉浦良代　一九八二『三重の祭り』光書房
中岡登編　一九七〇『鳥羽志摩新誌』中岡書房

【三重県(2)　熊野】

『総合民俗調査報告書　紀伊熊野市の民俗　第一二号』熊野市教育委員会　一九八一　大谷大学民俗学研究会編
『総合民俗調査報告書　紀伊熊野市の民俗　第一四号』熊野市教育委員会　一九八二　大谷大学民俗学研究会編
『熊野市史　下巻』一九八三
『総合民俗調査報告書　紀伊熊野市の民俗　育生町・神川町編　昭和五四年度』一九八三　熊野市教育委員会
『三重県文化財調査報告書　第一三集　牟婁地区山村習俗調査報告書』一九七一　三重県教育委員会

【三重県(3)　紀和】

『紀和町史　別巻』一九九四
久保幸一　二〇〇二「紀和の柱松」『熊野の民俗と祭り』伊勢文化舎

【和歌山県】

『和歌山の伝説』一九七九　和歌山県小学校教育研究会国語部会編　日本標準「次郎太郎物語―有田郡金谷町―」
『和歌山県の祭り・行事調査報告書』(一九九七年実施)二〇〇一　和歌山県教育委員会
『紀伊東牟婁郡誌　下巻』一九一七
『北山村史　下巻』一九八七
『すさみ町誌　下巻』一九七八
『田辺市史　第十巻　史料編Ⅶ』二〇〇一
逸木盛照　一九六九『紀州民俗誌』中央公論事業出版
天野輝雄　一九八一「佐野の柱松」『熊野誌』二七　熊野地方史研究会
滝川貞蔵　一九八二『滝川貞蔵遺稿　熊野・太地の伝承』工作舎
杉中浩一郎　一九七七「田辺の柱松」『紀州田辺　柱松』白浜田辺青年会議所編
高谷重夫・吉川寿洋　一九七七「和歌山県東牟婁郡北山村民俗調査報告」『近畿民俗』七二
松本保千代　一九八五「和歌山県の火の民俗」『近畿地方の火の民俗』明玄書房

【兵庫県(1)　揖保郡】

『西讃府誌　五十三巻　風俗』一八九八　堀田璋左右・那珂多友同志会
『網干町史　復刻版』一九八七（初版一九五一年）
「稲荷社火揚規則」（一八九〇年改正）
『兵庫県揖保郡地誌』一九〇三
『姫路市史　第十五巻　上　別編　民俗編』一九九二
藤木明子　一九九九『播磨の祭り　姫路文庫別巻』ひめしんぶん化会
八木浄頭　一九八七『なつかしのふるさと長浜（一）』仏性寺

【兵庫県(2)　日高町松尾】

『国府村誌　上巻　古代・中世編』一九六二
『国府村誌　中巻　近世編』一九六二
上井久義　一九六九「頭屋と人形」『日本民俗の源流』創元社
加賀美省一・菅村勇監修　二〇〇八『国府ものがたり』国府ものがたり実行委員会
神戸新聞但馬総局　一九七〇『円山川』
松本保千代等　一九八五『近畿地方の火の民俗』明玄書房
谷川健一編　二〇〇六『日本の神々　神社と聖地7　山陰』白水社

【兵庫県(3)　その他】

「淡路島風俗問状答」『日本庶民生活史料集成　第九巻』一九六九　三一書房
『加東郡誌』一九七四
「黒谷部落諸行事覚書」黒谷地区所蔵
『五色町史』一九八六
神戸新聞社学芸部　一九七一『兵庫探検　民俗編』神戸新聞社
松本保千代著作者代表　一九八五「兵庫県の火の民俗」『近畿地方の火の民俗』明玄書房
民俗学研究所編　一九七五『年中行事図説』岩崎美術社

【山口県(1)　行波以外の地】

『防長風土注進案』一八四二年頃
「漁翁寝言」一八五二年頃『村田清風全集』所収　一九六三　山口県教育委員会
『山口県祭り・行事調査報告書』二〇〇八　山口県教育委員会
『勝間村誌』一九六〇
『下関市史　民俗編』一九九二

『下関民俗歳時記　増補改訂』一九六九
『豊浦町史　三(民俗編)』一九九五
『豊北町史』一九七二
『長門市史　民俗編』一九七九
『萩市誌』一九五九
萩原新生編著　一九四九『大津郡志』大津郡志刊行会
『光市史』一九七五
『三隅町の歴史と民俗』一九七三
「向畔伝統保存会資料」二〇一〇
『柳井市史　総論編』一九八八
『大和町史』一九八三
伊藤忠芳　一九八九「柱松雑感」『仁義女』六　豊北町郷土文化研究所
島田良雄等　一九九七『豊浦民俗歳時記　四季のくらしといのり』豊浦の歴史を語る会
周東町教育委員会　一九八五『祖生の柱松』
高橋文雄　一九七九『続・山口県地名考』山口県地名研究所
松本麟一　一九八五「山口県の火の民俗」『中国・四国地方の火の民俗』明玄書房
宮本常一・財前司一　一九七四『日本の民俗三五　山口』第一法規出版
むつみ村教育委員会　一九九一「野田の火祭」『むつみ村文化財要覧』

【山口県(2)　行波】

岩田　勝　一九八三『神楽源流考』名著出版
鈴木正崇　一九八八「神楽と鎮魂—荒神祭祀にみる神と人」『大系・仏教と日本人七　芸能と鎮魂』春秋社
御薗生翁甫　一九七二『防長神楽の研究』未来社

【愛媛県(1)　川名津】

『愛媛県の民俗芸能—愛媛県民俗芸能緊急調査報告書』一九九八　愛媛県教育委員会
『川名津神楽本』二〇一〇　川名津神楽保存会
『八幡浜市誌』一九八七
大木敬久　一九九六「厄払いの構造に関する一考察—八幡浜市川名津柱松の分析を中心に」『愛媛県歴史文化博物館研究紀要』一
大木敬久　一九九九「牛鬼論—妖怪から祭礼の練物へ」『愛媛県歴史文化博物館研究紀要』四
大木敬久　二〇〇一「愛媛の祭礼風流誌」『愛媛県歴史文化

博物館研究紀要』六
大木敬久　二〇〇三「厄年の民俗―愛媛県の事例」『愛媛県歴史文化博物館研究紀要』八
大木敬久　二〇〇五『民俗の知恵―愛媛八幡浜民俗誌』創風社出版
五葉道全　一九九七「「柱松」のこと」『八幡浜史談』
松本麒一　一九八五「愛媛県の火の民俗」『中国・四国地方の火の民俗』明玄書房
守屋　毅　一九七八「「柱松」素描」『愛媛の祭りと民俗』雄山閣
野口光敏　一九七六「愛媛の年齢集団―若者仲間覚書」『伊予の民俗』一八　伊予民俗の会編

【愛媛県(2)　五反田】
『愛媛県史　民俗下』一九八四
『愛媛の文化財』一九九三　愛媛県教育委員会
野口光敏　一九七九『伊予民俗ノート』愛媛文化双書刊行会

【福岡県(1)　等覚寺】
『等覚寺の松会』二〇〇六　苅田町教育委員会(改訂版)
佐々木哲哉　一九八五「福岡県の火の民俗」『九州・沖縄地方の火の民俗』明玄書房
田川郷土研究会　一九七八「彦山の祭事と信仰」『増補　英彦山』葦書房
山口正博　二〇〇四「英彦山系修験霊山の松会」『国学院大学大学院紀要・文学研究科三六　二〇〇四年度』
山口正博　二〇〇四「英彦山系修験霊山と松会」『宗教研究』七七(四)
山口正博　二〇〇七「修験道と神道のあいだ―松会の柱松をめぐる思想と実践」『宗教研究』八一(四)
永松　敦編　二〇〇六『九州の民俗芸能　保存と活用』九州民俗学会　鉱脈社

【福岡県(2)　その他】
『鞍手郡誌　下巻』一九七四
『鞍手町誌　民俗宗教編』一九九五
『直方市史　上巻』一九七一
『直方市史　下巻』一九七八
『宮田町誌　上巻』一九七八
舌間信夫・赤星月人等　一九八〇『直方むかしばなし　第九十話　柱松』直方市
染矢多喜男　一九七三『日本の民俗四四　大分』第一法規出

版
香月靖晴　一九七九『直方市の火の祭り「柱松」』（出版地不明）

【大分県】
『大分県史　民俗編』一九八六
『都道府県別日本の祭り・行事調査報告書報告書集成一二　九州地方の祭り・行事二　大分・沖縄』二〇一〇　大分県教育委員会「大分県の祭り・行事報告書」
『朝地町史』一九六七
『犬飼町誌』一九七八
『宇目町誌』一九九一
『大野町史』一九八〇
『緒方町誌』二〇〇一
『杵築市誌　本編』二〇一六
『清川村誌』一九七九
『久住町誌』一九八四
『庄内町誌』一九九〇
『竹田市史　下』一九八七
『千歳村誌』一九七四
『直入町誌』一九八四
『野津町誌』一九六五
『野津町誌　下』一九九三
『狭間町誌』一九八四
『三重町誌』一九六六
出原柱松保存会　一九九四『柱松についての考察』（出版地不明）
大分県民具協会編　一九九二『大分の民俗』葦書房
北九州大学民俗研究会　一九七八『緒方町の民俗』「緒方町の民俗」刊行会
染矢多喜男　一九八五「大分県の火の民俗」『九州・沖縄地方の火の民俗』明玄書房

【宮崎県】
『宮崎県史　資料編　民俗二』一九九二
小野重朗　一九八五「宮崎県の火の文化」『九州・沖縄地方の火の民俗』明玄書房
小野重朗編　一九九六『宮崎県史叢書　宮崎県年中行事集』

【鹿児島県⑴　鹿児島本土】

『大根占町誌』一九七一
『大根占町誌　増補改訂版』二〇〇四
『蒲生郷土誌』一九九一
沖浦和光　一九九一『竹の民俗誌』岩波書店
小野重朗　一九七七「十五夜綱引きと来訪神」『まつり』二九　まつり同好会
小野重朗　一九八五「鹿児島県の火の民俗」『九州・沖縄地方の火の民俗』明玄書房
小野重朗　一九九二『鹿児島の民俗暦』海鳥社
小野重朗　一九九二『南日本の民俗文化　小野重郎著作集二　神々の信仰』第一書房
原田　稔　一九六四「河上神社・柱巻き・綱引き」『鹿児島民俗』六二　鹿児島民俗学会
野田千尋　一九六五「大根占町河上神社のハシタマツ神事」『民俗研究』二一　鹿児島民俗学会
松永守道　一九五六「ハシタマツについて」『鹿児島民俗』一二　鹿児島民俗学会

【鹿児島県(2)　硫黄島】

『薩隅日地理纂考　十二之巻　薩摩国河辺郡　硫黄島』一八七一　樺山資雄
『三国名勝図会　中巻』一九六六　南日本出版文化協会
『三島村秘史』一九七二
『三島村誌』一九九〇
谷口広之　一九八〇「鬼界島流人譚の成立―俊寛有王説話をめぐって」『同志社国文学』一九八〇―一
松永守道　一九七七「硫黄島のハシタマツ」『かごしまの民俗探求』鹿児島民俗学会

【全国】

飯島吉晴　一九七七「家と火」『歴史公論』一一九　雄山閣
飯島吉晴　一九九一『子供の民俗学―子供はどこから来たのか』新曜社
井之口章次　一九五八「農耕年中行事」『日本民俗学大系』七　日本民族学会
岩崎敏夫・三隅治雄編　一九七六『日本祭祀研究集成　第三巻　祭りの諸形態』名著出版
遠藤元男・山中裕編　一九八一『年中行事の歴史学』弘文堂
大林太良編　一九七四『日本古代文化の探求・火』社会思想社
小松和彦　二〇一三『憑霊信仰論』講談社

倉田一郎　一九六九『農と民俗』民俗民芸双書　岩波美術社

倉石忠彦　一九七四「年中行事―その民俗誌における扱いを巡って」『信濃』第三次二〇―八

倉石忠彦　一九九〇『道祖神信仰論』名著出版

倉林正次　一九七五『祭りの構造―饗宴と神事』ＮＨＫブックス

倉林正次　一九八二「夏祭りの信仰とその構造」『月刊文化財』二二七

五来　重　一九八一『山岳宗教史研究叢書一五　修験道の美術・芸能・文化(二)』名著出版

五来　重　一九八一『山岳宗教史研究叢書一六　修験道の伝承文化』名著出版

桜井徳太郎　一九八二『日本民俗宗教論』春秋社

桜井徳太郎　一九八七『山岳宗教史研究叢書六　山岳宗教と民間宗教の研究』名著出版

佐々木宏幹　二〇〇四『聖と呪力の人類学』講談社

新谷尚紀・波平恵美子・湯川洋司編　二〇〇三『暮らしの中の民俗学二―一年』吉川弘文館

真野俊和　二〇〇一『日本の祭りを読み解く』吉川弘文館

薗田　稔　一九九〇『祭りの現象学』弘文堂

高橋秀雄他編　一九九一～一九九三『祭礼行事―都道府県別』桜楓社

武田　正　一九七一「「火」と「水」の昔話」『日本民俗学』七五

田中久夫　一九八六「盂蘭盆会と無縁仏」『仏教民俗学大系六　仏教年中行事』名著出版

田中久夫　一九七八『先祖祭祀の研究』弘文堂

田中宣一　一九九二『年中行事の研究』桜楓社

田中義広　一九七一「農耕儀礼と火―田楽について」『日本民俗学』七五　日本民俗学会

津城寛文　一九九五『日本の深層文化序説―三つの深層と宗教』玉川大学出版部

坪井洋文　一九八二『稲を選んだ日本人―民俗的思考の世界』ニューフォークロア双書　未来社

坪井洋文　一九八九『神道的神と民俗的神』未来社

豊田国夫　一九九七『日本人の言霊思想』講談社

西角井正慶　一九七八「氏神信仰と祭礼」『日本祭祀研究集成　第二巻』名著出版

萩原龍夫　一九七八「祭りの見かた・理解の仕方」『日本祭祀研究集成　第二巻』名著出版

原田敏明　一九五九「祭りの日と時」『日本民俗学大系八』平凡社
早川孝太郎　一九八二「農と祭」『早川孝太郎全集八』未来社
林屋辰三郎　一九九六『民衆生活の日本史・火』思文閣出版
藤井正雄　一九九三『祖先祭祀の儀礼構造と民俗』弘文堂
古川貞雄　一九八六『村の遊び日―休日と若者組の社会史』平凡社
フレーザー・J・G　一九八九『火の起源の神話』角川書店
フレーザー・J・G　二〇〇七『金枝篇　上』筑摩書房
文化庁編　一九七〇『日本民俗地図一　年中行事一』国土地理協会
文化庁編　一九七一『日本民俗地図二　年中行事二』国土地理協会
片　茂永　一九九〇「韓国の仏教民俗と「火」―燃燈・八関行事を中心に」『日本民俗学』一八三　日本民俗学会
松岡　実　一九七五「修験道と民俗―採（柴）燈護摩と火祭り」『日本民俗学』九七　日本民俗学会
松崎憲三　二〇〇四『現代供養論考―ヒト・モノ・動植物の慰霊』慶友社
松平斉光　一九四六『祭―本質と諸相』日光書院
松村武雄　一九二九「祭儀の二面性」『民俗学』一―三　岡村千秋編
宮家　準　一九八五『修験道思想の研究』春秋社
宮家　準　一九九九『修験道儀礼の研究』春秋社
宮家　準　二〇〇七『神道と修験道　民俗宗教思想の展開』春秋社
宮田　登　一九七九『神の民俗誌』岩波書店
宮本袈裟雄　一九八四『里修験の研究』吉川弘文館
宮本常一　一九七〇『民間暦』未来社
村武精一　一九八四『祭祀空間の構造―社会人類学ノート』東京大学出版会
森田三郎　一九九〇『祭りの文化人類学』世界思想社
柳川啓一・坪井洋文　一九七八『日本祭祀研究集成　第二巻　祭祀研究の再構成』名著出版
柳田國男　一九九〇「日本の祭」『定本柳田國男集一三』筑摩書房
湯浅泰雄　二〇〇七『身体論　東洋的心身論と現代』講談社
和歌森太郎　一九六六『年中行事』（増補版）至文堂
和歌森太郎編　一九七五『山岳宗教史研究叢書一　山岳宗教

の成立と展開』名著出版
渡辺勝義　一九九三「日本の「祭り」に関する一考察―まつりの本質構造をめぐって」『神道学』一五六　神道学会

資料編

C 昼夜	D 名称	E 目的	F 行事次第
夜	投げ松明	精霊送り	
深夜	松例祭(火の打替神事)	冬峯結願 豊作・豊魚	鏡松明立て、火の打替神事。
夜	ナンデーギ		
夜	ナギンデー	盆供養	
夜	ナギンデー	盆供養	13日(迎え火)、16日(送り火)に1本ずつ燃やす。
夜	ナギンデー	盆供養	
夜	ナギンデー	盆供養	
夜	ナギンデー	新盆供養	柱は新盆の家が提供。
夜	ナインデー	盆の迎え火(13日) 送り火(16日)	
夜	ナギンデー	盆供養	
夜	ナゲンデエ	盆供養　虫除け祈願	
夜	ナゲンデー	新盆供養	新盆の家が柱を提供。
夜	ナギデーマツ		
夜	カサンボク (笠ん木)		
夜	ナギレマツ	盆供養	「テンヨ　テンヨ」といって松明を投げる。
夜	ナギデ松	盆供養	
夜	ナギンデイ	川供養　新盆 虫除け祈願	
夜	投げ松明	盆迎え火	
夜	ナギンデイ ナゲッテ	盆供養	新盆の家から柱(松)を貰う。
夜	投げ松明	盆供養 火災除け祈願	カサが燃え尽きると、新しいカサにかえる。 これを一晩に3〜5回繰り返す。
夜			
夜			
夜			
夜		盆供養	
夜			
夜	投げ松明	盆供養	川供養の後に柱松。終わって盆踊り。
夜	投げ松明	川供養 虫除け祈願	①川供養(灯籠流し)、②投げ松明、③盆踊り。
夜	投げ松明	(イベント) 盆供養 川供養 虫除け祈願	「南部の火祭り」 ①投げ松明、②灯籠流し、③大たいまつ、④百八たい。南部・内船上・内船中がそれぞれ祭場を持ち、伝来の方法で松明を投げる。傘は3度取り換える。
夜	ナゲデーマツ	盆供養　川供養 虫除け祈願	松明を投げる前に、柱の根に清めの塩、松明を持って柱の周りを3回回る。3回ハチノスを取り換える。
夜	ナゲデーマツ	盆供養 虫除け祈願	
夜	ナゲデーマツ	盆供養 虫除け祈願	

表1　県別柱松一覧表（2017年9月末現在）

県名	No	地名	A　祭場	B　祭日
岩手	1	盛岡市仙北	北上川河原(明治橋上流両岸)	8月16日
山形	2	鶴岡市羽黒町手向	出羽三山神社境内	12月31日・元日
山梨	3	西八代郡市川三郷町山保(旧市川大門町山家)	広場	8月14日
	4	南巨摩郡鰍沢町鳥屋	大柳川(富士川支流)河原	8月13日
	5	南巨摩郡鰍沢町柳川	大柳川(富士川支流)河原	8月13･16日
	6	南巨摩郡身延町道	沢川(富士川支流)河原	盆時期
	7	南巨摩郡身延町切房木	沢川(富士川支流)河原	盆時期
	8	南巨摩郡身延町車田	沢川(富士川支流)河原	盆時期
	9	南巨摩郡身延町久那土	沢川(富士川支流)河原	8月13･16日
	10	南巨摩郡身延町下田原	富士川河原	8月13日
	11	南巨摩郡身延町大塩	山中(上向の沢)	8月7-14日
	12	南巨摩郡身延町久成	寺沢川(富士川支流)伊豆島橋下	8月13日
	13	南巨摩郡身延町平須	山中	
	14	南巨摩郡身延町寺沢	富士川河原	
	15	南巨摩郡身延町切石	富士川河原	8月13-16日
	16	南巨摩郡身延町伊沼字原	寺の境内	8月14-16日
	17	南巨摩郡身延町飯富	富士川河原	盆時期
	18	南巨摩郡身延町常葉字芦原出口	河原	8月13日(嘗て13-16日)
	19	南巨摩郡身延町本郷(旧下部町)	富士川河原(なぎんでえ場)	8月14日(嘗て8月1･7･13-16日)
	20	南巨摩郡身延町清子	広場(嘗て山中の「投げ松明場」)	8月14日(嘗て8月14-16日)
	21	南巨摩郡身延町大島	富士川河原	8月13-16日
	22	南巨摩郡早川町草塩	早川(富士川支流)河原	
	23	南巨摩郡早川町京ヶ島	早川(富士川支流)河原	
	24	南巨摩郡早川町雨畑	雨畑川(早川支流)河原	8月13-16日
	25	南巨摩郡南部町中野	富士川河原	
	26	南巨摩郡南部町本郷	船山川(富士川支流)河原	8月13-15日
	27	南巨摩郡南部町成島	戸栗川(富士川支流)河原	8月16日
	28	南巨摩郡南部町	富士川河原　大増前堤防	8月15日
	29	南巨摩郡南部町南部	富士川河原	8月14-16日
	30	南巨摩郡南部町内船上字阿蘇	墓地	8月14-16日
	31	南巨摩郡南部町内船上字富岡	墓地	8月14-16日

C 昼夜	D 名称	E 目的	F 行事次第
夜	ナゲデーマツ	盆供養　川供養 虫除け祈願	
夜	ナゲデーマツ	盆供養　虫除け祈願	
夜	ナゲデーマツ	盆供養　川供養 虫除け祈願	
夜	ナゲデーマツ	盆供養　川供養 虫除け祈願	
夜		盆供養　川供養 虫除け祈願	
夜	ナゲデーマツ	川供養	
夜	アゲジャアマツ		
夜		川供養	
夜	ナゲジャーマツ		
夜			
夜	投げ松明	迎え火 送り火 虫除け祈願 新盆供養	柱から約400 mのところから、フリチャ（長さ約50 cmの松明）をもって駆け寄り、近くに来るとナゲチャ（長さ約30 cm）に火をつけ、柱を3回回り、松明を投げる。ハチノスが燃え尽きると柱を倒し、新しいハチノスに取り換える。14・15日は3回、16日は2回。終わって、川施餓鬼（新盆供養）。
夜	投げ松明	盆供養 川供養	
夜	ナゲダイ	川供養	
夜	ナゲダイ	川供養	
夜	投げ松明 投げたいま	盆供養 川供養	
夜	ナゲダイ	川供養	カワカンジー終了後、投げ松明。
夜		盆供養	
夜	ナゲダイ （投げ炬）	川供養	（イベント）①仏事、②投げ松明、③手筒花火、④花火。
夜	投げ松明	川供養	（イベント）かりがね祭り。
夜	松明	施餓鬼供養 盆供養	①施餓鬼・新盆供養（仏事）、②松明投げ、③灯籠流し、④盆踊り。
夜	アゲンダイ	盆供養	
夜	トーロン	川供養	
夜	アゲンダイ	盆供養	①仏事：新盆供養（位牌）、②松明投げ、③灯籠流し、④百八タイ。柱の1本は新盆の家のものが投げる。
夜	トーロン	盆供養	
夜	トーロン	盆供養 虫除け祈願	

県名	No	地名	A　祭場	B　祭日
	32	南巨摩郡南部町内船中字中村	富士川河原	8月14-16日
	33	南巨摩郡南部町内船中字倉ヶ平	墓地	8月14-16日
	34	南巨摩郡南部町内船下字島尻	富士川河原	8月14-16日
	35	南巨摩郡南部町内船下字寄畑	富士川河原	8月13-16日
	36	南巨摩郡南部町塩沢	富士川河原	
	37	南巨摩郡南部町大和	富士川河原	8月15日
	38	南巨摩郡南部町楮根	富士川河原	8月13-16日
	39	南巨摩郡南部町福士	富士川　向田の河原	8月16日
	40	南巨摩郡南部町万沢地区	富士川河原	
	41	南巨摩郡南部町佐野地区	佐野川(富士川支流)河原	
	42	南巨摩郡南部町井出	富士川河原	8月16日 (嘗て8月14-16日)
	43	南巨摩郡南部町十島	富士川河原	8月15日 (嘗て8月13-15日)
静岡	44	富士宮市長貫字上長貫	富士川河原(舟場)	8月15日
	45	富士宮市芝川町内房字尾崎	富士川河原	8月16日
	46	富士宮市沼久保字船場	富士川河原(舟場)	8月15日(嘗て8月14-16日)
	47	富士市北松野字大北	富士川蓬莱橋上流	8月15日
	48	富士市南松野字芦ヶ久保	ちぼ沢上流	盆日
	49	富士市木島	富士川河原	8月16日
	50	富士市岩松地区	富士川沿い　かりがね堤	10月第1土曜日 (嘗て8月15日)
	51	静岡市葵区坂ノ上	藁科川(安倍川支流)河原	8月13日
	52	藤枝市西方	西北小学校校庭(葉梨川河畔)	8月15日
	53	藤枝市西方字石清水		
	54	藤枝市西方字岩出		
	55	藤枝市西方字中北		
	56	藤枝市西方字桑原		
	57	藤枝市滝沢	滝沢川(瀬戸川上流)出鼻橋下	8月14日(嘗て8月16日)
	58	藤枝市横内	朝比奈川　横内橋下	8月16日
	59	焼津市越後嶋	朝比奈川河原	盆の3日間
	60	焼津市保福島	瀬戸川河原	8月13-16日

C 昼夜	D　名称	E　目的	F　行事次第
夜	アゲンタイ	盆供養　川供養	①仏事：川供養、②松明投げ。
夜	トーロン	盆供養(旧盆送り火)	
夜	トーロン	盆供養(旧盆送り火)	
夜	トーロン(灯籠揚げ)	盆供養	
夜	トーロン(灯籠揚げ)	洪水犠牲者供養	
夜	トーロン(灯籠揚げ)	川供養	
夜	トーロン(灯籠揚げ)	川供養	
夜	トーロン(灯籠揚げ)	川供養	
	アゲンダイ	川供養	
	アゲンダイ	川供養	
	アゲンダイ	川供養	
夜	アゲダイ	海難者供養	
夜	アゲダイ	海難者供養	
夜	アゲダイ	海難者供養	
夜	アゲダイ	海難者供養	
夜	アゲンタイ	海難者供養	
昼	火祭り	年占い 豊作祈願	17日、①神事、②仮山伏の棒使い、③柱松の儀、④相撲、⑤神楽。 18日、①神事、②神輿行列、③仮山伏の棒使い。 柱松の儀： ①2基の柱松は事前に神社広場に設置。 ②拝殿の大幣、小幣を柱松に取り付け。 ③火打ち箱が、拝殿で神主より仮山伏(2人、火切り)に手渡される。 ④仮山伏は太鼓橋上で代官と並ぶ。 ⑤代官の合図で、仮山伏は柱松に急ぎ、点火を競う。 ⑥点火後、仮山伏は拝殿で宮司に結果報告。 ⑦仮山伏は、神社下の民家で乞食の格好に着替える。 ⑧柱松に仮山伏を乗せて、宝蔵院跡まで松引き歌を歌いながら松を引く。
昼	ハシラマツ	年占い 豊作祈願	式年祭の一行事。 ①祈禱祭(中社社殿庭)、②行列(祭場へ)、③入峰儀礼、④験競べ、⑤火祭り、⑥直会。 火祭り：3人の修験による鑽り火。
昼	ハシラマツ	年占い 豊作祈願	事前に柱造り、柱立て。 前夜：夜宮(灯籠行列・獅子舞・注連切り・神事)、松神子の参籠(奥社一泊)。 当日、①松神子下山、②火口焼き神事、③籤引き神事、④例祭行列、⑤神輿行列、⑥柱松行列、⑥柱松神事、⑦還御。 柱松神事： 松神子が松太鼓の合図で柱にのぼり、火を鑽り出して尾花に点火、柱は倒される。松神子は若衆に背負われ休石へ到着。

県名	No	地名	A　祭場	B　祭日
	61	藤枝市藤枝	瀬戸川　勝草橋付近	8月16日(毎年ではない)
	62	焼津市禰宜島	広場(嘗て火葬場)	
	63	焼津市石津	石津浜	
	64	焼津市田尻北	田尻北の浜	8月16日
	65	焼津市高新田(旧大井川町)	大井川河原	8月14日
	66	焼津市上泉(旧大井川町)	大井川河原	8月16日
	67	焼津市相川(旧大井川町)	大井川河原	8月14日
	68	焼津市中島(旧大井川町)	大井川河原	8月14日
	69	榛原郡吉田町大幡	大井川河原	8月24日
	70	島田市牛尾(旧金井町)	大井川河原	8月15日
	71	島田市福用(旧金井町)	大井川河原	8月15日
	72	島田市高熊(旧金井町)	大井川河原	8月15日
	73	牧之原市片浜字堀切	大井川河原	8月13日
	74	牧之原市片浜字大磯	海辺	8月13日
	75	牧之原市片浜字久保柄	海辺	8月13日
	76	牧之原市片浜字法京	海辺	8月13日
	77	牧之原市片浜字坂井	海辺	7月13日
新潟	78	妙高市関山	関山神社境内	7月18日以降で直近の土・日曜日(本来は旧暦6月17･18日)
長野	79	長野市戸隠	戸隠神社中社	式年祭の年(3年ごと)(嘗て中院7月7日、宝光院7月10日、奥院7月15日)
	80	飯山市瑞穂小菅	旧元隆寺講堂前広場	7月15日後の直近日曜日(本来7月15日、嘗て旧暦6月4日)

C 昼夜	D　名称	E　目的	F　行事次第
夜	松子	疫病除け祈願 豊作祈願 年占い	①午前中柱造り、柱立て、祭具準備。 ②夕刻、お練(灯籠行列)。八幡神社から祭場。この間、神輿は氏子回り。神輿が行列に追いつくと、行列は前に進む。 ③祭場入口で猿田彦による注連切り。 ④神輿が祭場中央のたき火の周りを何度となく激しく回る。 ⑤神輿がお旅所に安置。 ⑥松太鼓の合図で火打ちが、鑽り火。 ⑦尾花に着火すると柱は倒される。
昼	柱松子	火災除け祈願説 村内団結説 年占い	事前に柱松作り、柱立て、宵宮(灯籠行列)。 当日、①お練行列、②祠前で神事。 ③大団扇は、火打ち石を火打ちに渡す。松子は背負われて公民館へ走る。 ④火打ちによる点火競べ。尾花に点火すると柱は倒される。
夜	オスズミ祭り	伊夜比咩神社夏越神事(納涼祭・鎮火祭・虫送り)	① 30 日中柱造り(松明しばり)、柱立て(松明おこし)、② 31 日夕刻、神事、神輿・奉燈(キリコ、7 基)渡御。③松明を持って柱の周りを回る。点火。④御幣の争奪戦、柱を倒す、遷御。
夜	松あげ	(イベント)	「若狭マリンピア祭り」の一環。
夜	松あげ	愛宕献灯	
夜	松あげ	愛宕献灯 厄除け(カラス)	①事前にモジを作成、②柱立て、③松明投げ。
夜	松あげ	愛宕献灯	点火後、踊り。
夜	松あげ	愛宕献灯	
		愛宕献灯	
夜	松あげ	愛宕献灯	点火後、橋の上で直会。
夜	松あげ	二百十日 風除け祈願	①午後、柱作り、モジ作り。 ②柱立前に区長が御幣に拝礼、お神酒をかける。 ③夕刻松明投げ。 ④祭りが始まると、橋の上で村人が宴会。
夜	松あげ	愛宕献灯	早朝愛宕神社へ代参、種火を貰い、村の愛宕社にお参り、松明の火。
夜	松あげ	愛宕献灯 風除け祈願	スルメを肴にお神酒をいただき、松明投げ。
夜	松あげ	愛宕信仰	①事前に愛宕神社に代参。 ②朝　当番(嘗ては神主)が山中の愛宕社で種火を提灯に移し、お堂の蠟燭に点火。もし消えたら再度愛宕社まで火を貰いに上がる。 ③松明ジン作り、モジ作り、柱立て。 ④当番が、お堂から提灯の蠟燭の種火を斎場に運ぶ。 ⑤当番が種火を松明に移す。松明投げ。 ⑥最後に、当番が参加者にお神酒を配る。
夜	松あげ	愛宕献灯	
夜	松あげ	愛宕献灯	

県名	No	地名	A　祭場	B　祭日
	81	下高井郡木島平村内山	大日堂境内	7月第3土曜日
	82	下高井郡木島平村南鴨	大塚山山頂 (祠：大日如来祠有り)	7月第4土曜日 (嘗て7月28日)
石川	83	七尾市能登島向田町	崎山の干場	7月最終土曜日(嘗て7月31日)
福井	84	小浜市小浜貴船	海辺(白鳥のテラス)	8月1日
	85	小浜市滝谷	南川　口田橋下	8月23日
	86	小浜市西相生字窪谷	南川　相生橋下	8月23日
	87	小浜市上田 (字小村・岩井谷、持田共同)	田村川(南川支流)小村橋下	8月23日
	88	小浜市上田(字竹本・清水共同)	田村川(南川支流)薬師橋下	8月23日
	89	小浜市下田字岸	田村川(南川支流)下田橋下	8月23日 (嘗て9月1日も)
	90	小浜市下田 (字脇原・山左近共同)	田村川(南川支流)脇原橋下	8月24日
	91	小浜市和多田 (字上和多田・大原共同)	田村川(南川支流)和多田橋下	9月第1日曜日(嘗て9月1日)
	92	大飯郡おおい町名田庄三重字尾ノ内	弥勒堂横広場 (嘗て南川河原)	8月24日 (嘗て9月1日〔子供〕も)
	93	大飯郡おおい町名田庄三重字兵瀬	広場	8月24日　9月第1土曜日 (嘗て9月1日〔子供〕)
	94	大飯郡おおい町名田庄虫鹿野	久田川(南川支流)河原	8月24日
	95	大飯郡おおい町名田庄木谷	久田川(南川支流)河原	8月23日
	96	大飯郡おおい町名田庄出合	久田川(南川支流)河原	

C 昼夜	D　名称	E　目的	F　行事次第
夜	松あげ	愛宕献灯	
夜	松あげ	愛宕献灯	
夜	松あげ	愛宕献灯	
夜	松あげ	愛宕献灯	祭日前日、愛宕神社へ代参。当日、堂本川で清め。 愛宕講。 火種は、愛宕社(知井坂の登り口)のご神灯から移す。
夜	松あげ	愛宕献灯	
夜	松あげ	愛宕献灯	
夜	松あげ	愛宕献灯	朝、愛宕神社で種火をとる。
夜	松あげ	愛宕献灯	天神様で種火をとり、子供が松明を持ち、笛太鼓で祭場まで行進。
夜	松あげ	愛宕献灯	
夜	松あげ	愛宕献灯	
夜	松あげ	愛宕献灯	
夜	揚げ松明	雨乞い説 大蛇退治説	
夜			
夜	上げ松	愛宕献灯 盆供養 雨乞祈願 虫送り	①事前に愛宕神社への代参(愛宕講)。 ②午前中、柱造り、モジ作り、柱立て。 ③夕刻、愛宕講。提灯を持ち行列して祭場へ。 ④松明投げ。
夜	上げ松	愛宕献灯 虫送り	音頭を取りながら柱立て。
夜	上げ松	愛宕献灯 雨乞祈願	①事前に愛宕神社への代参(愛宕講)。 ②午前中、柱作り、柱立て。 ③夕刻、愛宕港、松講、行列。 ④松明投げ。
夜	松あげ	愛宕献灯	①通常は愛宕神社への代参はない(火が上がらなかった時のみ代参)。 ②点火後、村の地蔵堂で盆踊り(今は、寺)。
夜	松あげ	愛宕献灯	①一週間前に、佐々里峠にある地蔵を村の観音堂に移す。 ②点火後、伊勢音頭を歌いながら観音堂へ。 ③観音堂で念仏踊り。 ④翌日、地蔵を佐々里峠の堂に返す。
夜	松あげ (チャチャンコ)	愛宕献灯	①午前灯籠木立ち。 ②夕刻、点火。
夜	松あげ	厄病除け　火防	
夜	松あげ	愛宕献灯 厄病除け	①午前中、柱造り、柱立て。 ②夕刻、神事。村の愛宕社から種火を松明に移し、祭場へ行列。 ③鉦と太鼓の合図で松明投げ。

県名	No	地名	A　祭場	B　祭日
	97	大飯郡おおい町名田庄永谷	久田川(南川支流)河原	
	98	大飯郡おおい町名田庄虫谷	久田川(南川支流)河原	
	99	大飯郡おおい町名田庄久坂	南川河原	8月23日
	100	大飯郡おおい町名田庄堂本	槙谷川(南川支流) (嘗て善提寺境内)河原	8月15日(イベント) (本来24日)
	101	大飯郡おおい町名田庄槙谷	槙谷川(南川支流)河原	
	102	大飯郡おおい町名田庄染ヶ谷	槙谷川(南川支流)河原	
	103	大飯郡おおい町名田庄小倉	南川　知見橋下	8月24日
	104	大飯郡おおい町名田庄下	南川　山崎橋下	8月24日
	105	大飯郡おおい町名田庄井上	南川河原	8月15日(2年に1度) (嘗て8月24日)
	106	大飯郡おおい町名田庄口坂本	坂本川と南川の合流地の河原	8月23日
	107	大飯郡おおい町名田庄納田終老左近	愛宕山前土手	8月24日
京都	108	舞鶴市城屋	雨引神社境内(高野川沿い)	8月14日
	109	綾部市於与岐町大又		8月23日
	110	南丹市美山町盛郷	棚野川　ささはた橋下	8月23日
	111	南丹市美山町殿	棚野川　勢秀橋下	8月24日
	112	南丹市美山町川合	棚野川　旭橋下	8月24日
	113	南丹市美山町芦生字芦生	由良川の中州(トロギバ)	8月24日
	114	南丹市美山町芦生字下町		
	115	南丹市美山町芦生字口芦生		
	116	南丹市美山町芦生字灰野		
	117	京都市左京区広河原下之町	大堰川河原	8月24日
	118	京都市左京区久多宮の町	広場	8月23日
	119	京都市左京区花脊原地町	大堰川河原	8月23日(ないし24日)
	120	京都市左京区花脊八桝町	大堰川河原 (トロギバ灯籠木場)	8月15日(嘗て8月24日)

C 昼夜	D　名称	E　目的	F　行事次第
夜	上げ松	愛宕献灯	①早朝、代参が塔にある愛宕社の支所に行き、御札と松明(檜製)のミニアチュールをもらう(村人に有償で配布)。②午前中、竹、杉の葉の採取、柱作り、モジ作り。③午後、柱立て。
夜	松あげ	愛宕献灯	
夜	お松明式	釈迦を荼毘にふす 雨乞い	午前中、柱作り、柱立て。 夕刻、①お練り、②点火。
	松明	盆供養	
夜	ハシラマツ	盆供養	松曳き(木遣り節に合わせて、海水で清める)。 柱作り、柱起し、松明投げ、盆踊り。
	ハシラマツ	盆供養	
夜	ハシラマツ	盆供養	
	松明	盆供養	
夜	ハシラマツ	盆供養	
	松明	盆供養	
	ハシラマツ	盆供養	
夜	ハシラマツ	筏師の安全祈願 盆供養	柱作り、柱起し、松明投げ、盆踊り。
夜	ハシラマツ	盆供養	
	ハシラマツ	盆供養	
夜	ハシラマツ	筏師の安全祈願	柱作り、柱立て、松明投げ。 火が付かないと籠を滑車で下げる(2 m 程)。
夜	火柱祭	文禄の役で戦死した九鬼水軍の死者慰霊	当日、①火柱上げ(紙木畑の川から岡へ)、②壺桶作り、③キリコ作り(新盆の家が作る)、④タイ作り、⑤大念仏、⑥火柱祭(「タイトリ」「タイ投げ」「旗の切り取り」「火柱倒し」)終了、⑦精霊送りの大念仏。 16 日、火柱下ろし(柱松を川に浸す)。
	ハシラマツ	新盆・先祖霊・九鬼氏・戦没者供養、盆供養(供食)	7 日、松運び(河内川より祭場)。 14 日、キリコ作り、旗張り。 当日(15 日)、①ツボキ作り、②柱松立て、③タイ作り、④大念仏、⑤供食、⑥タイ数え(タイトリ)、⑦タイ投げ、⑧火柱倒し、⑨精霊送りとして大念仏(行事終了)。 16 日、火柱下ろし(柱松を河内川に浸す)。
夜	ハシラマツ	順気踊り 雨乞い	
夜	ハシラマツ トウロウ焼き	新盆供養	①柱松引き。②カゴ巣作り。柱に初盆の灯籠・提灯を取り付ける(筏師が作製)。③柱立て、④松明投げ、⑤点火後、ハシラマツの踊り(盆踊り)(嘗ては 2 晩やっても点火できない時は柱を倒した)。
夜	ハシラマツ		

県名	No	地名	A　祭場	B　祭日
	121	京都市右京区京北小塩町	空き地(嘗て川原の中洲)	8月23日
	122	京都市右京区京北片波町		
	123	京都市右京区京北上黒田町		8月15日
	124	京都市右京区嵯峨	清涼寺(嵯峨釈迦堂)の境内	4月15日(涅槃会)
三重	125	熊野市新鹿町		
	126	熊野市遊木町	海岸	8月15日
	127	熊野市磯崎町旧泊		
	128	熊野市木本町	極楽寺門前	旧7月15日
	129	熊野市井戸町		
	130	熊野市有馬町		8月15日
	131	熊野市金山町		
	132	熊野市吾郷町和田	大又川(北上川支流)河原	
	133	熊野市神川町花知	北上川河原	
	134	熊野市紀和町木津呂	北山川河原	
	135	熊野市紀和町小川口	北山川河原(嘗て板屋)	8月第1土曜日 (嘗て8月14日)
	136	熊野市紀和町湯の口	北山川河原	
	137	熊野市紀和町小舟		
	138	熊野市紀和町和気	北山川河原	
	139	鳥羽市松尾	隠殿岡(墓地)	8月15日
	140	鳥羽市河内	隠殿岡(墓地)の六地蔵前	8月15日
奈良	141	吉野郡十津川村竹筒	北山川(熊野川上流)河原	8月16日
和歌山	142	東牟婁郡北山村七色		
	143	東牟婁郡北山村大沼		
	144	東牟婁郡北山村下尾井	下尾井おくとろ公園 (嘗て北山川河原)	8月15日
	145	東牟婁郡北山村小松		
	146	新宮市熊野川町玉置口	北山川河原	盆日

C 昼夜	D　名称	E　目的	F　行事次第
夜	ハシラマツ		
夜	ハシラマツ		
夜	ハシラマツ	盆供養	
夜	ハシラマツ		
夜	ハシラマツ		
夜	ハシラマツ		
夜	ハシラマツ	五穀豊穣祈願 虫除け祈願	①夕刻、神事。 ②柱立て(木やり節に合わせて)。
夜	ハチライマツ	盆供養 新盆供養(14日迎え火、15日送り火)	①午前中、柱に籠の取り付け。 ②夕刻、新盆供養(仏事)、供養踊り。 ③盆踊り、供養花火。 ④柱立て(掛け声が入る)、⑤松明投げ、⑥盆踊り。 15日、柱松のみ、柱が倒れると精霊流し。 16日、供養踊り、盆踊り、送り念仏、初精霊流し。
夜	ハシラマツ	疫病除け祈願	柱作り、柱立て。 松明投げ。松明に火をつけて3回回る。
夜	ハシラマツ		
夜	ハシラマツ	海難者慰霊	①午前中、柱作り、カマ首作り。 ②柱起こし(エーサラジャ節に合わせて)。 ③夕刻、松明投げ。
夜	ムカビ	子供探し伝説の再現	①松明を投げる時「オーイ」と叫ぶ。 山下で女の子が「オーイ」と呼び返す。
夜	むけ火		
夜	むけ火		籠の藁が燃え尽きると、柱を倒し藁を新たに入れる(3回)。
夜	婆焼祭り	死霊供養 豊作祈願	
夜	婆焼祭り	死霊供養 豊作祈願	
夜	婆焼祭り	死霊供養 豊作祈願	
夜	婆焼祭り	死霊供養 豊作祈願	
夜	オトウ祭り 婆焼祭り	死霊供養 豊作祈願	①午前、柱造り、藁人形作り。 ②柱立て。藁人形を柱の先端に取り付ける。 ③夕刻、松明投げ。人形を燃やす。 ④柱の火を蠟燭に移し、十二所神社に奉納。
夜	オトウ祭り	豊作祈願	頭屋制によるオトウ祭り。 最後に、火のついた藁束を投げて燃す。
夜	火揚げ	愛宕献灯で 虫除け祈願	
夜	柱祭り (嘗て柴燈)	稲虫駆除祈願 (豊作祈願)	①8月7日、松切り、藤切り。 ②16日午前中、松立て(「やま」の組立)、「やま」が独特の形態。③盆踊り、神事(「松明」に点火儀式、「松明」を神社から祭場まで運ぶ行列)。④「松明」を既に「やま」にささっている「珍宝」と入れ替え、点火。

県名	No	地名	A　祭場	B　祭日
	147	新宮市熊野川町嶋津	北山川河原	8月15・16日
	148	新宮市熊野川町九重	北山川河原	8月15日
	149	新宮市熊野川町宮井字音川	熊野川河原(若宮神社前)	8月15日
	150	新宮市熊野川町椋井	赤木川((熊野川支流)河原	8月13-15日
	151	新宮市熊野川町赤木	学校の校庭	8月15日(仏を送った後)
	152	新宮市熊野川町上長井(小口)	渡月橋の下、小口川河原(赤木川支流)	8月14日
	153	新宮市佐野	海岸	8月16日
	154	東牟婁郡太地町	太地港秋津野の浜	8月14・15日
	155	西牟婁郡すさみ町佐本根倉	小学校校庭(嘗て佐本川平野淵・野添前の河原)	8月15日に近い日曜日(嘗て15日)
	156	西牟婁郡すさみ町佐本中村		8月16日
	157	田辺市片町	会津川口(三壺崎)(嘗て戌神社境内、大浜海岸、高校校庭)	8月15日に近い日曜日(嘗て15日)
	158	有田郡有田川町金屋字下歓喜寺	山の頂の地蔵尊前の柱松という場所	8月14･15日
	159	有田郡有田川町金屋字上歓喜寺		8月14･15日
	160	有田郡有田川町金屋字長谷川		8月14･15日
兵庫	161	豊岡市日高町野々庄	円山川河畔	4月14日(旧3月14日)
	162	豊岡市日高町府中新	円山川河畔	4月14日(旧3月14日)
	163	豊岡市日高町府市場	円山川河畔	4月14日(2年ごと)
	164	豊岡市日高町土居	円山川河畔	4月14日(旧3月14日)
	165	豊岡市日高町松岡	円山川河畔	4月14日(旧3月14日)
	166	豊岡市日高町上郷	円山川河畔	4月14日(旧3月14日)
	167	丹波市青垣町山垣	高台(山垣城跡)	8月24日
	168	加東市黒谷	若宮八幡宮前の三叉路(嘗て「馬場先」といわれた場所で行った)	8月16日

C 昼夜	D 名称	E 目的	F 行事次第
夜	柴燈	盆供養 虫除け祈願	①昨年使用した柱を池より引上げ、祭場まで運ぶ。②柱作り、柱立て、種火作り(太陽光をレンズで採光)。③堂内で仏事、点火。
夜			
夜	火揚げ	雨乞い 火防 虫除け祈願	①柱は前年のものを使用。②籠作り(円錐形の竹籠を柱(6 m)に取り付け籠にする。藁は子供が入れる。③柱起し。④夕刻、神事。神社の神火を大松明に移す。⑤世話係の子供が松明の火を藁に移そうとすると、他の子供は消そうとする。⑥松明放りあげ、点火すると、子供は柱の周りを回る。⑦柱を倒す。
夜	火揚げ		
夜	火上げ・ぼんてん・ほてむ・柱松	豊作祈願	
夜	火揚げ	雨乞い祈願	
		雨乞い祈願	
夜	火揚げ	雨乞い・虫送り祈願	
	ハシラマツ	盆供養	火がつくまで投げる(20 日まで)。
夕刻	松登り 神舞(願舞)	死者供養 豊作祈願	①鬼神による八関、②荒神の松登り、三光に点火、「五穀豊穣」「民安穏」「厄疫退散」祈願、松葉を折り落とす、③綱下り(曲芸的に降りる)。
夜	ハシラマツ	天下泰平 五穀豊穣 牛馬厄病除け祈願	中村に同じ。
夜	ハシラマツ	天下泰平 五穀豊穣 牛馬厄病除け祈願	午前中、柱作り、神事、柱立て。 夕刻、神事、松明投げ、盆踊り。
夜	ハシラマツ	天下泰平 五穀豊穣祈願	午前中、柱・籠作り、神事。 夕刻、松明投げ。
		牛馬厄病除け祈願 盆供養 雨乞い祈願	
昼	松登り(神舞)	死者供養 豊作祈願	八関、松登り、綱下り。
夜	松登り(神舞)	死者供養 豊作祈願	八関、松登り、綱下り。
夜	ハシラマツ	五穀豊穣祈願	
夜	ハシラマツ	無縁法界聖霊に追善	
夜	ハシラマツ	疱瘡除け祈願 施餓鬼供養	午前中、仏事(僧 4 人)、柱作り、柱立て。 夕刻、松明投げ(舞台で余興有り)。
夜	ハシラマツ		
夜	柱まつり	牛馬厄病除け祈願	
夜	ハシラマツ	送り盆 元は虫送り	

県名	No	地名	A　祭場	B　祭日
	169	洲本市五色町鮎原栢野	栢野薬師堂境内	8月16日
	170	姫路市勝原区大谷	広場	
	171	姫路市勝原区朝日谷	愛宕神社前「火揚げ場」	8月15日
	172	姫路市大津区長松	三昧(火葬場)	7月上旬
	173	姫路市網干区津市場	稲荷社境内	8月16日(旧7月16日)
	174	姫路市余部区下余部	揖保川河原	
	175	姫路市網干区垣内	公園	8月15日(嘗て8月7日)(4年に1度)
	176	龍野市御津町中島	揖保川河原	
	177	龍野市御津町苅屋	揖保川河原	
	178	龍野市御津町黒崎	新舞子浜(嘗て山中)	7月第3日曜日付近
山口	179	岩国市美和町渋前字坂上	村の荒地	盆日
	180	岩国市行波	行波・荒霊社前、錦川河原	4月第1日曜　7年ごと(直近2013年4月)(亥年、巳年)
	181	岩国市周東町祖生山田	村の高台	8月19日
	182	岩国市周東町祖生中村	島田川河原	8月15日
	183	岩国市周東町祖生落合	島田川河原	8月23日
	184	柳井市伊陸		
	185	柳井市伊陸字南山	南山神社前	式年奉納(24年ごと)(直近2004年2月)
	186	熊毛郡田布施町大波野	八幡八幡宮前	式年奉納(10年ごと)(直近2010年3月)
	187	光市束荷	広場	8月第1日曜日
	188	光市岩田	河原又は野山	盆日(七夕より15日)
	189	光市立野字西庄	島田川　旭橋下	7月の最終日曜日
	190	周南市安田		盆日(七夕より15日)
	191	周南市勝間	野中	夏の土用前後
	192	美祢市美東町絵堂	銭屋集落・畑	8月16日

C 昼夜	D　名称	E　目的	F　行事次第
夜	ハシラマツ	祖霊送り	
	納燈		
夜	ハシラマツ		火が付くと、柱を回りながら「牛馬安全」と唱える。
夜			鉦や太鼓ではやす。
夜			
夜	ハシラマツ	牛馬厄病除け祈願	嘗ては、火がつくと、松明を回しながら「牛馬安全」といいながら柱の周りを回った。
夜		牛馬厄病除け祈願	青年の三味線に合わせて松明をあげる。
夜			
夜	ハシラマツ	牛馬厄病除け祈願 豊作祈願	①午前中、柱造り、柱立て。②柱松に火がつく。③松明に火をつけて、「豊年万作、牛馬のご祈禱」と唱えながら柱の周りを3回回る。④あぜ道で「今夜の柱松打ち上げた」と叫び、土手に上がり、柱松に戻る。⑤、③と④を数回繰り返す。⑥最後に土手の上で「今夜の花ちらし」と叫び柱松に戻る。⑦柱松を倒し、火を消す。
夜			
昼	ハシラマツ	牛馬厄病除け祈願	集落北方弥山に座す八大竜王に奉じる。 松明を投げあげる時、「牛馬のご祈禱―ホウレ」という。
夜	ジュウトウ	盆供養	
夜	ジュウトウ	牛馬厄病除け祈願	
	ヨートー	牛馬厄病除け祈願	白潟と対岸の塩屋で火喧嘩。
夜	ヨートー	祭りをしないと牛が死ぬ	藤中や剣持と、火のついた竹竿(先端に藁を巻く)で点火争い(火喧嘩)。
夜			
	ソートー	魔除け	
夜	牛燈、ヨウトウ	牛馬厄病除け祈願	
夜	牛燈	牛馬厄病除け祈願	
	ヨートー	牛馬厄病除け祈願	
夜	ギュートー	牛馬厄病除け祈願	対岸の集落と燃やし比べ。
夜	たいまつ	牛馬厄病除け祈願	
夜			
夜			
夜	ハシラマツ	牛馬厄病除け祈願	
夜	ハシラマツ	牛馬厄病除け祈願	
深夜	ハシラマツ	厄火祓い	①午前、柱切り出し、柱曳き。②午後、柱立て。③神楽奉納、「鎮火の舞」「四天の舞」「柱松登り」。④翌日、神幸祭、本祭(神輿、牛鬼五つ鹿踊り、獅子舞)、夕刻、柱松倒し。

県名	No	地名	A　祭場	B　祭日
	193	美祢市美東町長登		
	194	美祢市美東町真名	切畑集落	8月24日（地蔵盆の日）
	195	美祢市秋芳町別府		
	196	美祢市大嶺町北分		
	197	下関市内日	河原	8月13日
	198	下関市豊浦町吉見上字白滝	白滝の柱松山のトーラボーという場所	
	199	下関市豊浦町吉見上	名切の政子山、石王田の三本松、笠山	
	200	下関市豊浦町黒井	学校校庭	7月第2ないし第3日曜日（嘗て7月17日）
	201	下関市豊浦町室津上		8月7-13日
	202	下関市豊浦町室津下		
	203	下関市豊浦町川棚向畔	向畔庚申近くの広場、嘗ては北村との境	8月13日
	204	下関市豊浦町川棚下村地区		8月12日
	205	下関市豊浦町湧田後地字野田	湧田川沿いの広場（嘗て弥山の「柱松」という山）	8月8日
	206	下関市豊北町田耕		8月15・16日
	207	下関市豊北町神田上字神玉		旧暦7月7・16日
	208	長門市俵山地区		
	209	長門市深川地区正明市区（長門市深川地区・俵地区）	深川河原	8月15ないし16日
	210	長門市深川地区藤中区	深川河原	
	211	長門市深川地区江良区		
	212	長門市深川湯本字板持（一区）	深川河原、観月橋下	旧7月7日より盆中
	213	長門市渋木		
	214	長門市西深川字開作		
	215	長門市仙崎地区	白潟	旧7月7-16日
	216	長門市上三隅		8月7-14日
	217	長門市中三隅		
	218	長門市下三隅		
	219	萩市三見		
	220	萩市吉部下字野田	集落内の畦道の交差点（嘗て祇園様の森）	7月14日
愛媛	221	八幡浜市川上町川名津	川名津天満神社境内	4月第3土曜日（戦前まで旧暦9月28日、戦後3月28日）

C 昼夜	D　名称	E　目的	F　行事次第
夜	ハシラマツ	怨霊鎮め	①金剛院より種火、神事。 ②集落対抗での投げ松明。籠に火が入るまで何日も投げる。
昼	幣切り (松会の一環)	施主の昇進儀礼 五穀豊穣祈願 天下泰平祈願	(事前に柱松起し、塩会、綱かけ等あり) ①禊、②祭礼、③獅子舞、④流鏑馬、⑤種蒔き、⑥田打ち、⑦おとんぼし、⑧田植え、⑨孕み女、⑩薙刀舞、⑪鉞舞、⑫楽打ち、⑬松役(幣切り)。
昼	ハシラマツ	息災延命祈願 五穀豊穣祈願	① 13日柱起こし。 ② 15日幣切り行事(山伏が柱に登り、幣を焼き、幣串を刀で切り落とす)。
夜	ハシラマツ	牛馬厄病除け祈願	
夜			
夜	ハシラマツ	御霊信仰 牛馬厄病除け祈願 虫除け祈願 豊作祈願	①午後柱造り、柱立て、②夕刻、千灯明の子供行列(福地神社から霊府神社)、③神事、松明投げ。昔は、その後、境内で盆踊りをして初盆の家を回った。
夜	ハシラマツ	盆供養	
夜	ハシラマツ	盆供養	
夜			
夜	ハシラマツ		
夜			
夜	ハシラマツ	盆供養	
夜			
夕刻	ハシラマツ	疫病除け祈願	午後、柱立て、松明投げ終って供養会、盆踊り。
夜	ハシラマツ	盆供養	
夜	ハシラマツ	盆供養	柱作り、柱立て、松明投げ。
夜	ハシラマツ	豊作祈願 虫除け祈願	夕刻、柱立て、松明投げ。
夜	ハシラマツ	盆供養 虫除け祈願	①午前、柱作り、柱立て。 ②夕刻、盆踊り、マンドロ(新盆の位牌が置かれる)。 ③松明投げ。
夜	ハシラマツ	新盆供養	
夜	ハシラマツ	盆供養	柱作り、柱立て、松明投げ。
夜			
夜	ハシラマツ	新盆供養	
夜	ハシラマツ	新盆供養	
夜	ハシラマツ	盆供養	
夜	ハシラマツ	盆供養	午前中、柱作り、柱立て。
夜	ハシラマツ	盆供養	
夜	ハシラマツ	盆供養	
夜	ハシラマツ	盆供養	

県名	No	地名	A　祭場	B　祭日
	222	八幡浜市五反田	公園(嘗て五反田川河原)	8月14日
福岡	223	京都郡苅田町山口	白山多賀神社の松庭 (嘗て等覚寺があった場所)	前年12月14日より 4月第3日曜日 (嘗て旧暦1月14日-2月19日)
	224	田川郡添田町英彦山	彦山霊仙寺講堂前	旧暦2月15日
	225	直方市畑	高台	8月15日
	226	直方市永満寺		
	227	直方市上境	霊府神社(諏訪山山頂)	8月第1日曜日 (嘗て旧暦7月7日七夕)
	228	鞍手郡鞍手町長谷	六ヶ岳の中腹	8月15日(旧暦7月15日)
	229	鞍手郡鞍手町室木	高須峰	8月15日(旧暦7月15日)
	230	宮若市倉久		
	231	宮若市上有木	靡山の中腹	8月16日
	232	宮若市芹田	山中(「柱松」と言う地名有り)	
	233	宮若市下		8月17日(旧暦7月15日)
	234	宮若市湯原		
大分	235	杵築市中出原	天神山広場	8月14日 (嘗て旧暦11月中の日)
	236	大分市鴛野	瀬戸川河川敷	
	237	大分市寒田	河原	8月16日
	238	大分市高瀬	七瀬川自然公園	7月最後の土曜日 (嘗ては8月14日)
	239	大分市中尾	ちびっこ広場(嘗て寺の提内)	盆後最初の日曜日 (1990年復活)
	240	大分市野津原字新町		8月16日
	241	大分市下原字原村	広場(元原村神社・七瀬川河原)	8月15日
	242	臼杵市野津町柚野木字黒坂		
	243	臼杵市野津町亀甲字土橋	墓地	8月14·15日
	244	臼杵市野津町王子字水地	尾崎神社境内	7月14·15日(数年ごと)
	245	佐伯市宇目小野市	田圃	
	246	由布市狭間町鬼崎字同尻・芝尾(共同)	大分川の同尻橋付近	8月16日
	247	由布市庄内町	広場	盆日
	248	豊後大野市犬飼町	広場	8月13-15日
	249	豊後大野市千歳町	広場	8月13-15日

C 昼夜	D　名称	E　目的	F　行事次第
夜	ハシラマツ	盆供養　虫除け	
夜	ハシラマツ	盆供養	柱作り、柱立て、点火。
夜			
夜	ハシラマツ	盆供養　新盆供養	
夜	ハシラマツ	盆供養	
夜	ハシラマツ	盆供養 農民一揆の犠牲者供養	
夜	ハシラマツ	盆供養	
夜	ハシラマツ	盆供養	柱作り、柱立て、点火。
夜			
夜			
夜	ハシラマツ	盆供養	
夜	ハシラマツ	盆供養	
夜	ハシラマツ	盆供養	
夜	ハシラマツ	盆供養	
夜	ハシラマツ	盆供養	
夜	ハシラマツ	大師さまの供養	
夜	ハシラマツ	盆供養	
夜	ハシラマツ	盆供養	
夜	ハシラマツ	新盆供養　盆供養	柱作り、柱立て、点火。
夜	ハシラマツ	盆供養	
夜	ハシラマツ	盆供養	
夜	ハシラマツ	盆供養	
夜	ハシラマツ	盆供養	
夜	ハシラマツ	盆供養	柱作り（年長者—指導、青年—作製、子供—見習い）。
夜	ハシラマツ	盆供養	
夜	ハシラマツ	盆供養	
夜	ハシラマツ 又は投げ松明	盆供養	
夜			
夜			
夜	ハシラマツ	盆供養	
夜			
夜			
夜	投げ松明	新盆供養	①午前中、柱作り、柱立て。 ②夕刻、盆踊り、新盆の家を回る。 ③柱松に点火。
夜	投げ松明	盆供養	嘗ては３ヶ日間立替。
夜	ハシラマツ	新盆供養	
夜	ハシラマツ	盆供養	
夜			

県名	No	地名	A　祭場	B　祭日
	250	豊後大野市三重町井迫字又井	広場	8月14日
	251	豊後大野市三重町川辺	神社境内(嘗て墓地)	8月15日(嘗て14･15日)
	252	豊後大野市緒方町野尻		
	253	豊後大野市緒方町井上		8月15日
	254	豊後大野市緒方町下自在	公園	8月17日頃
	255	豊後大野市緒方町軸丸北	広場	8月14日
	256	豊後大野市緒方町天神	広場	8月15日
	257	豊後大野市緒方町小野	広場(嘗て2ヶ所)	8月15日(嘗て14･15日)
	258	豊後大野市緒方町野仲		
	259	豊後大野市緒方町草深野		
	260	豊後大野市緒方町大化		8月14日
	261	豊後大野市緒方町馬背畑	グランド	8月16日
	262	豊後大野市緒方町原尻		8月14日
	263	豊後大野市緒方町辻	辻川原	
	264	豊後大野市緒方町上年野		8月14･15日
	265	豊後大野市緒方町柚木		8月24日
	266	豊後大野市緒方町上冬原	校庭	8月16日
	267	豊後大野市緒方町栗生		
	268	豊後大野市清川町	広場	盆日
	269	豊後大野市大野町小倉木 字木浦畑	墓地(木浦)	8月15日
	270	豊後大野市大野町小倉木字徳尾	広場	
	271	豊後大野市大野町中土師 字木浦内	墓場の隣の高台	8月15日(嘗て14･15日)
	272	豊後大野市大野町澤田	広場	8月15日
	273	豊後大野市大野町十時字光昌寺	墓地(光昌寺)	8月14･15日
	274	豊後大野市大野町藤北字木原	広場	8月14･15日
	275	豊後大野市大野町中原字駒方		8月16日
	276	豊後大野市朝地町	広場	盆の14日後 (新仏のある時のみ行う)
	277	竹田市豊岡地区		
	278	竹田市植木		
	279	竹田市平田字十一	広場	8月16日
	280	竹田市志土知		
	281	竹田市久住町仏原字都野	広場	
	282	竹田市久住町久住字境川	広場	8月14日
	283	竹田市久住町白丹字米賀	肥後殿道沿いの丘の上	旧暦7月13-15日
	284	竹田市直入町長湯	広場	8月13日
	285	竹田市直入町神堤	広場	8月7-16日
	286	竹田市萩町政所		

C 昼夜	D　名称	E　目的	F　行事次第
夜	ハシラマツ	新盆供養	①午前中、柱作り、柱立て。 ②盆踊り、新盆の位牌会場。 ③柱松に点火。
夜	十五夜ハシタマツ	収穫感謝 来年の豊作祈願 大蛇退治故事再現	①前日、松曳き、②当日午前中、柱造り、③夕刻、柱立て、「松の下笹踊り」を子供(本来女児)が踊る、④神事、⑤点火。 嘗ては終わって注連縄で綱引き。
夜	ハシタマツ	大蛇退治故事再現 収穫感謝	イベントの一貫。夕刻、神事、松明投げ。
夜	ハシタマツ		
夜	ハシタマツ	盆の供養 14 日迎え火 15 日送り火	①午前中柱作り、柱立て、②アカシ投げ、点火、③ウケが燃え尽きると交換(5 回交換)。 嘗てトシカンの儀礼があった。
夜	ハシタマツ	盆の供養	嘗てトシカンの儀礼があった。
夜	ハシタマツ	盆の供養	
夜	ハシタマツ		
夜	ハシタマツ	五穀豊穣 大蛇退治故事再現	①午前中芯柱の切り出、②松曳き(木遣り歌)、 ③午後、「十五夜綱引きの大綱」作り、 ④夕刻、柱立て、⑤神事、⑥点火の攻防戦。
夜	ハシタマツ	五穀豊穣	
夜	ハシタマツ	五穀豊穣	
夜	ハシタマツ	五穀豊穣	
夜	ハシタマツ シュンカントウロウ (俊寛の高燈籠)	鎮魂 (御霊信仰―俊寛) 疱瘡退治祈願 盆供養	①早朝竹取、 ②柱作り、柱立て、 ③昼親モロ子漁、 ④夕刻親モロ子宴会、 ⑤松明投げ、 ⑥盆踊り。

　表1　県別柱松一覧表(A～F)

県名	No	地名	A　祭場	B　祭日
	287	竹田市荻町西福寺	広場	8月14日
宮崎	288	串間市市木	岩折神社前の広場 (嘗て若宮神社境内)	9月15日に近い日曜日 (嘗て旧暦8月15日)
	289	串間市大納	都井岬広場	8月第4土曜日・日曜日 (嘗て旧暦8月15日)
鹿児島	290	始良市寺師	河原	8月14･15日
	291	始良市北山字堂山	広場	8月14日 (中断前は14･15日)
	292	始良市蒲生町漆	飯富神社境内	8月15日 (嘗て旧暦7月13-15日)
	293	始良市蒲生町小川内		8月15日
	294	肝属郡錦江町神川字塩屋 (旧大根占町)		
	295	肝属郡錦江町馬場(旧大根占町)	河上神社境内	旧暦8月15日、9月13日
	296	肝属郡錦江町城元字鳥井戸 (旧大根占町)		
	297	肝属郡錦江町城元字大橋 (旧大根占町)		
	298	肝属郡錦江町城元字山之口 (旧大根占町)		8月13日
	299	鹿児島郡三島村硫黄島	長浜海岸	8月15日 (嘗て旧暦7月15日)

註　1. 本一覧票は、1996年から2017年(9月)にかけて、論者が行った文献調査、現地調査に基づき作成した。
2. 本一覧表は、全ての「柱松」を網羅したものではない。
3. 各調査地点ごとに、A祭場～P出典まで16項目あるため、全体を3分割にして、それぞれ地点ごとに掲げた。
4. 地名は、2017年9月時点のものである。
5. 祭場・祭日については、その後変更されたものもある可能性がある。
6. 柱の高さ、松明受けの寸法は、現地で使用されている表記によった。
7. 出典については、本書所収「参考文献」も参照ありたい。
『調査報告書』とは、昭和50年以降各県教育委員会が行った『都道府県内民俗文化財分布調査報告書』の各県版をさす。

『祭り・行事』とは、平成16、17、18年度にかけて各県教育委員会が行った『祭り・行事調査報告書』の各県版をさす。

	I　松明受け		J　松明	
高さ	有無・名称	形状・材質	有無・名称	形状・材質
4～5 間	蜂の巣	藁	有	
高さ 2 間余、口径 1 尺半	なし		なし	
	有		有	
	ジョウロ	麦藁を入れる。	有	
8～12 間	有		有	
	有		有	
	チョコ		有	
	ジョウロ	麦藁、口径 1.3 尺	杉皮	
約 5 間	チョコ	麦藁	松明	巻いた布に灯油を浸す。
	有		有	
	有		麦から(直径 3 寸)	
約 5.5 間	チョコ	柱の先端に三角形の割竹を取り付け、それに藁を巻きつける。	松明	藁束を半分に折る。
	チョコ		有	
約 2 間			麦稗の束	
	チョコ		テ	
	チョコ		テ	
約 4 間	カサンボク	麦藁、口径約 1.3 尺	有	
	カゴ	口径約 1.3 間	松明	紙を固め灯油を浸す。
約 5.5 間、丸太	チョコ	小麦藁、口径約 4 尺。	投げ松明	
約 4.7 間 (嘗て 11 間)	カサ	藁製、口径約 1.5 間	松明	肥松
5～6 間	有		有	肥松
約 2.5 間	ハチノス		ヒノタマ	石を布で包み灯油を浸す。
	ハチノス	長さ 1 m、鉄枠	石油を浸したボロ	
	傘(又は蜂の巣) 各 3 個 作る。	竹で枠を作り、中に麦藁。	松明	タオルを丸め灯油を浸す。 木綿製の紐をつける。
約 5.5 間	ハチノス		テイ	石油が浸みこんだボロ布(嘗ては肥松)。
7～8 間	有		有	
7～8 間	有		有	

県名	No	地名	G 神幸の有無	G 祭日の主たる奉仕者	H 柱	
					材質	本数
岩手	1	盛岡市仙北	×	小中学生		
山形	2	鶴岡市羽黒町手向	×	修験者等 若者	萱	1本
山梨	3	市川三郷町山保 (旧市川大門町山家)	×			
	4	鰍沢町鳥屋	×			
	5	鰍沢町柳川	×		竹	1本
	6	身延町道	×			
	7	身延町切房木	×			
	8	身延町車田	×	小中学生・女子	杉	3本
	9	身延町久那土	×	子供	竹	2本
	10	身延町下田原	×			
	11	身延町大塩上大塩	×	子供		
	12	身延町久成	×	小学4年から高校生	クヌギ	1本
	13	身延町平須	×			
	14	身延町寺沢	×			
	15	身延町切石	×	子供	竹	2本
	16	身延町伊沼原	×	子供	竹	
	17	身延町飯富	×	子供	竹	
	18	身延町常葉芦原出口	×			
	19	身延町本郷	×	子供(少年団)	松又は杉	
	20	身延町清子	×	10～20歳男子	竹 (嘗ては杉又は檜)	1本(嘗て6本)
	21	身延町大島	×		(ナルという)	
	22	早川町草塩	×			
	23	早川町京ヶ島	×			
	24	早川町雨畑	×			1本
	25	南部町中野	×			
	26	南部町本郷	×	子供	杉又は檜・竹	3本(大・中・小) (嘗て10本)
	27	南部町成島	×	子供		
	28	南部町	×	子供	長丸太(ゾロという)	各1本(計3本)
	29	南部町南部	×	子供(2班)		1本
	30	南部町内船上阿蘇	×	成人	杉・丸太	1本
	31	南部町内船上富岡	×	成人	杉・丸太	1本

	I　松明受け		J　松明	
高さ	有無・名称	形状・材質	有無・名称	形状・材質
7〜8 間	有		有	
7〜8 間	有		有	
7〜8 間	有		有	
7〜8 間	有		有	
	有		有	
約 3.3 間	有		有	
	ハチノス		有	
約 5.5 間	有		有	
	有		有	
	有		有	
	モジリ	竹を組む。中に詰める藁をハチノコという。	チャ	肥松
	ハチノス	竹の先端を割って作る。	タイ	石を布で包み灯油に浸す。
約 5 間	ハチノス	竹、ムイカラ、花火	松明	肥松
約 11 間				
4〜5 間	モジリ	長さ 1 尺、口径 4 寸	杉の皮	肥松
成人用約 7 間 子供用約 3.5 間	モジリ	竹製の柱の先端、 約 1 m を割いて作る。	松明	
15 尺位	モジリ	竹と麦わらで作る。		
約 10 間（+1 間モジリ） 若者用 約 6 間、5 間、子供用 （嘗て 12 間、7 間、5 間）	モジリ	竹、口径約 1 間	有	松明
18 m、16 m、10 m	ハチノス	竹	有	
10 m、8 m	なし		なし	
	ウケ	竹	有	
	有		有	
	有		有	
	有		有	
	有		有	
約 7 間 （内籠約 4 間）	有	竹製（嘗ては中に麦殻）	有	石を布で巻き紐。
3〜5 間	カゴ	竹、口径 3 尺	有	肥松
			有	肥松
	カゴ	女竹	有	

県名	No	地名	G神幸の有無	G祭日の主たる奉仕者	H 柱	
					材質	本数
	32	南部町内船中中村	×	子供	杉・丸太	1本
	33	南部町内船中倉ヶ平	×	子供	杉・丸太	1本
	34	南部町内船下島尻	×	成人	杉・丸太	1本
	35	南部町内船下寄畑	×	成人	杉・丸太	1本
	36	南部町塩沢	×			
	37	南部町大和	×			1本
	38	郡南部町椿根	×			
	39	南部町福士	×	子供	竹	
	40	南部町万沢地区	×			
	41	南部町佐野地区	×			
	42	南部町井出	×	小学3年から20歳	杉ないし檜。粗朶を巻きつける。	1本(嘗て3本)
	43	南部町十島	×	子供	竹	1本(嘗て3本)
静岡	44	富士宮市長貫上長貫	×		竹	3本
	45	富士宮市芝川町内房尾崎	×	子供・若者	竹	
	46	富士宮市沼久保船場	×	子供・若者	竹	3本
	47	富士市北松野大北	×	子供・成人	竹	3本
	48	富士市南松野芦ヶ久保	×	村人	竹	1本
	49	富士市木島	×	子供(2)・若者	丸太	
	50	富士市岩松地区	×	子供(1)・成人(2)	丸太	3本
	51	静岡市葵区坂ノ上	×	当番組の人	竹を芯、雑木を外側。	2本(嘗ては1本)
	52	藤枝市西方	×	子供	孟宗竹	1本
	53	藤枝市西方石清水				
	54	藤枝市西方岩出				
	55	藤枝市西方中北				
	56	藤枝市西方桑原				
	57	藤枝市滝沢	×	子供	杉・丸太	2本(嘗て3本)
	58	藤枝市横内	×	子供・成人 新盆の家	竹	4本 (1本新盆の家用)
	59	焼津市越後嶋	×			
	60	焼津市保福島	×		杉・丸太	

	I　松明受け		J　松明	
高さ	有無・名称	形状・材質	有無・名称	形状・材質
8 m、9 m、10 m	カゴ	竹製、竹を割って広げる。	有	肥松
	有		有	
約5間(嘗て8間)	カゴ	七夕の竹48本使用。	有	
	有		有	
	有		有	
	有		有	
13 m(成人) 10 m(子供)	ガンコ	七夕の竹使用(モジリ形)。	有	肥松
	有		有	
	有		有	
	有		有	
	有		有	
	有		有	
約3〜6間	有	麦ガラ、貝殻等入れる。	松明	
	有		有	
	有		有	
	有		有	
高さ約3尺の丸太を10数本束ね、真ん中に枝付の木を3本立てる(全長約2間)(高さ約3尺の梯子付)。上部に御幣、扇。	なし		なし	
幣竹ないし雑木を四角錘状に組み立てる。高さ6尺。	なし		なし	
カミ：約4 m シモ：約3.7 m 直径約1.2 m 柱の上に御幣、尾花。	なし		なし	

県名	No	地名	G 神幸の有無	G 祭日の主たる奉仕者	H 柱 材質	本数
	61	藤枝市藤枝	×	子供・成人	竹	3本
	62	焼津市禰宜島	×			
	63	焼津市石津	×			
	64	焼津市田尻北	×	子供	杉・トーローギ	
	65	焼津市高新田	×	子供		
	66	焼津市上泉	×			
	67	焼津市相川	×			
	68	焼津市中島	×	子供・成人		2本(嘗て1本)
	69	吉田町大幡	×			
	70	島田市牛尾				
	71	島田市福用				
	72	島田市高熊				
	73	牧之原市片浜堀切	×	子供	竹	
	74	牧之原市片浜大磯	×	子供	竹	
	75	牧之原市片浜久保柄	×	子供	竹	
	76	牧之原市片浜法京	×	子供	竹	
	77	牧之原市片浜坂井	×	子供	竹	
新潟	78	妙高市関山	○	仮山伏	雑木	2本(「若」と呼ぶ)
長野	79	長野市戸隠	×	修験者	幣竹ないし雑木	3基(中院・宝光院・奥院)
	80	飯山市瑞穂小菅	○	松神子	粗朶を巻き縛る。	2本(カミ・シモ)

	I　松明受け		J　松明	
高さ	有無・名称	形状・材質	有無・名称	形状・材質
高さ約3m 直径約1m	なし		なし	
高さ約3m 直径約1m	なし		なし	
高さ14.5間 先端に御幣をつけた青竹(約5m)	なし		手松明	竹と麦わらを束ねる。
約12間(トロギ)	モジ		有	
先端に縦約2尺5寸、横約1尺3寸の十文字の藁製「カラス」北向きに取付。	モジ	藁縄で巻き上げる。	松明	肥松
約5間(子供)、約8間(成人)+御幣	モジ	竹製	松明	
約6間(子供)、約11間(成人)+御幣	モジ		有	
約10間	モジ		有	
約10間、先端に御幣	モジ		有	
約77間、オモギ、御幣	モジ	竹製。竹を割って広げる。	松明	肥松
約11間、先端に御幣	有	竹	有	
約8間(子供) 約11間(成人)御幣	有		有	
約8間 嘗ては箱籠木(はころぎ)	モジ		有	
	有		有	
	有		有	

県名	No	地名	G神幸の有無	G祭日の主たる奉仕者	H 柱 材質	本数
	81	木島平村内山	○	子供・成人(猿田彦、猿田掛、松太鼓)	粗朶を何本も巻きつける。	2本(カミ・シモ)
	82	木島平村南鴨	×	全員子供	粗朶を何本も巻きつける。	2本(カミ・シモ)
石川	83	七尾市能登島向田町	○	壮年団	祭りの柱の丸太の下に800の柴の束を積み重ねる。松。	1本
福井	84	小浜市小浜貴船	×			1本
	85	小浜市滝谷	×	子供		1本
	86	小浜市西相生窪谷	×	子供	鉄パイプ(嘗ては杉)	1本
	87	小浜市上田(字小村・岩井谷、持田共同)	×	子供・成人		2本
	88	小浜市上田(字竹本・清水共同)	×	子供		2本
	89	小浜市下田岸	×	子供		2本(不幸時1本)
	90	小浜市下田(字脇原・山左近共同)	×	子供	杉	1本
	91	小浜市和多田(字上和多田・大原共同)	×	小・中生、高校以上	杉・竹	1本
	92	おおい町名田庄三重尾ノ内	×	子供・成人	箱ロギ	1本
	93	おおい町名田庄三重兵瀬	×	成人	箱ロギ	2本
	94	おおい町名田庄虫鹿野	×	若者	杉	1本
	95	おおい町名田庄木谷	×			
	96	おおい町名田庄出合	×			

	I　松明受け		J　松明	
高さ	有無・名称	形状・材質	有無・名称	形状・材質
	有		有	
	有		有	
	有		有	
約11間、丸太、トロ木	モジ		松明	肥松
	有		有	
	有		有	
約6間	有		有	
約6間(子供) 約11間(成人)	モジ	竹	松明	
	有		有	
	有		有	
	有		有	
約9間	ハチ	オガラ	有	
	有		有	
約11間(成人) 約7間(子供)	モジ	直径約80 cm (真ん中が膨らんでいる) 全長約3.5 m	有	
約14間	モジ		有	
	有		有	
12間(全長約14間)	カサ	直径1.2 m	上げ松(檜の割木)	
約11間　芯木檜 添え木杉(3本)	モジ	青竹、マフジで縛る。	放りあげ松、檜	
約8間	カサ	直径2 m。杉の葉を入れる。	投げ松明(肥松)	
約11間	カサ	かや、杉葉、愛宕山の花。	有	
約11間	モジ (又はカサ)	竹	上げ松	

県名	No	地名	G 神幸の有無	G 祭日の主たる奉仕者	H 柱 材質	H 柱 本数
	97	おおい町名田庄永谷	×			
	98	おおい町名田庄虫谷	×			
	99	おおい町名田庄久坂	×	成人		
	100	おおい町名田庄堂本	×			
	101	おおい町名田庄槇谷	×			
	102	おおい町名田庄染ヶ谷	×			
	103	おおい町名田庄小倉	×	子供	先端に御幣。	1本
	104	おおい町名田庄下	×	子供・成人		2本
	105	おおい町名田庄井上	×			
	106	おおい町名田庄口坂本	×			
	107	おおい町名田庄納田終老左近組	×			
京都	108	舞鶴市城屋	×	若者		
	109	綾部市於与岐町大又	×			
	110	南丹市美山町盛郷	×	子供・成人	杉・箱ロギ(嘗ては丸太)	2本(嘗ては1本)
	111	南丹市美山町殿	×			
	112	南丹市美山町川合	×			
	113	南丹市美山町芦生芦生	×	成人	檜(トロ木と呼ぶ)	1本
	114	南丹市美山町芦生下町				
	115	南丹市美山町芦生口芦生				
	116	南丹市美山町芦生灰野				
	117	京都市左京区広河原下之町	×	若者	檜	
	118	京都市左京区久多宮の町	×	町民(嘗ては長男のみ)	トロ木と呼ぶ。	1本
	119	京都市左京区花脊原地町	×	20〜30歳	檜	
	120	京都市左京区花脊八桝町	×	成人(法被姿)	檜・トロ木	1本

	I　松明受け		J　松明	
高さ	有無・名称	形状・材質	有無・名称	形状・材質
約9間	モジ	直径2m。杉の葉を入れる。	有	
有			有	
有			有	
大21尺、中20尺、小19尺	なし	一辺7尺、逆三角形。	なし	
8尋先端 寺の施餓鬼で用いた旗。	カサ			
子供約3間、成人約6間	有	竹枠、麦藁で覆う。 直径1m、長さ1.5m。 籠は滑車で上下。	松明	肥松
	有	竹製 籠は滑車で上げる。		肥松
杉(節のあるもの)	ツボキ	壺樽(ツボキ)、3本の旗。 (壺樽つくり)	口径2m、長さ2.7m タイ	麻の芯のショウロ箸に割竹、長さ50cm余りに束ね、石をくくり付ける。
約6間(昔4間3尺)+ツボキ 1年間川に浸ける。	ツボキ	ツボキの上に3本の旗。 (東「ウチワ旗」、西「オオギ旗」、中央「ムカデ旗」)	タイ	麻の芯のショウロ箸に割竹、長さ50cm余りに束ね、石をくくり付ける。
丸太	カンゴ(籠)	竹、直径5,6尺、長さ3尺余り。	肥松	
			有	
	有		有	
17尋	ハチノス	直径60〜70cm、長さ4m、藁製。	肥松 口径1尺5寸	
	有		有	
	有		有	

県名	No	地名	G神幸の有無	G祭日の主たる奉仕者	H 柱	
					材質	本数
	121	京都市右京区京北小塩町	×	村人		
	122	京都市右京区京北片波町				
	123	京都市右京区京北上黒田町	×			
	124	京都市右京区嵯峨	×	村人	赤松	1本
三重	125	熊野市新鹿町				
	126	熊野市遊木町	×	若者	松	1本
	127	熊野市磯崎町旧泊				
	128	熊野市木本町	×	集落東西に組別れ	松	1本
	129	熊野市井戸町	×		松	
	130	熊野市有馬町	×		松	
	131	熊野市金山町	×		松	
	132	熊野市吾郷町和田	×			
	133	熊野市神川町花知	×			
	134	熊野市紀和町木津呂	×			
	135	熊野市紀和町小川口	×	子供・成人	杉(直径約7寸)	1本
	136	熊野市紀和町湯の口	×			
	137	熊野市紀和町小舟				
	138	熊野市紀和町和気	×			
	139	鳥羽市松尾	×	中3から30代後半までの若者	4間3尺。1年間水に浸ける。竹3本、竹の先端ムカデ、扇団扇の旗を立てる。	1本
	140	鳥羽市河内	×	若者(年齢階梯制)	杉	1本
奈良	141	十津川村竹筒	×	子供・成人	皮つきの杉	
和歌山	142	北山村七色				
	143	北山村大沼				
	144	北山村下尾井	×	子供・成人	杉 17尋	1本
	145	北山村小松				
	146	新宮市熊野川町玉置口	×	若者		

	I　松明受け		J　松明	
高さ	有無・名称	形状・材質	有無・名称	形状・材質
杉	有		有	
	有		有	
杉	有	籠(鉄製)を滑車で上げる。	有	松明、檜、松を針金で巻く。
杉	有		有	
杉、約5.5間	有		口径1m	
杉(成人用)、松(子供用)	有		大人用は滑車で上下。	
丸太、約8間	カゴ巣	直径1m、長さ3m	有	
丸太(土台)約12m	カゴ	直径1.3m、長さ1m 藁製 先端、枝付松、笹竹、梵語の旗	松明	松明
17m、8m	ス	直径1.2m		
約15m、先端に御幣。	カリ首	鉄製の輪っか、内部葦。 直径1m、深さ3m	ほり松	肥松
丸太、約3間	有		有	
	有		有	
	有		有	
	有		有	
	有		有	
4m80cm	なし	直径2m、 逆三角錐	なし 区長による点火。	
約4間	なし		有	
	なし	18束の柴を括る(ここに点火)。	有	肥松
約6m	やま	芯木の中頃に割松8本(じょうご)を円形に挿し雑木、松葉等を山上に盛り上げる。「やま」に「珍宝」を差し込む。	なし	

県名	No	地名	G神幸の有無	G祭日の主たる奉仕者	H　柱	
					材質	本数
	147	新宮市熊野川町嶋津	×	若者	丸太	
	148	新宮市熊野川町九重	×			
	149	新宮市熊野川町宮井音川	×	子供	杉丸太	1本
	150	新宮市熊野川町椋井	×	若者	丸太	
	151	新宮市熊野川町赤木	×		丸太	
	152	新宮市熊野川町上長井(小口)	×	成人・子供	丸太	
	153	新宮市佐野	×	若者	松	2本
	154	太地町	×	成人	松	1本
	155	すさみ町佐本根倉	×	子供	丸太	2本
	156	すさみ町佐本中村	×			
	157	田辺市片町	×	若者(嘗て片町の漁民)	台木—電柱(嘗て帆柱)芯棒—檜	1本
	158	有田川町金屋下歓喜寺	×	子供(男性のみ)	松(枝あり)	1本
	159	有田川町金屋上歓喜寺	×			
	160	有田川町金屋長谷川	×			
兵庫	161	豊岡市日高町野々庄	×			
	162	豊岡市日高町府中新	×			
	163	豊岡市日高町府市場	×			
	164	豊岡市日高町土居	×			
	165	豊岡市日高町松岡	×	村人	葉付の松・竹(オハチという)	1本、先端に藁人形。
	166	豊岡市日高町上郷	×	頭屋	松(オハチという)	1本、先端に藁人形。
	167	丹波市青垣町山垣	×	成人	檜	1本
	168	加東市黒谷	×	当番組の最年長者が点火	雄松	1本

	I　松明受け		J　松明	
高さ	有無・名称	形状・材質	有無・名称	形状・材質
高さ約6間、口径約1間。松を芯木にして周りを柴約100束で囲む。麦藁。	なし		なし	
約50束で覆い割竹で縛る。	有		有	
全長12 m 丸太(成人19 m)	カゴ	直径2.5 m、深さ2 m	丸石を縄で縛り稲藁で包む(嘗てはオガラ)。	
丸太、約4間	カゴ	直径3尺	麦藁の中に小石。	
約11間	大カゴ		小石を包んだオガラ。	
	有		有	
20 m	ジョーゴ	竹250本	有	
	有		有	
	有		有	
	有		有	
15尋	ハチ		長さ4寸、周り5寸	直径1 m、深さ3 m
約14間				
22 m	ハチ	高さ1 m、直径1.5 m	タイ	
22 m	ハチ	高さ1 m、直径1.5 m	タイ、肥松	
18.4 m	ハチ	竹、高さ1 m、直径1.5 m	タイ	
長い竿	有		有	
約14間	なし		なし	
約14間	なし		なし	
成人用約7間(1) 子供用約6間(1)	カゴ		有	
5～8間、旗	カゴ		長さ一尺	
成人用(1)約5.5～11間 子供用(1)約5.5間、先端七夕	有	竹枠、麦藁で囲む、中に萩。	有	
5間	上戸口	竹	長さ一尺五寸	
1丈5尺～2丈	有		有	
10 m、12 m	有	茅で編んだ籠。	有	

県名	No	地名	G 神幸の有無	G 祭日の主たる奉仕者	H 柱	
					材質	本数
	169	洲本市五色町鮎原栢野	×	成人	松(芯木)・雑木	1本
	170	姫路市勝原区大谷	×			
	171	姫路市勝原区朝日谷	×	子供(嘗ては成人も)	杉	
	172	姫路市大津区長松	×	子供	杉	
	173	姫路市網干区津市場	×	男250人		
	174	姫路市余部区下余部	×			
	175	姫路市網干区垣内	×			
	176	揖保郡御津町中島	×			
	177	揖保郡御津町刈屋	×			
	178	龍野市御津町黒崎	×			
山口	179	岩国市美和町渋前坂上	×	子供	竹・笹の葉を付ける。	
	180	岩国市行波	×	荒神	赤松	1本(登り松)
	181	岩国市周東町祖生山田	×	子供・成人	松	1本(先端に御幣)
	182	岩国市周東町祖生中村	×	子供	3本の赤松丸太を結う(柱を胴木という)。	1本(先端に御幣)
	183	岩国市周東町祖生落合	×	子供・成人	松	2本(先端に御幣)
	184	柳井市伊陸		子供中心		
	185	柳井市伊陸南山	×	荒神	松	1本
	186	田布施町大波野	×	大波野4組荒神		1本
	187	光市東荷	×	子供・成人	竹	3本
	188	光市岩田	×		杉又は大竹。	
	189	光市立野西庄	×	子供・成人	ベイ松(昔、竹)	6本(嘗て1本)
	190	周南市安田	×	5～10歳	木	
	191	周南市勝間	×			
	192	美祢市美東町絵堂	×	子供・成人	檜	2本(嘗て3本)

	I　松明受け		J　松明	
高さ	有無・名称	形状・材質	有無・名称	形状・材質
	有		有	
8 m	有	竹製の籠。	有	
	有		有	
	有		有	
	有	青竹の先端を割る。	有	
	有		有	
	有		有	
約 3.5 間	ホウズキ		松明	
	有		有	
			有	
約 6 間	ホウズキ	雑木で作製。	松明	
	有		有	
約 3 間	ホウズキ	生の松の枝。	松明	竹を割ったもの(嘗て、墓の竹の筒)。
全長 4.5 間	ホウズキ	竹柱の上部 3 尺を割る。葛葉カズラで縫って漏斗形。	たいまつ	
	ホウズキ		松明	
	有		有	
約 3 間	ホウズキ	竹を割る。	麦藁の小束	
	ホウズキ		有	
	有		有	
約 2 間	ホウツキ	藁麦製	麦藁、竹	
	有		有	
	有		有	
	有		有	
	ホウズキ	藁	有	
	有		有	
	有		有	
約 3 間	有			
約 2.5 間(昔約 5.5 間) 1 本	アサガオ	青竹で朝顔形の籠。	(ワラ)スボ	
12 間、閏年 13 間	なし		なし	

県名	No	地名	G神幸の有無	G祭日の主たる奉仕者	H　柱	
					材質	本数
	193	美祢市美東町長登				
	194	美祢市美東町真名	×			
	195	美祢市秋芳町別府				
	196	美祢市大嶺町北分				
	197	下関市内日	×	子供		
	198	下関市豊浦町吉見上白滝	×			
	199	下関市豊浦町吉見上	×			
	200	下関市豊浦町黒井	×	子供	竹	1本
	201	下関市豊浦町室津上	×			
	202	下関市豊浦町室津下	×			
	203	下関市豊浦町川棚向畔	×	子供	松	1本
	204	下関市豊浦町川棚ト村地区			竹	
	205	下関市豊浦町湧田後地野田	×	子供・若者	松	
	206	下関市豊北町田耕	×	子供・若者	竹	
	207	下関市豊北町神田上神玉	×	子供		
	208	長門市俵山地区		子供・若者		
	209	長門市深川地区正明市区	×	子供・若者	本竹又は孟宗竹。	
	210	長門市深川地区藤中区				
	211	長門市深川地区江良区				
	212	長門市深川湯本板持	×	子供・若者		
	213	長門市渋木	×	子供		
	214	長門市西深川開作		子供・若者		
	215	長門市仙崎地区	×	子供・若者		
	216	長門市上三隅		子供	竹	
	217	長門市中三隅	×			
	218	長門市下三隅	×			
	219	萩市三見	×		竹	
	220	萩市吉部下野田	×	子供・成人	鉄柱(昔は松)	
愛媛	221	八幡浜市川上町川名津	×	厄年42歳の男子	杉(1981年まで松) 柱は厄年男の寄進。	1本

	I　松明受け		J　松明	
高さ	有無・名称	形状・材質	有無・名称	形状・材質
約13間 先端に短冊を付けた笹竹。	カゴ	麻殻、直径約40 cm	麻木殻	麻木を束ねたもの。
33尺 柱の33ヶ所に大綱。	なし		なし	
柱に縄を巻く(登攀用)。	なし		なし	
約5.5間　1本	ス		肥松	
約5.5間 天辺に旗(家内安全・五穀豊穣・無病息災)。	ス(ツバメのス)	竹製　藁、おが屑	肥松	
約5.5間				
2間+籠	カゴ	直径5尺の籠	肥松	
5間丸太	カゴ	直径7尺	小松明	肥松
	有		有	
約4間	有		有	
13m、7m(子供)	チョコ		有	
約4間	ハチ	竹製、高さ3m、径1.5m	松明	布に油をしたす。
	有		有	
約4間、約3間	カゴ	竹とムッカラ、1m	松明	竹筒に肥松を入れる。
	有		有	
13尋	ハチ	麦幹、直径約1.5〜2尺	有	
約5m	ハチ	小麦カラ、漏斗状	有	竹筒に肥松を入れる。
8〜10m	有		有	
10m、丸太、御幣	有	竹・藁製	有	
約5.5間	有	竹の上部を籠状にする。	有	
約4間	ハチ	竹・藁製、直径1尺	松明	
約4間	ハチ	竹・藁製、直径1尺	松明	

県名	No	地名	G 神幸の有無	G 祭日の主たる奉仕者	H 柱	
					材質	本数
	222	八幡浜市五反田	×	若者		1本
福岡	223	苅田町山口	○×	修験者姿の施主	松丸太	1本
	224	添田町英彦山	×	修験	松	1本
	225	直方市畑	×	成人	檜・丸太	
	226	直方市永満寺	×			
	227	直方市上境	×	成人	檜・丸太	1本
	228	鞍手町長谷	×			
	229	鞍手町室木	×			
	230	宮若市倉久	×			
	231	宮若市上有木	×	若者		
	232	宮若市芹田	×			
	233	宮若市下	×			
	234	宮若市湯原	×			
大分	235	杵築市中出原	×	成人	杉(トロキ)	1本
	236	大分市鷲野	×			2本
	237	大分市寒田	×	童子の会(子供)	竹	4本
	238	大分市高瀬	×	八校区代表＋子供	杉	9本(各校区＋子供用)
	239	大分市中尾	×	子供	鉄棒	1本
	240	大分市野津原新町	×	子供		
	241	大分市下原原村	×	子供		2本
	242	臼杵市野津町柚野木黒坂	×			
	243	臼杵市野津町亀甲土橋	×	成人	竹	
	244	臼杵市野津町王子水地	×	子供	竹	
	245	佐伯市宇目小野市	×	子供・若者	竹か杉。	
	246	由布市狭間町鬼崎 同尻・芝尾(共同)	×	子供・若者	杉	1本
	247	由布市庄内町	×		竹	
	248	豊後大野市犬飼町	×	子供・成人		複数本
	249	豊後大野市千歳町	×	子供・成人	竹	

	I　松明受け		J　松明	
高さ	有無・名称	形状・材質	有無・名称	形状・材質
約3～5間	ハチ		有	
約約11間		竹・藁製	投げ松明	肥松
	有		有	
	有		有	
10m、6m、4m	有		有	
			有	
	ハチ	竹・麦藁	肥松	
	有		有	
大約11間、小約3間	ハチ		有	
	有		有	
	ハチ		有	肥松
	有		有	
	有		有	
	ハチ	麻木又は麦殻で編む。	有	
	有		有	
	ハチ		有	
	有		有	
約8間	ハチ	竹·藁製、直径約1尺	松明	
	有		有	
	有		有	
約6間	ジョウゴ		松明	肥松
	有		有	
大約5間	ジョウゴ		有	
	有		有	
	有		有	
約6間 大・中・小(子供用)	ハチ	竹製、直径2尺	タイ	竹筒に肥松を入れ、間に赤土(長さ20cm太さ10cm)。
	有		有	
	有		有	
約6間	有		松明	肥松
	有		有	
	有		有	
子供用約3間 成人用約5間	ハチ	竹の上部を割り、竹の輪を入れる。茅で縛る。	松明	竹筒に肥松を入れる。
約6間	ハチ	竹の上部を割り広げる。	松明	竹筒に肥松を入れる。
	有	竹・藁製	投げ松明	肥松を縛る。
	有		有	
	有		有	

県名	No	地名	G 神幸の有無	G 祭日の主たる奉仕者	H 柱	
					材質	本数
	250	豊後大野市三重町井迫又井	×	子供・若者	竹	3本
	251	豊後大野市三重町川辺	×	子供	孟宗竹	2本(嘗て5本)
	252	豊後大野市緒方町野尻				
	253	豊後大野市緒方町井上	×			
	254	豊後大野市緒方町下自在	×	子供		
	255	豊後大野市緒方町軸丸北	×	子供	竹	3本
	256	豊後大野市緒方町天神	×			
	257	豊後大野市緒方町小野	×	子供・成人	竹	2本(嘗ては3本)
	258	豊後大野市緒方町野仲	×			
	259	豊後大野市緒方町草深野	×	子供	竹	
	260	豊後大野市緒方町大化	×			
	261	豊後大野市緒方町馬背畑	×	子供	竹	3本(各集落用)
	262	豊後大野市緒方町原尻	×			
	263	豊後大野市緒方町辻	×			
	264	豊後大野市緒方町上年野	×		竹	
	265	豊後大野市緒方町柚木	×	子供		
	266	豊後大野市緒方町上冬原	×	子供	竹	数本
	267	豊後大野市緒方町栗生	×			
	268	豊後大野市清川町	×	子供・成人	竹又は杉丸太。	
	269	豊後大野市大野町小倉木木浦畑	×			
	270	豊後大野市大野町小倉木徳尾	×			
	271	豊後大野市大野町中土師木浦内	×	子供	竹	1本
	272	豊後大野市大野町澤田	×			
	273	豊後大野市大野町十時光昌寺	×	子供・成人		3本
	274	豊後大野市大野町藤北木原	×			
	275	豊後大野市大野町中原駒方	×			
	276	豊後大野市朝地町	×	子供・若者	竹か木。	3本
	277	竹田市豊岡地区	×			
	278	竹田市植木	×			
	279	竹田市平田十一	×		竹	3本
	280	竹田市志土知	×			
	281	竹田市久住町仏原都野	×			
	282	竹田市久住町久住境川		子供・成人	竹	2本
	283	竹田市久住町白丹米賀	×	子供・若者	杉に竹を足す。	
	284	竹田市直入町長湯	×	子供・若者	杉や竹。	2本(成人・子供用)
	285	竹田市直入町神堤	×	子供・若者	杉や竹。	
	286	竹田市荻町政所	×			

	I　松明受け		J　松明	
高さ	有無・名称	形状・材質	有無・名称	形状・材質
約6〜7 m	カゴ	竹の上部を割って広げる。	松明	棒に布を巻いて油に浸す。
成人用　約10間 子供用　約6間 天辺に日の丸扇	ス 有	萱と竹。	テマツ ホテ	ジュウス缶に肥松の木片。
23 m(大蛇の本体)	ツト	先端を口藁で径50 cmのジョウロ型(蛇の口)、先端に日の丸の扇。	有	
約4間＋ウケ	ウケ	竹かご状	コテ	松のツガ。
約10 m	ウケ (長さ235 cm 直径64 cm)	芯棒の竹の先端を割って逆三角錐とする。	アカシ	赤松の枯枝(肥松)。
10 m＋ウケ	ウケ(竹製)	逆三角錐		ツガ松(肥松)
	有			肥松
約10間　丸太	ウケ	芯柱の上部2 mに藁を7段、カズラで括り付ける。	ホテ(コテ)	竹竿の先に小石を藁で包んだホテを結びつける。
	有		有	
	有		有	
	有		有	
大松明9尋3尺、細竹を束ねる(先端1尺、元3尺)。約2間を浜に這わせ、あとは垂直に立てる。全体はコの字型。小松明7尋。	なし	竹束の先端から約1 mの所を逆三角錐の形にして籠の役目を持たせる。	ツガ(松)	肥松を束ね、縄をつける。

県名	No	地名	G神幸の有無	G祭日の主たる奉仕者	H 柱	
					材質	本数
	287	竹田市荻町西福寺	×	子供	竹	2本
宮崎	288	串間市市木	×	子供・成人 (嘗て子供のみ)	松	2本(成人・子供用)
	289	串間市大納	×	勢子(約30人)	柱に藁を巻く(大蛇に見立てる)。松	1本
鹿児島	290	姶良市寺師	×		孟宗竹	7本
	291	姶良市北山堂山	×	誰でも (嘗て子供)	孟宗竹	1本
	292	姶良市蒲生町漆	×	嘗て8～21歳	松 (山から松曳き)	1本
	293	姶良市蒲生町小川内	×		孟宗竹	
	294	錦江町神川塩屋	×			
	295	錦江町馬場	×	青年(火つけ組と火消し組に分ける一5集落を2組に分ける)	松	1本
	296	錦江町城元鳥井戸	×			
	297	錦江町城元大橋	×			
	298	錦江町城元山之口	×			
	299	三島村硫黄島	×	若者・親モロ子	琉球竹	2本 大松明(青年用) 小松明(子供用)

N　特記事項	O 現行	P　出典
「舟っこ流し」祭りの一環。	○	「盛岡舟っこ流し協賛会」資料
明治12年復活。験競べ、鑽り火。 (民俗)大松明は家内安全・火防。	○	戸川安章『修験道と民俗』1972 現地調査
火災で中止。	×	『日本民俗地図第1巻』1969、現地調査2014
麦藁が無くなり中止。	×	現地調査2011
川の流れの変化で中州がなくなる。	×	『鰍沢町誌』1996、現地調査2014
	×	現地調査2011
	×	現地調査2011
新盆の家が柱寄付、柱は売る。	×	現地調査2011
新盆と関係ない。麦を祭り用に特別に作る。	○	現地調査2014
現在は松明を回すだけ。	×	現地調査2014
昭和10年代まで。	×	『大須成の民俗』2000、現地調査2014
	○	『大須成の民俗』2000、現地調査2014
	×	「河内地方の“投げ松明”について」1970 現地調査2014
藁塚に火のついた藁稈の束を投げる。	×	「南部の火祭りについて1」1997 現地調査2014
	×	『中富町誌』1971、現地調査2014
竹藪が火事で中止。	×	『中富町誌』1971、現地調査2014
新盆の家から木、竹を貰う。	×	『日本の民俗　山梨』1974、現地調査2014
戦後中断、20年前に復活(当時若者のUターン)。	○	現地調査2014
新盆の家から柱ないし縄をもらう。	×	『下部町誌』1981 現地調査2014
嘗て中止したら大火があったので、以降継続して実施。	○	『やまなしの民俗　下』1973 現地調査2014
	×	『落穂拾遺』明治～大正、現地調査2014
	×	『祭り・行事』2009、現地調査2014
	×	『早川町誌』1980、現地調査2014
警察の警告で中止(昭和33年)。	×	「河内地方の“投げ松明”について」1970
	×	『南部歳時記』1868、現地調査2014
	×	『本郷の民俗』1999、現地調査2014
盆の後1週間ぐらいやった時代もある。	×	『成島の民俗』1999、『改訂南部町誌』2008 現地調査2014
	○	現地調査2012 現地調査2014
	×	『改訂南部町誌』2009、現地調査2014
	×	「南部町の火祭りについて(一)」1997、現地調査2014
	×	「南部町の火祭りについて(一)」1997、現地調査2014

県名	No	地名	K　点火方法	L　一番火	M　俗信
岩手	1	盛岡市仙北	松明投げ		
山形	2	鶴岡市羽黒町手向	鑽り火		綱は火防の守り。
山梨	3	市川三郷町山保(旧市川大門町山家)	松明投げ		
	4	鰍沢町鳥屋	松明投げ		
	5	鰍沢町柳川	松明投げ		
	6	身延町道	松明投げ		
	7	身延町切房木	松明投げ		
	8	身延町車田	松明投げ		
	9	身延町久那土	松明投げ		
	10	身延町下田原	松明投げ		
	11	身延町大塩上大塩	松明投げ		
	12	身延町久成	松明投げ		
	13	身延町平須	松明投げ		
	14	身延町寺沢	松明投げ		
	15	身延町切石	松明投げ	点火の競争有。	
	16	身延町伊沼原	松明投げ		
	17	身延町飯富	松明投げ		
	18	身延町常葉芦原出口	松明投げ		
	19	身延町本郷	松明投げ		
	20	身延町清子	松明投げ	賞品	
	21	身延町大島	松明投げ		
	22	早川町草塩	松明投げ		
	23	早川町京ヶ島	松明投げ		
	24	早川町雨畑	松明投げ		
	25	南部町中野	松明投げ		
	26	南部町本郷	松明投げ		
	27	南部町成島	松明投げ		
	28	南部町	松明投げ		
	29	南部町南部	松明投げ		
	30	南部町内船上阿蘇	松明投げ		
	31	南部町内船上富岡	松明投げ		

N　特記事項	O 現行	P　出典
	×	『改訂南部町誌』2009、現地調査 2014
	×	「南部町の火祭りについて(一)」1997、現地調査 2014
	×	『改訂南部町誌』2009、現地調査 2014
	×	『落穂拾遺』、現地調査 2014
	×	「臨地研究記録　南部の火祭り」1977 現地調査 2014
百八タイ。	×	『祭り・行事』2009
	×	『峡南の郷土 16』1977、現地調査 2014
	×	『福士の民俗』1996、現地調査 2014
	×	「南部の火祭りについて(一)」1997 現地調査 2014
	×	『改訂南部町誌』2008、現地調査 2014
	×	『祭り・行事』2009、現地調査 2014
16 日に川供養。	○	『祭り・行事』2009、現地調査 2014
	○	『北松野の民俗』1993、『祭り・行事』1999 現地調査 2014
「富士川は若い者が好きだ」。	×	『芝川町誌』1972、現地調査 2014
	○	『駿国雑志』1817〜1843、現地調査 2014
戦前からカワカンジー、この日に合わせ、 投げ松明が行われるようになった。	○	「盆行事　富士川流域における川供養」1979 現地調査 2014
戦前。	×	『ふるさと富士川　第 3 集』1984
	○	現地調査 2011
昭和 62 年イベント開催、人柱伝説。	○	現地調査 2010,2014
河原は崖淵で面積狭い。	○	『安倍川流域の民俗』1980、現地調査 2011
平成から西方合同の祭りとして行う。 数年前、大人の都合でやめる。	×	『藤枝市史　別編　民俗』2002、現地調査 2014
	×	『藤枝市史　別編　民俗』2002、現地調査 2014
	×	現地調査 2014
	×	現地調査 2014
	×	現地調査 2014
「長男会」主宰。	○	『藤枝市史　別編　民俗』2002、現地調査 2010
	○	『藤枝市史　別編　民俗』2002、現地調査 2014
	×	『焼津市誌　民俗編』2007、現地調査 2014
	×	『焼津市史　民俗編』2007、現地調査 2014

県名	No	地名	K　点火方法	L　一番火	M　俗信
	32	南部町内船中中村	松明投げ		
	33	南部町内船中倉ヶ平	松明投げ		
	34	南部町内船下島尻	松明投げ		
	35	南部町内船下寄畑	松明投げ		
	36	南部町塩沢	松明投げ		
	37	南部町大和	松明投げ		
	38	郡南部町椿根	松明投げ		
	39	南部町福士	松明投げ		
	40	南部町万沢地区	松明投げ		
	41	南部町佐野地区	松明投げ		
	42	南部町井出	松明投げ		
	43	南部町十島	松明投げ		
静岡	44	富士宮市長貫上長貫	松明投げ		
	45	富士宮市芝川町内房尾崎	松明投げ		
	46	富士宮市沼久保船場	松明投げ		
	47	富士市北松野大北	松明投げ	景品	
	48	富士市南松野芦ヶ久保	松明投げ		
	49	富士市木島	松明投げ	一番手、賞品。嘗ては、一番手は家に子供を招く。	
	50	富士市岩松地区	松明投げ		
	51	静岡市葵区坂ノ上	竹竿で点火		
	52	藤枝市西方	松明投げ		
	53	藤枝市西方石清水	松明投げ		
	54	藤枝市西方岩出	松明投げ		
	55	藤枝市西方中北	松明投げ		
	56	藤枝市西方桑原	松明投げ		
	57	藤枝市滝沢	松明投げ		
	58	藤枝市横内	松明投げ		
	59	焼津市越後嶋	松明投げ		
	60	焼津市保福島	松明投げ		

N　特記事項	O 現行	P　出典
資金次第、町の貢献者が死亡の場合挙行。	○	「県内のお祭りデータ」1996、現地調査 2014
	×	現地調査 2014
柱の上に回転式ボンテン(高さ 4 m)。	×	『焼津市誌　下巻』1971、現地調査
田尻北中年会。	×	『石津の民俗』1993、現地調査 2014
昭和 60 年復活。 その後、合併で補助金カットで中止。	×	『ふるさとの年中行事』1988、現地調査 2014
	×	「県内のお祭りデータ」1996、現地調査 2014
	×	『ふるさとの年中行事』1988、現地調査 2014
昭和 55 年復活。	○	『ふるさとの年中行事』1988、現地調査 2014
現在は川供養のみ。	×	『祭り・行事』1999、現地調査 2014
	○	現地調査 2016
	×	現地調査 2016
	×	現地調査 2016
	○	現地調査 2014
80 年前からつづく。	○	『日本民俗地図 1』1964、現地調査 2014
	○	『日本民俗地図 1』1964、現地調査 2014
	○	『日本民俗地図 1』1964、現地調査 2014
坂井のみ 7 月盆。	○	「県内のお祭りデータ」1996、現地調査 2014
	○	『関山神社火祭り調査報告書』2006、現地調査 2013
2003 年復活(中院の祭りの再現)。	○	『柱松神事』2005、現地調査 2009
(民俗)年占・鑽り火・虫除け。	○	現地調査 2006、2009、2012

表1 県別柱松一覧表(K～P)

県名	No	地名	K 点火方法	L 一番火	M 俗信
	61	藤枝市藤枝	松明投げ		
	62	焼津市禰宜島	松明投げ		
	63	焼津市石津			
	64	焼津市田尻北	松明投げ		
	65	焼津市高新田	松明投げ		
	66	焼津市上泉	松明投げ		
	67	焼津市相川	松明投げ		
	68	焼津市中島	松明投げ		
	69	吉田町大幡	松明投げ		
	70	島田市牛尾	松明投げ		
	71	島田市福用	松明投げ		
	72	島田市高熊	松明投げ		
	73	牧之原市片浜堀切	松明投げ		
	74	牧之原市片浜大磯	松明投げ		
	75	牧之原市片浜久保柄	松明投げ		
	76	牧之原市片浜法京	松明投げ		
	77	牧之原市片浜坂井	松明投げ		
新潟	78	妙高市関山	鑚り火 (御幣に点火)		「カミ」が勝つと、上組が豊作。
長野	79	長野市戸隠	鑚り火		鑚り火の遅速で年占い。
	80	飯山市瑞穂小菅	鑚り火		鑚り火の遅速で年占い。御幣、尾花にご利益有(争奪戦)。

N　特記事項	O 現行	P　出典
小菅から習う、疫病伝説有。	○	現地調査 2007、2012
1993 年復活。	○	柱松子実行委員会資料、現地調査 2011、2013
年齢階梯制に基づく役割分担。	○	『祭りと民俗』1984、現地調査 2012
2002 年より実施、中名田地区下田が協力。	○	若狭マリンピア実行委員会資料
社務所からトロギバまで伊勢音頭。	○	小浜市教育委員会資料、現地調査 2013
	○	「若狭の火祭り」1999、現地調査 2014
	○	「若狭の火祭り」1999、現地調査 2014
区長・組長が代参、7 月下旬愛宕港。	○	「丹波・若狭の松明行事」1997、現地調査 2014
	○	現地調査 2014
	○	現地調査 2014
復活(2013 年、12 年ぶり)。 作業は各家の「跡取り」によって行われる。	○	現地調査 2013
現在 9 月 1 日はない。	○	「若狭の火祭り」1999、現地調査 2014
9 月 1 日のハシラマツ復活(2017 年)。	○	「若狭の火祭り」1999、現地調査 2014
代参、種火は愛宕祠、お堂で火を守る。	○	『わかさ名田庄村誌Ⅱ』2004、現地調査 2011
	×	「丹波・若狭の松明行事」1997、現地調査 2014
	×	「丹波・若狭の松明行事」1997、現地調査 2014
	×	「丹波・若狭の松明行事」1997、現地調査 2014

県名	No	地名	K　点火方法	L　一番火	M　俗信
	81	木島平村内山	鑽り火		鑽り火の遅速で年占い。御幣、尾花にご利益有。
	82	木島平村南鴨	鑽り火		鑽り火の遅速で年占い。御幣、尾花にご利益有。
石川	83	七尾市能登島向田町	松明投げ(柱下部の柴に点火)		御幣は縁起がいい。柱の倒れる方向で、作・漁の豊凶占う。
福井	84	小浜市小浜貴船	松明投げ		
	85	小浜市滝谷	松明投げ		
	86	小浜市西相生窪谷	松明投げ		「カラス」が厄を持っていく。
	87	小浜市上田(字小村・岩井谷、持田共同)	松明投げ	賞品(酒)	
	88	小浜市上田(字竹本・清水共同)	松明投げ		
	89	小浜市下田岸	松明投げ		
	90	小浜市下田(字脇原・山左近共同)	松明投げ		
	91	小浜市和多田(字上和多田・大原共同)	松明投げ	賞品(酒、ジュース1箱)	
	92	おおい町名田庄三重尾ノ内	松明投げ		
	93	おおい町名田庄三重兵瀬	松明投げ		
	94	おおい町名田庄虫鹿野	松明投げ		
	95	おおい町名田庄木谷	松明投げ		
	96	おおい町名田庄出合	松明投げ		
	97	おおい町名田庄永谷	松明投げ		

N 特記事項	O 現行	P 出典
	×	「丹波・若狭の松明行事」1997、現地調査 2014
30 年前中止。	×	『わかさ名田庄村誌 I』2004、現地調査 2014
現行はイベントのもので嘗てのものは異なる。	○	「若狭の火祭り」1999、現地調査 2014 『若狭の歴史と民俗』2012
	×	「丹波・若狭の松明行事」1997、現地調査 2014
	×	「若狭の火祭り」1999、現地調査 2014
	○	『わかさ名田庄村誌 I』2004、現地調査 2014
	○	「若狭の火祭り」1999、現地調査 2014
松上げがない年は神楽奉納。	○	『わかさ名田庄村誌 I』2004、現地調査 2014
	○	『わかさ名田庄村誌 I』2004、現地調査 2014
	×	『わかさ名田庄村誌 II』2004、現地調査 2008
御幣を立てる。高野川で禊。	○	『舞鶴市史　各説編』1975
	×	「京都府の火の民俗」1985、現地調査 2014
	○	『京都・火の歳時記』2007、現地調査 2014
盆時期は来訪する親戚の世話等で忙しく、盆行事(精霊の送迎、盆踊り等)は地蔵盆の日に行う。愛宕港と松講があり、以前は愛宕港は冬にした。上げ松は松講で、本来愛宕港とは関係ない。	○	『京都・火の歳時記』2007、現地調査 2014
	○	『京都・火の歳時記』2007、現地調査 2014
地松、斎戒。	○	「祭礼行事・京都府」1991、現地調査 2014
	×	「祭礼行事・京都府」1991
	×	「祭礼行事・京都府」1991
	×	「祭礼行事・京都府」1991
地松(檜) 1200～1300 本。 終わって惣堂で盆踊り。	○	現地調査 2014
祭場の周りに地松。24 日、久多花笠踊り。	○	現地調査 2014
	×	『日本民俗分布図 1』1962、現地調査 2014
周囲に地松が立てられる。	○	現地調査 2014
	○	『京都・火の歳時記』2007、現地調査 2014

県名	No	地名	K　点火方法	L　一番火	M　俗信
	98	おおい町名田庄虫谷	松明投げ		
	99	おおい町名田庄久坂	松明投げ		
	100	おおい町名田庄堂本	松明投げ		
	101	おおい町名田庄槇谷	松明投げ		
	102	おおい町名田庄染ヶ谷	松明投げ		
	103	おおい町名田庄小倉	松明投げ		
	104	おおい町名田庄下	松明投げ		
	105	おおい町名田庄井上	松明投げ		
	106	おおい町名田庄口坂本	松明投げ		
	107	おおい町名田庄納田終老左近組	松明投げ		
京都	108	舞鶴市城屋	松明投げ	一番手は御幣を神前に。	
	109	綾部市於与岐町大又	松明投げ		
	110	南丹市美山町盛郷	松明投げ	賞品(酒)	
	111	南丹市美山町殿	松明投げ	樒と御幣をつけた笹竹。	
	112	南丹市美山町川合	松明投げ		
	113	南丹市美山町芦生芦生	松明投げ	「一の松」という。直会で最初のお神酒をもらう(名誉)。	
	114	南丹市美山町芦生下町			
	115	南丹市美山町芦生口芦生			
	116	南丹市美山町芦生灰野			
	117	京都市左京区広河原下之町	松明投げ		
	118	京都市左京区久多宮の町	松明投げ		
	119	京都市左京区花脊原地町	松明投げ		
	120	京都市左京区花脊八桝町	松明投げ		
	121	京都市右京区京北小塩町	松明投げ		

N　特記事項	O 現行	P　出典
	×	「京都府の火の民俗」1985、現地調査 2014
花背からの移住者により始められる。	×	「旧京北町黒田村の松上げ」、現地調査 2014
種火は護摩の火。13 本の紅提灯の高低で年占。	○	現地調査 2013
16 日、柱松踊り。	×	「三重県の火の民俗」1985、現地調査 2014
50 年ほど前中止(柱曳で怪我人、祭場が埋立て)。	×	『熊野市史　下巻』1983、現地調査 2014
	×	『熊野市史　下巻』1983、現地調査 2014
新盆の家が中心となり行う。	×	『熊野市史　下巻』1983、現地調査 2014
	×	『熊野市史　下巻』1983、現地調査 2014
	×	『日本民俗地図　1』1962、現地調査 2014
	×	『熊野市史　下巻』1983、現地調査 2014
	×	『熊野市史　下』1983
	×	「三重県の火の民俗」1985
	×	「紀和町史　別巻」1994、現地調査 2014
昭和 63 年復活(昭和 30 年代中断)。	○	「紀和町史　別巻」1994、現地調査 2011
	×	「紀和町史　別巻」1994、現地調査 2014
	×	「紀和町史　別巻」1994、現地調査 2014
	×	「紀和町史　別巻」1994、現地調査 2014
初盆が主役の祭り(初盆のキリコ先頭)。 厳格な年齢階梯制度(主催「公会」)。 親取り子取りの制度有。	×	『鳥羽市史　下巻』1991、『調査報告書』2010 現地調査 2011
厳格な年齢階梯制度。 岡に登る最初のキリコは初盆家のもの。	×	『調査報告書』2010
	×	『日本民俗地図 1』1962、現地調査 2014
	×	「町史研究資料 12」2003
	×	「町史研究資料 12」2003
初盆の家が、柱松、柱の周り竹を立て、初盆の灯籠や提灯を立てる。	○	『北山村史　下巻』1987 「和歌山県東牟婁郡北山村民俗調査報告」1977 現地調査 2014
	×	「町史研究資料 12」2003
	×	「町史研究資料 12」2003
	×	「町史研究資料 12」2003

県名	No	地名	K　点火方法	L　一番火	M　俗信
	122	京都市右京区京北片波町	松明投げ		
	123	京都市右京区京北上黒田町	松明投げ		
	124	京都市右京区嵯峨	竹竿で点火。		火勢で、稲(早稲・中稲・晩稲)の豊凶占い。
三重	125	熊野市新鹿町			
	126	熊野市遊木町			
	127	熊野市磯崎町旧泊			
	128	熊野市木本町			
	129	熊野市井戸町			
	130	熊野市有馬町			
	131	熊野市金山町			
	132	熊野市吾郷町和田	松明投げ		
	133	熊野市神川町花知	松明投げ		
	134	熊野市紀和町木津呂			
	135	熊野市紀和町小川口	松明投げ	一番手、賞金5000円	
	136	熊野市紀和町湯の口			
	137	熊野市紀和町小舟			
	138	熊野市紀和町和気	松明投げ		
	139	鳥羽市松尾	松明投げ		有(柱の倒れた方向で豊凶)。 柱が誤って西北の方に倒れると、死者が多い。
	140	鳥羽市河内	松明投げ		
奈良	141	十津川村竹筒		一番手酒い升	
和歌山	142	北山村七色	松明投げ		
	143	北山村大沼	松明投げ		
	144	北山村下尾井	松明投げ	賞金(1等5000円～5等1000円)	
	145	北山村小松	松明投げ		
	146	新宮市熊野川町玉置口	松明投げ		
	147	新宮市熊野川町嶋津	松明投げ	酒一升等	

N　特記事項	O 現行	P　出典
	×	三重県教育委員会
	○	『祭り・行事』2000、現地調査 2014
	×	「町史研究資料 12」2003
	×	「町史研究資料 12」2003
熊野川町上長井・同西・同東 3 集落の合同祭。	×	「町史研究資料 12」2003
1993 年、34 年ぶりに復活。 下諏訪神社の神事を起源。	○	『祭り・行事』2000、「佐野の柱松」1981 現地調査 2014
祭りの全体は「太地浦勇漁祭」。 (嘗て、漁師や海士の組合の人たちが投げた)。	○	『祭り・行事』2000、現地調査 2014
天明 7 年(1787)、同 8 年、疫病流行。昭和 30 年代中断、昭和 58 年復活、現在大学運営。	○	『祭り・行事』2000、現地調査 2014
	×	『祭り・行事』2000
祭場が得られず中止(昭和 44 年)。青年会議所により昭和 52 年復活、現在中止。	×	『祭り・行事』2000、『日本民俗誌大系』1975 現地調査 2014
		『紀州田辺　柱松』1977
子供さがし「次郎四朗火」の民話あり。	×	現地調査 2013
	×	『日本祭礼風土記』1962
	×	『日本祭礼風土記』1962
	×	『国府ものがたり』2008、現地調査 2011
	×	『国府ものがたり』2008、現地調査 2011
	×	『国府ものがたり』2008、現地調査 2014
	×	『国府ものがたり』2008、現地調査 2011
天辺に藁人形、御幣。後火を神社に奉納、良く燃えると豊作。	○	『国府村誌　上巻』1960、現地調査 2014
	×	『国府ものがたり』2008、現地調査 2011 『日本民俗の源流』1969
集落全世帯が、芯柱に藁束を 1 束巻く。	×	「兵庫県の火の民俗」1985、現地調査 2014
全国に「黒谷」といわれる場所が 4 ヶ所あり、全てで柱松をしているので、当地でも始めた(聞き取り)。 集落を二分して、毎年交互に担当する 1 本の松から「芯柱」「じょうご」「珍宝」「松明」をとる。	○	『加東郡誌』1974、現地調査 2014

県名	No	地名	K　点火方法	L　一番火	M　俗信
	148	新宮市熊野川町九重	松明投げ		
	149	新宮市熊野川町宮井音川	松明投げ		
	150	新宮市熊野川町椋井	松明投げ		
	151	新宮市熊野川町赤木	松明投げ		
	152	新宮市熊野川町上長井(小口)	松明投げ		
	153	新宮市佐野	松明投げ		
	154	太地町	松明投げ		
	155	すさみ町佐本根倉			
	156	すさみ町佐本中村			
	157	田辺市片町	松明投げ	賞品	
	158	有田川町金屋下歓喜寺	松明投げ		
	159	有田川町金屋上歓喜寺			
	160	有田川町金屋長谷川			
兵庫	161	豊岡市日高町野々庄	松明投げ		
	162	豊岡市日高町府中新	松明投げ		
	163	豊岡市日高町府市場	松明投げ		
	164	豊岡市日高町土居	松明投げ		
	165	豊岡市日高町松岡	松明投げ		
	166	豊岡市日高町上郷	松明投げ		
	167	丹波市青垣町山垣	松明投げ		
	168	加東市黒谷	神火で燃える「松明」を「やま」に挿し点火する。		

N　特記事項	O 現行	P　出典
昼間、薬師堂で太陽光をレンズで採光した火を蠟燭に移し、夕刻これを竹竿の藁に移す。	○	『五色町史』1986、現地調査 2014
	×	『網干町誌』1951、現地調査 2014
明応年間に大旱魃があり、愛宕権現に雨乞いをしたら、雨が降ったのでそのお礼として祭りをするとの伝承。	○	現地調査 2013 「姫路市勝原区朝日谷の火揚げ」1985
「ドンチャーン」と鉦ではやす。	×	『なつかしのふるさと長浜１』1987
稲荷神社から火種。	×	『西讃府志 53 巻　風俗』、現地調査 2013
	×	姫路市文化財課資料
	○	『姫路市史 15 上巻』1992、現地調査 2014
	○	姫路市文化財課資料、現地調査 2014
	×	姫路市文化財課資料
	○	姫路市文化財課資料、現地調査 2014 「姫路市勝原区朝日谷の火揚げ」1985
	×	『玖珂郡志』1975、現地調査 2014
	○	『神楽源流考』1983
夏、子供のみの柱松がある。	○	『祖生の柱松』1985、現地調査 2011、2014
享保 19 年(1734)挙行の記録ある(新宮神社)。牛馬疫病死の伝承有。	○	『祖生の柱松』1985、現地調査 2011
	○	『祖生の柱松』1985、現地調査 2014
	×	『柳井市史　総論編』1988、現地調査 2014
	○	現地調査 2014
	○	現地調査 2014
復活、昭和 53 年(嘗て岩田村で挙行)。	×	『防長風土注進案７　熊毛』1842 年頃 『祭り・行事』2008、現地調査 2014
昭和 48 年、東荷地区で復活	×	『防長風土注進案７　熊毛』1842 年頃
復活、昭和 47 年。 火をあげて疱瘡を退治するとの伝承がある。	○	現地調査 2014
	×	『防長風土注進案７　熊毛』1842 年頃
	×	『勝間村誌』1960
集落焼打ち伝説，1989 年復活	○	『祭り・行事』2008、現地調査 2014

県名	No	地名	K　点火方法	L　一番火	M　俗信
	169	洲本市五色町鮎原栢野	竹竿で点火。		残り火を火縄に受けて田に投げ入(豊作祈願)、神棚に奉納(家内安全祈願)。
	170	姫路市勝原区大谷	松明投げ		
	171	姫路市勝原区朝日谷	松明投げ		
	172	姫路市大津区長松	松明投げ		
	173	姫路市網干区津市場	松明投げ	一番手、稲荷神社付属の田を1年間無年貢で作れる。	
	174	姫路市余部区下余部	松明投げ		
	175	姫路市網干区垣内	松明投げ		
	176	揖保郡御津町中島	松明投げ		
	177	揖保郡御津町刈屋	松明投げ		
	178	龍野市御津町黒崎	松明投げ		
山口	179	岩国市美和町渋前坂上	松明投げ		
	180	岩国市行波	柱に点火無し。		松葉に御利益がある(無病息災)。
	181	岩国市周東町祖生山田	松明投げ	賞品	
	182	岩国市周東町祖生中村	松明投げ	賞品	
	183	岩国市周東町祖生落合	松明投げ	賞品	
	184	柳井市伊陸	松明投げ		
	185	柳井市伊陸南山	柱に点火無し。		
	186	田布施町大波野	柱に点火無し。		
	187	光市束荷	松明投げ		
	188	光市岩田	松明投げ		
	189	光市立野西庄	松明投げ		
	190	周南市安田	松明投げ		
	191	周南市勝間	松明投げ		
	192	美祢市美東町絵堂	松明投げ		

N　特記事項	O 現行	P　出典
	×	『報告書』1975、現地調査 2014
	○	『祭り・行事』2008、現地調査 2014
	×	「山口県の火の民俗」1985、現地調査 2014
	×	『報告書』1975、現地調査 2014
	×	『下関市史　民俗編』1992、現地調査 2014
	×	『豊浦民俗歳時記』1997、現地調査 2014
	×	『下関民俗歳時記　増補改訂版』1969、現地調査 2014
	○	『下関民俗歳時記　増補改訂版』1969、現地調査 2014
	×	『豊浦町史 3（民俗編）』1995、現地調査 2014
	×	『豊浦町史 3（民俗編）』1995、現地調査 2014
1989 年復活。	○	現地調査 2014
	×	「向畔伝統保存会資料」2010、現地調査 2014
	×	『豊浦町史 3（民俗編）』1995、現地調査 2014
	×	『豊北町史』1972、現地調査 2014
	×	「柱松雑感」1989
	×	『長門市史　民俗編』1979 『防長風土注進案 19　前大津』1842 年頃
深川地区・俵地区には柱松をしない年には牛馬が死ぬとの言い伝えがある。	×	『長門市史　民俗編』1979
	×	『長門市史　民俗編』1979
	×	『長門市史　民俗編』1979
麦藁を出さない家は牛が死ぬ、昭和 51 年復活。	×	『防長風土注進案 19　前大津』1842 年頃
	×	『防長風土注進案 19　前大津』1842 年頃
	×	『長門市史　民俗編』1979
	×	『長門市史　民俗編』1979、現地調査 2014
牛馬疫病にかかった時僧が高い所に灯明を掲げ読経した結果病が退散した（伝承）。	×	『三隅町の歴史と民俗』1973、現地調査 2014
	×	『防長風土注進案 19　前大津』1842 年頃、現地調査 2014
	×	『三隅町の歴史と民俗』1973
	×	『防長風土注進案 20　当島』1842 年頃
祇園社から点火。	○	『むつみ村文化財要覧』1991、現地調査 2014
松引き、川落とし。	○	『八幡浜市誌』1987、現地調査 2011 「「柱松」の素描」1978

表1　県別柱松一覧表(K～P)

県名	No	地名	K　点火方法	L　一番火	M　俗信
	193	美祢市美東町長登	松明投げ		
	194	美祢市美東町真名	松明投げ		
	195	美祢市秋芳町別府	松明投げ		風がなびいた家は病人なし。
	196	美祢市大嶺町北分	松明投げ		
	197	下関市内日	松明投げ		
	198	下関市豊浦町吉見上白滝	松明投げ		
	199	下関市豊浦町吉見上	松明投げ		倒れる方向で稲作の豊凶占い。
	200	下関市豊浦町黒井	松明投げ		
	201	下関市豊浦町室津上	松明投げ		
	202	下関市豊浦町室津下	松明投げ		
	203	下関市豊浦町川棚向畔	松明投げ		
	204	下関市豊浦町川棚下村地区	松明投げ		
	205	下関市豊浦町湧田後地野田	松明投げ		
	206	下関市豊北町田耕	松明投げ		煙や火の先は病人が出ない。
	207	下関市豊北町神田上神玉	松明投げ		
	208	長門市俵山地区	松明投げ		
	209	長門市深川地区正明市区	松明投げ		
	210	長門市深川地区藤中区	松明投げ		
	211	長門市深川地区江良区	松明投げ		
	212	長門市深川湯本板持	松明投げ		
	213	長門市渋木	松明投げ		
	214	長門市西深川開作	松明投げ		
	215	長門市仙崎地区	松明投げ		
	216	長門市上三隅	松明投げ		
	217	長門市中三隅	松明投げ		
	218	長門市下三隅	松明投げ		
	219	萩市三見			
	220	萩市吉部下野田	松明投げ		
愛媛	221	八幡浜市川上町川名津	柱へ点火無し。		

N　特記事項	O 現行	P　出典
修験者金剛院怨霊伝承あり。	○	『愛媛の文化財』1993、『八幡浜市誌』1975 現地調査 2011
「官幣小社英彦山神社古来伝来之祭典旧儀並音楽神楽書上記」(江戸期)による松会柱松起し、松盛座、流鏑馬、馬把、田打ち、種蒔き、田植、飯戴、汁戴、獅子舞、長刀行事、斧鉞行事、高躪風流、拍板、力競べ、宣度祭、笈掛の紅梅、火柱松(御幣燃やし、幣切り)。	○	『求菩提山の松会』1977 『彦山大権現　松会祭礼絵巻』1995 現地調査 2011
「松会」の一儀礼 中世以降明治まで英彦山六峰(英彦山、普智山、求菩提山、松尾山、檜原山、蔵持山)で行われた。	×	『彦山大権現　松会祭礼絵巻』 (1712 年から 1718 年。推定)
盆の送り火の観念はない。	○	「福岡県の火の民俗」1985、現地調査 2014
	×	『直方市の火の祭り「柱松」』1979
巣の竹は、福地神社の奉納相撲大会の賞品。 集落の 22 の組が、毎年交代で担当。	○	『直方市誌』1988、現地調査 2014
	×	『鞍手郡誌　下巻』1974、『日本民俗地図 1』1963、現地調査 2014
	×	現地調査 2014
	×	『宮田町誌　上巻』1978、現地調査 2014
	×	『宮田町誌　下巻』1974、現地調査 2014
	×	『宮田町誌　上巻』1978、現地調査 2014
	×	『鞍手郡誌　下巻』1974、『日本民俗地図 1』1963、現地調査 2014
	×	『直方市の火の祭り「柱松」』1979、現地調査 2014
	○	『杵築市誌　本編』2005、現地調査 2010
昭和 60 年頃復活。	×	『祭り・行事』2010、現地調査 2014
同時に万灯籠(マンドロ)。	○	『祭り・行事』2010、現地調査 2014
平成 12 年から、行政の指導。	○	現地調査 2011
	○	『祭り・行事』2010、現地調査 2014
同時にコダイ。	×	『祭り・行事』2010
	○	『祭り・行事』2010、現地調査 2014
	×	『野津町誌　下』1993、現地調査 2014
	×	『野津町誌』1965、現地調査 2014
	×	『野津町誌　下』1993、現地調査 2014
	×	『宇目町誌』1991、現地調査 2014
費用は新盆の家。	×	『狭間町誌』1984、現地調査 2014
	×	『庄内町誌』1990、現地調査 2014
競争。	×	『犬飼町誌』1978、現地調査 2014
競争。	×	『千歳村誌』1974、現地調査 2014

県名	No	地名	K　点火方法	L　一番火	M　俗信
	222	八幡浜市五反田	松明投げ	競争	
福岡	223	苅田町山口	柱上で幣燃き。		幣串を切る回数で豊凶占い。
	224	添田町英彦山	柱上で幣燃き。		
	225	直方市畑	松明投げ		
	226	直方市永満寺			
	227	直方市上境	松明投げ	一番手酒ヌ升 二番手桐下駄１足 三番手酒１升	
	228	鞍手町長谷			年の吉凶を占う。 「そっちに倒したら家の方焼き、病気はやる、山の方倒せ」。
	229	鞍手町室木			
	230	宮若市倉久			
	231	宮若市上有木	松明投げ		
	232	宮若市芹田			
	233	宮若市下			
	234	宮若市湯原			
大分	235	杵築市中出原	松明投げ		柱の倒れる方向で年占。
	236	大分市鴛野	松明投げ		
	237	大分市寒田	松明投げ		
	238	大分市高瀬	松明投げ	景品有り。	
	239	大分市中尾	松明投げ		
	240	大分市野津原新町	松明投げ		
	241	大分市下原原村	松明投げ		
	242	臼杵市野津町柚野木黒坂	松明投げ		
	243	臼杵市野津町亀甲土橋	松明投げ	時により景品あり。	
	244	臼杵市野津町王子水地	松明投げ		
	245	佐伯市宇目小野市	松明投げ		
	246	由布市狭間町鬼崎 同尻・芝尾(共同)	松明投げ	一番手、晒木綿	
	247	由布市庄内町	松明投げ		
	248	豊後大野市犬飼町	松明投げ	反物、バケツ等	
	249	豊後大野市千歳町	松明投げ	初盆の家等から景品。	

N　特記事項	O 現行	P　出典
	×	『三重町誌」1966、現地調査 2014
	×	『大分県三重町誌総集編』1987、現地調査 2014
	×	緒方町教育委員会 2010
	×	『調査報告書』1980、現地調査 2014
	×	『緒方町誌』2001、現地調査 2014
	×	緒方町教育委員会 2010、現地調査 2014
	×	『祭り・行事』2010、現地調査 2014
	×	『調査報告書』1980、現地調査 2014
	×	緒方町教育委員会 2010
	×	『緒方町誌』2001、現地調査 2014
	×	『緒方町誌』2001、現地調査 2014
南部三地区(馬背畑・平石・上犬塚)	×	『緒方町誌』2001、現地調査 2014
	×	『緒方町誌』2001、現地調査 2014
	×	緒方町教育委員会 2010
	×	『緒方町誌』2001、現地調査 2014
	×	『緒方町誌』2001、現地調査 2014
	×	『緒方町誌』2001、現地調査 2014
	×	緒方町教育委員会 2010、現地調査 2014
	×	『清川村誌』1979、現地調査 2014
	×	『大野町誌』1978、現地調査 2014
	×	『大野町誌』1978
	×	『大野町誌』1978、現地調査 2014
	×	『大野町誌』1978
初盆の家から賞品。	×	『大野町誌』1978、現地調査 2014
	×	『大野町誌』1978
	×	『大野町誌』1978、現地調査 2014
明暦2年(1656)、中川久清が大恩寺川原で柱松(『中川記』)。	×	『朝地町史』1967、現地調査 2014
	×	現地調査 2014
	×	『竹田市史　下』1987、現地調査 2014
柱松は寄合墓地毎の祭り、墓が統合されることにより柱松は中止となった。	×	現地調査 2014
	×	『竹田市史　下』1987、現地調査 2014
	×	『久住町誌』1984
	○	『久住町誌』1984、現地調査 2014
	×	『久住町誌』1984、現地調査 2014
費用は初盆の家が出す。	×	『直入町誌』1984、現地調査 2014
費用は初盆の家が出す。	×	『直入町誌』1984、現地調査 2014
ハナは初盆の家。	×	『竹田市史　下』1987、現地調査 2014

県名	No	地名	K　点火方法	L　一番火	M　俗信
	250	豊後大野市三重町井迫又井	松明投げ		
	251	豊後大野市三重町川辺	松明投げ		
	252	豊後大野市緒方町野尻			
	253	豊後大野市緒方町井上	松明投げ		
	254	豊後大野市緒方町下自在	松明投げ		
	255	豊後大野市緒方町軸丸北	松明投げ	賞品	
	256	豊後大野市緒方町天神	松明投げ		
	257	豊後大野市緒方町小野	松明投げ		
	258	豊後大野市緒方町野仲	松明投げ		
	259	豊後大野市緒方町草深野	松明投げ	競争	
	260	豊後大野市緒方町大化	松明投げ		
	261	豊後大野市緒方町馬背畑	松明投げ		
	262	豊後大野市緒方町原尻	松明投げ		
	263	豊後大野市緒方町辻	松明投げ		
	264	豊後大野市緒方町上年野	松明投げ		
	265	豊後大野市緒方町柚木	松明投げ		
	266	豊後大野市緒方町上冬原	松明投げ		
	267	豊後大野市緒方町栗生	松明投げ		
	268	豊後大野市清川町	松明投げ		
	269	豊後大野市大野町小倉木木浦畑	松明投げ		
	270	豊後大野市大野町小倉木徳尾	松明投げ		
	271	豊後大野市大野町中土師木浦内	松明投げ	酒	
	272	豊後大野市大野町澤田	松明投げ		
	273	豊後大野市大野町十時光昌寺	松明投げ		
	274	豊後大野市大野町藤北木原	松明投げ		
	275	豊後大野市大野町中原駒方	松明投げ		
	276	豊後大野市朝地町	松明投げ	一番手　白木綿１反、酒１升、現金	
	277	竹田市豊岡地区	松明投げ		
	278	竹田市植木	松明投げ		
	279	竹田市平田十一	松明投げ		
	280	竹田市志土知	松明投げ		
	281	竹田市久住町仏原都野	松明投げ		
	282	竹田市久住町久住境川	松明投げ	新盆の家が酒を出すこともある。	
	283	竹田市久住町白丹米賀	松明投げ		
	284	竹田市直入町長湯	松明投げ	浴衣１枚、酒１升、金一封	
	285	竹田市直入町神堤	松明投げ	浴衣１着、酒１升、現金等	
	286	竹田市萩町政所	松明投げ	景品あり。	

N　特記事項	O 現行	P　出典
主催者が代わったが継承、今は区主催。	○	現地調査 2014
大蛇退治再現説。掛け声(トットコトン)。市来は各集落が祭りをしていたが、暫時消滅。古都・中福良・平田・海北が共同。最後に残った藤の祭りを継承するために、市来全体で実施。	○	『宮崎県史　資料編　民俗 2』1992 『宮崎県史叢書　宮崎県年中行事集』1996
大蛇退治古事再現説。掛け声(トントトッタ、エイトクボウ)、45 年位前からホテルのイベント。	○	現地調査 2012
	×	『神々と信仰』1992
20 年間中断、2003 年頃復活。 北山上自治会(クロ木場、木場、堂山)主催。	○	現地調査 2014
嘗て年齢別の役割。 昭和 15 年頃、子供の火遊びは危ないとして中止。	×	『神々と信仰』1992 『蒲生郷土誌』1991
	×	『蒲生郷土誌』1991
	×	『大根占町誌』1971
昭和 34 年中止、1991 年頃復活(4 年毎)、1996 年頃以来中断。 大蛇退治古事再現説(柱は大蛇、竹竿で大蛇退治、柱が倒れるのは大蛇の往生。大蛇の再生を恐れ、身を二つに割く〔綱引き〕)。	×	『大根占町誌』1971 「大根占町河上神社のハシタマツ神事」1965
	×	『大根占町誌』1971
	×	『大根占町誌』1971
	×	『大根占町誌』1971
親モロ子とは両親の健在な子(男性)。 最初の柱の縛りは親モロ子がする。 この日、親モロ子のみ魚を食べてよい(他は、精進料理)。 昔は、早朝親モロ子の漁、その後松明造り。 昔は、相撲、綱引きがあった。	○	『三島村誌』1990 『三島村秘史』1972 『三国名勝図会』1843 編成 「鬼界島流人譚の成立」1980 『硫黄島における来訪神儀礼』1998 現地調査 2011

県名	No	地名	K　点火方法	L　一番火	M　俗信
	287	竹田市荻町西福寺	松明投げ		
宮崎	288	串間市市木	松明投げ	御幣と扇のついた竹、表彰状、焼酎３本。	
	289	串間市大納	松明投げ		
鹿児島	290	始良市寺師	松明投げ		
	291	始良市北山堂山	松明投げ	賞品花火	
	292	始良市蒲生町漆	松明投げ	一番火の家ではテイエ又はデマツイエの祝い宴をはる。	
	293	始良市蒲生町小川内	松明投げ		
	294	錦江町神川塩屋			
	295	錦江町馬場	竹竿(消し手も竹竿)		
	296	錦江町城元鳥井戸	松明投げ		
	297	錦江町城元大橋	松明投げ		
	298	錦江町城元山之口	松明投げ		
	299	三島村硫黄島	松明投げ(昔は、大松明は青年、小松明は子供が点火)。今は、少子化で全員が順番に点火。	一番火は柱を左に３周、焼酎をふるまう(焼酎は昔は自前)。	

表 2　月別現行柱松一覧表（祭日・祭場・名称）　　（2017 年 9 月末現在）

2月	3 日の直前の日曜日(24 年ごと)　山口県柳井市伊陸字南山(南山神社)　松登り(神舞)
3月	15 日　京都市右京区嵯峨清涼寺(境内)　お松明式(涅槃会)
	未定(10 年ごと)　山口県熊毛郡田布施町大波野(八幡八幡宮)　松登り(神舞)
4月	第 1 日曜日(7 年ごと)　山口県岩国市行波(錦川河原)　松登り(願舞)
	14 日　兵庫県豊岡市日高町松岡(円山川河原)　オトウ祭り(ばば焼祭り)
	第 3 土・日曜日(旧暦 3 月 28、29 日)　愛媛県八幡浜市川上町川名津(天満神社)ハシラマツ
	第 3 日曜日(旧暦 2 月 19 日)　福岡県苅田市山口(白山多賀神社)　幣切り(等覚寺の松会)
7月	13 日　静岡県牧之原市片浜字坂井(海辺)　アゲタイ
	14 日　山口県萩市吉部下字野田(広場)　ハシラマツ
	15 日後の日曜日(嘗て 7 月 15 日)　長野県飯山市瑞穂小菅(講堂前)　ハシラマツ
	第 2 ないし第 3 日曜日(嘗て 7 月 17 日)　山口県下関市豊浦町黒井(校庭)　ハシラマツ
	第 3 土曜日　長野県下高井郡木島平村内山(大日堂前)　松子
	17、18 日以降に一番近い土、日曜日(嘗て旧暦 6 月 17、18 日)　新潟県妙高市関山(関山神社)　火祭り
	第 3 日曜日(嘗て 8 月盆日)　兵庫県龍野市御津町黒崎(海辺)　火揚げ
	第 4 日曜日(嘗て 7 月 28 日)　長野県下高井郡木島平村南鴨(大日如来祠前)　柱松子
	最終土曜日(嘗て 8 月 14 日)　大分市高瀬(七瀬川自然公園)　ハシラマツ
	最後日曜日　山口県光市立野字西庄(島田川河原)　ハシラマツ
	(嘗て 7 月 31 日)　石川県七尾市能登島向田町(広場)　オオズミ祭り
	不定　長野県長野市戸隠(戸隠神社)　ハシラマツ(式年大祭、3 年ごと)
8月	1 日　福井県小浜市小浜貴船(海辺)　松あげ
	第 1 土曜日(嘗て 8 月 14 日)　三重県熊野市紀和町小川口(北山川河原)　ハシラマツ
	第 1 日曜日(嘗て旧暦 7 月 7 日)　福岡県直方市上境(霊府神社)　ハシラマツ
	12 日　山口県下関市豊浦町川棚向畔(庚申さん広場)　ハシラマツ
	13 日　山梨県南巨摩郡身延町久那土(沢川淵)　ナインデー
	山梨県南巨摩郡身延町久成(寺沢川河原)　ナゲンデー
	山梨県南巨摩郡身延町常葉字芦原出口(広場)　投げ松明
	静岡県静岡市葵区坂ノ上(藁科川河原)　松明
	静岡県牧之原市片浜字堀切(海辺)　アゲタイ
	静岡県牧之原片浜字久保柄(海辺)　アゲタイ
	静岡県牧之原片浜字大磯(海辺)　アゲタイ
	静岡県牧之原片浜字法京(海辺)　アゲタイ
	14 日　山梨県南巨摩郡身延町清子(広場)　投げ松明
	静岡県藤枝市滝沢(滝沢川河原)　トーロン
	静岡県焼津市中島(大井川河原)　トーロン
	京都府舞鶴市城屋(雨引神社)　揚げ松明
	和歌山県東牟婁郡太地町(海辺)　ハチライマツ
	愛媛県八幡浜市五反田(広場)　ハシラマツ
	(嘗て旧暦 11 月)　大分県杵築市中出原(広場)　ハシラマツ
	大分県竹田市荻町西福寺(広場)　ハシラマツ
	大分県竹田市久住町久住字境川(広場)　投げ松明
	鹿児島県始良市北山字堂山(広場)　ハシタマツ

	15日	山梨県南巨摩郡南部町南部・内船上・内船中（富士川河原）（南部の火祭り）　投げ松明
		山梨県南巨摩郡南部町十島（富士川河原）　投げ松明
		静岡県富士宮市長貫字上長貫（富士川河原）　ナゲダイ
		静岡県富士宮市沼久保字船揚（富士川河原）　投げ松明
		静岡県富士市北松野字大北（富士川河原）　投げ松明
		静岡県島田市牛尾（旧金谷町牛尾）（大井川河原）　アゲダイ
	（嘗て8月24日）	福井県小浜市名田庄字井上（2年ごと）（南川河原）　松あげ
	（嘗て8月23日）	福井県小浜市名田庄字堂本（イベント）（南川河原）　松あげ
	（嘗て8月24日）	京都市左京区花背八桝町（大堰川河原）　松上げ
		和歌山県新宮市熊野川町宮井字音川（熊野川河原）　ハシラマツ
		和歌山県東牟婁郡北山村下尾井（北山川河原）　ハシラマツ
		和歌山県東牟婁郡太地町（海辺）　ハチライマツ
	（嘗て旧暦7月15日）	兵庫県姫路市垣内（4年毎）（広場）　火揚げ
		兵庫県龍野市御津町中島（揖保川河原）　火揚げ
		兵庫県姫路市勝原区朝日谷（愛宕神社）　火揚げ
		山口県岩国市周東町祖生中村（島田川河原）　ハシラマツ（「祖生の三本松」）
		福岡県直方市畑（高台）　ハシラマツ
		大分県大分市下原字原村（広場）ハシラマツ
		鹿児島県鹿児島郡三島村硫黄島（海辺）　ハシタマツ
	15日に近い日曜日（嘗て8月15日）	和歌山県すさみ町佐本根倉（校庭）　ハシラマツ
8月	16日	岩手県盛岡市仙北（北上川河原）　投げ松明
		静岡県富士市木島（富士川河原）　ナゲダイ
		静岡県藤枝市横内（朝比奈川河原）　アゲンダイ
		静岡県藤枝市藤枝（瀬戸川河原）　アゲンダイ　（毎年ではない）
		和歌山県新宮市佐野（広場）　ハシラマツ
		兵庫県洲本市五色町鮎原栢野（薬師堂前）　柴燈
		兵庫県加東市黒谷（道路三叉路）　柱祭り
		山口県美祢市美東町絵堂（銭屋集落）（広場）　ハシラマツ
		山口県美祢市美東町真名（切畑集落）（川淵）　ハシラマツ
		大分県大分市寒田（寒田川河原）　ハシラマツ
	19日	山口県岩国市周東町祖生山田（高台）　ハシラマツ
	盆後の日曜日（嘗て8月盆日）	大分県大分市中尾（広場）　ハシラマツ
	23日	福井県小浜市中井字滝谷（南川河原）　松あげ
		福井県小浜市相生字窪谷（南川河原）　松あげ
		福井県小浜市上田（字小村・字岩井谷・字持田共同）（田村川河原）松あげ
		福井県小浜市上田（字竹本・字清水共同）（田村川河原）　松あげ
		福井県小浜市下田字岸（田村川河原）　松あげ
		福井県小浜市下田（字脇原・字山左近共同）（田村川河原）　松あげ
		福井県大飯郡おおい町名田庄下（南川河原）　松あげ
		福井県大飯郡おおい町名田庄小倉（南川河原）　松あげ
		福井県大飯郡おおい町名田庄口坂本（南川河原）　松あげ
		京都市左京区久多字宮の町（広場）　松あげ
		山口県岩国市周東町祖生落合（島田川河原）　ハシラマツ

8月	23日に近い土曜日(嘗て8月23日)　京都市右京区京北小塩町(広場)　上げ松 24日　福井県大飯郡おおい町名田庄虫鹿野(久田川河原)　松あげ 福井県大飯郡おおい町名田庄三重字兵瀬(広場)　松あげ 福井県大飯郡おおい町名田庄三重字尾ノ内(広場)　松あげ 京都市左京区広河原下之町(大堰川河原)　松あげ 京都府南丹市美山町盛郷(字田土･林･上吉田の共同)(棚野川河原)　上げ松 京都府南丹市美山町殿((棚野川河原)　上げ松 京都府南丹市美山町川合(棚野川河原)　上げ松 京都府南丹市美山町芦生字芦生(由良川河原)　松あげ 最後金・土曜日(旧暦8月15日)　宮崎県串間市大納　(都井岬広場)　ハシタマツ
9月	第1土曜日(嘗て9月1日)　福井県大飯郡おおい町名田庄三重字兵瀬　松あげ 第1日曜日(嘗て9月1日)　福井県小浜市和多田(字上和多田・字大原共同)(田村川河原)　松あげ 15日に近い日曜日(嘗て旧暦8月15日)　宮崎県串間市市木(広場)　ハシタマツ
10月	最初の土曜日(嘗て8月15日)　静岡県富士市岩松地区(富士川堤)投げ松明(かりがね祭り)
12月	大晦日から元旦　山形県鶴岡市羽黒町手向(出羽三山神社)松例祭(火の打替神事)

表3　小菅　石造物一覧表（種類別・年代別）

年代 種別	江戸 ～1965　～1700	～1750	～1800	～1868	明治　大正 68～1912　12～26	昭和 26～89
庚申塔・祠	1674			1860	1920	1980
			（庚申年 1680 1740 1800 1860 1920 1980）			
						2基 年代不詳
猿田彦命		1785（猿田彦大神）				
月神				1810（兼二十三夜）		
市神				1864		
弁財天(碑)	(倉科宅地、元鷲尾家所有　かつてここで斎田祭)					
弁財天(像)	(北竜湖　弁財天祭り)					
如意輪観音			1791			2基 年代不詳
菩薩						
地蔵菩薩	1624（寛永元）	1745	(引導場の地蔵) 1776（下根の引導場？）		赤地蔵 地蔵(首なし) 地蔵(丸彫立像) 賽の河原の地蔵(参道)	
六地蔵菩薩	(元は講堂前)		1786			
勢至菩薩			1787			
聖観音菩薩	(菩提院)					
馬頭観音菩薩		1718		1823 1827 1840		奥社 年代不詳
大日如来	(観音堂)					
不動明王	(奥社参道入口)					
国常立命	(奥社参道入口)(御嶽講)					
石祠(風の神)	(風切り峠)(ここで風の祭)					
石祠(風の神)	(小林宅)	その他(木造社)				
石祠(稲荷)	(山岸宅)	稲荷(真島宅)				
石祠(稲荷)	(丸山宅)	薬師(金井宅)				
石祠(明神)	(丸山宅)					
石祠(秋葉社)					1883	
金毘羅宮					1879	
徳本念仏塔				1836		
念仏塔	(専修念仏塔)					
光明真言塔	(光明真言十万遍供養塔)			1832		1基 年代不詳
刻経塔	(2基)					
道標	(追分)(左　いちご　右ぜん光道)					
町石	(奥社参道)(本社江六丁左耳参)				1878	
廻国塔			1777			
巡拝塔			1769 1775	1806 1820 1821 1831 1831 1837		3基 年代不詳
石灯籠	(里宮参道)	1745	1751 1753 1758 1760 1786 1787 1793 1794	1866		
	(その他の場所)		1794	1812 1831 1832 1837 1843 1845	1904	4基 年代不詳
宝塔	(大聖院基地)		1790			
陽石(カリグさん)						
神袋坊(基石)	1636（大聖院中興）		空心			
鷲尾元重(基石)	1656（鷲尾家中興）					

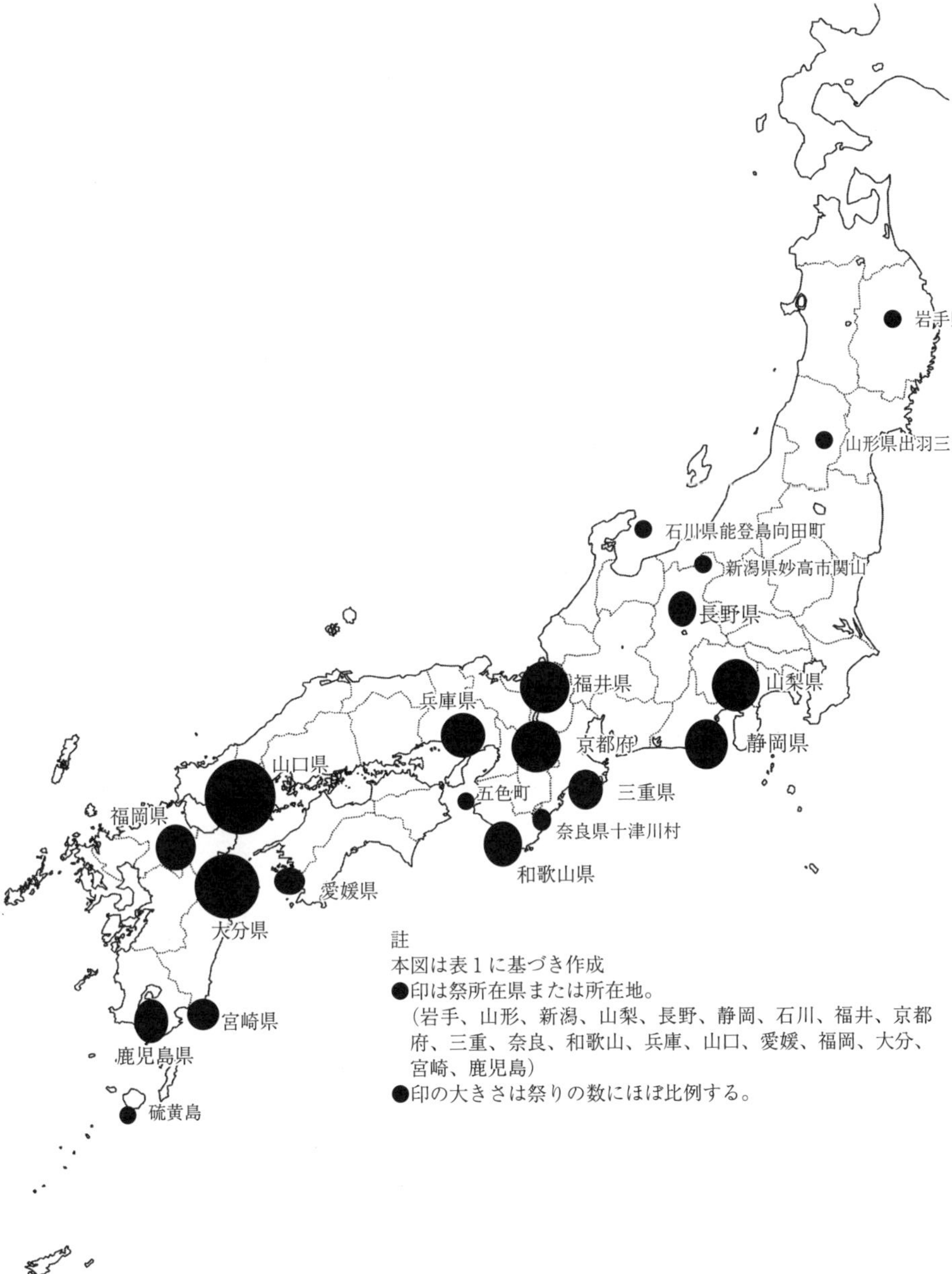

図1　県別柱松分布図（2017年9月末現在）

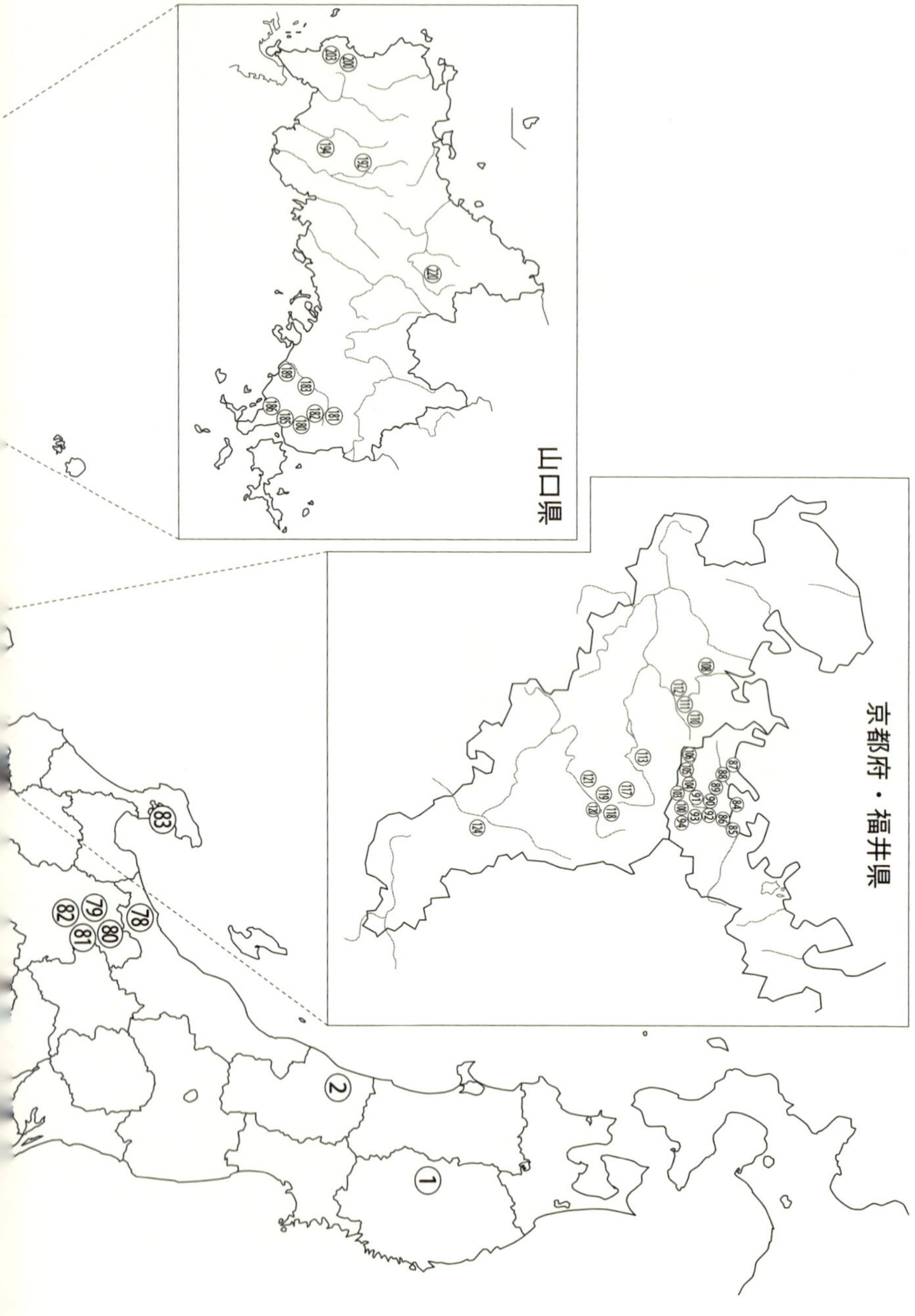
山口県
京都府・福井県
83
78
79
80
81
82
2
1

註　図中の番号は表1に対応する。以下同じ。

図2　県別現行柱松分布図（2017年9月末現在）

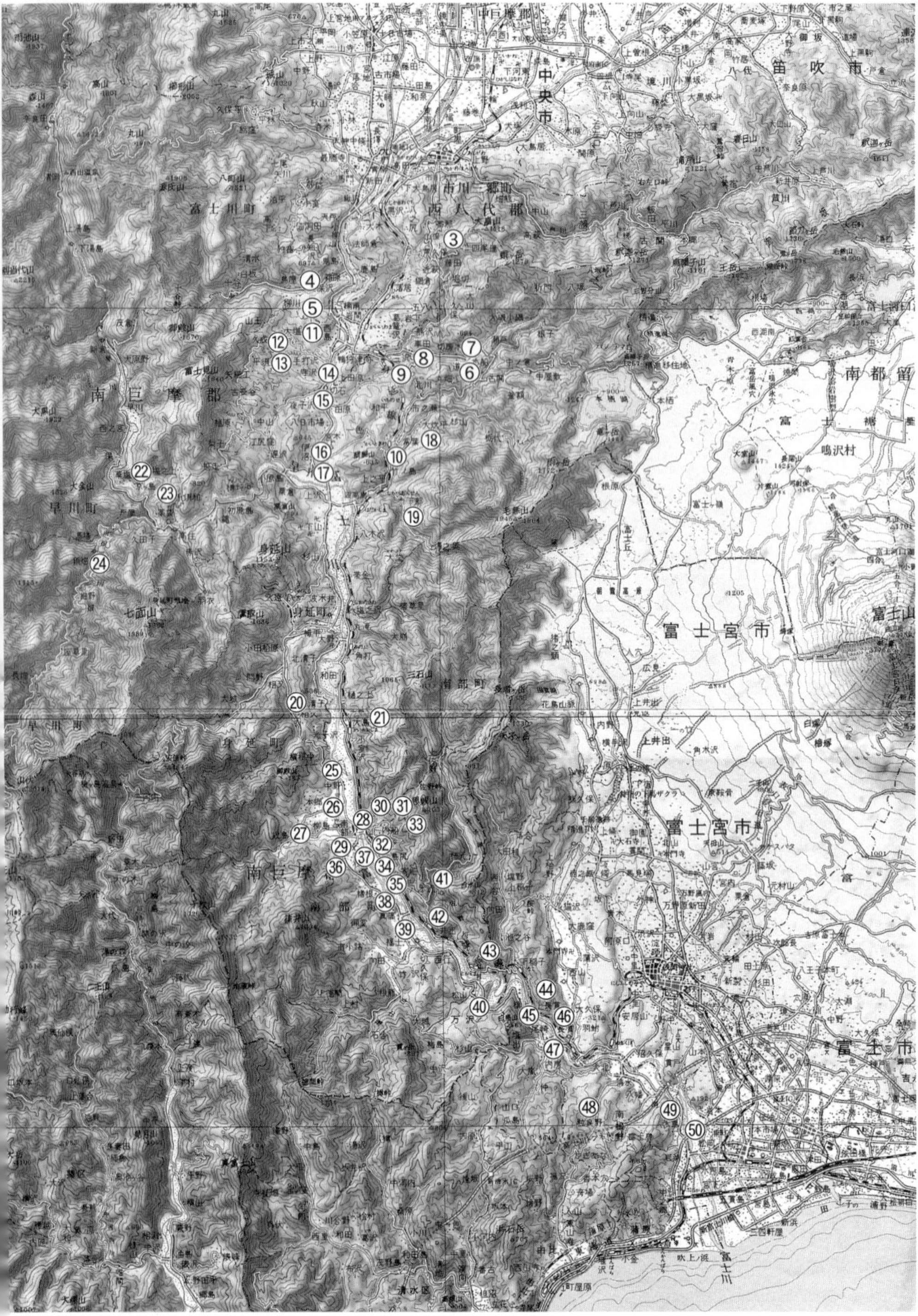

図3　富士川流域分布図（出典　国土地理院発行20万分の1の地図「甲府」「静岡」を基に作成）

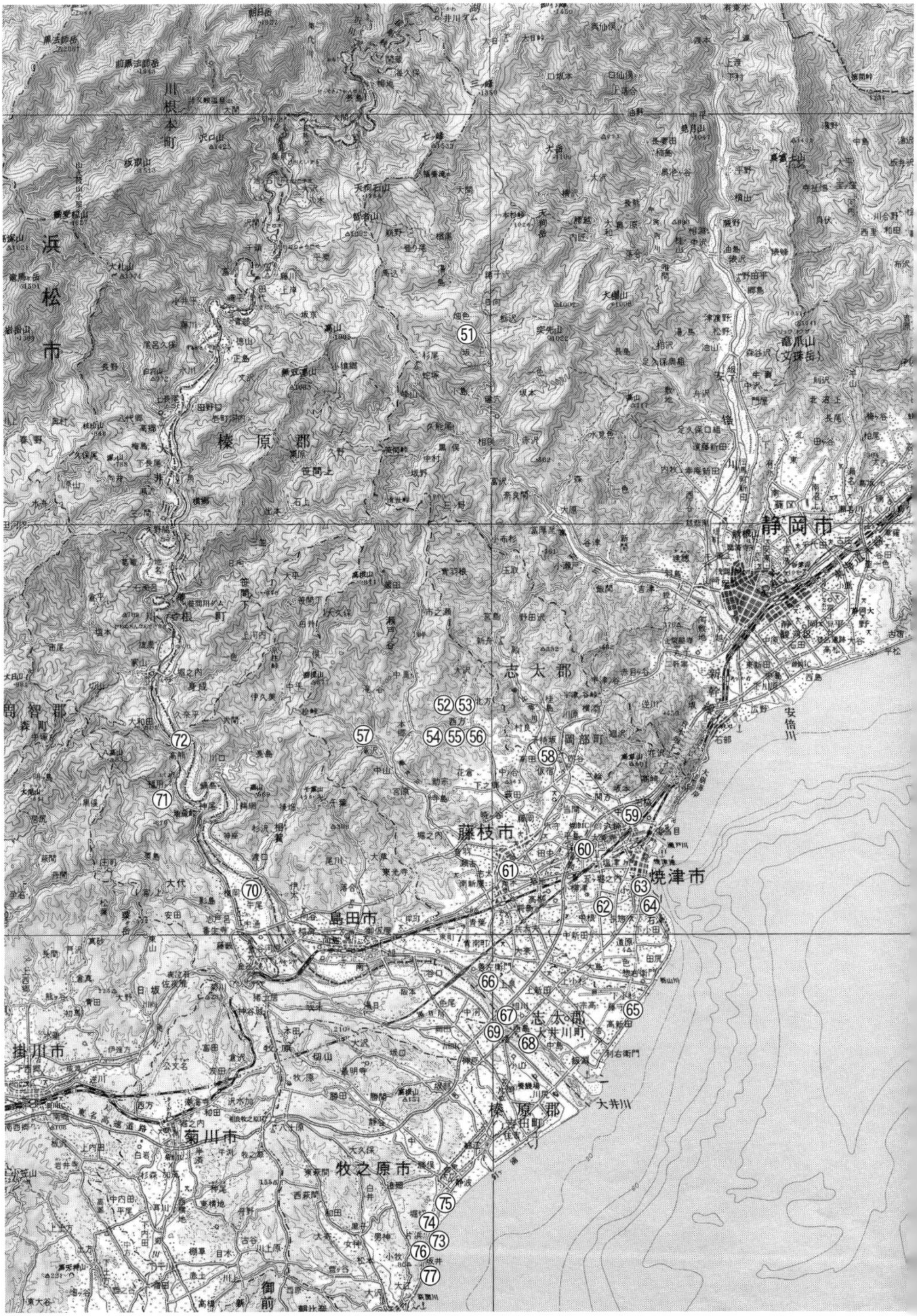

図 4　静岡県富士川以西地域分布図（出典　国土地理院発行 20 万分の 1 の地図「静岡」を基に作成）

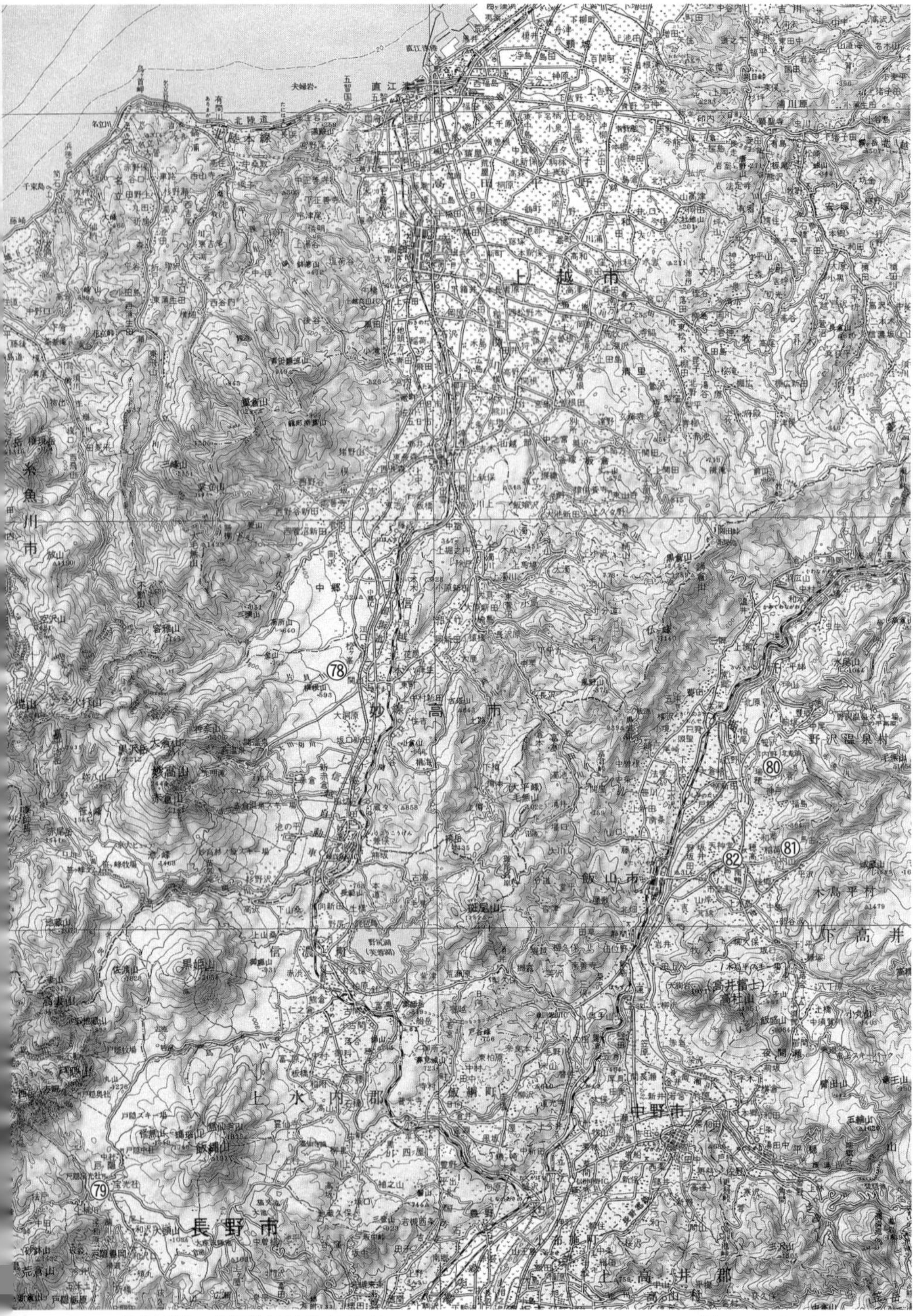

図5　越後頸城・北信濃地域分布図（出典　国土地理院発行20万分の1の地図「高田」を基に作成）

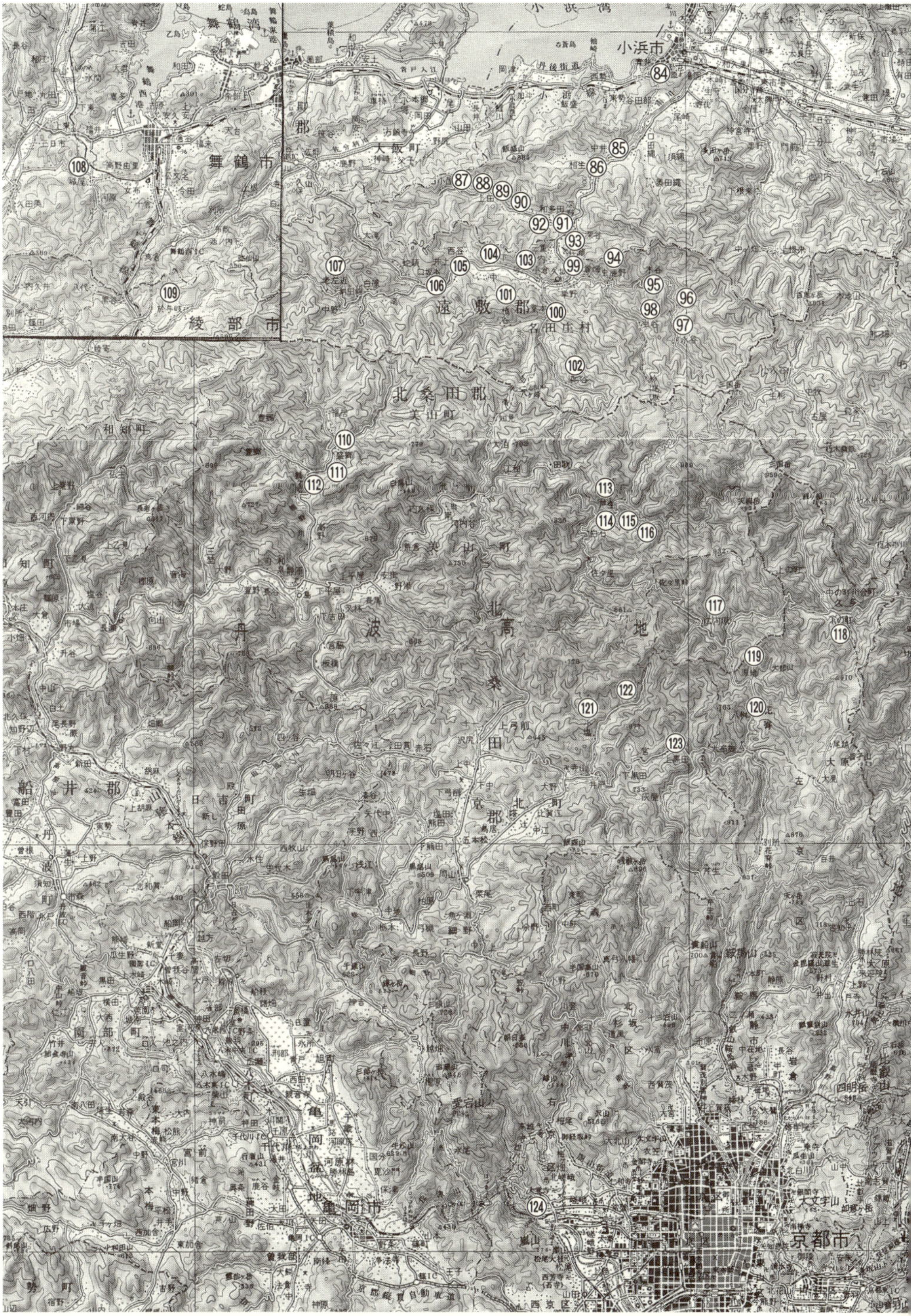

図６　丹波・若狭地域分布図（出典　国土地理院発行20万分の１の地図「宮津」「京都及大阪」を基に作成）

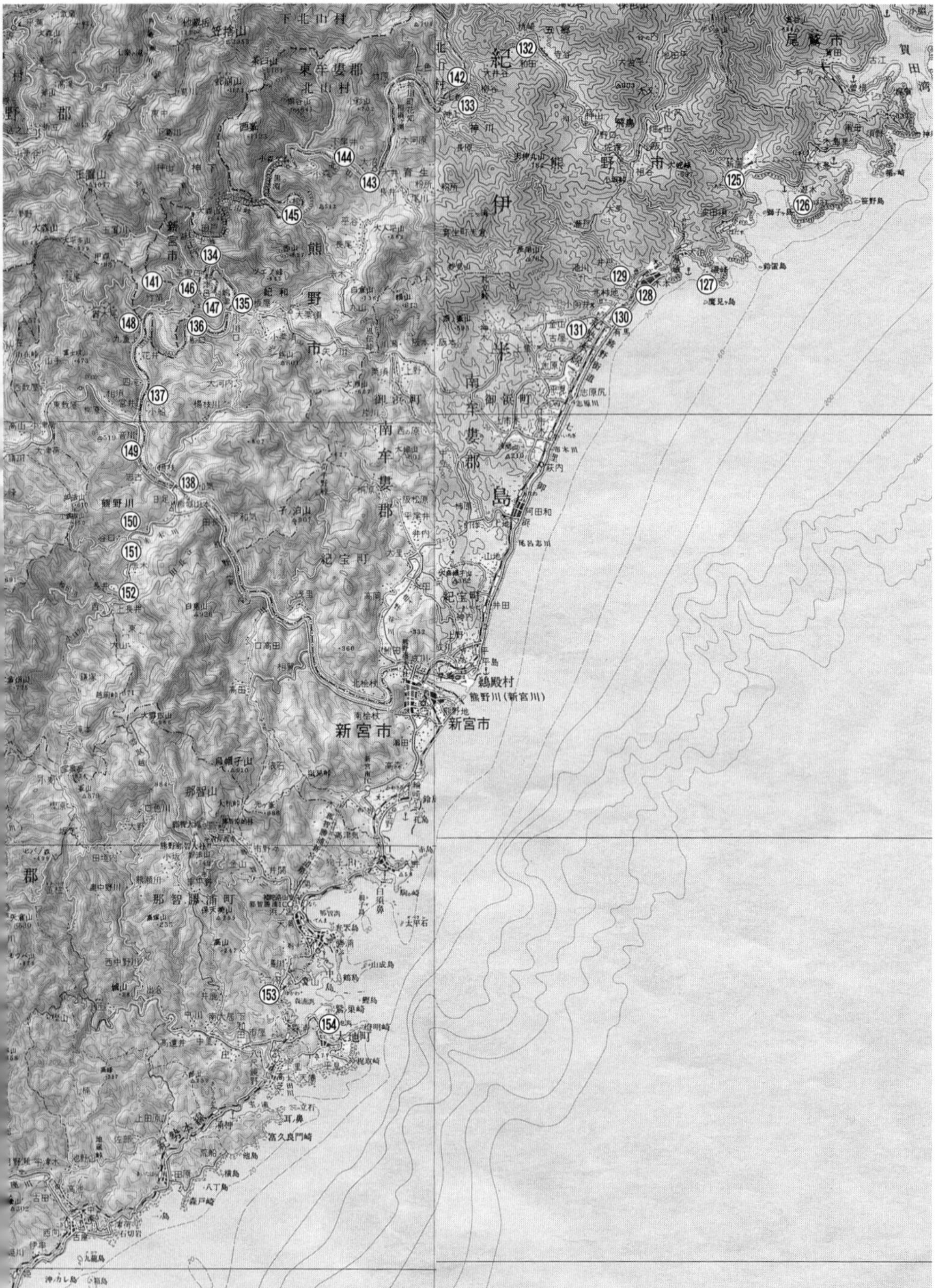

図 7　北山川・熊野川上流域及び熊野市海岸地域分布図

（出典　国土地理院発行 20 万分の 1 の地図「本木」「田辺」を基に作成）

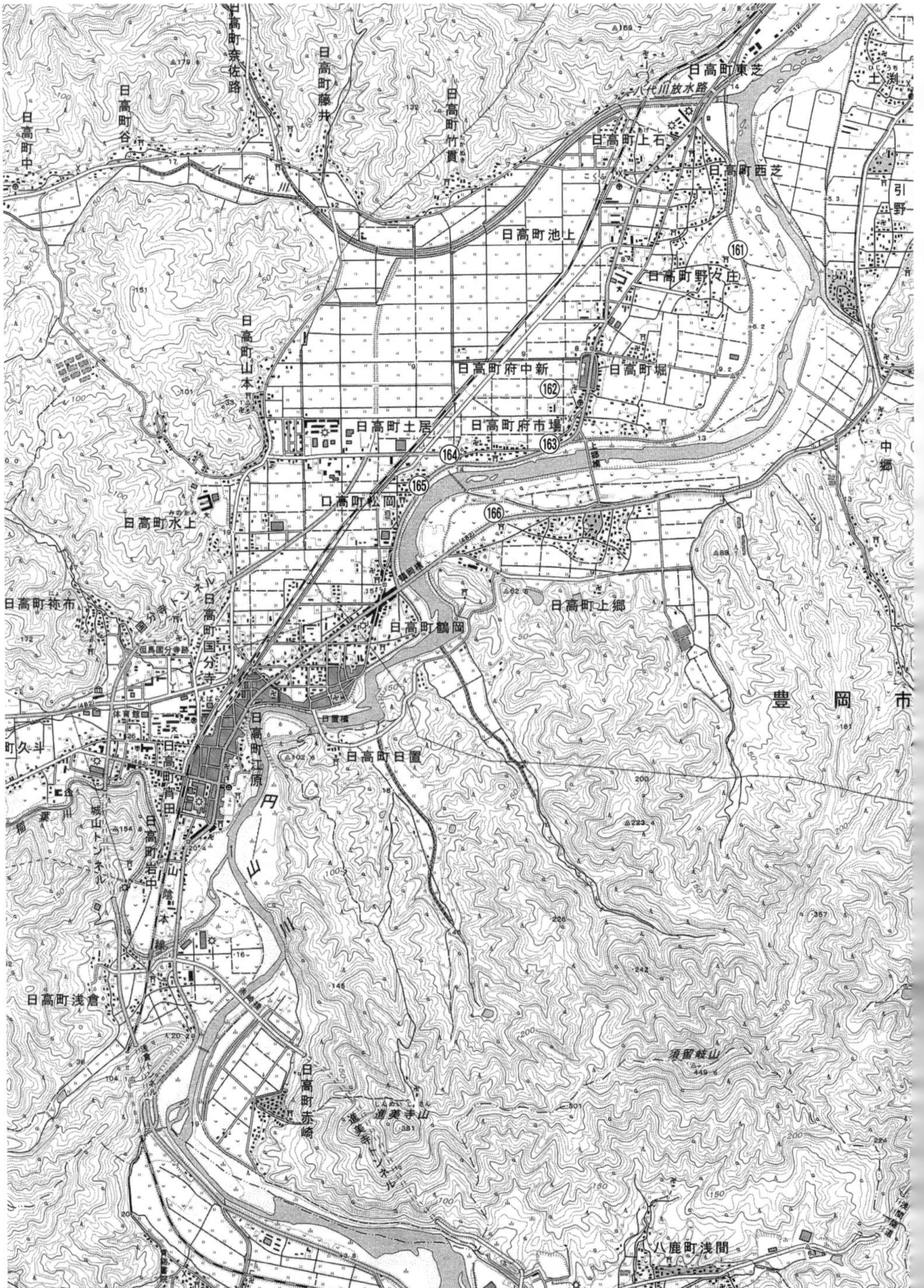

図８　兵庫県豊岡市日高町円山川流域分布図（出典　国土地理院発行５万分の１の地図「富岡」を基に作成）

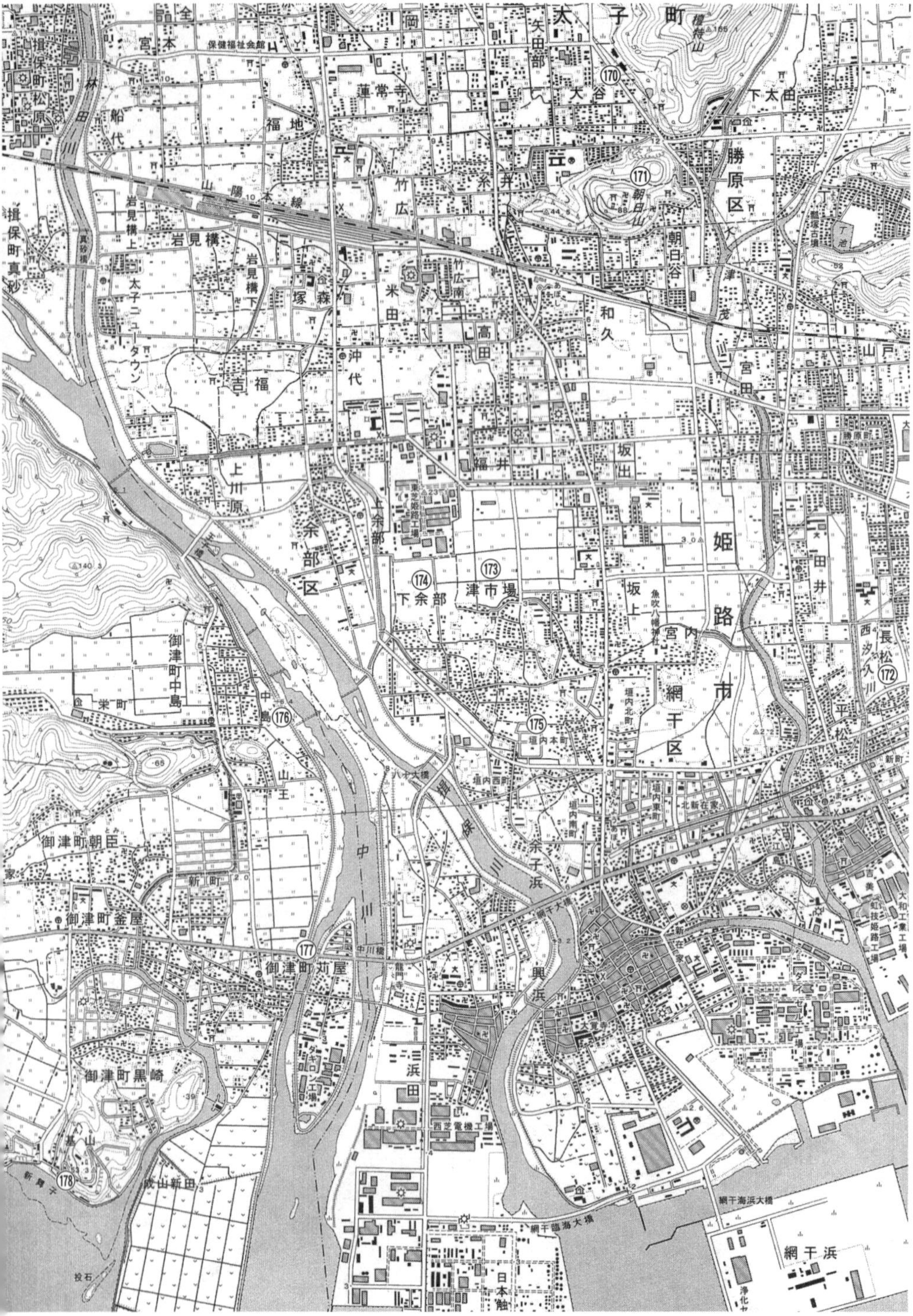

図９　兵庫県揖保川下流地域分布図（出典　国土地理院発行５万分の１の地図「網干」を基に作成）

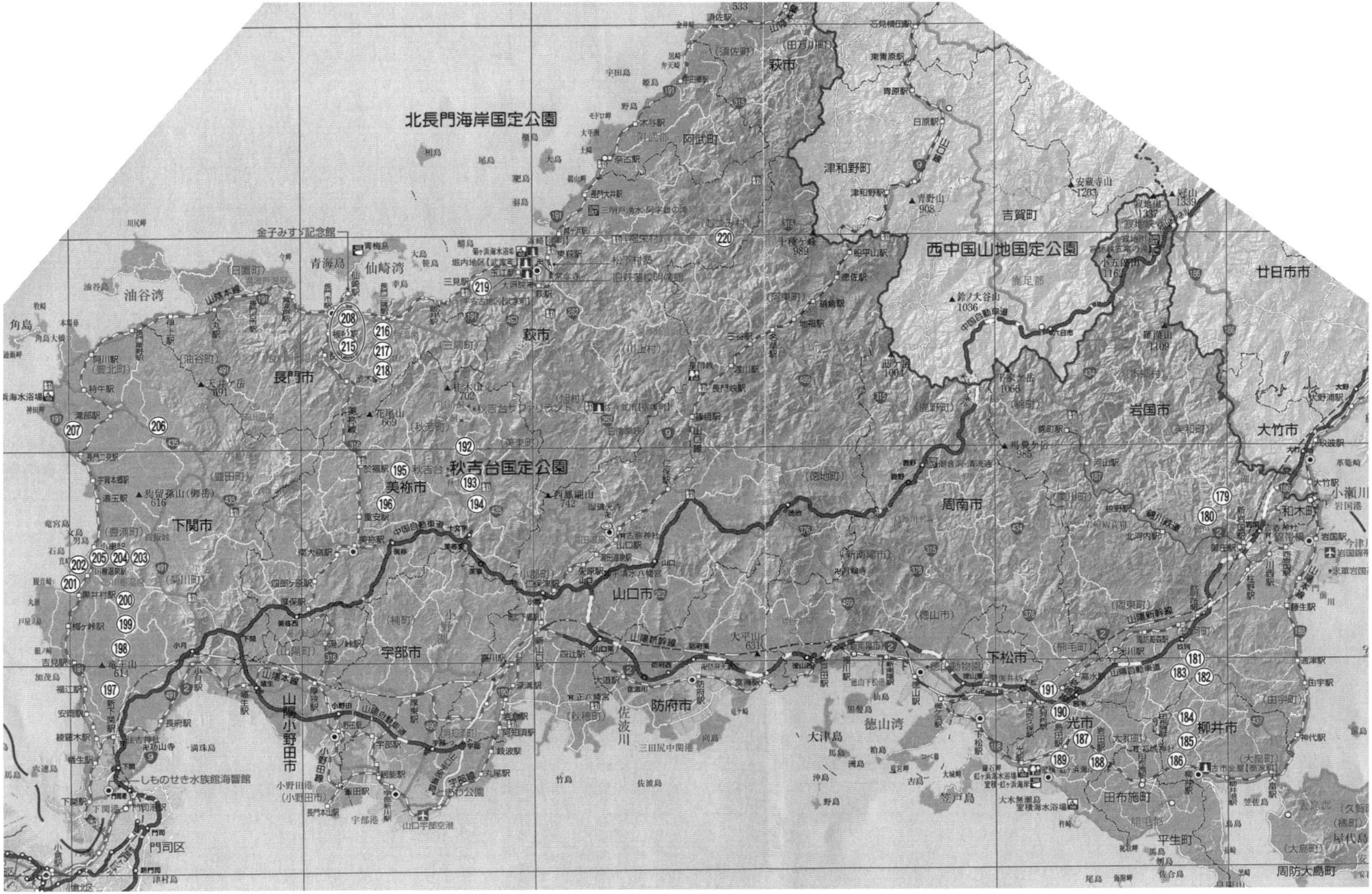

図10　山口県全県分布図（出典　日本経済新聞社出版社刊行「日本地図2013」を基に作成）

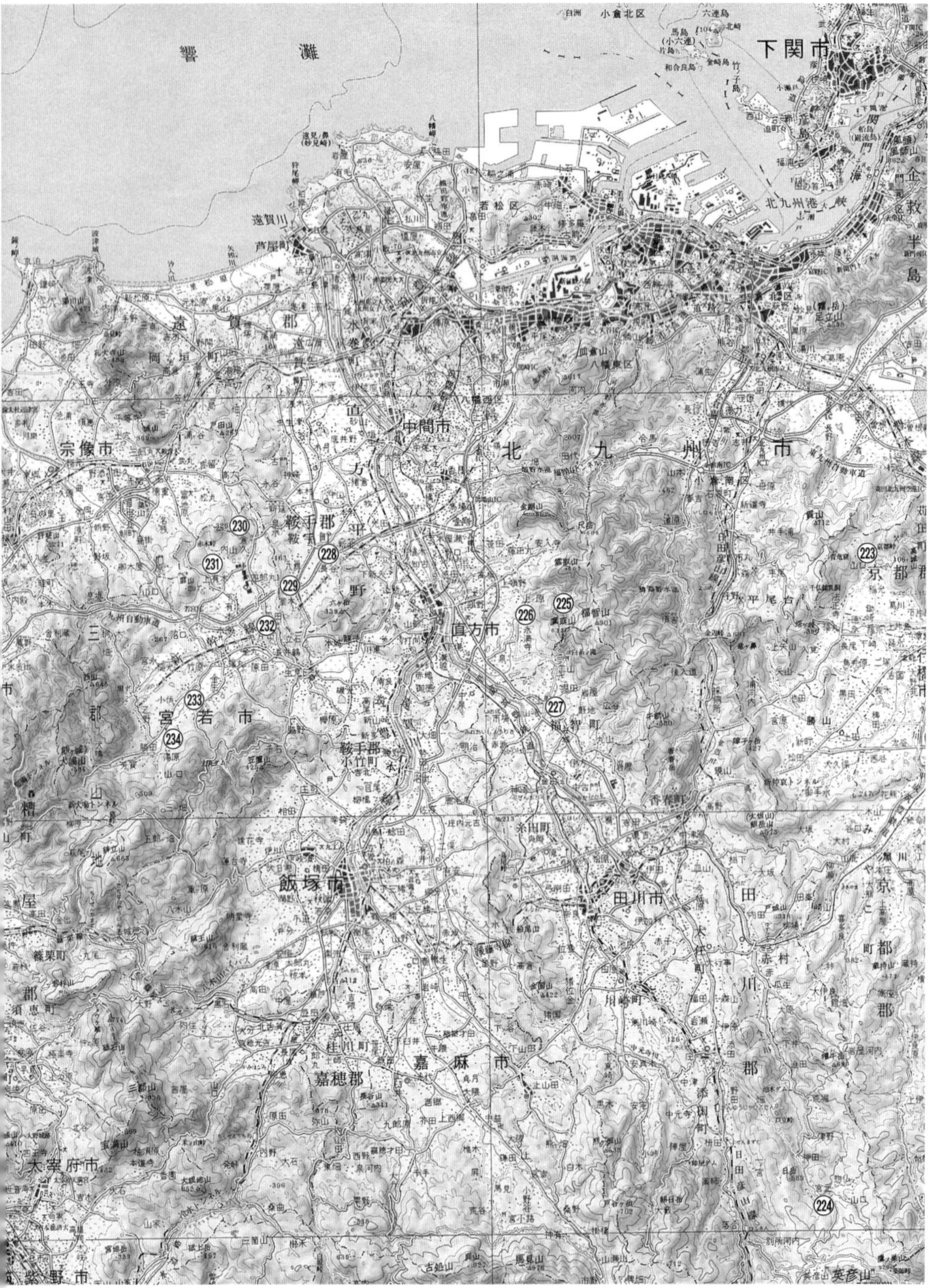

図11　筑豊地域分布図（出典　国土地理院発行20万分の1の地図「福岡」を基に作成）

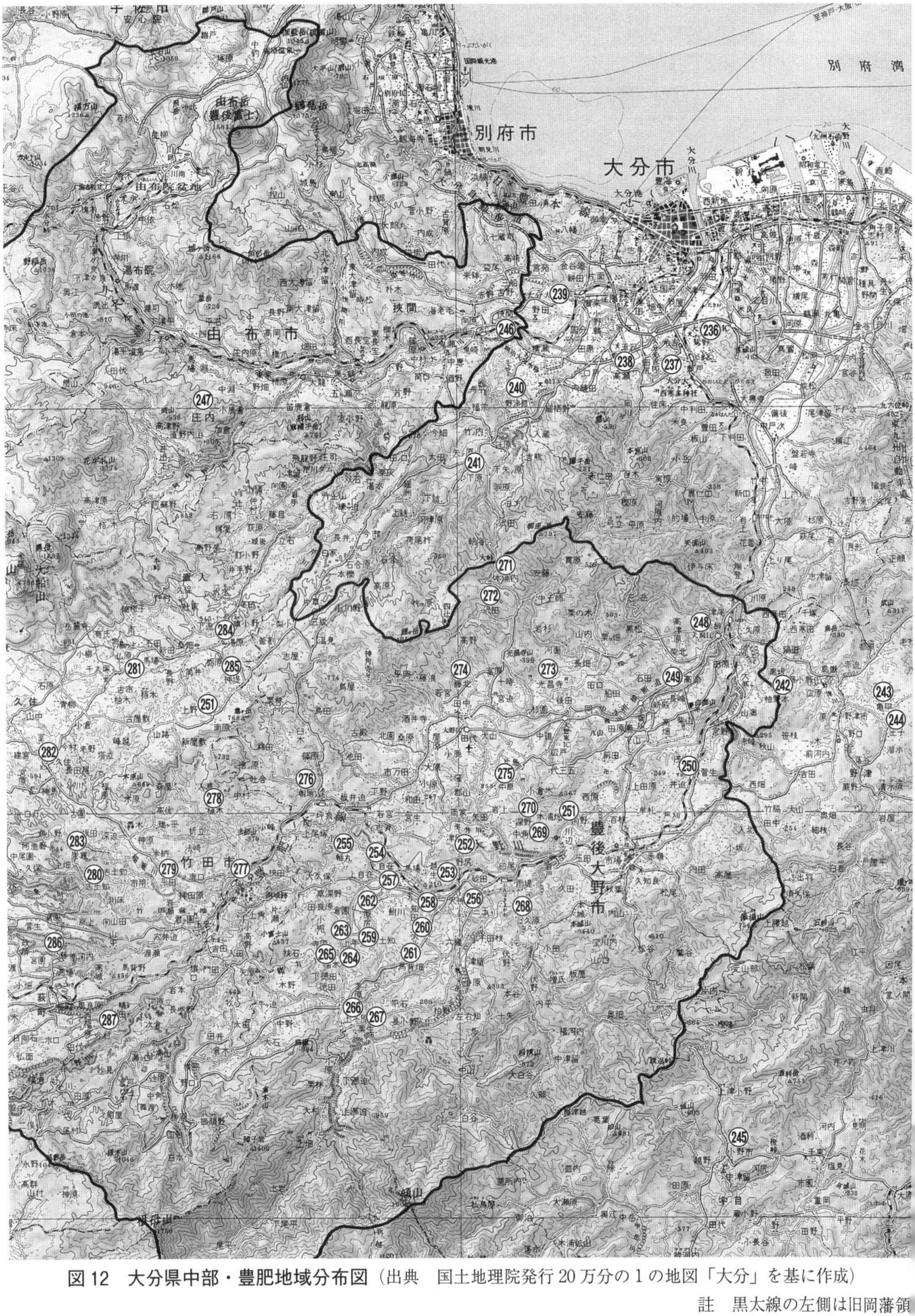

図12　大分県中部・豊肥地域分布図（出典　国土地理院発行20万分の1の地図「大分」を基に作成）

註　黒太線の左側は旧岡藩領

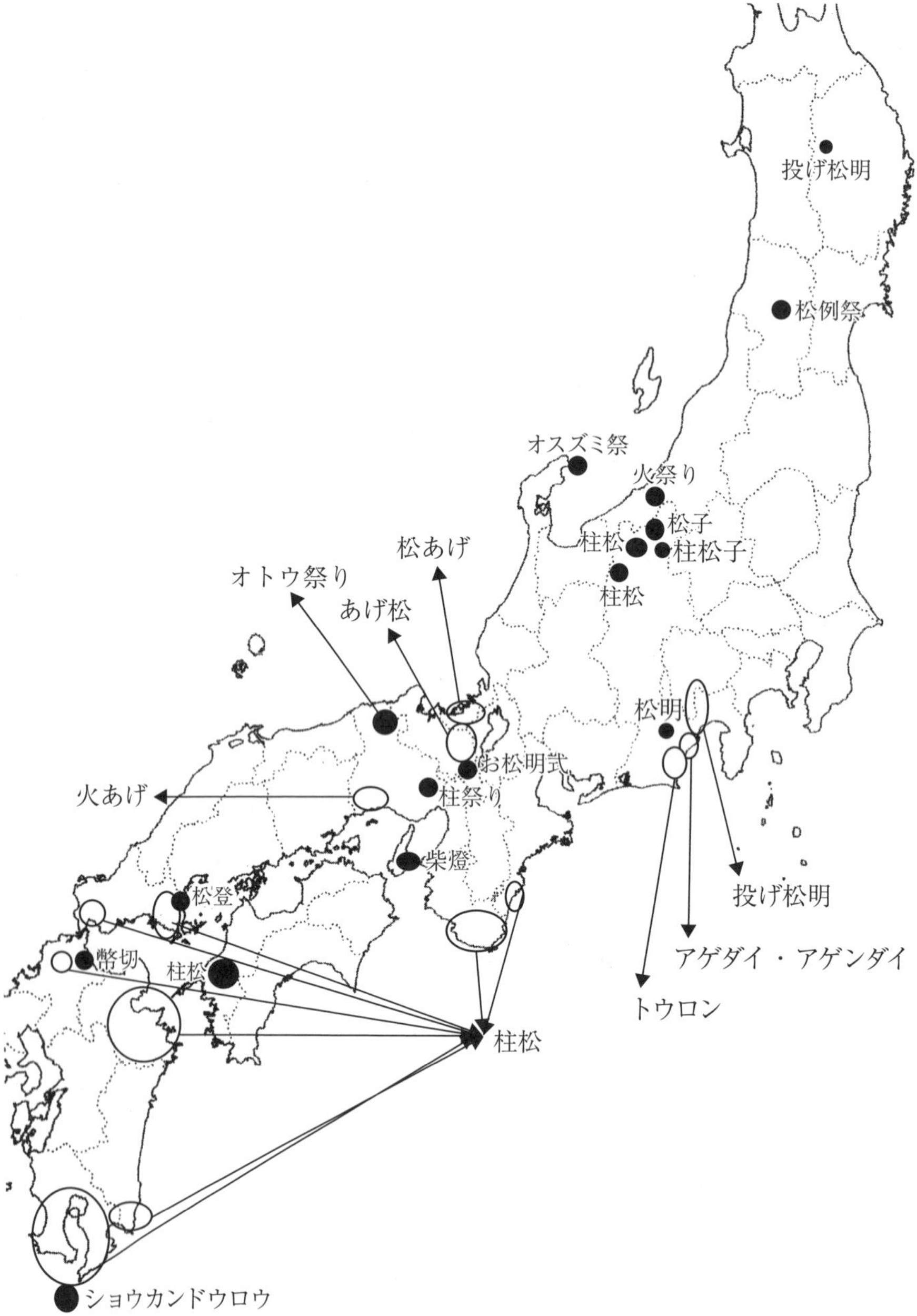

図 13　現行柱松名称分布図（2017 年 9 月末現在）

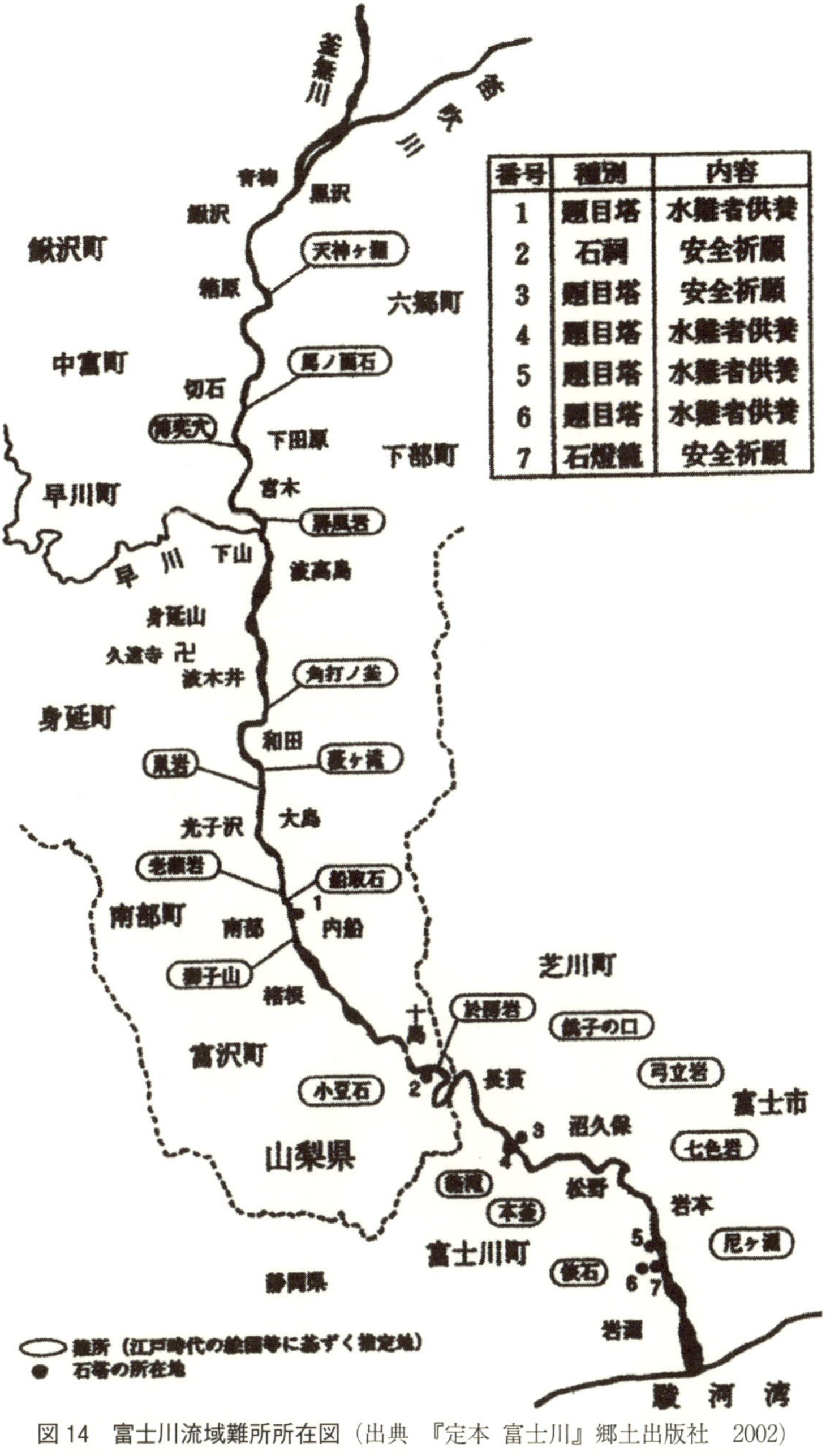

図 14　富士川流域難所所在図（出典　『定本 富士川』郷土出版社　2002）

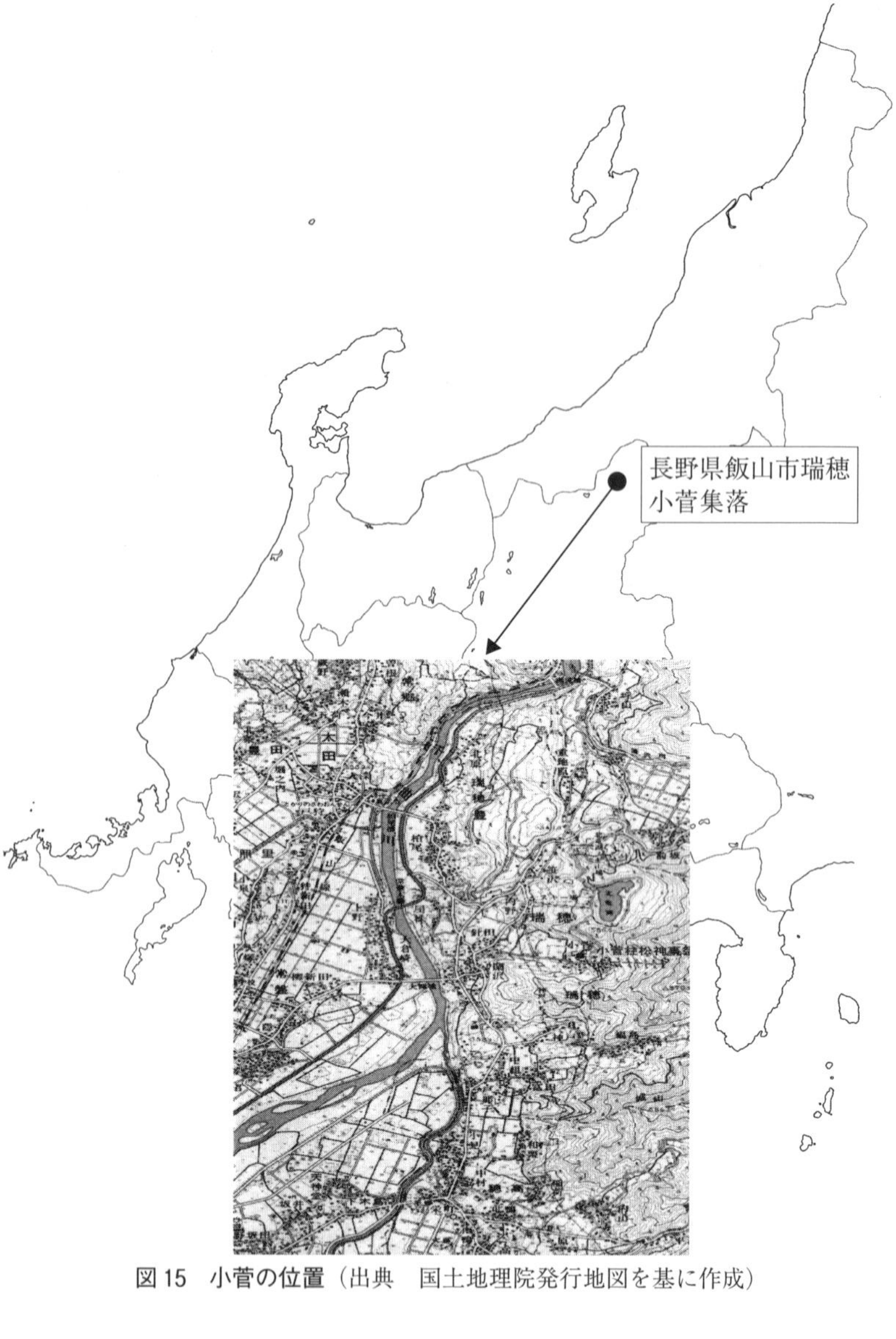

図 15　小菅の位置（出典　国土地理院発行地図を基に作成）

図 16　絵図「信州高井郡小菅山元隆寺之図　永禄九年」

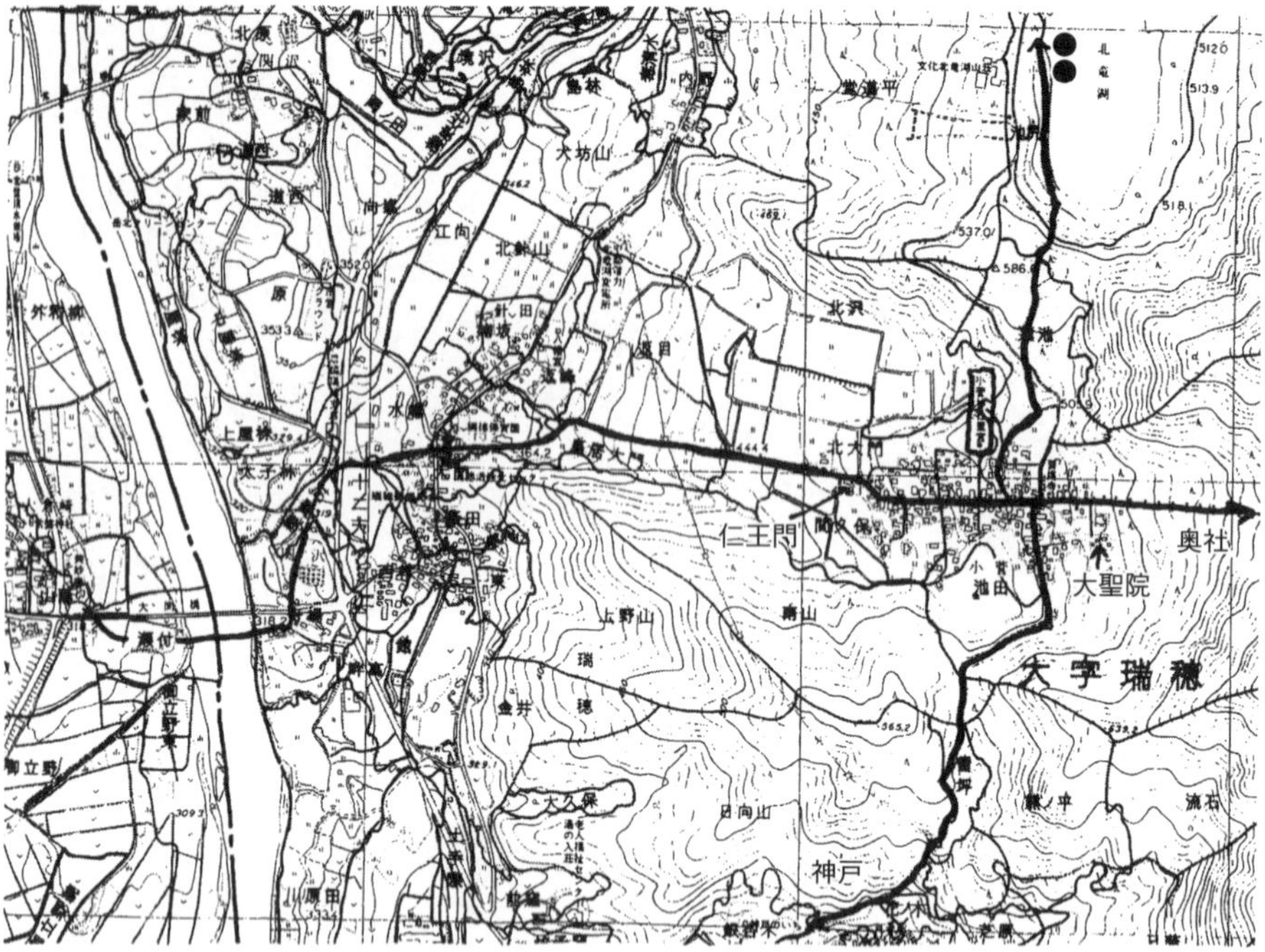

図 17　小菅神社への参道（出典　国土地理院発行図を基に作成）

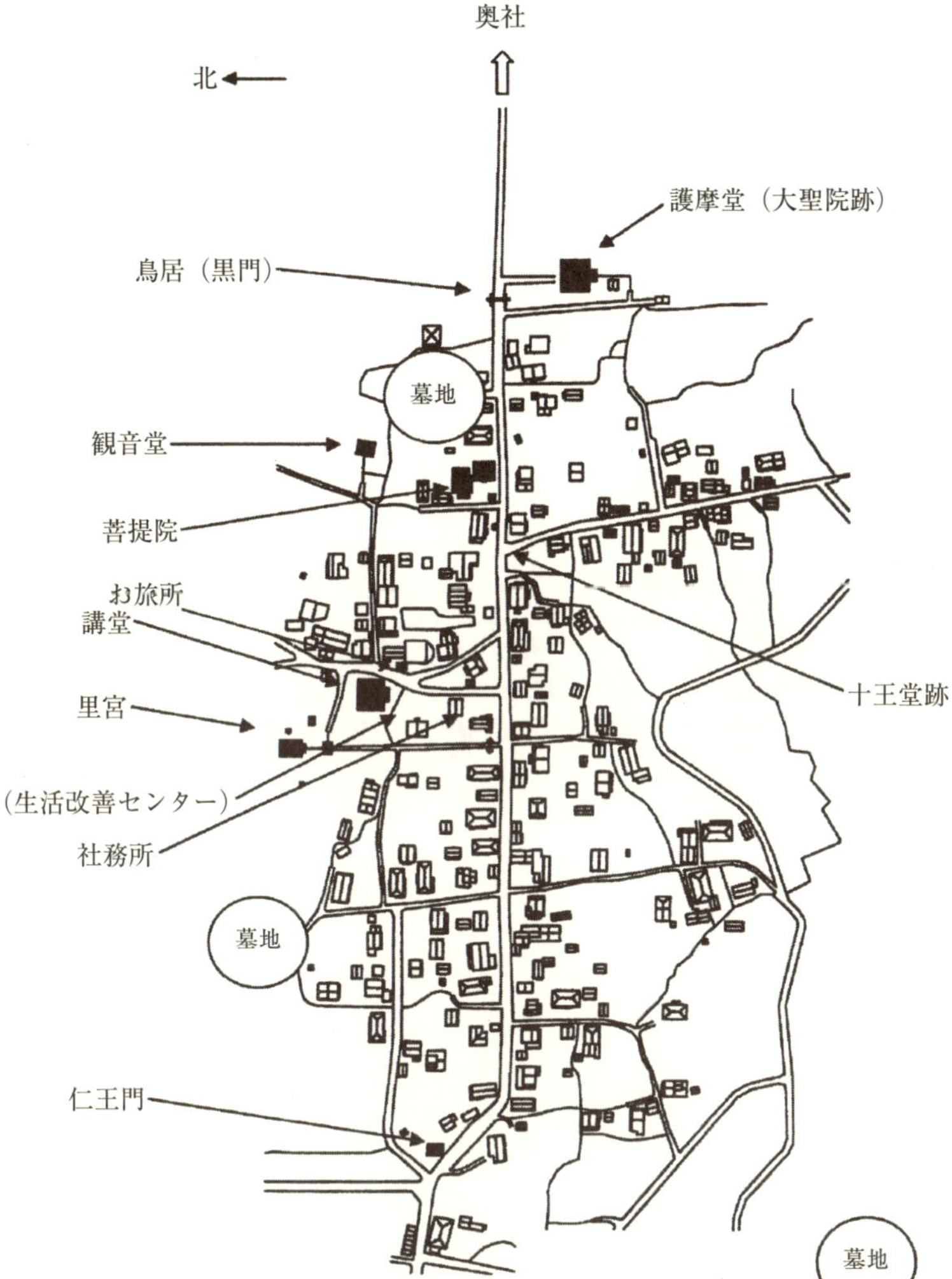

図 18　小菅 宗教的建造物配置図（出典　長野県飯山市教育委員会 2005『長野県飯山市小菅総合調査報告書』第二巻を基に一部加筆）

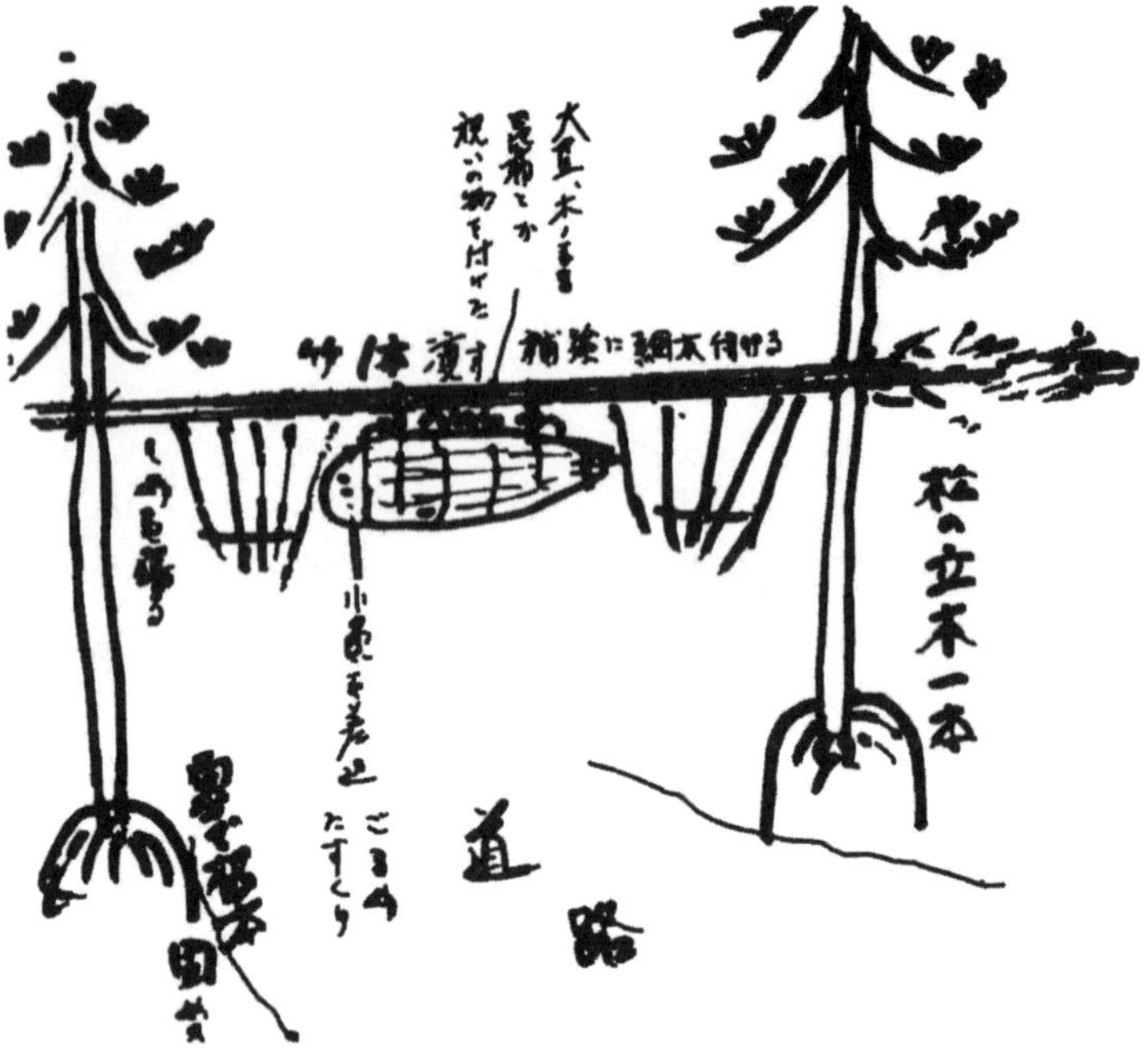

図 19　小菅 門松（吉原正則氏作成　小菅在住）

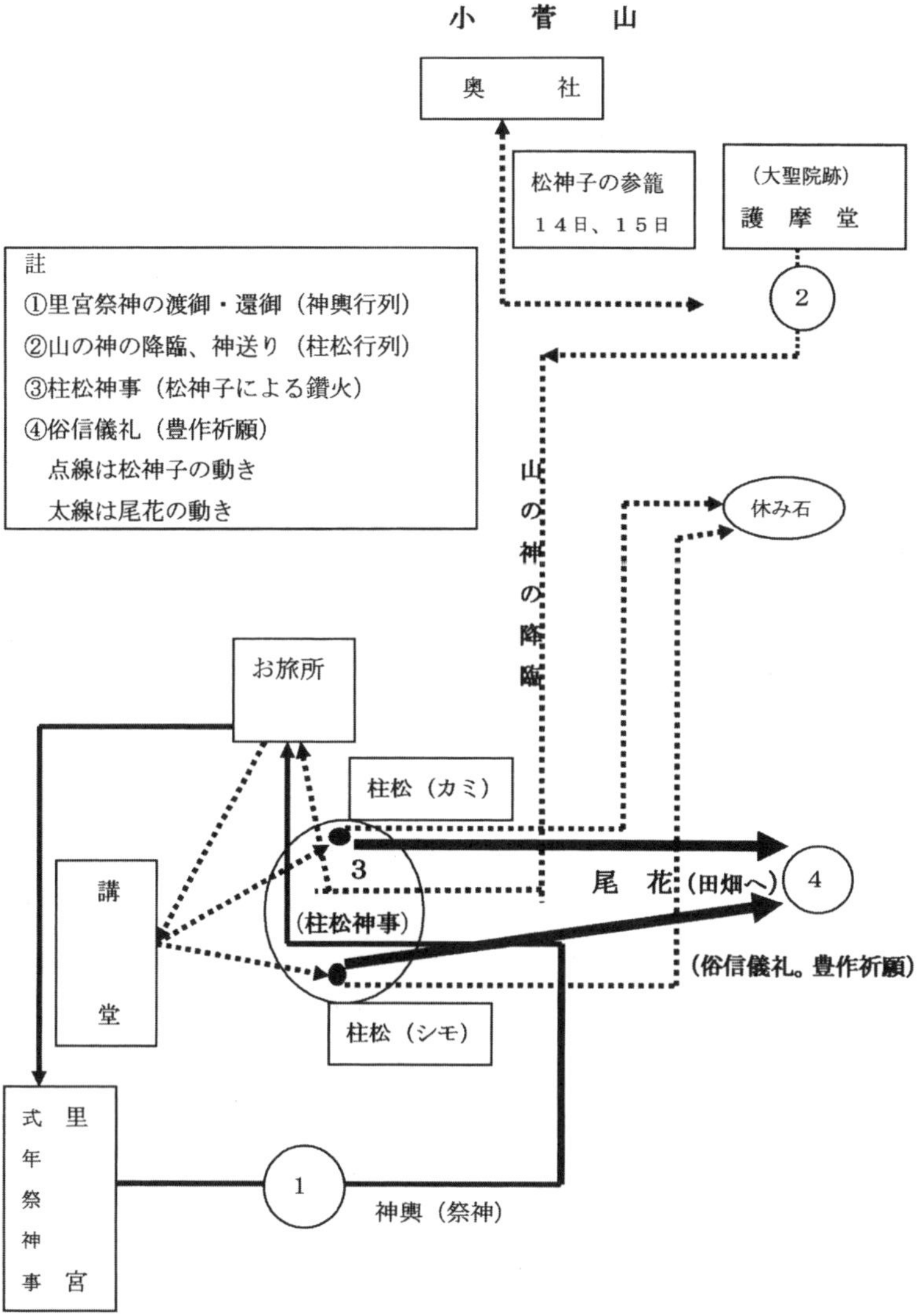
小　菅　山
奥　社
松神子の参籠
14日、15日
（大聖院跡）
護　摩　堂
2
註
①里宮祭神の渡御・還御（神輿行列）
②山の神の降臨、神送り（柱松行列）
③柱松神事（松神子による鑚火）
④俗信儀礼（豊作祈願）
点線は松神子の動き
太線は尾花の動き
山の神の降臨
休み石
お旅所
柱松（カミ）
講
堂
3
（柱松神事）
尾　花（田畑へ）
4
（俗信儀礼。豊作祈願）
柱松（シモ）
里宮
式年祭神事
1
神輿（祭神）

図20　小菅 柱松の儀礼

写真 1　和歌山県東牟婁郡太地町（ハチライマツ）（撮影　2014 年 8 月 14 日）

柱松　全長約 15 m。芯柱の松に竹を継ぎ足す。柱上部に松明受けが取り付けられる。

松明（肥松）を松明受けに投げ入れる。

点火。松明受けが燃え尽きると柱は倒される。

写真２　鹿児島県鹿児島郡三島村硫黄島（ハシタマツ〔別名シュンカントウロウ〕）
（撮影　2011 年 8 月 15 日）

芯柱は琉球竹を束ね、つなぎ合わせて作る。左成人用、右子供用。先端は、竹を細く割り火が点きやすいようにしてある（松明受けはない）。L 字型の柱は全国唯一。

一番に点火した者は、柱を三回右回りし、参加者にお神酒をふるまう。
柱は全部燃される。
終わって、浜で盆踊り。

写真３　長野県飯山市瑞穂小菅「ハシラマツ」(1)（撮影　2016 年 7 月）

（祭り日一週間前）柱立て

（祭り前日）松神子の禊

（祭り前日）松神子の奥社参籠

夜宮　獅子舞

夜宮　猿田彦の注連切り

写真3　長野県飯山市瑞穂小菅「ハシラマツ」(2)

祭り当日　本祭

火口焼き神事

くじ引き神事

例祭行列

神輿行列

柱松行列

仲取と松神子（柱松行列）

写真３　長野県飯山市瑞穂小菅「ハシラマツ」(3)

尾花（柱松行列）

奉幣舞（お旅所）

尾花に点火（験競べ）

年占い

俗信

写真4　長野県長野市戸隠「ハシラマツ」（撮影　2009年5月10日）

2003年に約200年ぶりに復活。
嘗ては、三院（中院・宝光院・奥院で別個に行われていた。
復活した祭りは中院の前で一括して行われる。
柱の形状は四角錐（全国で唯一）

験競べ　山伏が火打ち石と火打ち金を叩き合わせて火を鑽り出す。

年占い　柱の燃え方、柱が倒れる方向で農作物の豊凶・景気・平和の行方を占う。

写真5　愛媛県八幡浜市川上町川名津「ハシラマツ」（撮影　2010年4月17日）

松おろし　地元の青年団と厄年の男性が山から切り出した御神木（柱松：長さ約22 m）を、途中海水で清めて浜の近くの祭場たる天満神社境内まで運ぶ。

柱松に藁を巻いて、登るための梯子を作る。先端の漏斗型飾り（竹とあさ木で作製）の中にショウジョウ様（祭神の菅原道真公）を擬した宮司手製の藁人形を取りつける

柱起し　柱を村人総出で四方綱を引いて立てる。境内右手にハナヤ（お旅所兼神楽殿）を建てる。ここで神楽奉納。深夜神楽と一体化した「鎮火の舞」「四天（してん）の舞」「柱松登り」の神事が行われる。

柱松登り　大魔が松明を背負って柱を登る。柱の上で松明を3度ふり、国家安泰・五穀豊穣・海上安全・鎮火を祈願し、藁人形を投げ下ろす。人々は奪い合う。大魔は綱を伝わって降りる。宮司が成就のお祓いをする。翌日柱は倒され、祭りは終了。

写真6　静岡県富士宮市沼久保「投げ松明」（撮影　2016年8月15日）

川供養　祭りに先立ち、富士川の河原で僧侶出席のもとに川供養。住民は線香をたて供養。この地域は現在でも水難事故が多い。

河原に3基の柱が立つ。柱、もじり（松明受け）の作り方は江戸時代以来の方法を踏襲。

もじりに松明（肥松）を投げ入れて点火する。もじりが燃え尽きると柱は倒され、祭りは終了。

写真7　兵庫県豊岡市日高町松岡　「オトウ祭り（婆焼祭り）」（撮影　2010年4月14日）

柱松（高さ4.8 m）

人形（老婆と見立てる）

点火　柱は上部が逆円錐形、下部が円筒。柱は全て燃やされる。残り火は神社の親火となる。

写真８　石川県七尾市能登島向田町「オスズミ祭り」（撮影　2013年7月27日）

渡御（キリコ行列）　祭神は、キリコ灯籠を従え渡御・還御する。

柱松　柱の天辺に御幣が立てられ、全長25 m程である。松明受けはない。柱の下部に800束の柴が積まれる。松明を、そこを目がけて投げ点火する(この方式は全国唯一)。
柱が燃えだすと、御幣が落ちてきて、人々はこれを求め争奪戦となる。柴が燃え尽きると柱は倒される。

松明投げ

点火

写真9　山形県鶴岡市出羽三山神社「松例祭」(1)（撮影　2012年12月31日）

大松明（別名つつが虫）　高さ：約3.6 m、長さ：約7.2 m。つつが虫は、害をもたらす悪鬼。

綱の争奪戦　大松明は解体される（つつが虫の死を意味する）。大松明の綱を短く切り、これを松聖が参拝者に撒く。綱にご利益があるということで参拝者が取り合う。取り合いになった綱は相撲に勝った者が得る。大松明は、再度巻き直される。これはつつが虫の再生を意味する。

大松明焼き　大松明は焼かれる。これはつつが虫の完全なる死を意味する。

写真９　山形県鶴岡市出羽三山神社「松例祭」(2)

火の打替神事

鏡松明（別名柱松明）　高さ約２間。松明を結わう綱の数が 11 本であることは、柱が１年であることを意味する。

火の打替神事　つつが虫を焼くことにより、火が穢れたので、新たな年のために、松打（顔にオシロイと口紅で化粧した２人）により火を新たに鑽り出す。

松打は、鏡松明を３度回り、カドモチの所に駆け寄り火を切り出す。験競べである大松明焼きと火の打替神事の結果、位上が勝てば豊作、先途が勝てば豊漁という年占い。

写真 10　新潟県妙高市関山「火祭り」(1)（撮影　2013 年 7 月 20 日）

仮山伏による棒術が、祭りに先立ち、宮司らの前で演じられる（験競べの一種）

柱松（地元ではマツ）2 基。集落を二分した、それぞれの地域を表す。
柱は、丸材を十数本角形に束ね、その上にオノサ、コノサを取り付ける。

神社の拝殿で、宮司より火打ち箱が仮山伏に手渡される。

写真 10　新潟県妙高市関山「火祭り」(2)

奉行に手を引かれた仮山伏が合図で、
それぞれのマツに駆けていく。

仮山伏は、火打ち石と火打ち金を叩き
合わせて火を鑽り出す。点火の遅速に
より農作物の豊凶の年占いが行われる。

松引き　倒したマツを若者や参拝者が、
旧別当宝蔵院跡まで引っ張っていく。
これで「火祭り」は終了。

写真11　長野県下高井郡木島平村内山「松子」（撮影　2007年7月21日）

祭場と柱松　柱（2基）は、高さ3ｍ程の円筒形

松子（烏帽子）とホヤ（ススキの束）

神輿が祭場のたき火の周りを回る。祭りの目的は疫病除け祈願のため、神輿が勢いよく回るほど厄が落ちるという。

火打ち役が柱の上で火打ち石と火打ち金を叩き合わせて火を鑽り出す。火がホヤに点くと柱は倒される。点火の遅速で作物の豊凶の年占いをする。

写真 12　長野県下高井郡木島平村南鴨「柱松子」(1)（撮影　2011 年 7 月 24 日）

祭場と柱松　祭場は大塚山の山頂。柱は 2 基、高さ約 3 m の円筒形。

柱松子（前列中央 2 人）、尾花（両脇）

行列　正面の小高い山の上が祭場

写真 12　長野県下高井郡木島平村南鴨「柱松子」(2)

おかめの太鼓の音で柱松子は抱きかかえられて祭場を後にする。

火打による鑽り火
点火の遅速で天下泰平・五穀豊穣を占う。

鑽り出された火であぶられた尾花を見物人に分ける。尾花を田畑に立てると虫が来ないという俗信がある。

写真 13　福岡県京都郡苅田町山口（等覚寺の松会）「幣切り」(1)

幣切り（柱松）は、松会の行事の一つとして行われる。柱は高さ 33 尺、3 本の綱は近在の村が疫病除け祈願として寄進。

松会は、農作業の予祝儀礼である。

施主（里山伏の末裔）が、松庭に籾殻を播く。

写真13　福岡県京都郡苅田町山口（等覚寺の松会）「幣切り」(2)

施主が柱の天辺にのぼり、天下泰平・国土安全・五穀成就の祈禱文を読み、四方を清める。
嘗て、英彦山の「幣切り」では、この時幣束に火を点けた。

施主は、大幣を刀で切る。

幣の紙片が籾殻の上に落ち、穀霊を宿す。この種籾を自分の種殻に混ぜて田植えをすると豊作になるといわれている。人々は、この種籾を持ち帰る。

写真 14　山口県岩国市行波（神舞）「松登り」（撮影　2013 年 4 月 7 日）

柱の高さ高さ 14 間。左の小屋が神殿。「松登り」は神楽の一部（「八関」）。

荒神

荒神が柱に登り、祈願し三光に火を放つ、又は破る。同時に松の小枝を折って投げる。

松の小枝にご利益あり。

荒神は綱を曲芸的に降りてくる。

写真 15　静岡県静岡市葵区坂ノ上「松明」（撮影　2013 年 8 月 13 日）

祭場は藁科川上流の河原。柱 2 本。孟宗竹。松明受けはない。

川供養

点火。竹竿の先に油を浸した布を巻き火を点け、柱に直接点火する。

柱は全部燃される。終わって、灯籠流し、盆踊り。

写真 16　京都市右京区嵯峨清涼寺「お松明式」(撮影　2014 年 3 月 15 日)

柱は、高さが 19 尺、20 尺、21 尺。逆三角錐。柱を縛る藤蔓 12 本は、一年を表す。

竹竿の先に藁束を結わい、柱松横の護摩壇の火で藁束に点火し、これを柱の天辺から柱の中に投下し、柱に点火する。

目的は、寺院側は釈迦の供養、住民側は、雨乞い、又は年占い（3 本の柱を、それぞれ早稲・中稲・晩稲と見立て、加勢で豊凶を占う）。柱は全て燃やされる。

写真 17　兵庫県洲本市五色町鮎原栢野「柴燈」（撮影　2013 年 8 月 16 日）

芯柱に雑木を巻きつける。
柱は、梯子等を使い人力で立てる。
高さ約 6 間。
斜めに立つ柱は、全国唯一。

薬師堂の神火で竹竿の先端の藁束に点火。神火は、レンズで採光されて鑽り出された火。

竹竿の藁束で柱の天辺に直接点火。

目的は、盆供養など。柱は、燃え尽きる前に倒される。

写真 18　兵庫県加東市黒谷「柱祭り」(1)（撮影　2014 年 8 月 16 日）

「やま」

「やま」に「珍宝」を差し入れる。

写真 18　兵庫県加東市黒谷「柱祭り」(2)

八幡神社の神主が神火を松明に移す。

珍宝を抜いて松明を挿入する。

祭りの目的は豊作祈願。

写真 19　福井県大飯郡おおい町名田庄虫鹿野「松あげ」(1)（撮影　2011 年 8 月 24 日）

柱は、高さ約 8 間の杉の丸太。先端にモジと呼ばれる松明受けを付ける。嘗ては、柱は「箱ロギ」であった。

松明作り。肥松で作る。

松明をモジに向かって投げる。

目的は、愛宕権現への献火。柱は、モジが燃え尽きると倒され、祭りは終わる。

写真19　福井県大飯郡おおい町名田庄虫鹿野「松あげ」(2)

祭り当日、村の禰宜役２人が、御幣・蠟燭・提灯をもって、お堂から裏手の山に鎮座する愛宕社に行く。

愛宕社に参拝。この神火を蠟燭に移し、お堂まで運ぶ。

お堂内の蠟燭立てに火を移す。火が消えたら、再度愛宕社に火を貰いにいく。禰宜は祭りが始まるまで、お堂内の火を管理する。

火を蠟燭に移し、それを松明に火を点ける藁に点火する。

写真 20　福岡県直方市上境「ハシラマツ」(1)（撮影　2014 年 8 月 3 日）

七夕時の柱松は、全国唯一。松明受け（巣という）は、竹で作り、中に藁を入れる。

柱は人力で立てる。

祭場たる霊府神社の境内に、嘉永 4 年（1851）、村の大庄屋加藤仁助が主宰した「五穀豊熟祭」の碑。地元では、この碑をもって柱松の開始としている。

写真 20　福岡県直方市上境「ハシラマツ」(2)

火種は福地神社の神火を、子供たちが提灯で運んでくる。

松明投げ

松明受けが燃えると、柱は倒され、祭りは終わる。

写真 21　宮崎県串間市大納（都井岬）「ハシタマツ」（撮影　2011 年 8 月 27 日）

祭りは、大蛇退治故事の再現。収穫感謝。柱は蛇体。

ツト（柱先端に取り付けた円錐形の松明受け）は蛇の口を意味する。

松明（肥松）を持つ勢子　勢子（松明の投げ手）が、大蛇を退治した僧衛徳坊の功績をたたえ、太鼓と鐘に合わせ、「トントコトッタ　エートクボウ」と囃しながら、松明をツトに投入れる。ツトに火が点くと、大蛇が退治されたことを意味する。

写真 22　山口県光市立野字西庄「ハシラマツ」(撮影　2014 年 7 月 27 日)

五本の柱　手前は子供用。

光の線は、松明の軌跡。

写真 23　兵庫県姫路市網干区津市場　稲荷神社「火揚げ図絵馬」（元治 2 年　奉納）
（撮影　2013 年 3 月 24 日）

揖東郡津市場村神祠稲荷祠稲荷大祭
村中ニアリ、社地東西一間 南北二十二間、火揚場東西
二十五間 南北二十間
津市場村ナル稲荷ノ社ニ、七月十六日ノ夜火祭ノ神事ア
リ、俗ニ火上又保天武又柱松トモイヘリ、先長サ六間園
リ四尺五寸ノ柱ニ火祭箭トテ大ナル龍ヲ作リ中ニ麦藁六
十束積入、其柱ノ末ニ、其龍ノ口ヲ上ニシテ結付ルナリ、
其龍ノ作リ状、第一ノ輪径八尺、ニノ輪七尺、三ノ輪五
尺、ト次第ニ細ク作リ、竹ヲ逆ニシテ、輪毎ニククリ付、
形承壺ノ如シ、是ヲ作ルニ、青竹百二十本、縄八貫目用
ユ、其日早朝ヨリ、村中ノ若者社頭ニ集ヒ、作リ終リテ
祠官社頭ニ出、祝詞ヲ唱、深秘ノ行事アリ、夜ニ入リテ
稲荷河原ニ打集フ、サテ麻幹ニ竹ヲ交ヘタル松明、長サ
一尺バカリナルヲ村中戸毎ニ課セテ作ラシメ、此時来リ
ヌ、時ニ若者トモ皆裸身ニナリテ、太鼓鉦ヲ鳴シ、彼柱
ヲ立、村人数百人、其松明ニ神前ノ燈ヲウツシ、柱ノ末
ナル龍ヲ目当ニ投上ルナリ、其火ノ夥シキコト螢ノ乱レ
飛が如シ、其火第一番ニ龍ニ入リタルヲ首功トス、サテ
麦藁ニ火ツキヌレバ、アタリ数百歩ノ間、昼ヨリモ明シ、
火ヤヤシタリヌレバ、其柱ヲ引倒ス其音雷ノ落ルガ如ク、
アタリニ響ケリ、事畢リテ一番ニ火ヲ入シ人ヲ選出シ、
明年稲荷ノ神田ヲ作ラシムトナン

（出典：堀田璋左右『西讃府誌五十三巻風俗』明治三十一年〔一八九八〕那珂多友同志会）

写真 24　松明受けの各種

福井県小浜市滝谷　柱の上に、十字形の藁細工が 3 本載せられている（撮影　2011 年 8 月 22 日）。

福井県小浜市西相生字窪谷　柱の上に藁製のカラスが取り付けられている。カラスはお腹一杯餌を食べると北の方向に飛んでいく。カラスが厄を背負って飛んでいくともいわれている。

松明受けを柱につるす。この形態は、熊野川（北山川）流域で見られる。左：三重県熊野市紀和町小川口（撮影　2011 年 8 月 6 日）、右：和歌山県新宮市熊野川町宮井字音川（撮影　2011 年 8 月 15 日）。

あとがき

本書は、平成十九年から平成二十七年にかけて在籍した筑波大学大学院での研究成果を纏めた「筑波大学博士(文学)学位請求論文　柱松の研究　平成二十五年度」に加筆修正を加えたものである。

柱松という、これまで民俗学研究者にあまり注目されてこなかった祭りの調査・研究をしようとした動機・経緯は次の通りである。

大学院で民俗学を専攻し、調査地として、長野県飯山市瑞穂小菅地区を選び、この集落を調査すると、集落最大の祭りが三年に一度の「柱松柴燈神事」であることを知った。この祭りの研究を深めるにつれ、この種の祭りは、他の地でも行われているのではないかということに関心を持ったのは当然の成り行きであったといえよう。ところが、この祭りの実態を知ろうとしても、先行研究は少なく、地方の民俗関連の文献・書籍を見ても、あまり記載されていないことがわかった。これは、一般に、柱松が集落でこじんまりと行われ、民俗研究者にもほとんど関心を持たれずに今まで来た祭りのためであるといえよう。そこで、まず、祭りがどこで行われているかを知るために文献調査や、祭りが行われていそうな地に出かけ、現地の人からの聞き込み作業を繰り返した。その結果、これまでに約三〇〇の地で行われ、その内の三分の一の地では現在も行われていることがわかった。その後、この一〇〇近くの祭りが行われている地を訪ね、祭りが実際に現在も行われているか、もし行われていれば、それがどのように行われているかを知る調査を行った。なるべく祭りが行われる日に訪れ、柱松の作製を見学し、村の住民から祭りに纏わる話を聞いた。これらを集大成したのが学位請求論文である。日本で初めての柱松に関する学術論文であることを自負している。

本書により柱松への関心が高まり、研究が深まることを期待している。

外務省退職後大学院に進み学んだ民俗学という学問は、これまでと異なる分野であったため、戸惑うところ大であったが、自由な学風と学友・教師に恵まれ、研究生活を楽しみ、研究調査を通じて日本の現状を垣間見ることができたことは幸いであった。

論文執筆に当たり、筑波大学大学院でご指導いただいた古家信平教授を始めとする大学院の諸先生方、学友に深謝いたしますとともに、北は山形県羽黒町手向集落から南は鹿児島県の離島硫黄島集落までの地域で祭りを継承されている方々、特に民宿マジマ荘の真嶋信幸ご夫妻を始めとする長野県飯山市瑞穂小菅の皆様、福井県小浜市在住写真家須川建美様等には、数々のご指導とご便宜を賜り感謝申し上げます。また、柱松研究につき数々のご教示を頂いた元文化庁主任文化財調査官菊池健策氏に厚く御礼申し上げます。最後に、出版の労を取ってくださった岩田書院岩田博氏のご厚意に感謝申し上げます。

平成三十年三月吉日

小畑　紘一

著者紹介

小畑 紘一（おばた こういち）

昭和 18(1943)年　東京生まれ
昭和 42(1967)年　慶応義塾大学経済学部卒業
昭和 42(1967)年　外務省入省
昭和 42(1967)年　英国ケンブリッジ大学留学
平成 15(2003)年　国学院大学文学部神道学科第 II 部卒業
平成 18(2006)年　外務省退職
（この間、駐ウズベキスタン日本国大使、駐ヨルダン日本国大使等を歴任）
平成 19(2007)年　筑波大学大学院人文社会研究科歴史人類学専攻博士課程入学
平成 27(2015)年　筑波大学大学院人文社会研究科歴史人類学専攻博士課程修了
筑波大学より博士(文学)の学位授与
筑波大学大学院、群馬県立女子大学、立正大学各非常勤講師歴任
現在、長野県飯山市瑞穂小菅の祭礼「ハシラマツ」の手引書作成に従事

主要論著
「史料紹介『當家記録』―神主の記録」(『信濃』744-2012)
『小菅の柱松―その儀礼と意義』(2013 年　長野県飯山市教育委員会)
「祭行事「柱松」―分布から見る多性性」(『史境』71　2016 年　歴史人類学会)
「年中行事研究再考」(『現代民俗学のフィールド』2018 年　吉川弘文館)

祭礼行事「柱松（はしらまつ）」の民俗学的研究

2018 年(平成 30 年) 3 月　第 1 刷　300 部発行　　**定価[本体 12800 円＋税]**

著　者　小畑 紘一

発行所　有限会社岩田書院　代表：岩田　博　　http://www.iwata-shoin.co.jp
〒157-0062　東京都世田谷区南烏山 4-25-6-103　電話 03-3326-3757　FAX 03-3326-6788

組版・印刷・製本：三陽社

ISBN978-4-86602-028-0 C3039　¥12800E

コピーOK

岩田書院 刊行案内（26）

			本体価	刊行年月
996	那須　義定	中世の下野那須氏＜地域の中世19＞	3200	2017.05
997	織豊期研究会	織豊期研究の現在	6900	2017.05
000	史料研究会	日本史のまめまめしい知識２＜ぶい＆ぶい新書＞	1000	2017.05
998	千野原靖方	出典明記 中世房総史年表	5900	2017.05
999	植木・樋口	民俗文化の伝播と変容	14800	2017.06
000	小林　清治	戦国大名伊達氏の領国支配＜著作集１＞	8800	2017.06
001	河野　昭昌	南北朝期法隆寺雑記＜史料選書５＞	3200	2017.07
002	野本　寛一	民俗誌・海山の間＜著作集５＞	19800	2017.07
003	植松　明石	沖縄新城島民俗誌	6900	2017.07
004	田中　宣一	柳田国男・伝承の「発見」	2600	2017.09
005	横山　住雄	中世美濃遠山氏とその一族＜地域の中世20＞	2800	2017.09
006	中野　達哉	鎌倉寺社の近世	2800	2017.09
007	飯澤　文夫	地方史文献年鑑2016＜郷土史総覧19＞	25800	2017.09
008	関口　　健	法印様の民俗誌	8900	2017.10
009	由谷　裕哉	郷土の記憶・モニュメント＜ブックレットH22＞	1800	2017.10
010	茨城地域史	近世近代移行期の歴史意識・思想・由緒	5600	2017.10
011	斉藤　　司	煙管亭喜荘と「神奈川砂子」＜近世史46＞	6400	2017.10
012	四国地域史	四国の近世城郭＜ブックレットH23＞	1700	2017.10
014	時代考証学会	時代劇メディアが語る歴史	3200	2017.11
015	川村由紀子	江戸・日光の建築職人集団＜近世史47＞	9900	2017.11
016	岸川　雅範	江戸天下祭の研究	8900	2017.11
017	福江　　充	立山信仰と三禅定	8800	2017.11
018	鳥越　皓之	自然の神と環境民俗学	2200	2017.11
019	遠藤ゆり子	中近世の家と村落	8800	2017.12
020	戦国史研究会	戦国期政治史論集　東国編	7400	2017.12
021	戦国史研究会	戦国期政治史論集　西国編	7400	2017.12
022	同文書研究会	誓願寺文書の研究（全２冊）	揃8400	2017.12
024	上野川　勝	古代中世 山寺の考古学	8600	2018.01
025	曽根原　理	徳川時代の異端的宗教	2600	2018.01
026	北村　行遠	近世の宗教と地域社会	8900	2018.02
027	森屋　雅幸	地域文化財の保存・活用とコミュニティ	7200	2018.02
028	松崎・山田	霊山信仰の地域的展開	7000	2018.02
029	谷戸　佑紀	近世前期神宮御師の基礎的研究＜近世史48＞	7400	2018.02
030	秋野　淳一	神田祭の都市祝祭論	13800	2018.02
031	松野　聡子	近世在地修験と地域社会＜近世史48＞	7900	2018.02
032	伊能　秀明	近世法制実務史料 官中秘策＜史料叢刊11＞	8800	2018.03
033	須藤　茂樹	武田親類衆と武田氏権力＜戦国史叢書16＞	8600	2018.03
179	福原　敏男	江戸山王祭礼絵巻	9000	2018.03